Die erbrechtliche Nachfolge in der Partnerschaftsgesellschaft

Studien zum deutschen und europäischen Gesellschafts- und Wirtschaftsrecht

Herausgegeben von Ulrich Ehricke

Band 9

PETER LANG
Frankfurt am Main · Berlin · Bern · Bruxelles · New York · Oxford · Wien

Anne Maria Arnold

Die erbrechtliche Nachfolge in der Partnerschaftsgesellschaft

Unter besonderer Berücksichtigung berufsrechtlicher Implikationen

PETER LANG
Europäischer Verlag der Wissenschaften

Bibliografische Information der Deutschen Nationalbibliothek
Die Deutsche Nationalbibliothek verzeichnet diese Publikation in der Deutschen Nationalbibliografie; detaillierte bibliografische Daten sind im Internet über <http://www.d-nb.de> abrufbar.

Zugl.: Bochum, Univ., Diss., 2005

D 294
ISSN 1614-581X
ISBN 3-631-55740-X

www.peterlang.de

Meinem Ehemann

und

Meinen Eltern

Vorwort

Diese Arbeit lag der Juristischen Fakultät der Ruhr-Universität Bochum als Dissertation vor. Das Manuskript wurde im April 2005 abgeschlossen und vor der Drucklegung um bis Mitte März 2006 veröffentlichte Rechtsprechung und Literatur ergänzt.

Mein herzlichster Dank gilt meinem Doktorvater, Herrn Prof. Dr. Karlheinz Muscheler. Er ermöglichte mir die wissenschaftliche Freiheit und unterstützte die zügige Erstellung der vorliegenden Arbeit. Herrn Prof. Dr. Christoph Krampe danke ich für die zügige Erstellung des Zweitgutachtens.

Für das sorgfältige Korrekturlesen möchte ich mich zudem bei meiner Mutter, Frau Dorothea Filthaut, meinem Vater, Herrn Dr. Werner Filthaut, und meinem Ehemann, Herrn Dr. Bernhard Arnold, herzlich bedanken. Besonders hervorzuheben ist neben dem Korrekturlesen, dass mir die Vorgenannten stets unterstützend beiseite standen.

Im Übrigen erlaube ich mir den Hinweis, dass Anregungen und Kritik der Leserschaft gerne entgegengenommen werden.

Düsseldorf, im August 2006 Dr. Anne Maria Arnold

Inhaltsverzeichnis

Verzeichnis der verwendeten Literatur

Arndt, Herbert
Bundesnotarordnung,
Kommentar,
5. Aufl., Köln, Berlin, Bonn, München 2003,
[zit.: Bearbeiter in: Arndt, BNotO]

Arnold, Michael
Die Tragweite des § 8 Abs. 2 PartGG vor dem Hintergrund der Haftungsverfassung der Gesellschaft bürgerlichen Rechts,
in BB 1996, S. 597 – 605,
[zit.: M. Arnold, BB 1996]

Bakker, Rainer
Rechtsanwaltsgesellschaften in England – Ein rechtsvergleichender Beitrag zur Reformdiskussion des anwaltlichen Berufs- und Organisationsrechts –,
in AnwBl 1993, S. 245 – 254,
[zit.: Bakker, AnwBl 1993]

Bamberger, Heinz Georg / Roth, Herbert
Kommentar zum Bürgerlichen Gesetzbuch,
Band 3, §§ 1297 – 2385, EGBGB, CISG,
München 2003,
[zit.: Bamberger / Roth, BGB]

Bartels, Horst
Rechtsfolgen des GSG' 93,
Bestandsaufnahme im Zulassungswesen,
in MedR 1995, S. 232 – 234,
[zit.: Bartels, MedR 1995]

Barth, Steffen
Partnerschaftsgesellschaft und Haftungsbeschränkung: Eine Haftungsfalle für Architekten?
in NZBau 2003, S. 409 – 417,
[zit.: Barth, NZBau 2003]

Baumann, Roland	Abfindungsregelungen für ausscheidende Gesellschafter von Personenhandelsgesellschaften: eine empirische Untersuchung, 1987, getrennte Zählung, Diss. Stuttgart 1987, [zit.: Baumann, Abfindungsregelungen]
Baumbach, Adolf / Hefermehl, Wolfgang	Wettbewerbsrecht, Gesetz gegen den unlauteren Wettbewerb, Preisangabenverordnung, 23. Aufl., München 2004, [zit.: Baumbach / Hefermehl, UWG]
Baumbach, Adolf / Hopt, Klaus J.	Handelsgesetzbuch, Kommentar, 31. Aufl., München 2003, [zit.: Baumbach / Hopt, HGB]
Bluhm, Carsten	Zum Partnerschaftsgesellschaftsgesetz und seiner Bedeutung für die Berufsgruppe der Rechtsanwälte, Diss. Hamburg 2000, (zitiert: Bluhm, Zum Partnerschaftsgesellschaftsgesetz und seiner Bedeutung für Rechtsanwälte]
Boehmer, Gustav	Der Übergang des Pflichtlebens des Erblassers auf den Erben in FG RG III (1929), S. 216 – 290, [zit.: Boehmer, FG RG III (1929)]
Börner, Bodo	Die Erbengemeinschaft als Gesellschafterin einer offenen Handelsgesellschaft, Die unbewältigte Erbenhaftung, in AcP 166 (1966), S. 426 – 453, [zit.: Börner AcP 166 (1966)]

Borstel, Rainer v. / Schnoor, Hans Walter
Kauf und Bewertung einer Steuerberaterpraxis,
3. Aufl., Herne, Berlin, 2003,
[zit.: v. Borstel / Schnoor, Kauf und Bewertung einer Steuerberaterpraxis]

Bösert, Bernd
Der Regierungsentwurf eines Gesetzes zur Schaffung von Partnerschaftsgesellschaften (Partnerschaftsgesellschaftsgesetz – PartGG),
in DStR 1993, S. 1332 – 1339,
[zit.: Bösert, DStR 1993]

Bösert, Bernd
Das Gesetz über Partnerschaftsgesellschaften Angehöriger Freier Berufe (Partnerschaftsgesellschaftsgesetz – PartGG),
in ZAP 1994, S. 765 – 767,
[zit.: Bösert, ZAP 1994]

Brakel, Markus
Das Leitbild des Arztes als Träger ambulanter Versorgung ist mit den Versorgungszentren gestorben,
in Klartext 2004, Heft 5 S. 1,
[zit.: Brakel, Klartext 2004, Heft 5]

Bratke, Harald M.
Gesellschaftsvertragliche Abfindungsklauseln und Pflichtteilsansprüche,
in ZEV 2000, S. 16 – 18,
[zit.: Bratke, ZEV 2000]

Brugger, Bernhard / Resing, Klaus
Synergieeffekte durch Kooperationspartnerschaften,
in DSWR 1999, S. 282 – 284,
[zit.: Brugger / Resing, DSWR 1999]

Buchner, Herbert
Zur rechtlichen Struktur der Personengesellschaft,
in AcP 169 (1969), S. 483 – 512,
[zit.: Buchner, AcP 169 (1969)]

Budde, Dieter / Steuber, Elgin
Sozietät zwischen Anwaltsnotaren und Wirtschaftsprüfern,
Anmerkungen zum Beschluss des BGH vom 24. Juni 1996,
in ZIP 1997, S. 101 – 106,
[zit.: Budde / Steuber, ZIP 1997]

Burkart, Günter
Anwalt der Patienten, nicht Buettel der Politik,
in Deutsches Ärzteblatt 1995, S. 2105 – 2108,
[zit.: Burkart, Deutsches Ärzteblatt 1995]

Burret, Gerhard
Das Partnerschaftsgesellschaftsgesetz,
Die Partnerschaft – eine Rechtsform für die prüfenden Berufe?
in WPK-Mitt. 1994, S. 201 – 207,
[zit.: Burret, WPK-Mitt. 1994]

Butzer, Hermann
Sozial-, berufs- und gesellschaftsrechtliche Determinanten für die ärztliche Gemeinschaftspraxis,
in Schnapp, Rechtsfragen der gemeinschaftlichen Berufsausübung von Vertragsärzten, S. 19 – 59,
Bochumer Schriften zum Sozialrecht, Band 9,
Frankfurt am Main, Berlin, Bern, Bruxelles, New York, Oxford, Wien 2002,
[zit.: Butzer in: Schnapp, Rechtsfragen der gemeinschaftlichen Berufsausübung von Vertragsärzten]

Casper, Matthias
Interprofessionelle Sozietät von Anwaltsnotaren,
Eine Analyse des geltenden und des künftigen Rechts,
in ZIP 1996, S. 1501 – 1507,
[zit.: Casper, ZIP 1996]

Castan, Björn
Die Partnerschaftsgesellschaft,
Recht, Steuer, Betriebswirtschaft,
in Moderne Rechtsformen der Wirtschaft,
Band 15,
2. Aufl., Bielefeld 1998,
[zit.: Castan, Die Partnerschaftsgesellschaft]

Dahm, Franz-Josef
Fortführung der Arztpraxis nach GSG – Praktische Umsetzung der Fortführungsregelung des § 103 SGB V aus der Sicht des Praxisübernehmers,
in MedR 1994, S. 223 – 226,
[zit.: Dahm, MedR 1994]

Dahns, Christian
Der Entwurf für ein neues Rechtsdienstleistungsgesetz,
in NJW-Spezial 2005, S. 237 – 238,
[zit.: Dahns, NJW-Spezial 2005]

Dahns, Christian
Das Ende des Verbotes der Sternsozietät,
in NJW-Spezial 2004, S. 285 – 286,
[zit.: Dahns, NJW-Spezial 2004]

Dahns, Christian
Erweiterung der sozietätsfähigen Berufe geplant,
in NJW-Spezial 2004, S. 288,
[zit.: Dahns, NJW-Spezial 2004]

Dahns, Christian / Gelmke, Daniel
Anwalt und Kanzlei: Aktuelle Entwicklungen zur Zusammenarbeit mit anderen Berufen,
in NJW-Spezial 2004, S. 237 – 238,
[zit.: Dahns / Gelmke, NJW-Spezial 2004]

Dauner-Lieb, Barbara

Unternehmen in Sondervermögen:
Haftung und Haftungsbeschränkung,
Zugleich ein Beitrag zum Unternehmen im Erbgang,
Tübingen 1998,
[zit.: Dauer-Lieb, Unternehmen in Sondervermögen]

Demuth, Björn

Nachfolgegestaltung für eine Personenhandelsgesellschaft durch Aussetzung von Vermächtnissen: Zivilrechtliche und steuerliche Probleme mit Lösungsvorschlägen,
in BB 2001, S. 945 – 951,
[zit.: Demuth, BB 2001]

Deppert, Katharina

Die Rechtsprechung des Senats für Anwaltssachen des Bundesgerichtshofs im Jahre 2003,
in BRAK-Mitt. 2004, S. 94 – 99,
[zit.: Deppert, BRAK-Mitt. 2004]

Dobroschke, Eduard

Die Unternehmensnachfolge Minderjähriger,
Zum Wahlvermächtnis und Universalvermächtnis,
in DB 1967, S. 803 – 806,
[zit.: Dobroschke, DB 1967]

Dörrie, Robin

Reichweite der Kompetenzen des Testamentsvollstreckers an Gesellschaftsbeteiligungen,
in ZEV 1996, S. 370 – 376,
[zit.: Dörrie, ZEV 1996]

Ebenroth, Carsten Thomas / Boujong, Karlheinz / Joost, Detlev

Handelsgesetzbuch,
Band 1, §§ 1 – 342a,
München 2001,
[zit.: Bearbeiter in: Ebenroth / Boujong / Joost, HGB]

Eberl-Borges, Christina	Die Rechtsnatur der Erbengemeinschaft nach dem Urteil des BGH vom 29. 1.2001 zur Rechtsfähigkeit der (Außen-) GbR, in ZEV 2002, S. 125 – 132, [zit.: Eberl-Borges, ZEV 2002]
Ebert, Kurt Hanns	Die rechtsfunktionelle Kompetenzabgrenzung von Gesellschaftsrecht und Erbrecht, Ein Beitrag zum Problem der qualifizierten Nachfolgeklausel in der OHG, Frankfurt am Main 1972, [zit.: Ebert, Die rechtsfunktionelle Kompetenzabgrenzung von Gesellschaftsrecht und Erbrecht]
Edelmann, Hervé	Sozietätsfähigkeit von Anwaltsnotaren und Wirtschaftsprüfern, in DStR 1998, S. 1798 – 1800, [zit.: Edelmann, DStR]
Edelmann, Hervé	Anmerkung zum BGH-Beschluss vom 21.06.1999, AZ AnwZ (B) 89/98, in DStRE 1999, S. 776, [zit.: Edelmann, DStRE 1999]
Eggesiecker, Fritz / Keuenhof, Ingo	Normale Partnerschaften auch für Wirtschaftsprüfer und Steuerberater zulässig, in BB 1995, S. 2049 – 2053, [zit.: Eggesiecker / Keuenhof, BB 1995]
Elkemann-Reusch, Manfred	Die Partnerschaftsgesellschaft im Spannungsfeld zwischen Berufs- und Gesellschaftsrecht, Diss. Erlangen, Nürnberg 2000, [zit.: Elkemann-Reusch, Die Partnerschaftsgesellschaft]

Emmerich, Volker
Die Haftung des Gesellschaftererben nach § 139 HGB,
in ZHR 150 (1986), S. 193 – 221,
[zit.: Emmerich, ZHR 150 (1996]]

Engel, Christoph
Abfindungsklauseln – eine systematische Übersicht,
in NJW 1986, S. 345 – 350,
[zit.: Engel, NJW 1986]

Englert, Joachim
Die Bewertung von Wirtschaftsprüfer- und Steuerberaterpraxen,
Diss. Mannheim 1996,
[zit.: Englert, Die Bewertung von Wirtschaftsprüfer- und Steuerberaterpraxen]

Erman, Walter
Bürgerlichen Gesetzbuch: Handkommentar,
11. Aufl., Münster, Köln 2004,
[zit.: Erman-Bearbeiter]

Ewer, Wolfgang
Interprofessionelle und intraprofessionelle Kooperation unter Beteiligung der Anwaltschaft,
in AnwBl 2000, S. 71 – 76,
[zit.: Ewer, AnwBl 2000]

Eylmann, Horst / Vaasen, Hans-Dieter
Bundesnotarordnung, Beurkundungsgesetz, Kommentar,
München 2000,
[zit.: Bearbeiter in: Eylmann / Vaasen, BNotO]

Faust, Florian
Die Testamentsvollstreckung am Anteil eines persönlich haftenden Gesellschafters,
in DB 2002, S. 189 – 195,
[zit.: Faust, DB 2002]

Feddersen, Dieter / Meyer-Landrut, Andreas
Partnerschaftsgesellschaftsgesetz,
Kommentar und Mustervertrag,
Neuwied, Kriftel, Berlin 1995,
[zit.: Feddersen / Meyer-Landrut, PartGG]

Feuerich, Wilhelm
Patenanwaltsordnung,
München 1997,
[zit.: Feuerich, PAO]

Feuerich, Wilhelm E.
Bundesrechtsanwaltsordnung,
Patentanwaltsordnung,
Recht für Anwälte aus dem Gebiet der Europäischen Union,
Kommentar,
6. Aufl., München 2003,
[zit.: Feuerich, BRAO]

Fiedler, André
Zum Nachbesetzungsverfahren unter besonderer Berücksichtigung von Praxisgemeinschaften und anderen Kooperationen,
in NZS 2003, S. 574 – 579,
[zit.: Fiedler, NZS 2003]

Finger, Peter
Der Ausschluss von Abfindungsansprüchen bei Nachfolge in Personengesellschaften beim Tod eines Gesellschafters,
in DB 1974, S. 27 – 33,
[zit.: Finger, DB 1974]

Flume, Werner
Gesellschaft und Gesamthand,
in ZHR 136 (1972), S. 177 – 207,
[zit.: Flume, ZHR 136 (1972)]

Flume, Werner
Allgemeiner Teil des Bürgerlichen Rechts,
Erster Band, Erster Teil: Die Personengesellschaft,
Berlin, Heidelberg, New York, 1977,
[zit.: Flume, Die Personengesellschaft]

Flume, Werner

Die Nachfolge in die Mitgliedschaft in einer Personengesellschaft beim Tode eines Gesellschafters,
in Gesellschaftsrecht und Unternehmensrecht,
Festschrift für Wolfgang Schilling zum 65. Geburtstag,
Berlin, New York 1973, S. 23 – 68,
[zit.: Flume, FS Schilling]

Frangenberg, Gunter

Haftungsbeschränkung bei der unternehmerisch tätigen Gesellschaft bürgerlichen Rechts und Haftungskonzentration bei der Partnerschaftsgesellschaft,
Diss. Bonn 1996,
[zit.: Frangenberg, Haftungsbeschränkung und Haftungskonzentration]

Gail, Winfried / Overlack, Arndt

Anwaltsgesellschaften,
Ein gesellschaftsrechtlicher und steuerrechtlicher Vergleich zwischen Sozietät, Partnerschaftsgesellschaft und GmbH,
2. Aufl., Köln 1996,
[zit.: Gail / Overlack, Anwaltsgesellschaften]

Gebel, Dieter

Gesellschafternachfolge im Schenkung- und Erbschaftsteuerrecht: Anteilsübertragungen unter Lebenden / Anteilserwerb von Todes wegen,
2. Aufl., Bielefeld 1997,
[zit.: Gebel, Gesellschafternachfolge im Schenkung- und Erbschaftssteuerrecht]

Gehre, Horst

Steuerberatungsgesetz mit Durchführungsverordnung,
Kommentar,
4. Aufl., München 1999,
[zit.: Gehre, StBerG]

Gerken, Ulrich Die ausschließlich von Rechtsanwälten geführte Steuerberatungsgesellschaft, in AnwBl 1996, S. 157 – 158, [zit.: Gerken, AnwBl 1996]

Gilgan, Han-Günter Auswirkungen des Partnerschafts-Gesellschaftsgesetzes auf die Angehörigen des steuerberatenden Berufs, in Stbg 1995, S. 28 – 30, [zit.: Gilgan, Stbg 1995]

Goette, Wulf Anmerkung zu BGH-Urteil vom 8.5.2000 – II ZR 308/98, in DStR 2000, S. 1023 – 1024, [zit.: Goette, DStR 2000]

Großfeld, Bernhard Unternehmens- und Anteilsbewertung im Gesellschaftsrecht 4. Aufl., Köln 2002 [zit.: Großfeld, Unternehmens- und Anteilsbewertung]

Grunewald, Barbara Die Entwicklung der Rechtsprechung zum anwaltlichen Berufsrecht in den Jahren 2001 bis 2003, in NJW 2004, S. 1146 – 1150, [zit.: Grunewald, NJW 2004]

Grunewald, Barbara / Müller, Hans-Friedrich Ausländische Rechtsberatungsgesellschaften in Deutschland, in NJW 2005, S. 456 – 469, [zit.: Grunewald / Müller, NJW 2005]

Hallermann, Hermann Die Rechtsstellung des Testamentsvollstreckers bei Beteiligung des Erblassers in einer Personalgesellschaft, Diss., Münster 1954, [zit.: Hallermann, Die Rechtsstellung des Testamentsvollstreckers in einer Personalgesellschaft]

Härting, Niko
Rechtsberatung und Rechtsdienstleistungen: Der Diskussionsentwurf des Bundesministeriums der Justiz, in BB 2004, S. 2421 – 2425, [zit.: Härting, BB 2004]

Hartung, Wolfgang / Holl, Thomas
Anwaltliche Berufsordnung, Fachanwaltsordnung, Europäische Berufsregeln – CCBE, Bundesrechtsanwaltsordnung (§§ 43 – 59 m BRAO), Kommentar mit Berufsrechts- und Werbe-ABC, 2. Aufl., München 2001, [zit.: Bearbeiter in: Hartung / Holl, Anwaltliche Berufsordnung]

Heckelmann, Dieter
Materielle und vollstreckungsrechtliche Folgeprobleme der Entscheidung des BGH für die Sondernachfolge in den Gesellschaftsanteil an der OHG bei sog. qualifizierter Nachfolgeklausel, in De iustitia et iure, Festgabe für Ulrich von Lübtow zum 80. Geburtstag, Berlin 1980, S. 619 – 642, [zit.. Heckelmann, FS v. Lübtow]

Heilgeist, Klaus
Keine Schnellschüsse im Berufsrecht der Steuerberater, in KammerReport, Beihefter zu DStR 32/2004, S. 1, [zit.: Heilgeist, KammerReport 2004]

Heins, Detlef
Die Partnerschaftsgesellschaft in der notariellen Praxis, in NotBZ 2001, S. 273 – 279, [zit.: Heins, NotBZ 2001]

Hennerkes, Brun-Hagen / May, Peter

Der Gesellschaftsvertrag des Familienunternehmens,
in NJW 1988, 2761 – 1768,
[zit.: Hennerkes / May, NJW 1988]

Henssler, Martin

Neue Formen anwaltlicher Zusammenarbeit – Anwalts-GmbH und Partnerschaft im Wettbewerb der Gesellschaftsformen –,
in DB 1995, S. 1549 – 1556,
[zit.: Henssler, DB 1995]

Henssler, Martin

Der Regierungsentwurf eines Gesetzes über Partnerschaftsgesellschaften,
in WiB 1994, S. 53 – 56,
[zit.: Henssler, WiB 1994]

Henssler, Martin

Die interprofessionelle Zusammenarbeit in der Sozietät,
in WPK-Mitt. 1 / 1999, S. 2 – 7,
[zit.: Henssler, WPK-Mitt. 1 / 1999]

Henssler, Martin

Mediation und Rechtsberatung,
in NJW 2003, S. 241 – 249,
[zit.: Henssler, NJW 2003]

Henssler, Martin

Das Verbot der Sternsozietät gemäß § 31 Berufsordnung der Rechtsanwälte – eine reformbedürftige Norm,
ZIP 1998, 2121 – 2128,
[zit.: Henssler, ZIP 1998]

Henssler, Martin

Anmerkung zum BGH-Beschluss vom 21.06.1999,
AZ AnwZ (B) 89/98,
in NZG 1999, S. 1095,
[zit.: Henssler, NZG 1999]

Henssler, Martin
Das Verbot der Vertretung widerstreitender Interessen,
in NJW 2001, S. 1521 – 1529,
[zit.: Henssler, NJW 2001]

Henssler, Martin
Die gesetzliche Regelung der Rechtsanwalts-GmbH,
in NJW 1999, S. 241 – 248,
[zit.: Henssler, NJW 1999]

Henssler, Martin / Prütting, Hanns
Bundesrechtsanwaltsordnung
mit Rechtsanwaltsprüfungsgesetz, EuRAG; Eignungsprüfungsverordnung, Berufs- und Fachanwaltsordnung, Rechtsberatungsgesetz, Partnerschaftsgesellschaftsgesetz und CCBE-Berufsregeln,
Kommentar,
2. Aufl., München 2004,
[zit.: Henssler / Prütting, BRAO]

Henssler, Martin / Streck, Michael
Handbuch des Sozietätsrecht,
Köln 2001,
[zit.: Bearbeiter in: Henssler / Streck, Hdb. des Sozietätsrechts]

Heydn, Truiken
Die erbrechtliche Nachfolge in Anteile an Partnerschaftsgesellschaften,
Diss. Köln 1999,
[zit.: Heydn, Die erbrechtliche Nachfolge]

Heydn, Truiken
Die erbrechtliche Nachfolge in Anteile an Partnerschaftsgesellschaften,
in ZEV 1998, S. 161 – 165,
[zit.: Heydn, ZEV 1998]

Heymann
Handelsgesetzbuch, Kommentar,
Band 2, Zweites Buch, §§ 105 – 237,
2. Aufl., Berlin, New York 1996,
[zit.: Heymann-Bearbeiter, HGB]

Hornung, Anton
Partnerschaftsgesellschaft für Freiberufler,
Teil 1 in Rpfleger 1995, S. 481 – 488,
[zit.: Hornung, Rpfleger 1995]
Teil 2 in Rpfleger 1996, S. 1 – 9,
[zit.: Hornung, Rpfleger 1996]

Hueck, Alfred
Das Recht der offenen Handelsgesellschaft,
4. Aufl., Berlin, New York 1971,
[zit.: Hueck, Das Recht der OHG]

Hülsmann, Christoph
Anwaltssozietät: Rechtsprechungsreport zu Austrittsfolgen,
in NZG 2001, S. 625 – 635,
[zit.: Hülsmann, NZG 2001]

Hund, Thomas
Gemeinschaftliche Berufsausübung des Steuerberaters mit anderen Berufen,
Möglichkeiten und Grenzen,
in DSWR 1999, S. 270 – 277,
[zit.: Hund, DSWR 1999]

Jawansky, Martin
Aktuelle Entwicklungen im Berufs- und Gesellschaftsrecht der Anwaltschaft,
in DB 2002, S. 2699 – 2704,
[zit.: Jawansky, DB 2002]

Jessnitzer, Kurt / Blumberg, Hanno
Bundesrechtsanwaltsordnung,
Kommentar,
9. Aufl., Köln, Berlin, Bonn, München 2000,
[zit.: Jessnitzer / Blumberg, BRAO]

Jungk, Antje
Die Haftung des Rechtsanwaltes in der Partnerschaftsgesellschaft,
in AnwBl 2005, S. 283 – 284,
[zit.: Jungk, AnwBl 2005]

Kanzleiter, Rainer Schranken der Zulässigkeit von Wettbewerbsverboten in Gesellschaftsverträgen, in DNotZ 1989, S. 195 – 203, [zit.: Kanzleiter, DNotZ 1989]

Kempter, Fritz Das Partnerschaftsgesellschaftsgesetz, Ein Überblick zur Einführung und Orientierung, in BRAK-Mitt. 1994, S. 122 – 125, [zit.: Kempter, BRAK-Mitt. 1994]

Kiethe, Kurt Ausschluss der Auseinandersetzung der Erbengemeinschaft mit Verfügungsverbot über den Erbteil – Schutz vor unerwünschten Dritten beim Unternehmernachlass? in ZEV 2003, S. 225 – 232, [zit.: Kiethe, ZEV 2003]

Kilian, Matthias Interessenkonflikte beim Sozietätswechsel: Verbot der Vertretung widerstreitender Interessen contra Berufsfreiheit, in BB 2003, S. 2189 – 2195, [zit.: Kilian, BB 2003]

Kilian, Matthias Das Verbot der Sternsozietät – Verstoß gegen Gemeinschaftsrecht? in NJW 2001, S. 326 – 331, [zit.: Kilian, NJW 2001]

Kipp, Theodor / Coing, Helmut Erbrecht,
14. Bearb., Tübingen 1990,
[zit.: Kipp / Coing, Erbrecht)
12. Bearb., Tübingen 1965,
[zit.: Kipp / Coing, Erbrecht (12. Bearb.)]

Kirchhoff, Rainer Die MVZ Alternative, Das medizinische Versorgungszentrum (MVZ) – ein neuer Leistungserbringer in der vertragsärztlichen Versorgung. in Niedersächsisches Ärzteblatt (NÄ) 2004, S. 20 – 22, [zit.: Kirchhoff, NÄ 2004]

Kirnberger, Christian / Werz, Ralf Stefan Der Anwachsungserwerb als erbschaftssteuerlich relevanter Erwerb, Überlegungen zur Festlegung der günstigsten Abfindung, in ErbStB 2004, S. 10 – 13, [zit.: Kirnberger / Werz, ErbStB 2004]

Kleine-Cosack, Michael Berufs- und Fachanwaltsordnung für Rechtsanwälte, Satzungsförmiges Berufsrecht in Ergänzung der BRAO, in NJW 1997, S. 1257 – 1266, [zit.: Kleine-Cosack, NJW 1997]

Kleine-Cosack, Michael Bundesrechtsanwaltsordnung mit Berufs- und Fachanwaltsordnung, Kommentar, 4. Aufl., München 2003, [zit.: Kleine-Cosack, BRAO]

Kleine-Cosack, Michael Getrennt oder vereint Marschieren? in AnwBl 2004, S. I, [zit.: Kleine-Cosack, AnwBl 2004]

Kleinke, Sören / Frehse, Michael Kooperationsmöglichkeiten zwischen Vertragsarzt und Privatarzt, in AusR 2003, S. 69 – 73, [zit.: Kleinke / Frehse, AusR 2003]

Kleinknecht, Theodor / Meyer-Goßner, Lutz
Strafprozessordnung, Gerichtsverfassung, Nebengesetze und ergänzende Bestimmungen,
Kommentar,
45. Aufl., München 2001,
[zit.: Kleinknecht / Meyer-Goßner, StPO]

Klinkhammer, Gisela
Novellierung der (Muster-)Berufsordnung, Neue Kooperationen sind jetzt möglich,
in Deutsches Ärzteblatt 2004, S. 1551 – 1552,
[zit.: Klinkhammer, Deutsches Ärzteblatt 2004]

Klose, Holger
Zulässigkeit von Kapital- und Personengesellschaften für Ärzte und andere Heilberufe ab 2004,
in BB 2003, S. 2702 – 2706,
[zit.: Klose, BB 2003]

Knoll, Chrstian / Schüppen, Matthias
Die Partnerschaftsgesellschaft – Handlungszwang, Handlungsalternative oder Schubladenmodell?,
Teil 1 in DStR 1995, S. 608 – 613,
Teil 2 in DStR 1995, S. 646 – 652,
[zit.: Knoll / Schüppen, DStR 1995]

Köbler, Gerhard
Erbrecht und Gesellschaftsrecht,
Göttingen 1974,
[zit.: Köbler, Erbrecht und Gesellschaftsrecht]

Koch, Birgit Interdisziplinäre Zusammenarbeit von Wirtschaftsprüfern, Steuerberatern und Rechtsanwälten in Deutschland, Gesellschaftsrechtliche Möglichkeiten und berufsrechtliche Grenzen, Diss. Bochum 2003, [zit.: Koch, Interdisziplinäre Zusammenarbeit von Wirtschaftsprüfern, Steuerberatern und Rechtsanwälten]

Köhler, Helmut / Piper, Henning Gesetz gegen den unlauteren Wettbewerb, mit Preisangabenverordnung, Kommentar, 3. Aufl., München 2002, [zit.: Köhler / Piper, UWG]

Korzilius, Heike Deutschsprachige Ärzteorganisationen, Gemeinsame Trends, in Deutsches Ärzteblatt 2004, S. 2084 – 2085, [zit.: Korzilius, Deutsches Ärzteblatt 2004]

Krieger, Gerd Partnerschaftsgesellschaftsgesetz, Eine neue Möglichkeit, in freier Praxis partnerschaftlich zusammenzuarbeiten, in MedR 1995, S. 95 – 98, [zit.. Krieger, MedR 1995]

Kruse, Heinrich Wilhelm Die Vererbung des Mitgliedschaftsrechts an der offenen Handelsgesellschaft im Falle der Nachfolgeklausel, in Ius et commercium, Studien zum Handels- und Wirtschaftsrecht, Festschrift für Franz Laufke zum 70. Geburtstag, Würzburg 1971, S. 179 – 191, [zit.: Kruse, FS Laufke]

Kuhls, Clemens Steuerberatungsgesetz, Praktikerkommentar mit Schwerpunkten zum Berufsrecht der Steuerberater, 2. Aufl., Herne, Berlin 2004, [zit.: Bearbeiter in: Kuhls, StBerG], 1. Aufl., Herne, Berlin 1995, [zit.: Bearbeiter in: Kuhls, StBerG (1. Aufl.)]

Lange, Heinrich / Kuchinke, Kurt Lehrbuch des Erbrechts, 4. Aufl., München 1995, [zit.: Lange / Kuchinke, Erbrecht]

Leipold, Dieter Erbrecht, 13. Aufl., Tübingen 2000, [zit.: Leipold, Erbrecht]

Lenz, Tobias Die Partnerschaft – alternative Gesellschaftsform für Freiberufler?, in MDR 1994, S. 741 – 746, [zit.: Lenz, MDR 1994]

Lenzen, Bernd / Ettmann, Carsten Ertragswert- und Umsatzmethode zur Bewertung von Rechtsanwaltskanzleien, in BRAK-Mitt. 2005, S. 13 – 17, [zit.: Lenzen / Ettmann, BRAK-Mitt. 2005]

Lerch, Klaus Sozietät zwischen Anwaltsnotaren und Wirtschaftsprüfern, in NJW 1999, S. 401 – 403, [zit.: Lerch, NJW 1999]

Leutheusser-Schnarrenberger, Sabine Die Partnerschaftsgesellschaft – nationale und EG-rechtliche Bestrebungen zu einem Sondergesellschaftsrecht für die freien Berufe,
in Für Recht und Staat,
Festschrift für Herbert Helmrich zum 60. Geburtstag,
München 1994, S. 677 – 683,
[zit.: Leutheusser-Schnarrenberger, FS Helmrich].

Liebisch, Arnold Über die Rechtsstellung der Erben eines offenen Handelsgesellschafters,
in ZHR 116 (1954), S. 128 – 188,
[zit.: Liebisch, ZHR 116 (1954)]

Liebold, Rolf / Zalewski, Thomas Kassenarztrecht,
Band II, Abschnitte C bis L,
5. Aufl., 43. Lieferung, Berlin, Wiesbaden 2002,
[zit.: Liebold / Zalewski, Kassenarztrecht]

Maaßen, Hans Joachim Sozialgesetzbuch,
Fünftes Buch – SGB V,
Gesetzliche Krankenversicherung GKV,
Kommentar,
Loseblattsammlung, Stand: Heidelberg 2000,
[zit.: Bearbeiter in: Maaßen, GKV]

Mahnke, Lutz Das Partnerschaftsgesellschaftsgesetz,
in WM 1996, S. 1029 – 1037,
[zit.: Mahnke, WM 1996]

Marotzke, Wolfgang „Höferechtliche Tendenzen“ und dogmatische Lösungen bei der Beerbung des Mitglieds einer offenen Handelsgesellschaft,
in AcP 184 (1984), S. 541 – 583,
[zit.: Marotzke, AcP 184 (1984)]

Marotzke, Wolfgang Weitestmögliche Sicherung des Fortbestands von Unternehmen? Ein Zwischenruf zum geplanten § 131 Abs. 2 Satz 1 Nr. 1 HGB,
in ZEV 1997, 389 – 395,
[zit. Marotzke, ZEV 1997]

Maunz, Theodor / Dürig, Günter Grundgesetz,
Kommentar,
Band II, Art. 12 – 20,
Loseblattsammlung, Stand München 2003,
[zit.: Bearbeiter in: Maunz / Dürig, GG]

Mayer, Dieter Testamentsvollstreckung am Kommanditanteil – Voraussetzungen und Rechtsfolgen –,
in ZIP 1990, S. 976 – 979,
[zit.: Mayer, ZIP 1990]

Mayer, Ulrich Der Abfindungsausschluss im Gesellschaftsrecht: pflichtteilsfester Vermögenstransfer am Nachlass vorbei?,
in ZEV 2003, S. 355 – 358,
[zit.: Mayer, ZEV 2003]

Mayr, Johann Rechtsnachfolge bei Freiberufler-Gesellschaften,
Erb- und gesellschaftsrechtliche Fragen,
in ZEV 1996, S. 321 – 327,
[zit.: Mayr, ZEV 1996]

Mazza, Francesca Die Haftung des neu eintretenden Partners für Alt-Verbindlichkeiten der Partnerschaft aus Schäden wegen fehlerhafter Berufsausübung,
in BB 1997, S. 746 – 750,
[zit.: Mazza, BB 1997]

Meilicke, Wienand / Graf v. Westphalen, Friedrich / Hoffmann, Jürgen / Lenz, Tobias
Partnerschaftsgesellschaftsgesetz – Kurzkommentar,
München 1995,
[zit.: Bearbeiter in: Meilicke u.a., PartGG]

Meng, Dietrich
Neue Regelungen zur Bildung von Sozietäten und Bürogemeinschaften nach dem 6. Steuerberatungsänderungsgesetz,
in StB 1995, S. 130 – 132,
[zit.: Meng, StB 1995]

Merkner, Andreas
Interprofessionelle Zusammenarbeit von Wirtschaftsprüfern, Steuerberatern und Rechtsanwälten in der GmbH,
in AnwBl 2004, S. 529 – 534,
[zit.: Merkner, AnwBl 2004]

Michalski, Lutz
Zum Regierungsentwurf eines Partnerschaftsgesellschaftsgesetzes,
in ZIP 1993, S. 1210 – 1214,
[zit.: Michalski, ZIP 1993]

Michalski, Lutz
Das Gesellschafts- und Kartellrecht der berufsrechtlich gebundenen freien Berufe,
Köln 1989,
[zit.: Michalski, Das Gesellschafts- und Kartellrecht]

Michalski, Lutz
Gesellschaftsrechtliche Gestaltungsmöglichkeiten zur Perpetuierung von Unternehmen,
Ein Beitrag zur Unternehmensnachfolge in der Familiengesellschaft,
Hamburg 1980,
[zit.: Michalski, Perpetuierung von Unternehmen]

Michalski, Lutz Zur Zulässigkeit von Mehrpersonensozietäten bei Nur-Notaren, in ZIP 1996, S. 11 – 16, [zit.: Michalski, ZIP 1996]

Michalski, Lutz Nachfolgeregelungen in Personengesellschaften, Neuere Entwicklungstendenzen, in DB 1980, Beilage Nr. 5, S. 1 – 24, [zit.: Michalski, DB 1980, Beilage Nr. 5]

Michalski, Lutz / Römermann, Volker PartGG – Kommentar zum Partnerschaftsgesellschaftsgesetz, 2. Aufl., Köln 1999, [zit.: Michalski / Römermann, PartGG]

Michalski, Lutz / Römermann, Volker Vertrag der Partnerschaftsgesellschaft, 3. Aufl., Köln 2002, [zit.: Michalski / Römermann, Vertrag der Partnerschaftsgesellschaft]

Michalski, Lutz / Römermann, Volker Interprofessionelle Zusammenarbeit von Rechtsanwälten, in NJW 1996, S. 3233 – 3239, [zit.: Michalski / Römermann, NJW 1996]

Mittelsteiner, Karl-Heinz Das neue Berufsrecht der Steuerberater, in DStR 1994, Beihefter zu Heft 37, S. 1 – 49, [zit.: Mittelsteiner, DStR 1994]

Möller, Karl-Heinz Gemeinschaftspraxis zwischen Privatarzt und Vertragsarzt, in MedR 2003, S. 195 – 199, [zit.: Möller, MedR 2003]

Münchener Handbuch
Münchener Handbuch des Gesellschaftsrechts,
Band 1, BGB-Gesellschaft, Offene Handelsgesellschaft, Partnerschaftsgesellschaft, Partenreederei, EWIV
hrsg. v. Bodo Riegger und Lutz Weipert,
München 1995,
[zit.: Münchener Handbuch-Bearbeiter]

Münchener Kommentar
Münchener Kommentar zum Bürgerlichen Gesetzbuch,
Band 5, Schuldrecht, Besonderer Teil III, §§ 705 – 853,
Partnerschaftsgesellschaftsgesetz, Produkthaftungsgesetz,
4. Aufl., München 2004,
[zit.: MünchKommBGB-Bearbeiter, PartGG],
Band 8, Familienrecht II, §§ 1589 – 1921, SGB VII,
4. Aufl., München 2000,
[zit.: MünchKommBGB-Bearbeiter]
Band 9, Erbrecht, §§ 1922 – 2385, §§ 27 – 35 BeurkG,
4. Aufl., München 2004,
[zit.: MünchKommBGB-Bearbeiter]
3. Aufl., München 1997,
[zit.: MünchKommBGB-Bearbeiter (3. Aufl.)]

Muscheler, Karlheinz
Universalsukzession und Vonselbsterwerb, Die rechtstechnischen Grundlagen des deutschen Erbrechts,
Tübingen 2002,
[zit.: Muscheler, Universalsukzession und Vonselbsterwerb]

Muscheler, Karlheinz Die Haftungsordnung der Testamentsvollstreckung,
Tübingen 1994,
[zit.: Muscheler, Die Haftungsordnung der Testamentsvollstreckung]

Muscheler, Karlheinz Der Mehrheitsbeschluss in der Erbengemeinschaft,
Teil 1 in ZEV 1997, S. 169 – 175,
Teil 2 in ZEV 1997, S. 222 – 233,
[zit.: Muscheler, ZEV 1997]

Muscheler, Karlheinz Testamentsvollstreckung über Erbteile,
in AcP 195 (1995), S. 35 – 73,
[zit.: Muscheler, AcP 195 (1995)]

Narr, Helmut / Hess, Rainer Ärztliches Berufsrecht,
Ausbildung, Weiterbildung, Berufsausübung,
Band II,
2. Aufl., 12. Ergänzungslieferung – Stand 1.7.1994, Köln,
[zit.: Narr / Hess, Ärztliches Berufsrecht]

Nentwig, Wolf M. / Bonvie, H. / Hennings, S. Das Partnerschaftsgesellschaftsgesetz: Die berufliche Zusammenarbeit von Medizinern,
Mainz 1995,
[zit.: Nentwig / Bonvie / Hennings, Das Partnerschaftsgesellschaftsgesetz]

Noske, Esther Beratungen und Ergebnisse des 65. Deutschen Juristentages in Bonn 2004,
in ZRP 2004, S. 242 – 244,
[zit.: Noske, ZRP 2004]

Oertzen, Christian v. / Hannes, Frank ZEV-Report Gesellschaftsrecht / Unternehmensnachfolge,
in ZEV 2004, S. 130 – 132,
[zit.: v. Oertzen / Hannes, ZEV 2004]

Palandt Bürgerliches Gesetzbuch
64. Aufl., München 2005
[zit.: Palandt-Bearbeiter]

Platz, Jürgen Bewertung einer Steuerberater-Praxis,
in INF (die Information für Steuerberater- und Wirtschaftsprüfer) 2000, S. 310 – 313,
[zit.: Platz, INF 2000]

Posegga, Volker Die Beteiligung eines in Sozietät verbundenen Rechtsanwaltes an einer Steuerberatungsgesellschaft mbH,
in NJW 2004, S. 3228 – 3230,
[zit.: Posegga, NJW 2004]

Ratzel, Rudolf / Lippert, Hans-Dieter Kommentar zur Musterberufsordnung der deutschen Ärzte (MBO),
3. Aufl.; Berlin, Heidelberg, New York 2002,
[zit.: Ratzel / Lippert, MBO-Ärzte]

Rau, Stephan Neue gesellschaftsrechtliche Organisationsformen ärztlicher Tätigkeit,
in DStR 2004, S. 640 – 643,
[zit.: Rau, DStR 2004]

Rauch, Horst Die erbrechtliche Rechtsnachfolge eines Miterben in die Mitgliedschaft eines Personalgesellschafters,
in DNotZ 1970, S. 78 – 93,
[zit.: Rauch, DNotZ 1970]

Reimann, Wolfgang Die qualifizierte Nachfolgeklausel – Gestaltungsmittel und Störfaktor,
in ZEV 2002, S. 487 – 493,
[zit.: Reimann, ZEV 2002]

Reinicke, Manfred / Leibner, Wolfgang
Die Unternehmensnachfolgeberatung – typische Fehlerquellen und ihre Vermeidung, NWB 2004, S. 547 – 554, [zit.: Reinicke / Leibner, NWB 2004]

Richter, Bernd
Die Abfindung ausscheidender Gesellschafter unter Beschränkung auf den Buchwert, Zulässigkeit und Grenzen privatautonomer Gestaltung, München 2002, [zit.: Richter, Die Abfindung ausscheidender Gesellschafter unter Beschränkung auf den Buchwert].

Richter, Ronald
Das Gesetz zur Modernisierung der gesetzlichen Krankenversicherung, in DStR 2004, S. 320 – 324, [zit.: Richter, DStR 2004]

Riedel, Christopher H.
Gesellschaftsvertragliche Nachfolgeregelungen – Auswirkungen auf Pflichtteil und Erbschaftssteuer, in ZErb 2003, S. 212 – 221, [zit.: Riedel, ZErb 2003]

Ring, Gerhard
Die Partnerschaftsgesellschaft, Erläuterungen mit Muster, Bonn 1997, [zit.: Ring, Die Partnerschaftsgesellschaft]

Röhricht, Volker / Graf v. Westphalen, Friedrich (Hrsg.)
Handelsgesetzbuch, Kommentar zu Handelsstand, Handelsgesellschaften, Handelsgeschäften und besonderen Handelsverträgen, 2. Aufl., Köln 2001, [zit.: Bearbeiter in: Röhricht / Graf v. Westphalen, HGB]

Rokas, Nikolaos Die Teilhaberschaft an der offenen Handelsgesellschaft und ihre Vererbung, Berlin 1965, [zit.: Rokas, Die Teilhaberschaft]

Römermann, Volker Neues im Recht der Partnerschaftsgesellschaft, in NZG 1998, S. 675 – 678, [zit.: Römermann, NZG 1998]

Römermann, Volker / Spönemann, Frank Gesellschaftsformen für Rechtsanwälte – Berufsrecht, Gesellschaftsrecht, Steuerrecht, in NZG 1998, S. 15 – 20, [zit.: Römermann / Spönemann, NZG 1998]

Rüthers, Bernd Die privatautonome Gestaltung der Vererbung des Anteils an einer Offenen Handelsgesellschaft durch eine beschränkte Nachfolgeklausel, in AcP 168 (1968), S. 263 – 285, [zit.: Rüthers, AcP 168 (1968)]

Säcker, Franz-Jürgen Gesellschaftsvertragliche und erbrechtliche Nachfolge in Gesamthandsmitgliedschaften, Eine Analyse der unterschiedlichen gesetzlichen Ordnungsstrukturen, Bad Homburg, Berlin, Zürich, 1970, [zit.: Säcker, Gesellschaftsvertragliche und erbrechtliche Nachfolge]

Schallen, Rolf Zulassungsverordnung für Vertragsärzte (Ärzte-ZV), Vertragszahnärzte (Zahnärzte-ZV), Medizinische Versorgungszentren, Psychotherapeuten, Kommentar, 4. Aufl., Sankt Augustin 2004, [zit.: Schallen, Ärzte-ZV]

Scharlach, Heiko / Hoffmann, Uwe
Die Partnerschaftsgesellschaft – auf Umwegen zum Erfolg,
in WM 2000, S. 2082 – 2088,
[zit.: Scharlach / Hoffmann, WM 2000]

Schiedermair, Rudolf / Pieck, Johannes
Apothekengesetz,
Kommentar und Materialien zum Bundesgesetz über das Apothekenwesen,
2. Aufl., Frankfurt am Main 1974,
[zit.: Schiedermair / Pieck, ApothG]

Schippel, Helmut
Bundesnotarordnung,
Kommentar,
7. Aufl., München 2000,
[zit.: Schippel, BNotO]

Schirmer, Horst Dieter
Berufsrechtliche und kassenarztrechtliche Fragen der ärztlichen Berufsausübung in Partnerschaftsgesellschaften,
Teil 1 in MedR 1995, S. 341 - 352,
Teil 2 in MedR 1995, S. 383 - 390,
[zit.: Schirmer, MedR 1995]

Schlegelberger, Franz (Hrsg.)
Handelsgesetzbuch,
Band III / 1. Halbband, §§ 105 - 160,
5. Aufl., München 1992,
[zit.: Schlegelberger-Bearbeiter, HGB],
4. Aufl., Berlin, Frankfurt a.M. 1965,
[zit.: Schlegelberger-Bearbeiter, HGB (4. Aufl.)]

Schmidt, Karsten
Die Freiberufliche Partnerschaft
Zum neuen Gesetz zur Schaffung von Partnerschaftsgesellschaften,
in NJW 1995, S. 1 – 7,
[zit.: Schmidt, NJW 1995]

Schmidt, Karsten Partnerschaftsgesetzgebung zwischen Berufsrecht, Schuldrecht und Gesellschaftsrecht
Ein Alternativvorschlag zum Entwurf eines Partnerschaftsgesellschaftsgesetzes,
in ZIP 1993, S. 633 – 652,
[zit.: Schmidt, ZIP 1993]

Schmidt, Karsten Gesellschaftsrecht,
4. Aufl., Köln, Berlin, Bonn, München 2002,
[zit.: Schmidt, Gesellschaftsrecht],
3. Aufl., Köln, Berlin, Bonn, München 1997,
[zit.. Schmidt, Gesellschaftsrecht (3. Aufl.)]

Schmidt, Karsten Das Handelsrechtsreformgesetz,
in NJW 1998, S. 2161- 2169,
[zit.: Schmidt, NJW 1998]

Schmuck, Thomas Die Anwalts-AG nach französischem Recht,
in RIW 1993, S. 983 – 988,
[zit.: Schmuck, RIW 1993]

Schnapp, Friedrich E. / Wigge, Peter Handbuch des Vertragsarztrechts: das gesamte Kassenarztrecht,
München 2002,
[zit.: Bearbeiter in: Schnapp / Wigge, Hdb. des VertragsarztR]

Schönke, Adolf / Schröder, Horst Strafgesetzbuch,
Kommentar,
26. Aufl., München 2001,
[zit.: Bearbeiter in: Schönke / Schröder, StGB]

Schulze zur Wiesche, Dieter Die freiberufliche Praxis,
Veräußerung, Aufnahme eines Juniorpartners, vorweggenommene Erbfolge, Erbfall,
in BB 1995, S. 593 – 605,
[zit.: Schulze zur Wiesche, BB 1995]

Schulze zur Wiesche, Dieter Steuerliche Anerkennung von interprofessionellen Mitunternehmerschaften als freiberufliche Mitunternehmerschaften,
in DStR 2001, S. 1589 – 1592,
[zit.: Schulze zur Wiesche, DStR 2001]

Seibert, Ulrich Zum neuen Entwurf eines Partnerschaftsgesetzes,
in AnwBl 1993, S. 155 – 157,
[zit.: Seibert, AnwBl 1993]

Seibert, Ulrich Die Partnerschaft für die Freien Berufe,
in DB 1994, S. 2381 – 2384,
[zit.: Seibert, DB 1994]

Seibert, Ulrich Die Partnerschaft für die Freien Berufe,
in ZIP 1993, S. 1197-1201,
[zit.: Seibert, ZIP 1993]

Seibert, Ulrich EG-Gesellschaftsrecht
– Die grenzüberschreitende Ausübung freiberuflicher Tätigkeiten in einer besonderen Rechtsform?,
in WR 1993, S. 185 – 186,
[zit.: Seibert, WR 1993]

Seibert, Ulrich Ein Jahr Partnerschaftsgesellschafts-Gesetz,
in GmbHR 1996, S. 153 R,
[zit.: Seibert, GmbHR 1996]

Seibert, Ulrich (Hrsg.) Die Partnerschaft – Eine neue Gesellschaftsform für die Freien Berufe
Text – Einführung – Materialien,
Bonn 1994,
[zit.: Seibert, Die Partnerschaft]

Siebert, Wolfgang Gesellschaftsvertrag und Erbrecht bei der Offenen Handelsgesellschaft,
Vortrag gehalten vor der Juristischen Studiengesellschaft in Karlsruhe am 2. Juli 1954,
3. Aufl., Karlsruhe 1958,
[zit.: Siebert, Gesellschaftsvertrag und Erbrecht]

Siebert, Wolfgang Nachfolge eines Miterben in die Gesellschafterstellung bei der offenen Handelsgesellschaft,
in BB 1957, S. 18 – 20,
[zit.: Siebert, BB 1957]

Siebert, Wolfgang Die Rechtsnachfolge beim Tode eines Gesellschafters einer offenen Handelsgesellschaft II.,
in BB 1956, S. 837 – 838,
[zit.: Siebert, BB 1956]

Siegmann, Matthias Personengesellschaftsanteil und Erbrecht, Ein Beitrag zu Grundlagen und Einzelfragen des Rechts der Anteilsvererbung,
Berlin 1992,
[zit.: Siegmann, Personengesellschaftsanteil und Erbrecht]

Siegmann, Matthias Zur Fortbildung des Rechts der Anteilsvererbung,
Grundlagen und aktuelle Fragen im Zivil- und Ertragssteuerrecht,
in NJW 1995, S. 481 – 487,
[zit.: Siegmann, NJW 1995]

Sistermann, Christian Steuerliche Behandlung der Rechtsnachfolge bei Freiberufler-Gesellschaftern, in ZEV 1998, S. 166 – 175, [zit.. Sistermann, ZEV 1998]

Soergel, Hans Theodor Bürgerliches Gesetzbuch: mit Einführungsgesetz und Nebengesetzen, Band 4, Schuldrecht III, §§ 705 – 853, 11. Aufl., Stuttgart, Berlin, Köln, Mainz 1985, [zit.: Soergel-Bearbeiter]

Staub, Hermann (Hrsg.) Großkommentar zum Handelsgesetzbuch, 2. Band, 1. Halbband, §§ 105 – 144, 3. Aufl., Berlin, New York 1973, [zit.: GroßkommHGB-Bearbeiter]

Steinhilper, Gernot Fortführung der Arztpraxis nach GSG – Praxisnachfolge in gesperrten Gebieten, Zur praktischen Anwendung der Fortführungsregelung (§ 103 Abs. 4 bis 6 SGB V) aus der Sicht der Verwaltung (Kassenärztliche Vereinigung/Zulassungsausschuss), in MedR 1994, S. 227 – 233, [zit.: Steinhilper, MedR 1994]

Steinkraus, Astrid / Schaaf, Christian Zur Einführung: Das Berufsrecht der Rechtsanwälte, in JuS 2001, S. 275 – 279, [zit.: Steinkraus / Schaaf, JuS 2001]

Storg, Peter Qualifizierte Nachfolge in Gesellschaftsanteile nach neuester Rechtslage, in DStR 2002, S. 1384 – 1387, [zit.: Storg, DStR 2002]

Stürner, Rolf / Bormann, Jens
Der Anwalt – vom freien Beruf zum dienstleistenden Gewerbe? – Kritische Gedanken zur Deregulierung des Berufsrechts und zur Aushöhlung der anwaltlichen Unabhängigkeit,
in NJW 2004, S. 1481 – 1492,
[zit.: Stürner / Bormann, NJW 2004]

Trautmann, Arnim
Die vertragsarztrechtlichen Voraussetzungen der gemeinschaftlichen Berufsausübung von Ärzten nach § 33 Abs. 2 Ärzte-ZV,
in NZS 2004, S. 238 – 246,
(Trautmann, NZS 2004]

Ulmer, Peter
Gesellschafternachfolge und Erbrecht,
in ZGR 2 / 1972, Teil 1: S. 195 – 222, Teil 2: S. 324 – 344,
[zit.: Ulmer, ZGR 2 / 1972]

Ulmer, Peter
Gesellschaft bürgerlichen Rechts und Partnerschaftsgesellschaft,
Systematischer Kommentar
4. Aufl.; München 2004,
[zit.: Ulmer, Gesellschaft bürgerlichen Rechts und Partnerschaftsgesellschaft]

Ulmer, Peter
Die Haftungsverfassung der BGB-Gesellschaft,
Stand und Perspektiven im Lichte neuer BGH-Urteile,
in ZIP 2003, S. 1113 – 1122,
[zit.: Ulmer, ZIP 2003]

Ulmer, Peter
Testamentsvollstreckung am Kommanditanteil – Voraussetzungen und Rechtsfolgen,
in NJW 1990, S. 73 – 83,
[zit.: Ulmer, NJW 1990]

Ulmer, Peter / Habersack, Mathias
Die Haftungsverfassung der Partnerschaftsgesellschaft,
in Festschrift für Hans Erich Brandner zum

70. Geburtstag,
Köln 1996, S. 151 – 166,
[zit.: Ulmer / Habersack, FS Brandner]

v. Staudinger, Julius
Kommentar zum Bürgerlichen Gesetzbuch,
Buch 2, Recht der Schuldverhältnisse,
§§ 705 – 740,
13. Bearb., Berlin 2003,
[zit.: Staudinger-Bearbeiter (2003)],
Buch 5, Erbrecht,
§§ 1992 – 1966,
Neubearbeitung, Berlin 2000,
[zit.: Staudinger-Bearbeiter (2000)],
13. Bearb., Berlin 1994,
[zit.: Staudinger-Bearbeiter (1994)],
11. Aufl., Berlin 1954,
[zit.: Staudinger-Bearbeiter (1954)],
10. Aufl., Berlin 1937,
[zit.: Staudinger-Bearbeiter (1937)]

Wahl, Andreas
Kooperationsstrukturen im Vertragsarztrecht,
Diss. Berlin 2001,
[zit.: Wahl, Kooperationsstrukturen im Vertragsarztrecht]

Wannagat, Georg
Sozialgesetzbuch,
Kommentar zum gesamten Recht des Sozialgesetzbuchs,
Loseblattsammlung, Stand: München 2004,
[zit.: Bearbeiter in: Wannagat, SGB V]

Wegmann, Bernd
Gesellschaftsvertragliche Gestaltungen zur Pflichtteilsreduzierung,
in ZEV 1998, S. 135 - 137,
[zit.: Wegmann, ZEV 1998]

Weipert, Lutz
Die Erbengemeinschaft als Mitglied einer Personengesellschaft,
in ZEV 2002, S. 300 – 304,
[zit.: Weipert, ZEV 2002]

Wertenbruch, Johannes
Die vertagliche Bindung der Kassenarztzulassung eines Gesellschafters an die Ärzte-Personengesellschaft,
in NJW 2003, S. 1904 – 1908,
[zit.: Wertenbruch, NJW 2003]

Wertenbruch, Johannes
Veräußerung und Vererbung des Anteils an einer vertragsärztlichen Berufsausübungsgesellschaft (Partnerschaft und BGB-Gesellschaft),
in MedR 1996, S. 485 – 492,
[zit.: Wertenbruch, MedR 1996]

Westermann, Harm (Hrsg.)
Handbuch der Personengesellschaften, Systematische Darstellung in gesellschaftsrechtlicher, betriebswirtschaftlicher, steuerrechtlicher und arbeitsrechtlicher Sicht,
Band 1, Gesellschaftsrecht,
4. Aufl., Köln 1994,
[zit.: Westermann, Personengesellschaften I]

Westermann, Harm Peter
Haftung für Nachlassschulden bei Beerbung eines Personengesellschafters durch eine Erbengemeinschaft,
in AcP 173 (1973), S. 24 – 45,
[zit.: Westermann, AcP 173 (1973)]

Wiedemann, Herbert
Die Übertragung und Vererbung von Mitgliedschaftsrechten bei Handelsgesellschaften,
München, Berlin 1965,
[zit.: Wiedemann, Die Übertragung und Vererbung]

Wigge, Peter
Medizinische Versorgungszentren nach dem GMG,
in MedR 2004, S. 123 – 134,
[zit.: Wigge, MedR 2004]

Winkler, Christian
Reduzierung der Ansprüche der bei der Gesellschafter-Nachfolge übergangenen Pflichtteilsberechtigten durch gesellschaftsvertragliche Abfindungsklauseln?,
in BB 1997, S. 1697 – 1704,
[zit.: Winkler, BB 1997]

Wolf, Marc
Die Haftung des Gesellschaftererben für Verbindlichkeiten einer Personengesellschaft,
in DB 2003, S. 1423 – 1430,
[zit.. Wolf, DB 2003]

Zuck, Rüdiger
Ungelöste Probleme der anwaltlichen Berufsordnung,
in NJW 1999, S. 263 – 265,
[zit.: Zuck, NJW 1999]

A. Einleitung

Die Zahl der Selbstständigen und abhängig Beschäftigten in den Freien Berufen[1] hat sich dynamisch entwickelt; sie wuchs in den letzten zehn Jahren auf rund drei Millionen an.[2] Von entsprechender Bedeutung sind die für diese Berufsgruppe bestehenden wirtschaftlichen und rechtlichen Rahmenbedingungen. Zu den Letzteren gehört die immer wichtigere Frage der erbrechtlichen Gesellschafternachfolge. So geht aus einer Veröffentlichung des Instituts für Mittelstandsforschung der Universität Mannheim aus dem Jahre 2003[3] über die entscheidenden Motive für einen Rechtsformwechsel hervor, dass nach den Haftungsfragen an die zweite Stelle neuerdings Nachfolgefragen getreten sind und die steuerliche Belastung als Motiv von dort verdrängt haben.[4] Auch eine Rechtsform wie die Partnerschaftsgesellschaft kann langfristig nur bestehen, wenn sie adäquate Antworten darauf bietet, wie sich die erbrechtliche Nachfolge im Einzelnen regelt. Mögen die hiermit zusammenhängenden Probleme wegen des relativ kurzen Bestehens des Partnerschaftsgesellschaftsgesetzes (PartGG)[5] seit 1995 bislang noch nicht stark in den Vordergrund getreten sein, so wird sich dies mit fortschreitender Geltungsdauer zunehmend ändern. Dies verdeutlicht die Notwendigkeit einer den Gegenstand der vorliegenden Arbeit bildenden Untersuchung der erbrechtlichen Nachfolge in der Partnerschaftsgesellschaft.

Bei einer Rechtsform für Freiberufler ist eine solche Untersuchung nicht zu trennen von einer ausführlichen Einbeziehung des auch in der Partnerschaftsgesellschaft zu beachtenden Berufsrechts der Freien Berufe. So kann der Anteil an einer Partnerschaftsgesellschaft nur vererblich gestellt werden, wenn der Erbe

---

[1] Im Gesetzgebungsverfahren zum Partnerschaftsgesellschaftsgesetz (PartGG) wurde aufgrund einer Beschlussempfehlung des Rechtsausschusses des Bundestages (BT-Drucks. 12/7642, S. 11) die Großschreibung des Begriffes „Freier Beruf" beschlossen. Dies geschah trotz entgegengesetzter Stellungnahme der Gesellschaft für deutsche Sprache e.V. (im Einzelnen hierzu Seibert, Die Partnerschaft, S. 54 f.). Sprachwissenschaftlich verstößt diese Rechtschreibung gegen § 63 der amtlichen Regelung der deutschen Rechtschreibung (Duden, Band 1, Die deutsche Rechtschreibung, 21. Auflage, Mannheim 1996, S. 892). In der Literatur zur Partnerschaftsgesellschaft finden sich beide Versionen (Kleinschreibung z.B. bei Michalski / Römermann, PartGG; Großschreibung z.B. bei Seibert, Die Partnerschaft). Ich schließe mich aufgrund der gesetzgeberischen Vorgaben der Großschreibung an.

[2] Bericht der Bundesregierung über die Lage der Freien Berufe (Juni 2002), Dokumentation Nr. 509, S. 2, zu finden unter http://www.bmwi.de/Redaktion/Inhalte/Downloads/bericht-der-bundesregierung-freie-berufe.pdf,property=pdf.pdf.; Mitteilung der Kommission: „Bericht über den Wettbewerb bei freiberuflichen Dienstleistungen" S. 7 f., http://europa.eu.int/eurlex/de/com/cnc/2004/com2004_0083de01.pdf.

[3] Grüne Reihe Nr. 57 „Rechtsformwahl im Mittelstand" S. 28 f.

[4] Siehe Grüne Reihe (Fn. 3), S. 35.

[5] Gesetz über Partnerschaftsgesellschaften Angehöriger Freier Berufe (Partnerschaftsgesellschaftsgesetz – PartGG) vom 25. Juli 1994, BGBl. I, S. 1744, zuletzt geändert durch Gesetz vom 10. Dezember 2001, BGBl. I, S. 3422.

nach § 9 IV S. 2 PartGG partnerschaftsfähig ist. Dies ist er nur, wenn er als natürliche Person einen Freien Beruf i.S.v. § 1 I, II PartGG ausübt und das Berufsrecht einer Nachfolge nicht entgegensteht. Die vorliegende Arbeit möchte hier erstmals für ausgewählte Berufsgruppen ein (nahezu) vollständiges Bild der im Rahmen der Nachfolge zu beachtenden berufsrechtlichen Vorgaben und der damit einhergehenden Probleme liefern. Dabei liegt das Hauptaugenmerk auf den Freien Berufen der Rechtsanwälte, Notare, Steuerberater, Wirtschaftsprüfer und Ärzte. Neben diesem besonderen berufsrechtlichen Schwerpunkt der Abhandlung werden aber auch allgemeine Fragen, die im Rahmen von Nachfolgeklauseln im Partnerschaftsgesellschaftsvertrag sowie beim Fehlen solcher Klauseln auftreten können, behandelt. Dabei wird die Rechtslage im übrigen Personengesellschaftsrecht (insbesondere im Recht der OHG und der BGB-Gesellschaft) zugrunde gelegt und geprüft, inwieweit Besonderheiten der Partnerschaftsgesellschaft eine hiervon abweichende Beurteilung rechtfertigen. Die Darstellung des übrigen Personengesellschaftsrechts beschränkt sich dabei notwendigerweise auf eine Zusammenfassung der herrschenden Meinung und Rechtsprechung, denn der Schwerpunkt dieser Arbeit sollen die Besonderheiten des PartGG sein. Nicht Gegenstand dieser Abhandlung sind Sonderprobleme des Personengesellschaftsrechts, deren Behandlung im Rahmen der Partnerschaftsgesellschaft keine neuen Erkenntnisse erwarten lassen. Hierzu zählen beispielsweise die Nachlasszugehörigkeit des Gesellschaftsanteils, rechtsgeschäftliche Nachfolgeklauseln, Fragen der Vor- und Nacherbfolge sowie eine Behandlung von Pflichtteilsergänzungsansprüchen. Soweit einzelne Aspekte dieser Sonderprobleme für die Untersuchung relevant sind, wird darauf an der entsprechenden Stelle eingegangen.

Der Gang der Darstellung gliedert sich wie folgt: Unter B. (ab Seite 3) wird zunächst kurz das PartGG vorgestellt, um dann unter C. (ab Seite 15) die Rechtslage beim Tod eines Partners, wenn keine Nachfolgeregelung getroffen wurde, darzustellen. Unter D. (ab Seite 43) werden sodann die verschiedenen Gestaltungsmöglichkeiten zur erbrechtlichen Nachfolge im Partnerschaftsgesellschaftsvertrag erörtert. Dabei erfolgt zunächst eine eingehende Untersuchung der einfachen Nachfolgeklausel und der hierbei für die Nachfolge zu beachtenden Berufszugangs- und Berufsausübungsregelungen. Anschließend wird die Nachfolge einer Erbengemeinschaft in einen Partnerschaftsgesellschaftsanteil sowie die Nachfolge des Erben aufgrund einer qualifizierten Nachfolgeklausel behandelt. Unter „Weitere Einzelprobleme" werden der Erwerb des Partnerschaftsgesellschaftsanteils im Wege eines Vermächtnisses und die Testamentsvollstreckung am Partnerschaftsgesellschaftsanteil untersucht. Den Schluss bildet unter E. (ab Seite 177) eine zusammenfassende Darstellung, die auch dem eiligen Leser einen Überblick verschaffen soll.

B. Das Gesetz zur Partnerschaftsgesellschaft (PartGG)

I. Die Entstehungsgeschichte und gesetzliche Änderungen

1. Überblick über erste Gesetzesinitiativen und frühere Entwürfe: 1971, 1975, 1976

Bereits in den 50er und dann verstärkt in den 60er Jahren kamen erste Forderungen nach einer speziellen Gesellschaftsform für die Freien Berufe auf.[6] Am 1. April 1971 wurde ein erster Entwurf in den Bundestag eingebracht.[7] Dieser und ein zweiter Entwurf vom 2. Juli 1975[8] blieben aber mangels Einigung folgenlos. Nach beiden Entwürfen war die Partnerschaft als juristische Person ausgestaltet, steuerlich aber wie eine Personengesellschaft zu behandeln. Im Jahr 1976 wäre dann beinahe ein Partnerschaftsgesetz entstanden. Der dritte Entwurf vom 16. Juni 1976[9] konzipierte die Partnerschaft als eine besonders ausgestaltete, partei- und namensfähige Gesellschaft bürgerlichen Rechts. Dieser Entwurf wies bereits deutliche Parallelen mit dem heutigen Gesetz auf. Nur ein Rechtsirrtum führte zum Scheitern des Vorhabens. Nachdem der Deutsche Bundestag das Partnerschaftsgesetz einstimmig in dritter Lesung verabschiedet hatte, verweigerte der Bundesrat seine Zustimmung. Dabei wurde übersehen, dass das Gesetz gar nicht zustimmungsbedürftig war.[10]

2. Das Partnerschaftsgesellschaftsgesetz von 1994

Ende der 80er Jahre begann eine neue Diskussion über die Schaffung einer eigenen Rechtsform für Freiberufler. Die Ursachen hierfür waren vielfältig. Zu nennen sind die Öffnung des europäischen Binnenmarktes und die Vergrößerung der Praxiseinheiten und deren überregionale Ausbreitung.[11] Im Jahre 1992 verabschiedete der Ausschuss des Bundestages für Wirtschaft eine Beschlussempfehlung.[12] Am 8. Januar 1993 legte der Bundesminister der Justiz einen Referentenentwurf vor.[13]

Die freiberuflichen Organisationen begrüßten den Entwurf überwiegend.[14] Teile der Rechtswissenschaft kritisierten die Grundkonzeption des Entwurfs. So wurde insbesondere die Vermischung von Gesellschafts- und Berufsrecht bemängelt und auf wesentliche Vereinfachungsmöglichkeiten durch großzügigere

---

[6] Mahnke, WM 1996, 1029.
[7] BT-Drucks. 6/2047.
[8] BT-Drucks. 7/4089.
[9] BT-Drucks. 7/5402 und 5413.
[10] Siehe Einzelheiten bei Leutheusser-Schnarrenberger, FS Helmrich, S. 677 f.
[11] Michalski / Römermann, PartGG, Einf. Rdn. 14.
[12] BT-Drucks. 12/2017.
[13] Abgedruckt in ZIP 1993, 153 (Auszug).
[14] Vergleiche Seibert, ZIP 1993, 1197, 1198.

Verweise auf das Recht der OHG hingewiesen.[15] Der daraufhin ergangene Regierungsentwurf des Bundeskabinetts vom 20. Juli 1993[16] trug diesen Bedenken zumindest durch umfangreichere Verweisungen Rechnung. Nach Berücksichtigung der vom Rechtsauschuss des Bundestages[17] vorgenommenen Änderungen wurde das Gesetz am 26. Mai 1994 einstimmig verabschiedet, nach Zustimmung des Bundesrates am 25. Juli 1994 vom Bundespräsidenten ausgefertigt und am 30. Juli 1994 im BGBl. verkündet.[18] Das Gesetz trat größtenteils am 1. Juli 1995, in Teilen bereits am 1. Mai 1995 in Kraft.[19]

3. Reformen des Gesetzes 1998, 2000

In der Literatur setzte nach dem Inkrafttreten des Partnerschaftsgesellschaftsgesetzes eine heftige Kontroverse über die Auslegung der Haftungsbegrenzungsmöglichkeit nach § 8 II PartGG a. F. ein. So war beispielsweise umstritten, ob die namentliche Benennung der Person des Haftenden zur Wirksamkeit der Haftungskonzentration erforderlich war.[20] Die Diskussion führte dazu, dass manche Autoren die Partnerschaft gänzlich ablehnten.[21] Die Kritik am Partnerschaftsgesellschaftsgesetz wuchs, als für die Angehörigen Freier Berufe die Möglichkeit eröffnet wurde, die Form der Kapitalgesellschaft, insbesondere die als zulässig anerkannte Anwalts-GmbH, zu wählen.[22] Der Gesetzgeber berücksichtigte die Kritik, indem er die Haftung in § 8 II PartGG vollständig reformierte und eine institutionelle Handelndenhaftung einführte. In § 1 II PartGG wurde als neuer Satz 1 eine Legaldefinition der Freien Berufe eingefügt. Weitere wichtige Änderungen in §§ 2, 7 und 9 PartGG standen im Zusammenhang mit dem Handelsrechtsreformgesetz vom 22. 6. 1998[23]. Der Bundestag verabschiedete

---

[15] Michalski, ZIP 1993, 1210; Bösert, DStR 1993, 1332. Beachtenswert ist insbesondere der noch zum Referentenentwurf ergangene Alternativvorschlag von Karsten Schmidt (ZIP 1993, 633f.).

[16] BT-Drucks. 12/6152.

[17] Beschlussempfehlung des Rechtsausschusses vom 20. Mai 1994, BT-Drucks. 12/7642.

[18] Gesetz zur Schaffung von Partnerschaftsgesellschaften und zur Änderung anderer Gesetze vom 25. Juli 1994, BGBl. I 1994, S. 1744.

[19] Das PartGG ist nicht zu verwechseln mit dem Lebenspartnerschaftsgesetz (LPartG). Letzteres bestimmt, unter welchen Voraussetzungen Personen des gleichen Geschlechts eine Lebenspartnerschaft gründen können.

[20] Zum Streit Graf v. Westphalen in: Meilicke u.a., PartGG, § 8 Rdn. 63 und Frangenberg, Haftungsbeschränkung und Haftungskonzentration, S. 144 f.; für namentliche Benennung etwa Schmidt, NJW 1995, 1, 6; dagegen Michalski, ZIP 1993, 1210, 1213.

[21] Henssler befürchtete durch die Partnerschaft „haftungsrechtlich zusätzliche Gefahren" (DB 1995, 1549, 1554). M. Arnold erschien die Partnerschaft aufgrund der Regelung des § 8 II PartGG a.F. „aus Sicht der Anwaltschaft jedenfalls wenig attraktiv, bewirkt nicht viel Neues und bringt in mancherlei Hinsicht sogar Rückschritte mit sich." (BB 1996, 597, 605).

[22] Michalski / Römermann, PartGG, Einf. Rdn. 24 a.

[23] Handelsrechtsreformgesetz (HRefG) vom 22. Juni 1998, BGBl. I 1998, S. 1474.

einstimmig am 18. Juni 1998 das Gesetz zur Änderung des Umwandlungsgesetzes und des Partnerschaftsgesetzes[24]. Am 1. August 1998 trat das Gesetz in Kraft.

Nachdem der Bundesfinanzhof die Partnerschaftsgesellschaft in mehreren Entscheidungen[25] überraschend als nicht vertretungsbefugt angesehen hatte, wurde im Jahre 2000 eine weitere Gesetzesänderung erforderlich. Nach Einfügung einer entsprechenden Bestimmung über die Postulationsfähigkeit der Partnerschaftsgesellschaft (§ 7 IV PartGG n.F.)[26] kann sie selbst als Prozessvertreterin bevollmächtigt werden, wobei sie durch ihre entsprechend qualifizierten Partner und Vertreter handelt. Hierdurch hat das PartGG seine heutige Form erhalten.

II. Der gesetzgeberische Zweck

Ziel des Gesetzes zur Schaffung von Partnerschaftsgesellschaften und zur Änderung anderer Gesetze vom 25.7.1994 war es, eine neue Rechtsform für die gemeinsame Berufsausübung von Freiberuflern zu schaffen. Dabei sollten die besonderen Bedürfnisse der Freien Berufe berücksichtigt und eine moderne, flexible Unternehmensträgerin auch für größere Zusammenschlüsse geschaffen werden.[27]

Der Gesetzgeber sah insbesondere in den Defiziten der bestehenden Rechtsformen die Notwendigkeit für die Schaffung einer neuen Rechtsform.[28] Die BGB-Gesellschaft sei nicht für alle wirtschaftlich wünschenswerten Zusammenschlüsse von Freiberuflern geeignet. Eine Vielzahl von Partnern und kapitalintensivere Projekte verlangten verfestigte, dauerhafte Innenstrukturen, die Namens- und Rechtsfähigkeit[29] der Gesellschaft, Haftungsbegrenzungsmöglichkeiten sowie die Publizität durch Registrierung in öffentlichen Registern. All dies fehle der BGB-Gesellschaft. Die Kapitalgesellschaft weise zwar die soeben aufgezeigten Mängel nicht auf, sie sei aber „mit dem Wesen freiberuflicher Tätigkeit nur schwer zu vereinbaren"[30]. Es müsse daher eine spezifisch freiberufliche Alternative zur Kapitalgesellschaft geschaffen werden.

---

[24] Gesetz zur Änderung des Umwandlungsgesetzes, des Partnerschaftsgesellschaftsgesetzes und anderer Gesetze vom 22. Juli 1998, BGBl. I 1998, S. 1878.

[25] BFH, NZG 1998, 900 mit Anmerkung Römermann; BFH, DStR 1999, 758; BFH, NJW 1999, 3655.

[26] Zweites Gesetz zur Änderung der Finanzgerichtsordnung und anderer Gesetze vom 19. Dezember 2000, BGBl. I, S. 1757.

[27] Siehe Regierungsbegründung zum PartGG in BT-Drucks. 12/6152, S. 1; hierzu auch Bösert, DStR 1993, 1332; Michalski, ZIP 1993, 1210; Lenz, MDR 1994, 741; Schmidt, NJW 1995, 1; Leutheusser-Schnarrenberger, FS Helmrich, S. 677.

[28] Vergleiche Regierungsbegründung zum PartGG in BT-Drucks. 12/6152, S. 1, 13 f.

[29] Der BGH hat mittlerweile auch die Teilrechtsfähigkeit der BGB-Außengesellschaft anerkannt (vergleiche BGH, ZIP 2001, 330 f.).

[30] Regierungsbegründung zum PartGG in BT-Drucks. 12/6152, S. 1.

Während des Gesetzgebungsverfahrens wurde ferner darauf hingewiesen, dass die Angehörigen Freier Berufe ihre Dienste zunehmend überregional und sogar international erbrächten. Den damit verbundenen neuen Bedürfnissen sollte entgegengekommen und gleichzeitig auch die Möglichkeit interdisziplinärer Zusammenschlüsse geschaffen werden.[31] Nach der Vollendung des europäischen Binnenmarktes am 1.1.1993 sollte überdies durch die neue Rechtsform die Wettbewerbsposition der deutschen Freiberufler verbessert werden.[32]

III. Erfolg des PartGG

Führt der Gesetzgeber eine neue Rechtsform ein, so stellt sich die Frage, inwieweit die Praxis sich dieser neuen Rechtsform bedient. Zunächst blieb die Akzeptanz der Partnerschaftsgesellschaft in Kreisen der Freiberufler hinter den Erwartungen der Gesetzesverfasser zurück.[33] Ein Jahr nach dem Inkrafttreten des PartGG zum 1.7. 1995 konnten in den Partnerschaftsregistern gerade einmal 300 Eintragungen verzeichnet werden. Geht man davon aus, dass es rund 600.000 Freiberufler gibt, so war diese Zahl überraschend gering.[34] Am stärksten wurde die neue Rechtsform dabei mit je fast 25 % von Rechtsanwälten und Steuerberatern angenommen; Wirtschaftsprüfer und Ärzte (inklusive Zahnärzte) kamen auf je rund 10 %. Stark vertreten waren auch die Ingenieure (15 %), die Architekten (10 %) und die Unternehmensberater (7 %). Von den interprofessionellen Partnerschaften, die etwa ein Drittel der Partnerschaften ausmachten, überwogen die klassischen Kooperationen wie diejenigen zwischen Rechtsanwälten, Steuerberatern und Wirtschaftsprüfern oder zwischen Kiefer- und Gesichtschirurgen mit Zahnärzten.[35] Aus Sicht der Freiberufler wurde insbesondere die Haftungsregelung des § 8 PartGG für die zurückhaltende Aufnahme der Partnerschaftsgesellschaft verantwortlich gemacht.[36] Dies bestätigt auch eine Veröffentlichung des Instituts für Mittelstandsforschung der Universität Mannheim. Danach ist das entscheidende Motiv für einen Rechtsformwechsel die Haftungsfrage.[37] Nachdem der Gesetzgeber auf diese Bedenken mit einer Verbesserung des Haftungsprivilegs des § 8 II PartGG reagiert hatte, stieg denn auch die Akzeptanz der neuen Rechtsform.[38] Gleichzeitig ging die Rechtspre-

---

[31] Regierungsbegründung zum PartGG in BT-Drucks. 12/6152, S. 13.

[32] Beschlussempfehlung des Rechtsausschusses zum PartGG in BT-Drucks. 12/7642, S. 11.

[33] MünchKommBGB-Ulmer, PartGG, Vor § 1 Rdn. 26; Scharlach / Hoffmann, WM 2000, 2082, 2084; Römermann, NZG 1998, 675; Heins, NotBZ 2001, 273, 275.

[34] So die Angaben von MünchKommBGB-Ulmer, PartGG, Vor § 1 Rdn. 26.

[35] So die Angaben von Seibert, GmbHR 1996, R 153 (zum Stand 1.7. 1996)

[36] Vergleiche nur Scharlach / Hoffmann, WM 2000, 2082, 2083 f. und Römermann, NZG 1998, 675.

[37] Veröffentlichung des Institutes für Mittelstandsforschung der Universität Mannheim, Grüne Reihe Nr. 57: Rechtsformwahl im Mittelstand, Mannheim 2003, S. 28 f., 35.

[38] Zur Neuregelung: Gesetz zur Änderung des Umwandlungsgesetzes, des Partnerschaftsgesellschaftsgesetzes und anderer Gesetze vom 22. Juli 1998, BGBl. I 1998, S. 1878; hierzu

chung in der BGB-Gesellschaft zu einer akzessorischen Gesellschafterhaftung über, so dass diese Rechtsform haftungstechnisch an Attraktivität verlor.[39] Ende 1999 belief sich die Zahl eingetragener Partnerschaften bereits auf 2903 Gesellschaften. Ende 2000 stieg diese Zahl um über 20 % weiter auf 3587 Gesellschaften. Vergleicht man die Zahlen von Ende 2000 mit denen des ersten Jahres, so lässt sich eine Steigerung von rund 1100 % ermitteln.[40] Betrachtet man beispielhaft nur die Gruppe der Rechtsanwälte, so gab es am 1.1. 1996 nicht mehr als 11 Partnerschaftsgesellschaften, am 1.1.2004 konnten aber bereits 1061 Partnerschaftsgesellschaften von Rechtsanwälten gezählt werden.[41] Vergleicht man hierzu die Akzeptanz der Rechtsanwalts-GmbH, die in Konkurrenz zur Partnerschaftsgesellschaft steht, so ist diese nicht annährend so erfolgreich: 1996 gab es 5 GmbHs und zum 1.1.2004 168 GmbHs von Rechtsanwälten.[42] Insgesamt erlauben die vorgelegten Zahlen damit für die Partnerschaftsgesellschaft eine optimistische Zukunftsprognose.

IV. Allgemeiner Überblick über die Regelungen des PartGG

1. Anwendungsbereich des PartGG

Die Partnerschaft ist nach § 1 I S. 1 PartGG nur für die in § 1 II PartGG definierten Freien Berufe zugänglich. Das Gesetz gibt hier eine Hilfestellung durch eine Legaldefinition (§ 1 II S. 1 PartGG) sowie eine beispielhafte Aufzählung (§ 1 II S. 2 PartGG). Danach werden die Freien Berufe als solche definiert, die im Allgemeinen auf der Grundlage besonderer beruflicher Qualifikation oder schöpferischer Begabung die persönliche, eigenverantwortliche und fachlich unabhängige Erbringung von Dienstleistungen höherer Art im Interesse der Auftraggeber und der Allgemeinheit zum Inhalt haben.[43] Gesellschafter können nur natürliche Personen sein, die einen Freien Beruf aktiv ausüben (§ 1 I S. 3 PartGG).

---

ausführlich Römermann, NZG 1998, 675 f.

[39] Vergleiche insbesondere das Grundsatzurteil des BGH aus dem Jahre 2001 BGHZ 146, 341, 358; zu den Auswirkungen auch auf die Partnerschaftsgesellschaft MünchKommBGB-Ulmer, PartGG, Vor § 1 Rdn. 27 mit weiteren Hinweisen.

[40] So die Angaben von MünchKommBGB-Ulmer, PartGG, Vor § 1 Rdn. 28 unter Bezugnahme auf die FGG-Statistik 2000.

[41] Vergleiche Große Mitgliederstatistik der Bundesrechtsanwaltskammer vom 1.1.1996 und vom 1.1.2004.

[42] Vergleiche Fn. 41.

[43] Diese Definition stößt teilweise auf Kritik. So wird das Fehlen des Kriteriums des Vertrauensverhältnisses bemängelt und die Praxistauglichkeit in Frage gestellt (Römermann, NZG 1998, 675, 677). Dennoch ist die Definition zu begrüßen, denn der Gesetzgeber hat sich hier zum ersten Mal an eine allgemeine Definition des Freien Berufes gewagt.

Eine weitere Einschränkung des Anwendungsbereiches des PartGG ergibt sich daraus, dass nur „Berufsausübungsgesellschaften“[44] erfasst werden (§ 1 I S. 1 PartGG). Diese sind von bloßen „Kooperationsformen“[45] zu unterscheiden, die sich etwa als Bürogemeinschaften, Praxisgemeinschaften, Arbeitsgemeinschaften oder als Interessenvereinigungen (etwa EWIV) darstellen. Im anwaltlichen Bereich wird für „Berufsausübungsgesellschaften“ der Begriff der „Sozietät“ (im Gegensatz zur Bürogemeinschaft) verwendet, im Arztwesen der der „Gemeinschaftspraxis“ (und nicht Praxisgemeinschaft). Die Termini „Berufsausübungsgesellschaft“ und „Kooperationsformen“ werden jedoch nicht einheitlich verwendet, und die Abgrenzung der beiden Formen ist umstritten.[46] Nach überwiegender Ansicht sind ein gemeinsamer Klientenstamm sowie eine gemeinsame Rechnung Voraussetzung, um von einer „Berufsausübungsgesellschaft“ und damit einer Partnerschaft sprechen zu können.[47] Demgegenüber beschränken sich die übrigen „Kooperationsformen“ auf eine gemeinsame Benutzung der sachlichen und personellen Hilfsmittel. Es gibt jedoch auch Sozietäten, die ihre Einnahmenverteilung an den individuellen Kosten und Leistungen jedes Partners orientieren. Um auch solchen Grenzfällen den Zugang zur Partnerschaft zu ermöglichen, wird teilweise für eine großzügige Betrachtung plädiert.[48]

2. Die Rechtsnatur der Partnerschaftsgesellschaft

Die Partnerschaftsgesellschaft ist in Anknüpfung an den stark personenbezogenen Charakter der freiberuflichen Tätigkeit als Personengesellschaft, also als Gesamthandsgemeinschaft[49], ausgestaltet. Aus der Verweisung in § 7 II PartGG auf § 124 HGB ergibt sich die (Teil-)Rechtsfähigkeit der Partnerschaft. Sie kann

---

[44] Näher zu diesem Begriff: Michalski, Das Gesellschafts- und Kartellrecht, S. 95.

[45] Schmidt, NJW 1995, 1, 2.

[46] Lenz in: Meilicke u.a., PartGG, § 1 Rdn. 19. Teilweise finden sich auch Begriffsbestimmungen in den einzelnen Berufsordnungen, so ausführlich noch in § 22 MBO-Ä 1997 a.F. mit weiterem Hinweis auf Kapitel D II Nr. 7-11 der (Muster-) Berufsordnung für die deutschen Ärztinnen und Ärzte – MBO-Ä 1997 – in der Fassung der Beschlüsse des 100. Deutschen Ärztetages 1997 in Eisennach, zuletzt geändert durch die Beschlüsse des 106. Deutschen Ärztetages 2003 in Köln (MBO-Ä 1997 a.F.). In der aktuellen Fassung sind diese Definitionen nicht mehr enthalten.

[47] Dies hat der BGH für die Zulassung von überörtlichen Sozietäten von Rechtsanwälten entschieden (BGH, NJW 1991, 49). Für die Übertragung auf die Partnerschaftsgesellschaft Michalski / Römermann, PartGG, § 1 Rdn. 4; ablehnend Meilicke in: Meilicke u.a., PartGG. § 6 Rdn. 30.

[48] So Meilicke in: Meilicke u.a., PartGG, § 6 Rdn. 30; nur für diese Grenzfälle zustimmend auch Michalski / Römermann, PartGG, § 1 Rdn. 4a.

[49] Näher zur Theorie der Gesamthand Buchner, AcP 169 (1969), 483; Flume, ZHR 136 (1972), 177; Schmidt, Gesellschaftsrecht, § 8 III.

daher unter ihrem Namen klagen und verklagt werden, sie ist grundbuchfähig (§ 32 GBO, § 15 GBV), insolvenz- (§ 11 II Nr. 1 InsO) und deliktsfähig.[50]

Die Partnerschaft ist eine aus der BGB-Gesellschaft entwickelte „Schwesterfigur zur OHG“[51]. Das PartGG regelt die Strukturprinzipien, verweist im Übrigen auf Einzelvorschriften des OHG-Rechts und erklärt subsidiär das Recht der BGB-Gesellschaft für anwendbar (§ 1 IV PartGG). Dies ermöglicht es, teilweise auf bestehende Literatur und Rechtsprechung zurückzugreifen, „ganze Bibliotheken gesellschaftsrechtlicher Literatur brauchen nicht neu geschrieben zu werden“[52].

3. Entstehung, Registrierung, Name der Partnerschaft

Partnerschaften entstehen in der Regel entweder durch Aufnahme eines Partners in eine vorhandene Praxis oder durch Umwandlung einer als BGB-Gesellschaft betriebenen Sozietät oder Gemeinschaftspraxis. Der Gesellschaftsvertrag bedarf der Schriftform (§ 3 I PartGG) und muss den Namen und den Sitz der Partnerschaft, die Namen und Vornamen der Partner sowie die in der Partnerschaft ausgeübten Berufe und den Gegenstand der Partnerschaft enthalten (§ 3 II PartGG).

Die Partnerschaft ist sodann in ein für diese Gesellschaftsform neu geschaffenes Partnerschaftsregister (§ 160 b FGG) einzutragen und gewinnt hierdurch erst ihre Wirksamkeit im Rechtsverkehr (§ 7 I PartGG). Das Partnerschaftsregister wird bei den Amtsgerichten weitgehend nach dem für das Handelsregister geltenden Vorschriften geführt. Auch die Publizitätsregeln des § 15 HGB finden Anwendung (§ 5 II PartGG).

Die Partnerschaft führt in beabsichtigter Abgrenzung zu den Handelsgesellschaften keine „Firma“, sondern einen „Namen“. Auf den Namen ist jedoch durch die Verweisung in § 2 II PartGG ein großer Teil der firmenrechtlichen Bestimmungen des HGB anwendbar.[53]

4. Geschäftsführung und Vertretung

Das Rechtsverhältnis der Partner untereinander unterliegt weitgehender Vertragsfreiheit und orientiert sich im Übrigen am Recht der OHG (§ 6 III S. 1

---

[50] Knoll / Schüppen, DStR 1995, 608, 610; Heins, NotBZ 2001, 273, 274; Michalski / Römermann, Vertrag der Partnerschaftsgesellschaft, Teil A, Einf. Rdn. 2; Mahnke, WM 1996, 1029, 1033; Ring, Die Partnerschaftsgesellschaft, § 7 Rdn. 16 f.; Feddersen / Meyer-Landrut, PartGG, § 7 Rdn. 2 f.; Castan, Die Partnerschaftsgesellschaft, S. 95.

[51] Der Begriff der „Schwesterfigur“ wurde erstmals von Karsten Schmidt (ZIP 1993, S. 633, 635) verwendet und anschließend in der Begründung zum Regierungsentwurf vom 20. Juli 1993 zum PartGG (BT-Drucks. 12/6152, S. 15). Mittlerweile wird er in Literatur und Praxis gewohnheitsmäßig verwendet (vergleiche statt aller nur Michalski / Römermann, PartGG, Einf. Rdn. 49).

[52] Seibert, Die Partnerschaft, S. 45.

[53] Vergleiche Regierungsbegründung zum PartGG in BT-Drucks. 12/6152, S. 25 f.

PartGG). Die dort bestehenden weitgehenden Möglichkeiten zum Ausschluss oder zur Beschränkungen der Geschäftsführungsbefugnis (vgl. §§ 114 II, 115 II HGB) sind aber durch die Vorschrift des § 6 II PartGG eingeschränkt. Einzelne Partner dürfen danach nur von der „Führung sonstiger Geschäfte“ ausgeschlossen werden.[54] Die Regelung will sicherstellen, dass die Selbständigkeit und Eigenverantwortlichkeit des Freiberuflers für alle Partner erhalten bleibt. Gleichzeitig soll die Möglichkeit einer bloßen Kapitalbeteiligung verhindert werden.[55]

Die Partnerschaft wird von den Partnern organschaftlich vertreten, und zwar im Zweifel von jedem Partner in Einzelvertretungsmacht (§ 7 III PartGG i.V.m. §§ 126, 125 HGB). Theoretisch wäre nach dieser Regelung auch ein Ausschluss eines Partners von der Vertretungsmacht möglich. Dies ist jedoch im Hinblick auf die soeben beschriebene Regelung des § 6 II PartGG problematisch und wird daher von mehreren Autoren zu Recht abgelehnt.[56]

5. Haftung

Die Partner haften nach § 8 I S. 1 PartGG für Verbindlichkeiten der Partnerschaft den Gläubigern neben dem Vermögen der Partnerschaft als Gesamtschuldner. Für Berufsfehler haftet nach § 8 II PartGG nur der mit dem Auftrag befasste Partner persönlich. Diese 1998 eingeführte gesetzliche Haftungsbeschränkung bzw. Haftungskonzentration macht vertragliche Abreden für Berufsfehler, z.B. durch Allgemeine Geschäftsbedingungen, entbehrlich.[57] Die Regelung des § 8 II PartGG stellt einen entscheidenden Vorteil der Partnerschaft gegenüber der BGB-Gesellschaft dar.

Auch in der BGB-Gesellschaft wurde immer wieder versucht, die Haftung der Gesellschafter, z.B. über entsprechende Zusätze auf Briefbögen, zu beschränken.[58] Diese einseitige Möglichkeit der Haftungsbeschränkung auf das Gesellschaftsvermögen soll jedoch seit einer Entscheidung des Bundesgerichtshofes aus dem Jahre 1999[59] nicht mehr bestehen. Der BGH verlangt nunmehr den Abschluss individueller Vereinbarungen mit den betreffenden Geschäftspartnern.

---

[54] "Sonstige Geschäfte" sind alle nicht zur beruflichen Leistung gehörenden (Seibert in: Ebenroth/Boujong/Joost, HGB, § 6 PartGG, Rdn. 2).

[55] Regierungsbegründung zum PartGG in BT-Drucks. 12/6152, S. 37.

[56] Vergleiche zu dieser Problematik: Michalski / Römermann, PartGG, § 7 Rdn. 17; Knoll / Schüppen, DStR 1995, 646; Mahnke, WM 1996, 1029, 1033 f.. Der Widerspruch zwischen § 6 II und § 7 III PartGG wurde auch in der Regierungsbegründung gesehen, aber letztlich hingenommen (BT-Drucks. 12/ 6152, S. 16 und BR-Drucks. 516/93, S. 42).

[57] Gesetz zur Änderung des Umwandlungsgesetzes, des Partnerschaftsgesellschaftsgesetzes und anderer Gesetze vom 22. Juli 1998, BGBl. I, S. 1878; vergleiche zur Neuregelung der Haftungsbestimmung Römermann, NZG 1998, 675 f.

[58] Vergleiche BGH, NJW 1985, 619; BGH, NJW-RR 1990, 867; OLG Hamm, NJW 1985, 1846.

[59] Vergleiche BGH, NJW 1999, 3483.

Überdies konnten auch zuvor schon Haftungsbeschränkungen auf Briefbögen schwerlich als Zierde einer Gesellschaft angesehen werden.

Auch weitergehende Haftungsbeschränkungen sind nach dem PartGG nicht ausgeschlossen, sofern sie sich im Rahmen des Berufsrechts und des allgemeinen Vertragsrechts (§§ 305 ff. BGB) halten.[60]

Nach § 8 III PartGG kann für einzelne Berufe auch durch Gesetz eine Haftungsbeschränkung für Ansprüche aus Schäden wegen fehlerhafter Berufsausübung auf einen bestimmten Höchstbetrag zugelassen werden, wenn zugleich eine Pflicht zum Abschluss einer Berufshaftpflichtversicherung der Partner oder der Partnerschaft begründet wird. Die Bedeutung dieser Bestimmung ist unklar.[61] Nach der Begründung zum Regierungsentwurf soll die Regelung bewirken, dass nur der formelle Gesetzgeber eine Haftungsbeschränkung zulässt und so eine Rechtszersplitterung durch divergierendes Satzungs- und Kammerrecht vermieden wird.[62] Weitgehend wird die Bestimmung als Anstoß für die Berufsrechte gesehen, unter Einführung einer Versicherungspflicht die gleichzeitige Haftungsbegrenzung auf eine Höchstsumme ausdrücklich zuzulassen.[63] Gleichzeitig mit dem Inkrafttreten des PartGG wurden einige Berufsrechte geändert. So finden sich Haftungsbeschränkungsmöglichkeiten jetzt z.B. in § 51 a I Nr. 2 BRAO und § 67 a StBerG.[64]

Änderungen im Gesellschafterbestand

Durch die Verweisung in § 9 I PartGG gelten für die Fragen des Ausscheidens eines Partners und die Auflösung der Partnerschaft die Bestimmungen des HGB und damit des Rechts der OHG. Einen besonderen Grund des Ausscheidens enthält dabei § 9 III PartGG für den Fall, dass ein Partner die erforderliche Zulassung für den Freien Beruf, den er in der Partnerschaft ausübt, endgültig verliert.

Nicht geregelt ist die Frage, ob Anteile an einer Partnerschaft übertragbar sind. Nach allgemeinen gesellschaftsrechtlichen Grundsätzen ist eine Übertragung möglich, wenn sich im Gesellschaftsvertrag eine entsprechende Regelung findet bzw. die Zustimmung aller Partner vorliegt.[65] Dies soll auch für die Part-

---

[60] Zu den Einzelheiten siehe Michalski / Römermann, PartGG, § 8 Rdn. 1 f.

[61] Michalski / Römermann sehen die Bestimmung als „Fremdkörper des Gesellschaftsrechts" an (Michalski / Römermann, PartGG, § 8 Rdn. 45; ähnlich Schmidt, NJW 1995, 1, 6).

[62] BT-Drucks. 12/6152, S. 48.

[63] Michalski / Römermann, PartGG, § 8 Rdn. 45; Schmidt, NJW 1995, 1, 6; Seibert, DB 1994, 2381, 2384.

[64] Siehe zu den einzelnen berufsrechtlichen Regelungen Michalski / Römermann, PartGG, § 8 Rdn. 51 f..

[65] Vergleiche nur BGHZ 13, 179, 185 f.; BGHZ 24, 106, 114; BGHZ 44, 229, 231; BGHZ 77, 392, 394; Schmidt, Gesellschaftsrecht, § 45 III.

nerschaftsgesellschaft gelten.[66] § 9 IV PartGG regelt schließlich Fragen der Vererblichkeit des Partnerschaftsanteils.[67]

V. Rechtsvergleichende Betrachtungen

1. Rechtslage in Österreich

In Österreich wurde zunächst über die Einführung eines „Partnerschaftsgesetzes“ – ähnlich dem späteren deutschen Modell – diskutiert. Ein entsprechender Entwurf geriet jedoch in die öffentliche Kritik.[68] Schließlich wurde 1990 das Erwerbsgesellschaftengesetz (EGG)[69] verabschiedet.[70] Das Gesetz wendet sich nicht ausschließlich an die Angehörigen Freier Berufe[71], sondern es handelt sich um eine allen Minderkaufleuten österreichischen Rechts[72] zugängliche Rechtsform, welche die Gesellschaftsformen der OHG und KG für diesen Personenkreis eröffnet. Eingeführt wurde damit die „offene Erwerbsgesellschaft“ (OEG) und die „Kommandit-Erwerbsgesellschaft“ (KEG). Die eigenständigen Regelungen des Erwerbsgesellschaftsgesetzes befinden sich in nur sechs Paragraphen, im Übrigen wird auf das HGB verwiesen. § 6 des Gesetzes enthält für die – nicht näher definierten – Freien Berufe Sonderregelungen, die an berufsrechtliche Vorschriften angeknüpfen (§ 6 I EGG). Nur freiberufliche Erwerbsgesellschaften dürfen sich „Partnerschaft“ nennen.

Interessant ist, dass sich das österreichische Recht eines Modells bedient hat, das bereits in den Entwürfen zum deutschen BGB vorgezeichnet war, jedoch nicht Gesetz geworden ist. So finden sich in den Entwürfen zum BGB Sonderregeln über eine BGB-Erwerbsgesellschaft, die eine zumindest fakultative Unterstellung unternehmenstragender Nicht-Handelsgesellschaften unter das Recht der OHG beziehungsweise der KG – ähnlich dem österreichischem Recht - möglich gemacht hätten.[73]

---

[66] Mahnke, WM 1996, 1029, 1036; Schmidt, NJW 1995, 1, 4; Heins, NotBZ 2001, 273, 274; Knoll / Schüppen, DStR 1995, 646, 649; Graf v. Westphalen in: Meilicke u.a., PartGG, § 8 Rdn. 29 f.; Feddersen / Meyer-Landrut, PartGG, § 9 Rdn. 12.

[67] Da es sich hierbei um das eigentliche Thema der vorliegenden Arbeit handelt, werden die damit zusammenhängenden Fragen erst im Weiteren behandelt.

[68] Die öffentliche Diskussion wurde vorangetrieben durch ein Gutachten von Krejcis und ein Referat von Karsten Schmidt (Michalski / Römermann, PartGG, Einf. Rdn. 61).

[69] Bundesgesetz vom 25. April 1990, ÖstBGBl. 1990, S. 257, mit Änderungen ÖstBGBl. 1991, S. 10.

[70] Nachweise zu weiterführendem Schrifttum bei Michalski / Römermann, PartGG, Einf. Rdn. 59.

[71] Der deutsche Gesetzgeber war durch eine Koalitionsvereinbarung auf die Schaffung einer Sonderrechtsform nur für die Freien Berufe festgelegt (dazu Seibert, AnwBl 1993, 155).

[72] Der Begriff der Minderkaufleute wurde in Deutschland durch das Handelsrechtsreformgesetz 1998 abgeschafft.

[73] Vergleiche § 659 BGB-E I und § 675 BGB-E II; Mahnke, WM 1996, 1029, 1030; Schmidt,

2. Rechtslage in Frankreich

Frankreich verfügte schon länger über spezifisch freiberufliche Gesellschaftstypen. Der französische Gesetzgeber hatte 1966[74] die „sociétés civiles professionnelles“ (S.C.P.), Gesellschaften für freiberufliche Zusammenarbeit mit einer eigenen Rechtspersönlichkeit, geschaffen. Seit 1992 konnten sich Angehörige Freier Berufe dann auch in einer Rechtsform zusammenschließen, die der deutschen GmbH, AG oder KGaA entspricht („Société d'Exercise Libéral“, S.E.L.).[75] Dabei schreibt das Gesetz jedoch eine personalistische Ausgestaltung der jeweiligen Kapitalgesellschaftsform vor und ordnet die gesamtschuldnerische persönliche Haftung jedes einzelnen Gesellschafters für die von ihm vorgenommenen Berufshandlungen an. Durch die Festlegung von Kapitalquoten, Mehrheitserfordernissen, Quoten für die Besetzung der Gremien und dem Erfordernis bei Aktiengesellschaften, Namensaktien auszugeben, stellt das Gesetz den bestimmenden Einfluss der in der Kapitalgesellschaft aktiv tätigen Freiberufler sicher.[76]

3. Rechtslage in England

In England steht den Angehörigen Freier Berufe die besondere Personengesellschaftsform der „partnership“ zur Verfügung. Diese erinnert an die deutsche OHG und sieht insbesondere die unbegrenzte persönliche Haftung sämtlicher Partner für die fehlerhafte Berufsausübung eines Gesellschafters vor. Der Zusammenschluss zu einer „partnership“ ist bei den Rechtsanwälten nur den so genannten „Solicitors“ vorbehalten. „Barristers“ dürfen nur in Bürogemeinschaften (so genannten „Chambers“) zusammenarbeiten. Daneben steht den Angehörigen Freier Berufe auch die Rechtsform der Kapitalgesellschaft zur Verfügung und zwar als „private limited company (Ltd.)“ oder als „public limited company (plc)“. Auch für Anwälte besteht hier keine persönliche Haftung, allerdings ist die Gesellschaft verpflichtet, eine Zusatzversicherung („top-up insurance“) abzuschließen.[77]

4. Das EU Konsultationsdokument von 1992

Die Kommission legte im Jahre 1992 ein Konsultationsdokument[78] vor. Das von dem damaligen Vizepräsidenten der Kommission, Martin Bangemann, an-

---

ZIP 1993, 633, 637.

[74] Relative aux sociétés professionnelles, loi no. 66-879 du 29. 11. 1966.

[75] Relative á l'exercise sous forme de societés des professions libérales soumises à un statut législatif ou réglementaire ou dont le titre est protégé, loi no. 90-1258 du 31.12. 1990, J.O. du 5. 1. 1991.

[76] Eingehend Schmuck, RIW 1993, 983, 984 f.; Mahnke, WM 1996, 1029, 1030.

[77] Ausführliche Darstellung der Rechtslage in England bei Bakker, AnwBl 1993, 245.

[78] „Konsultationsdokument über die grenzüberschreitende Ausübung reglementierter beruflicher Tätigkeiten in einer besonderen Rechtsform“ der EG-Kommission vom 21.9.1992 (ein

geregte Projekt sah die Schaffung einer supranationalen Gesellschaftsform „sui generis“ für berufsrechtlich reglementierte freie Berufe vor.[79] Durch das Erfordernis von Niederlassungen in mindestens zwei Mitgliedsstaaten war das Modell nur für die Fälle grenzüberschreitender Tätigkeit gedacht. Die Gesellschaft war als Kapitalgesellschaft bei gleichzeitiger persönlicher Haftung der Handelnden geplant. Das Konzept ging dabei von großen Strukturen, Eigenkapitalausstattung durch Fremdbeteiligung, von Kettenbildung und u.U. sogar von Konzernbildung aus. Das Projekt scheiterte 1992 am Widerstand der Mitgliedsstaaten und von deren Berufsverbänden, die eine Verdrängung des nationalen Berufsrechts befürchteten. Zurzeit ist nicht absehbar, ob und wann das Vorhaben einer einheitlichen EU-Rechtsform für die Freien Berufe fortgeführt wird.[80]

offizieller Verordnungsvorschlag ist nicht erstellt worden); ausführliche Darstellung des Konzeptes bei Seibert, WR 1993, 185.

[79] Leutheusser-Schnarrenberger, FS Helmrich, S. 677, 680 mit Hinweisen zu weiterführendem Schrifttum.

[80] Derzeit beschäftigt sich die Kommission der Europäischen Gemeinschaften mit der Reglementierung der Freien Berufe vor dem Hintergrund, welche wirtschaftlichen Auswirkungen diese hervorbringt und wie sich dies auf den Wettbewerb innerhalb der EU auswirkt (Mitteilung der Kommission: „Bericht über den Wettbewerb bei freiberuflichen Dienstleistungen“, http://europa.eu.int/eurlex/de/com/cnc/2004/com2004_0083de01.pdf).

C. Der Grundsatz der Unvererblichkeit des Partnerschaftsanteils

I. Die Gesetzesfolgen beim Tod eines Partners

1. Überblick über die gesetzliche Lage

Zunächst soll eine kurzer Überblick über die gesetzliche Lage beim Tod eines Partners gegeben werden. Der Tod eines Partners führt gemäß § 9 I PartGG i.V.m. § 131 III S. 1 Nr. 1 HGB zu dessen Ausscheiden aus der Partnerschaftsgesellschaft. § 9 I PartGG verweist nämlich für Fragen des Ausscheidens und der Auflösung der Partnerschaft auf die Bestimmungen der §§ 131 bis 144 HGB und damit auf das Recht der OHG.[81] Diese Verweisung regelt die Rechtsfolgen beim Tod eines Partners aber nicht vollständig. Dies hat der Gesetzgeber durch den Zusatz „soweit im Folgenden nichts anderes bestimmt ist" in § 9 I PartGG zum Ausdruck gebracht. Die Voraussetzungen für eine Vererbung des Anteils beim Tod eines Partners richten sich nach der Sonderregelung des § 9 IV PartGG. Sie modifiziert aus partnerschaftsspezifischen Gründen auch die Regelungen des § 139 HGB sowie auch die allgemeinen, zur Vererbung des OHG-Anteils entwickelten Grundsätze.[82]

2. Vergleich mit der Rechtslage im übrigen Personengesellschaftsrecht

Im Rahmen des PartGG galt von Anfang an der Grundsatz „Fortführung der Gesellschaft und Ausscheiden des Gesellschafters" statt „Auflösung der Gesellschaft durch Austritt eines Gesellschafters". Damit unterschied sich die Rechtslage in der Partnerschaftsgesellschaft anfänglich von der in der OHG und der BGB-Gesellschaft. Dies änderte sich durch das HRefG 1998[83]. Hierdurch wurden die bisher abweichend von § 131 HGB a.F. in § 9 II PartGG a.F. geregelten Fortsetzungsgründe in § 131 III Nr. 1 bis 4 HGB übernommen und somit § 9 II PartGG a. F. – der nun inhaltlich von der Verweisung in § 9 I PartGG erfasst wurde – gegenstandslos. Der Grundsatz des Ausscheidens beim Tod eines Gesellschafters gilt folglich jetzt auch in der OHG. Der Gesetzgeber des PartGG beabsichtigte 1994 vor allem eine Verfestigung der Struktur der Partnerschaft, zugleich sollte aber dem gewandelten Verständnis von Personengesellschaften Rechnung getragen werden.[84] Personengesellschaften sind heute wie Kapitalgesellschaften in erster Linie Organisationsformen für Unternehmen im weitesten Sinne. Wendepunkt dieser Entwicklung war bereits die Anerkennung der Über-

[81] Die früheren Entwürfe regelten die mit dem Ausscheiden von Partnern und der Auflösung der Gesellschaft zusammenhängenden Fragen in weit ausführlicherer Weise (vergleiche nur §§ 13 und 14 des Entwurfs zum PartGG 1971, BT-Drucks. 6/2047, S. 2 f. oder §§ 22 – 24 des Entwurfs zum PartGG 1976, BT-Drucks. 7/5402, S. 7 f.).
[82] MünchKommBGB-Ulmer, PartGG, § 9 Rdn. 13.
[83] Handelsrechtsreformgesetz (HRefG) vom 22. Juni 1998, BGBl. I 1998, S. 1474.
[84] Regierungsbegründung zum PartGG in BT-Drucks. 12/6152, S. 20.

tragbarkeit von Gesellschaftsanteilen durch den großen Zivilsenat des Reichsgerichtes im Jahre 1944[85] und die daraufhin ergangene ständige Rechtsprechung des BGH[86]. Auch das Auftreten von Mischformen wie der GmbH & Co. KG sowie die Möglichkeiten des Umwandlungsgesetzes zum Übergang von der Personen- zur Kapitalgesellschaft und umgekehrt bestätigen diese Entwicklung der Personengesellschaften, insbesondere der OHG. Persönliche Beziehungen zwischen Unternehmensgründern spielen heute in der Regel nur eine untergeordnete Rolle. Damit wird der Fortbestand des Unternehmens bei Wegfall eines Gesellschafters wichtiger als die Auflösung. Die Unternehmenskontinuität steht im Vordergrund.[87] Die Kautelarpraxis im Recht der OHG hatte dementsprechend bereits seit Jahrzehnten mit vom Grundsatz der Auflösung abweichenden gesellschaftsvertraglichen Bestimmungen gearbeitet. Für den Gesetzgeber des PartGG war die Festlegung des „Ausscheiden statt Auflösung" daher eine Selbstverständlichkeit.[88] Diese Art der gesetzlichen Nachfolgeregelung erfuhr jedoch – insbesondere im Rahmen der Neuregelung im HGB – auch Kritik. So wurde teilweise – wenig überzeugend –darauf hingewiesen, dass das Ausscheiden einem Unternehmen unter Umständen mehr schade als die Auflösung, da letztere einfach rückgängig gemacht werden könne und zudem die mit dem Ausscheiden verbundene Abfindung eine enorme Belastung für ein Unternehmen darstelle.[89]

Für die BGB-Gesellschaft gilt jedoch nach wie vor, dass die Gesellschaft beim Tod eines Gesellschafters aufgelöst wird (vgl. § 727 I BGB). Hier wird dem Umstand Rechnung getragen, dass die Erscheinungsformen der BGB-Gesellschaft vielfältiger als die der OHG sind. Die BGB-Gesellschaft erfasst sowohl die Lottotippgemeinschaft als auch ganze Unternehmenskonsortien. Das Erfordernis der Unternehmenskontinuität trifft daher nur auf den unternehmerisch tätigen Teil der Erscheinungsformen zu. Folglich ist die gesetzlich vorgesehene Auflösung bei Austritt eines Gesellschafters nach wie vor sachgerecht.[90]

---

[85] RG DNotZ 1944, 195 f. = WM 1964, 1130.

[86] BGHZ 13, 179; BGHZ 24, 106, 114; BGHZ 44, 229; BGHZ 45, 221.

[87] Für die Änderungen im Rahmen der Handelsrechtsreform bestätigend: Regierungsbegründung zum HRefG in BT-Drucks. 13/8444, S. 41 f.

[88] Regierungsbegründung zum PartGG in BT-Drucks. 12/6152, S. 20 f.; vergleiche hierzu auch Michalski / Römermann, PartGG, § 9 Rdn. 5.

[89] Schmidt, Gesellschaftsrecht, § 45 V 1. a); ders. NJW 1998, 2161, 2166. Nach Marotzke ist die Neuregelung „keine sinnvolle Vertragshilfe, sondern ein gefährlicher Fallstrick". Er unterbreitet daher den folgenden Gesetzesvorschlag: Im Zweifel Fortsetzung mit den Erben bei gleichzeitiger automatischer Umwandlung der Mitgliedschaft des Erblassers in eine Kommanditbeteiligung (Staudinger-Marotzke (2000), § 1922 Rdn. 173 f.; ders., ZEV 1997, 389, 390 f.).

[90] Regierungsbegründung zum HRefG in BT-Drucks. 13/8444, S. 42; zustimmend insofern Staudinger-Marotzke (2000), § 1922 Rdn. 168 f.

3. Die Vererbungsmöglichkeiten nach § 9 IV PartGG

Die in § 9 IV PartGG getroffene Regelung unterscheidet sich vom OHG-Recht in zweifacher Hinsicht. Zunächst kann die Vererblichkeit des Anteils eines Partners nicht generell, sondern nur für taugliche Partner i.S.v. § 1 I S. 1 PartGG angeordnet werden, d.h. der Erbe muss als natürliche Person einen Freien Beruf ausüben, welcher zulässigerweise in der Partnerschaft ausgeübt werden kann. Des Weiteren ist das Wahlrecht des Gesellschafter-Erben nach § 139 HGB eingeschränkt. Der Erbe hat nach § 9 IV S. 3 PartGG nur die Wahl zwischen dem Verbleiben in der Partnerschaft und dem Ausscheiden. Die Möglichkeit, in die Kommanditistenstellung überzutreten, besteht nicht, da das Gesetz keine Kommanditpartnerschaft kennt.[91]

In § 9 IV S. 1 PartGG bestimmt das Gesetz ausdrücklich, dass die Beteiligung an einer Partnerschaft im Grundsatz unvererblich ist.[92] Dies entspricht der generellen Interessenlage in der Partnerschaft. Denn anders als in einer Personenhandelsgesellschaft setzt § 1 I PartGG eine bestimmte berufliche Qualifikation als Grundbedingung für die Mitgliedschaft voraus. Darüber hinaus ging der Gesetzgeber der Partnerschaftsgesellschaft davon aus, dass jeder Partner aktiv und unabhängig mitarbeiten soll und somit unmittelbar zum Ansehen (oder Schaden) der Gesellschaft beiträgt. Damit ist für die verbleibenden Partner das Interesse, neue Partner selbst auswählen zu können, von vorrangiger Bedeutung.[93] Sollen die disponiblen Gesetzesfolgen vermieden werden, so ist es erforderlich, eine Nachfolgeregelung zu treffen. Der Partnerschaftsvertrag kann folgende, von der gesetzlichen Regelung abweichende, Bestimmungen enthalten:[94]

- Die Partnerschaft soll mit dem Tod eines Partners aufgelöst werden (Auflösungsklausel).

---

[91] Michalski / Römermann, PartGG, § 9 Rdn. 33; MünchKommBGB-Ulmer, PartGG, § 9 Rdn. 30; Schmidt, NJW 1995, 1, 5. Das von Karsten Schmidt in seinem Gutachten zum Entwurf eines Partnerschaftsgesetzes befürwortete Konzept einer Kommanditpartnerschaft hat sich damit nicht durchgesetzt (vergleiche Schmidt, ZIP 1993, 633, 649 f.).

[92] Nach den Entwürfen zum PartGG aus den Jahren 1971 und 1975 (vergleiche dort § 15 III S. 2 und S. 3) sollte die Beteiligung an einer Partnerschaft überhaupt nicht vererblich sein (BT-Drucks. 6/4047 und BT-Drucks. 7/4089; siehe Michalski / Römermann, PartGG, § 9 Rdn. 1).

[93] Kempter, BRAK-Mitt. 1994, 122, 124; Michalski / Römermann, PartGG, § 9 Rdn. 24; Castan, Die Partnerschaftsgesellschaft, S. 130; Regierungsbegründung zum PartGG in BT-Drucks. 12/6152, S. 21.

[94] Michalski / Römermann, PartGG, § 9 Rdn. 26 f.; MünchKommBGB-Ulmer, PartGG, § 9 Rdn. 26 f.; Hoffmann in: Meilicke u.a., PartGG, § 9 Rdn. 41 f.; Ring, Die Partnerschaftsgesellschaft, § 9 Rdn. 74 f.; Castan, Die Partnerschaftsgesellschaft, S. 130 f.; Feddersen / Meyer-Landrut, PartGG, § 9 Rdn. 10 f.

- Die Partnerschaftsgesellschaft soll mit den überlebenden Partnern fortgesetzt werden und der Erbe oder ein Dritter erhalten einen Anspruch auf Eintritt in die Gesellschaft (Eintrittsklausel).
- Der Partnerschaftsanteil soll durch Rechtsgeschäft unter Lebenden bei Tod des Partners auf einen bestimmten Nachfolger übergehen (rechtsgeschäftliche Nachfolgeklausel).
- Der Partnerschaftsanteil soll qua Erbfolge auf einen oder mehrere Erben übergehen (erbrechtliche Nachfolgeklausel).

Die vorliegende Arbeit konzentriert sich auf die erbrechtliche Nachfolgeklausel, die in den folgenden Kapiteln näher erläutert wird (siehe unter D.I., Seite 43, bis D.V., Seite 156). Hierbei werden auch Aspekte der Eintrittsklausel behandelt. Da die Auflösungsklausel keine berufsrechtlich bedeutsamen Probleme aufweist, wird auf sie nicht näher eingegangen. Bei der rechtsgeschäftlichen Nachfolgeklausel handelt es sich nicht um eine Vererbung der Partnerstellung im eigentlich Sinne,[95] sie wird folglich – entsprechend dem erbrechtlichen Ansatz dieser Abhandlung – nicht behandelt. Viele der in den folgenden Kapiteln dargestellten berufsrechtlichen Probleme lassen sich jedoch auch auf die rechtsgeschäftliche Nachfolgeklausel übertragen, ohne dass dies im Folgenden besonders erwähnt wird.

4. Die allgemeinen Rechtsfolgen des Ausscheidens

Bleibt es bei der gesetzlichen Folge des Ausscheidens, so schweigt das Gesetz über die weiteren Rechtsfolgen. Es besteht jedoch Einigkeit darüber, dass die Gesellschaft unter den verbleibenden Partnern fortgesetzt wird.[96] Die Fortsetzung der Gesellschaft gilt als ungeschriebene Rechtsfolge.[97] Da eine Auflösung nicht in Betracht kommt, würde es aber auch an einer sinnvollen dritten Alternative fehlen.[98] Zudem verdeutlichen die im Handelsgesetzbuch verwendeten Begrifflichkeiten, dass von einem „Ausscheiden“ eines Gesellschafters nur bei Fortführung der Gesellschaft gesprochen wird (vgl. insbesondere § 143 II und III HGB, sowie § 138 HGB a.F.). So sah es auch der Gesetzgeber

---

95 Hierzu siehe Michalski / Römermann, PartGG, § 9 Rdn. 32.

96 Michalski / Römermann, PartGG, § 9 Rdn. 6; MünchKommBGB-Ulmer, PartGG, § 9 Rdn. 10; Hoffmann in: Meilicke u.a., PartGG, § 9 Rdn. 37; Ring, Die Partnerschaftsgesellschaft, § 9 Rdn. 48; Castan, Die Partnerschaftsgesellschaft, S. 119, 130.

97 Damit entspricht die Rechtslage in der Partnerschaftsgesellschaft der der so genannten „Fortsetzungsklausel“ in der BGB-Gesellschaft (§ 736 BGB) bzw. der in der OHG vor dem HRefG (§ 138 HGB a.F.). Kritisch zu diesem Begriff Schmidt (Gesellschaftsrecht, § 45 V 1. c), der den Begriff „Ausschließungsklausel“ favorisiert.

98 Heydn, Die erbrechtliche Nachfolge, S. 14.

des PartGG, er verzichte deshalb auf eine ausdrückliche Normierung der Fortführung der Gesellschaft.[99]

Die weiteren Rechtsfolgen des Ausscheidens regeln sich entsprechend den im übrigen Personengesellschaftsrecht geltenden Grundsätzen nach §§ 738 – 740 BGB.[100] Die genannten Bestimmungen gelten über § 1 IV PartGG unmittelbar auch für die Partnerschaftsgesellschaft, da spezifische partnerschaftliche oder handelsrechtliche Bestimmungen fehlen.[101] § 9 I PartGG – der grundsätzlich gegenüber § 1 IV PartGG vorrangig ist[102] – verweist nämlich nur auf §§ 131 bis 144 HGB und nicht auf § 105 III HGB (über den zuletzt genannten Paragraphen finden die §§ 738 – 740 BGB auch in der OHG Anwendung). Aus § 738 I S. 1 BGB folgt, dass der Anteil des verstorbenen Partners den verbleibenden Partnern zuwächst. Diesen Vorgang bezeichnet man als „Anwachsung", d.h. der Partnerschaftsanteil geht unmittelbar – ohne Einzelübertragung – auf die übrigen Partner im Verhältnis ihrer Partnerschaftsanteile über.[103] Diese sind grundsätzlich zur Zahlung einer Abfindung nach § 738 I S. 2 i.V.m. II BGB verpflichtet (ausführlich hierzu unter C.II., Seite 26). Weiterhin sind die verbleibenden Partner verpflichtet, den ausscheidenden Partner, bzw. seine Erben, nach § 738 I S. 2 2. Alt. BGB von den gemeinschaftlichen Schulden zu befreien.[104] Gegenstände, die der verstorbene Partner der Partnerschaft zur Benutzung überlassen hatte, sind den Erben herauszugeben (§ 738 I S. 2 1. Alt. i.V.m. § 732 BGB).[105] Dies gilt nicht für Gegenstände, die der Verstorbene als Sacheinlage erbracht hat, sie verbleiben in der Gesellschaft.[106] Die Erben sind nach § 740 BGB[107] am Ergebnis schwebender Geschäfte, mithin solcher Rechtsge-

[99] Regierungsbegründung zum PartGG in BT-Drucks. 12/6152, S. 20; hierzu auch Ring, Die Partnerschaftsgesellschaft, § 9 Rdn. 48.

[100] Michalski / Römermann, PartGG, § 9 Rdn. 34 f.; MünchKommBGB-Ulmer, PartGG, § 9 Rdn. 10; Hoffmann in: Meilicke u.a., PartGG, § 9 Rdn. 38; Ring, Die Partnerschaftsgesellschaft, § 9 Rdn. 51 f.; Castan, Die Partnerschaftsgesellschaft, S. 120; Feddersen / Meyer-Landrut, PartGG, § 9 Rdn. 7 f.

[101] Allgemeine Meinung: Michalski / Römermann, PartGG, § 9 Rdn. 34; MünchKommBGB-Ulmer, PartGG, § 9 Rdn. 10; Hoffmann in: Meilicke u.a., PartGG, § 9 Rdn. 59; Ring, Die Partnerschaftsgesellschaft, § 9 Rdn. 52; Feddersen / Meyer-Landrut, PartGG, § 9 Rdn. 9.

[102] Das Recht der BGB-Gesellschaft ist nur subsidiär anwendbar, vergleiche § 1 IV PartGG; hierzu Feddersen / Meyer-Landrut, PartGG, § 1 Rdn. 43; Michalski / Römermann, PartGG, § 1 Rdn. 130; Regierungsbegründung zum PartGG in BT-Drucks. 12/6152, S. 9.

[103] Vergleiche dazu näher Baumbach / Hopt, HGB, § 131 Rdn. 39; Schmidt, Gesellschaftsrecht, § 45 II 5.

[104] Ring, Die Partnerschaftsgesellschaft, § 9 Rdn. 54; Hoffmann in: Meilicke u.a., PartGG, § 9 Rdn. 63; Michalski / Römermann, PartGG, § 9 Rdn. 34; MünchKommBGB-Ulmer, PartGG, § 9 Rdn. 10; Baumbach / Hopt, HGB, § 131 Rdn. 42.

[105] Ring, Die Partnerschaftsgesellschaft, § 9 Rdn. 54.

[106] Ring, Die Partnerschaftsgesellschaft, § 9 Rdn. 54, Fn. 50; Schmidt, Gesellschaftsrecht, § 50 IV 1. a).

[107] Die Bedeutung des § 740 BGB liegt vor allem darin, dass schwebende Geschäfte nicht in

schäfte, an denen die Partnerschaft im Ausscheidenszeitpunkt beteiligt ist, die aber von beiden Vertragsparteien noch nicht vollständig erfüllt worden sind, zu beteiligen.[108] Dies gilt nicht für Dauerschuldverhältnisse und damit bei der freiberuflichen Partnerschaft nicht für Dauermandate und –aufträge.[109] In der Regel wird die Sonderregelung des § 740 BGB aber im Partnerschaftsvertrag abbedungen, um die von vornherein schwierige Ermittlung der Beteiligung an schwebenden Geschäften zu umgehen[110] und andererseits eine unter Umständen doppelte Vergütung durch die in der Regel am Ertragswert der Gesellschaft orientierte Abfindung zu vermeiden.[111]

5. Besondere Fortführungs- und Übergangspflichten beim Ausscheiden

Zu klären ist, ob den oder die Erben im Fall des Ausscheidens trotzdem Übergangs- bzw. Fortführungspflichten treffen. Das PartGG enthält hierzu keine Regelung, auch der Gesetzgeber hat sich zu dieser Frage in seiner Begründung nicht geäußert.[112] Vor dem Handelsrechtsreformgesetz 1998 wurde teilweise eine analoge Anwendung des § 137 HGB a.F. befürwortet und dem Erben auf diese Weise Fortführungspflichten hinsichtlich der Geschäfte des verstorbenen Gesellschafters auferlegt.[113] Da nach dem Wegfall von § 137 HGB a.F. derselbe Rechtsgedanke auf den inhaltsgleichen § 727 II BGB gestützt werden kann, ist diese Diskussion nach wie vor relevant. Begründet wurde die Anwendung von § 137 HGB a.F. damit, dass im Recht der OHG für den Fall der Fortsetzung der Gesellschaft unter den Mitgesellschaftern ohne die Erben, also im Fall des § 138 HGB a.F., teilweise § 137 HGB a.F. analog angewandt wurde[114] und in-

die stichtagsbezogene Berechnung einer Abfindung einbezogen werden können und daher einer gesonderten Abrechung unterzogen werden müssen (vergleiche v. Gerkan in: Röhricht / Graf v. Westphalen, HGB, § 131 Rdn. 17).

108 BGH WM 1986, 967; Ring, Die Partnerschaftsgesellschaft, § 9 Rdn. 54; Hoffmann in: Meilicke u.a., PartGG, § 9 Rdn. 65, 66; Michalski / Römermann, PartGG, § 9 Rdn. 34; MünchKommBGB-Ulmer, PartGG, § 9 Rdn. 10; Baumbach / Hopt, HGB, § 131 Rdn. 42; Palandt-Sprau, § 740 Rdn. 1.

109 Hoffmann in: Meilicke u.a., PartGG, § 9 Rdn. 66.

110 Münchener Handbuch-Salger, § 38 Rdn. 49.

111 Ausführlich: Hoffmann in: Meilicke u.a., PartGG, § 9 Rdn. 66; siehe auch Großfeld, Unternehmens- und Anteilsbewertung, S. 87 f. Da beim Tod eines Partners die Abfindung aber sogar vollständig abbedungen werden kann (vergleiche ausführlich unter C.II.3.b), Seite 35), spielt der Aspekt der doppelten Vergütung in diesem Fall eine geringere Rolle.

112 Vergleiche Regierungsbegründung zum PartGG in BT-Drucks. 12/6152.

113 Hoffmann in: Meilicke u.a., PartGG, § 9 Rdn. 40; Ring, Die Partnerschaftsgesellschaft, § 9 Rdn. 28.

114 So Schlegelberger-Geßler, HGB (4. Aufl.), § 137 Rdn. 2 mit weiteren Hinweisen; nur eingeschränkt (bzgl. der Mitteilungspflicht des Erben) zustimmend Schlegelberger-Schmidt, HGB, § 137 Rdn. 4, 18; ebenso Hueck, Das Recht der OHG, S. 346 (der oft fälschlicherweise für umfassende Zustimmung zitiert wird, so z.B. von Heymann-Emmerich, HGB, § 137 Fn. 2); insgesamt ablehnend GroßkommHGB-Ulmer, § 137 Rdn. 4.

soweit die Interessenlage bei der Partnerschaft vergleichbar sei. Eine unmittelbare Anwendung des § 137 HGB sollte sich für die Partnerschaft nach der oben erwähnten Ansicht dann ergeben, wenn der Gesellschaftsvertrag – entgegen den Bestimmungen des Partnerschaftsgesellschaftsgesetzes – die Auflösung der Gesellschaft beim Tod eines Partners vorsah.[115] Allerdings wurde diese Auffassung insoweit eingeschränkt, als die Fortführung durch die Erben – ob direkt oder analog § 137 HGB a.F. – nur dann möglich sein sollte, wenn die Erben des verstorbenen Partners auch freiberuflich tätig, mithin partnerschaftsfähig seien. Andernfalls fehle eine nach § 1 PartGG notwendige Voraussetzung zur Geschäftsführung.[116] Demgegenüber wurde eingewandt, dass, im Falle der Partnerschaftsfähigkeit der Erben, diese regelmäßig Wettbewerber der Partnerschaft seien und bereits aus diesem Grund nicht die Geschäfte des verstorbenen Partners vorläufig fortführen könnten.[117] Mit der Handelsrechtsreform 1998 wurde auch für die OHG der Grundsatz des Ausscheidens statt der Auflösung eingeführt und die Bestimmungen der §§ 137, 138 HGB wurden gestrichen.[118] Für den Fall, dass die Gesellschaft aufgrund einer gesellschaftsvertraglichen Auflösungsklausel durch den Tod des Gesellschafters aufgelöst wird, wird in der Literatur zum HGB nun vertreten, dass die Erben nach § 727 II BGB (der über § 105 III HGB zur Anwendung kommt) vorläufige Geschäftsführungspflichten träfen.[119] Inhaltlich stimmt § 727 II BGB mit § 137 HGB a.F. überein. In der Partnerschaftsgesellschaft wird die analoge Anwendung von § 727 II BGB bislang weder für den Fall der gesellschaftsvertraglich vereinbarten Auflösung noch für den gesetzlichen Fall des Ausscheidens nach § 9 I PartGG i.V.m. § 131 III S. 1 Nr. 1 HGB diskutiert.

Es sprechen einige Argumente gegen eine Anwendung des § 727 II BGB im gesetzlichen Regelfall des Ausscheidens. Zunächst wird beim Ausscheiden die Gesellschaft unter den übrigen Partnern fortgesetzt.[120] Die Geschäftsführungsbefugnis der übrigen Partner besteht daher unverändert fort, so dass eine Notgeschäftsführung der Erben nicht erforderlich ist.[121] Darüber hinaus haben die Erben beim Ausscheiden des Partners durch den Tod keinerlei mitgliedschaftliche Beziehung zur Gesellschaft[122], nur bei der Auflösung der Gesellschaft treten die

---

[115] Hoffmann in: Meilicke u.a., PartGG, § 9 Rdn. 40.

[116] Hoffmann in: Meilicke u.a., PartGG, § 9 Rdn. 40; Ring, Die Partnerschaftsgesellschaft, § 9 Rdn. 28.

[117] Münchener Handbuch-Salger, § 38 Rdn. 42; zustimmend Michalski / Römermann, PartGG, § 9 Rdn. 25.

[118] Vergleiche HRefG vom 22. Juni 1998, BGBl. I 1998, S. 1474 und Regierungsbegründung zum HRefG in BT-Drucks. 13/8444, S. 67.

[119] Baumbach / Hopt, HGB, § 131 Rdn. 75; Lorz in: Ebenroth / Boujong / Joost, HGB, § 137 Rdn. 2.

[120] Vergleiche oben zur Fortführung der Gesellschaft (unter C.I.2, Seite 15)

[121] So auch für die OHG vor dem HRefG Heymann-Emmerich, HGB, § 137 Rdn. 2.

[122] Michalski / Römermann, PartGG, § 9 Rdn. 25; Ring, Die Partnerschaftsgesellschaft, § 9

Erben anstelle des verstorbenen Partners in die Liquidationsgesellschaft ein.[123] Auch aus diesem Grund ist eine Notgeschäftsführung der Erben auszuschließen.[124] Darüber hinaus zeigt die Handelsrechtsreform, bei der auf die Aufnahme einer § 137 HGB a.F. bzw. § 727 II BGB entsprechenden Vorschrift für den jetzt gesetzlichen Fall des Ausscheidens verzichtet wurde, dass ein entsprechendes Kodifikationsbedürfnis nicht gesehen wurde. Der Gesetzgeber des PartGG hat eine entsprechende Anwendung von § 137 HGB a.F. ebenfalls nicht erwogen.[125] Schließlich würde in der Praxis oft die gemäß § 1 PartGG erforderliche Partnerschaftsfähigkeit der Erben fehlen.

Des Weiteren könnten – trotz entsprechender Berufsqualifikation im Einzelfall – die bereits erwähnten Wettbewerbsgründe gegen die vorläufige Geschäftsführungsbefugnis der Erben sprechen. Dieses Argument wird unter anderem von Salger[126] – ohne nähere Begründung – angeführt. Ein Wettbewerbsverbot nach § 6 III S. 2 PartGG i.V.m. §§ 112 und 113 HGB kann die Erben im Fall des Ausscheidens nicht treffen, da dieses Verbot sich nur an die Mitglieder der Gesellschaft richtet.[127] Das Wettbewerbsverbot endet mit dem Ausscheiden des Partners aus der Partnerschaft[128], sofern nicht besonders vereinbarte nachvertragliche Wettbewerbsverbote[129] eingreifen. Solche Vereinbarungen können sich aber mangels Eintritts der Erben in die Partnerschaft nicht auf die Erben beziehen. Nicht das Wettbewerbsrecht, sondern das Standesrecht verbietet es dem Ausgeschiedenen, sich aktiv um in der Partnerschaft verbleibende Mandanten zu bemühen.[130] Dieses allgemeine Abwerbeverbot[131] dürfte möglicherweise auch von den Erben des Ausgeschiedenen zu beachten sein. Die bloße Übernahme von vorläufigen Geschäftsführungsmaßnahmen verletzt dieses Verbot aber noch

---

Rdn. 28; für die OHG Baumbach / Hopt, HGB, § 131 Rdn. 75; v. Gerkan in: Röhricht / Graf v. Westphalen, HGB, § 131 Rdn. 17.

[123] Feddersen / Meyer-Landrut, PartGG, § 9 Rdn. 3; Castan, Die Partnerschaftsgesellschaft, S. 125 f.; für die OHG Baumbach / Hopt, HGB, § 131 Rdn. 75; v. Gerkan in: Röhricht / Graf v. Westphalen, HGB, § 131 Rdn. 17; BGHZ 1, 327; BGH NJW 1982, 170.

[124] In diesem Sinne auch Ulmer, Gesellschaft bürgerlichen Rechts und Partnerschaftsgesellschaft, § 727 BGB Rdn. 24; Schlegelberger-Schmidt, HGB, § 137 Rdn. 3 (beide zur sog. „Fortsetzungsklausel“ bei OHG vor dem HRefG); ebenso Soergel-Hadding, § 727 Rdn. 11 (zur Fortsetzung der BGB-Gesellschaft nach § 736 BGB).

[125] Vergleiche Regierungsbegründung zum PartGG in BT-Drucks. 12/6152.

[126] Vergleiche Fn. 117.

[127] Baumbach / Hopt, HGB, § 112 Rdn. 2.

[128] BGH DB 1968, 1263, 1264; MünchKommBGB-Ulmer, PartGG, § 6 Rdn. 30; Meilicke in: Meilicke u.a., PartGG, § 6 Rdn. 58; Ring, Die Partnerschaftsgesellschaft, § 6 Rdn. 15; Castan, Die Partnerschaftsgesellschaft, S. 86; Michalski, Das Gesellschafts- und Kartellrecht, S. 335.

[129] Ausführlich hierzu Michalski / Römermann, PartGG, § 6 Rdn. 25 f.

[130] dazu Michalski, Das Gesellschafts- und Kartellrecht, S. 333; Michalski / Römermann, PartGG, § 6 Rdn. 25.

[131] Zum Begriff näher Michalski, Das Gesellschafts- und Kartellrecht, S. 333.

nicht, so dass dieser Aspekt nicht gegen die analoge Anwendung von § 727 II BGB im Fall des Ausscheidens spricht.

Die Tätigkeit des Erben könnte aber gegen das Recht des unlauteren Wettbewerbs verstoßen. So wäre denkbar, dass die vorläufige Geschäftsführung gegen Berufs- und Standesordnungen verstieße. Einige solcher Rechtsverletzungen werden nach § 3 i.V.m § 4 Nr. 11 UWG unter der Kategorie „Vorsprung durch Rechtsbruch" als wettbewerbswidrig angesehen.[132] Denkt man an den Fall, dass der als Anwalt tätige Erbe für den verstorbenen Partner in einem Mandat eilig handeln muss, in dem er selbst die Gegenseite vertritt, so könnte der auftretende Interessengegensatz einen Verstoß gegen eine Pflicht des Rechtsanwaltes aus § 43 a IV BRAO bzw. § 45 I Nr. 4, II Nr. 2 BRAO darstellen. Nicht jede Verletzung von Standesregeln tangiert aber den Wettbewerb.[133] So hat der BGH entschieden, dass die Vorschrift des § 45 I Nr. 4 BRAO, die dem Rechtsanwalt ein Tätigwerden in Angelegenheiten, in denen er außerhalb seiner Anwaltstätigkeit bereits beruflich tätig war, verbietet, in erster Linie die Gegebenheiten eines bestimmten Marktes regelt und die Verletzung des Wettbewerbs sich lediglich als ein Reflex darstelle.[134] Gleiches muss dann für das Verbot aus § 45 II Nr. 2 BRAO gelten, welches das Tätigwerden in Angelegenheiten, in denen der Anwalt bereits als Anwalt tätig war, betrifft. Auch dem Verbot der widerstreitenden Interessenvertretung kommt primär die Funktion zu, das Vertrauensverhältnis zum Mandanten, die Unabhängigkeit des Rechtsanwaltes und im Interesse der Rechtspflege die Gradlinigkeit der anwaltlichen Berufsausübung zu sichern.[135] Die genannten Verletzungen des Berufsrechtes können daher im Beispielsfall mangels Wettbewerbsbezogenheit keinen Verstoß gegen § 3 i.V.m. § 4 Nr. 11 UWG begründen. In anderen Konstellationen, in denen es z.B. um eine Ärztepartnerschaft geht, sind Wettbewerbsverstöße mangels Interessengegensatzes von vorneherein kaum denkbar. Insgesamt ist damit festzuhalten, dass der von Salger vorgebrachte Einwand, die vorläufige Geschäftsführung des Erben sei deshalb abzulehnen, weil der Erbe regelmäßig Wettbewerber der Partnerschaft sei, nicht zutreffend ist.

Dies bedeutet aber nicht, dass die genanten Verstöße in dem gebildeten Beispielsfall nicht andere Folgen nach sich ziehen würden. So könnte im Einzelfall

---

[132] Ausführlich Baumbach / Hefermehl, UWG, § 4 Rdn. 11.59 f.; vor der Neufassung des UWG auch Köhler / Piper, UWG, § 1 Rdn. 726 f.; Michalski, Das Gesellschafts- und Kartellrecht, S. 305.

[133] Baumbach / Hefermehl, UWG, § 4 Rdn. 11.59; Köhler / Piper, UWG, § 1 Rdn. 726 f., 745 f.; Michalski, Das Gesellschafts- und Kartellrecht, S. 305

[134] BGH, GRUR 2001, 354, 365; a.A. Köhler (Baumbach / Hefermehl, UWG, § 4 Rdn. 11.60) und Piper (Köhler / Piper, UWG, § 1 Rdn. 761), die den Verstoß gegen § 45 I Nr. 4 BRAO als unlauter i.S.v. § 4 Nr. 11 UWG bzw. § 1 UWG a.F. ansehen, da jeder Wettbewerb unter Missachtung gewichtiger Interessen der Allgemeinheit verhindert werden müsse.

[135] Feuerich, BRAO, § 43 a Rdn. 54 mit weiteren Nachweisen.

das Vertreten von widerstreitenden Interessen sogar einen strafrechtlich verfolgbaren Parteiverrat nach § 356 StGB darstellen.[136] Jedenfalls wäre der Anwalt berufsrechtlich verpflichtet, in einem solchen Fall die vorläufige Geschäftsführung abzulehnen.[137] Sicherlich werden solche Konfliktfälle nur sehr selten und auch nur bei bestimmten Partnerschaftsformen auftreten, dennoch verdeutlichen sie, welche Problematik im Einzelfall mit dem Auferlegen von vorläufigen Geschäftsführungspflichten verbunden sein kann und warum die analoge Anwendung von § 727 II BGB für die Partnerschaft abzulehnen ist. Abschließend ist daher festzuhalten, dass den oder die Erben im gesetzlichen Fall des Ausscheidens beim Tod des Partners keine Fortführungspflichten nach § 727 II BGB bzw. § 137 HGB a.F. treffen.

Für den anderen Fall, dass der Partnerschaftsvertrag entgegen der gesetzlichen Regelung die Auflösung der Gesellschaft vorsieht, ist hingegen die Anwendung von § 727 II BGB (über § 1 IV PartGG) durchaus zu erwägen. Denn durch die Mitgliedschaft der Erben in der Partnerschaft in Liquidation fällt in dieser Konstellation ein Großteil der genannten Argumente weg. Aber auch dann wäre eine entsprechende Berufsqualifikation der Erben Voraussetzung und im Einzelfall müssten berufsrechtliche Interessenkonflikte berücksichtigt werden.[138]

6. Das Ausscheiden des vorletzten Partners

Zu klären ist weiterhin, was mit der Partnerschaft geschieht, wenn nach dem Tod des Partners nur noch ein Partner verbleibt. Grundsätzlich gibt es im Recht der Personengesellschaften keine Einmanngesellschaften.[139] Von diesem – scheinbar selbstverständlichen – Grundsatz sind einige Entwürfe zum PartGG aber abgewichen. § 12 der PartGG-Entwürfe 1971[140] und 1975[141], § 24 des PartGG-Entwurfs 1976[142] sowie § 20 II des Referentenentwurfs zum PartGG[143] enthielten für das Versterben eines Partners einer zweigliedrigen Partnerschaft neuartige Regelungen. Nach § 20 II des Referentenentwurfs sollte eine Partner-

136 Feuerich, BRAO, § 43 a Rdn. 66.

137 Zu den Folgen von Verstößen gegen § 43 a IV BRAO: Feuerich, BRAO, § 43 a Rdn. 64 f.; gegen §§ 45 I Nr. 4 und II Nr. 2 BRAO: Feuerich, BRAO, § 45 Rdn. 36.

138 Da es in diesem Kapitel um die Rechtsfolgen des Ausscheidens bei Fortführung der Partnerschaftsgesellschaft geht, kann die Parallelproblematik im Rahmen der Auflösung nur kurz angerissen werden.

139 Vergleiche nur Flume, Die Personengesellschaft, S. 101 f.; GroßkommHGB-Ulmer, § 105 Rdn. 69. Mittlerweile werden im Personengesellschaftsrecht für bestimmte Fälle Ausnahmen vom Grundsatz der Unvereinbarkeit der Einmanngesellschaft diskutiert, so z.B. bei Testamentsvollstreckung und bei Vor- und Nacherbschaft (vergleiche hierzu ausführlich Ulmer, Die Gesellschaft bürgerlichen Rechts, § 705 Rdn. 61 f.).

140 BT-Drucks. 6/2047, S. 2.

141 BT-Drucks. 7/4089, S. 4.

142 BT-Drucks. 7/5402, S. 8.

143 ZIP 1993, 153 f.

schaft, in der nur ein Partner verblieben war, erst nach Ablauf eines Jahres aufgelöst werden. Dadurch sollte es dem verbleibenden Partner ermöglicht werden, einen neuen Partner zu finden und so den unter dem Namen der Partnerschaft erworbenen Ruf zu retten.[144] Die Neugründung der Partnerschaft und die Einzeleinbringung sollten auf diesem Weg vermieden werden. Diese Art der Konstruktion einer „Einmann-Gesamthand" wurde von Karsten Schmidt als „kleine Sensation" betrachtet.[145] Das heute geltende PartGG hat auf die Übernahme dieser Regelung verzichtet. § 9 PartGG schweigt zu diesem Problem. Nach der Regierungsbegründung zum PartGG sowie der einhelligen Meinung im Schrifttum sollen für die Partnerschaft hier die gleichen Grundsätze gelten wie im übrigen Personengesellschaftsrecht.[146] Folglich erlischt die Partnerschaft. Das Vermögen fällt ipso iure dem einzig verbliebenen Partner zu.[147] Dieser kann nur noch als einzelner Freiberufler tätig sein.[148]

---

[144] Seibert, Die Partnerschaftsgesellschaft, S. 48.

[145] Schmidt (ZIP 1993, 633, 646 f.) hält die Entwurfskonstruktion nicht für „ein Ding der Unmöglichkeit", weist jedoch ausführlich auf die schwierigen Konsequenzen hin. Heydn (Die erbrechtliche Nachfolge, S. 17) betrachtet die Entstehungsgeschichte des Normentwurfs, insbesondere, dass die Partnerschaft ursprünglich als juristische Person ausgestaltet war, und mutmaßt, dass dem Gesetzgeber möglicherweise die Schaffung einer Einmann-Gesamthand gar nicht bewusst war. Diese Schlussfolgerung erscheint jedoch – ohne weitere Hinweise – nicht zwingend.

[146] Regierungsbegründung zum PartGG in BT-Drucks. 12/6512, S. 19; aus dem Schrifttum: Seibert, Die Partnerschaftsgesellschaft, S. 48; Ring, Die Partnerschaftsgesellschaft, § 9 Rdn. 38; MünchKommBGB-Ulmer, PartGG, § 9 Rdn. 12; Castan, Die Partnerschaftsgesellschaft, S. 120; Feddersen / Meyer-Landrut, PartGG, § 9 Rdn. 2; Heydn, Die erbrechtliche Nachfolge, S. 16.

[147] Diese Rechtsfolgen sind im Ergebnis sowohl für die Partnerschaft als auch im übrigen Personengesellschaftsrecht unstreitig (vergleiche nur für das PartGG Seibert, Die Partnerschaftsgesellschaft, S. 48; für die OHG Baumbach / Hopt, HGB, § 131 Rdn. 35 und für die BGB-Gesellschaft Ulmer, Die Gesellschaft bürgerlichen Rechts, Vor § 723 Rdn. 9 und § 736 Rdn. 9). Streitig ist hingegen – und dieser Streit hat auch Auswirkungen auf die Haftung des verbliebenen Gesellschafters –, auf welchem dogmatischen Weg man zu diesen Rechtsfolgen gelangt, ob das Gesellschaftsvermögen auf den verbliebenen Gesellschafter im Wege der Gesamtrechtsnachfolge übergeht (so die mittlerweile herrschende Meinung, vergleiche nur Baumbach / Hopt, HGB, § 131 Rdn. 35; BGHZ 113, 133) oder ob eine Anwachsung nach § 738 I 1 BGB erfolgt (so Flume, Die Personengesellschaft, S. 371 f.). Gegen die Anwachsung spricht aber sowohl bei der OHG als auch bei der Partnerschaft, dass das Anwachsungsprinzip den Fortbestand der Gesellschaft voraussetzt und daher auch § 142 HGB a.F., dessen Rechtsgedanke in diesem Zusammenhang auch heute noch herangezogen wird, nur von der „entsprechenden" Anwendung des § 738 I S. 1 BGB ausgeht.

[148] Heydn, Die erbrechtliche Nachfolge, S. 16.

II. Die Abfindung der Erben

1. Abfindungsausschlüsse

Das PartGG enthält keine Regelung darüber, ob die Erben im gesetzlichen Fall des Ausscheidens nach § 9 I PartGG i.V.m. § 131 III S. 1 Nr. 1 HGB eine Abfindung erhalten, ob also § 738 I S. 2 BGB Anwendung findet. Im übrigen Personengesellschaftsrecht ist die Anwendung von § 738 I S. 2 BGB entweder unmittelbar gesetzlich – wie bei der BGB-Gesellschaft – vorgesehen oder sie ist – wie bei der OHG durch die Verweisung in § 105 III HGB – allgemein anerkannt.[149] Zu klären ist, ob dies auch für die Partnerschaftsgesellschaft gilt. Der Gesetzgeber des PartGG ging davon aus, dass § 738 I S. 2 BGB auch auf die Partnerschaftsgesellschaft Anwendung findet.[150] Dennoch werden und wurden verschiedene Ansätze verfolgt, die von einem Abfindungsausschluss bei der Partnerschaftsgesellschaft ausgehen. Diese Denkansätze werden im Folgenden untersucht.

a) Abfindungsausschluss durch § 9 II PartGG a.F.

Zunächst wurde erwogen, ob nicht § 9 II PartGG a.F.[151] eine Abfindung der Erben ausschließe.[152] Durch die Verwendung der Formulierung „nur das Ausscheiden" könnte der Gesetzgeber nach der grammatischen Auslegung andere Rechtsfolgen beim Tod des Partners als dessen bloßes Ausscheiden ausgeschlossen haben. Somit könnte auch die Abfindungsregelung des § 738 I 2 BGB, die über § 1 IV PartGG zur Anwendung käme, nicht eingreifen. Gegen diese Ansicht sprach nicht das Schutzbedürfnis der Erben. Denn bei § 738 I 2 BGB handelt es sich um dispositives Gesetzesrecht.[153] Die h.M. in Literatur und Rechtsprechung erkennen den vertraglichen Ausschluss des Abfindungsanspruches der Erben sämtlicher oder auch nur bestimmter Gesellschafter im Gesellschaftsvertrag an [vergleiche hierzu ausführlich unter C.II.3.b), Seite 35].[154] Folglich hätte auch § 9 II PartGG a.F. einen solchen Abfindungsausschluss grundsätzlich gesetzlich normieren können. Die Entstehungsgeschichte der Norm und die Äußerungen des Gesetzgebers des PartGG verdeutlichen jedoch, dass im Rahmen der Partnerschaft die gleichen Rechtsfolgen wie im übrigen

---

[149] Vergleiche nur Baumbach / Hopt, HGB, § 131 Rdn. 48.

[150] Regierungsbegründung zum PartGG in BT-Drucks. 12/6152, S. 20, 21.

[151] Dieser lautete wie folgt (BGBl I 1994, S. 1745): „Der Tod eines Partners, die Eröffnung des Konkursverfahrens über das Vermögen eines Partners, die Kündigung eines Partners und die Kündigung durch den Privatgläubiger eines Partners bewirken nur das Ausscheiden des Partners aus der Partnerschaft."

[152] So Heydn, Die erbrechtliche Nachfolge, S. 18 f.

[153] Ulmer, Die Gesellschaft bürgerlichen Rechts, § 738, Rdn. 12.

[154] An dieser Stelle vergleiche nur BGHZ 22, 194; BGH WM 1971, 1339; Baumbach / Hopt, HGB, § 131 Rdn. 62.

Personengesellschaftsrecht gelten sollten.[155] Dem entsprechend sollte die in § 9 II PartGG a.F. verwendete Formulierung einen Abfindungsanspruch nicht ausschließen.[156] Dieses Ergebnis entspricht auch dem heutigen Gesetzeswortlaut, der die missverständliche Stelle nicht mehr enthält.

b) Abfindungsausschluss durch § 9 IV S. 1 PartGG

Die Abfindung nach § 738 I S. 2 BGB könnte aber durch § 9 IV S. 1 PartGG ausgeschlossen sein. Der Gesetzgeber normiert hier, dass die Beteiligung an einer Partnerschaft nicht vererblich ist. Damit könnte er neben der personenrechtlichen Beteiligung auch die vermögensrechtliche Beteiligung der Erben ausgeschlossen haben.[157] Eine solche Argumentation wäre nur dann überzeugend, wenn die Vererblichkeit des Anteils eine Voraussetzung für die Anwendung des § 738 I S. 2 BGB wäre. Um diese Frage zu beantworten, hilft ein Blick auf das übrige Personengesellschaftsrecht. Dort findet § 738 I S. 2 BGB wie erwähnt Anwendung.[158] Würde hier auch von einer grundsätzlichen Vererblichkeit des Personengesellschaftsanteils ausgegangen werden, so könnte ein Zusammenhang zwischen der Vererblichkeit des Personengesellschaftsanteils und dem Abfindungsanspruch aus § 738 I S. 2 BGB bestehen. Besteht ein solcher Zusammenhang hingegen nicht, kann auch § 9 IV S. 1 PartGG den Abfindungsanspruch des Erben nicht ausschließen. Es ist also zu klären, ob im Rahmen der BGB-Gesellschaft und der OHG, wo eine ausdrückliche Normierung der Unvererblichkeit fehlt, bei Ausscheiden des verstorbenen Gesellschafters und Fortsetzung der Gesellschaft unter den übrigen Gesellschaftern nach § 736 BGB bzw. § 131 III S. 1 Nr. 1 HGB ebenfalls von einer grundsätzlichen Unvererblichkeit des Anteils auszugehen ist.

Die herrschende Meinung in Literatur und Rechtsprechung geht davon aus, dass der Anteil an einer OHG grundsätzlich nicht vererblich sei und eine Vererblichkeit nur dann eintrete, wenn der Anteil im Gesellschaftsvertrag „vererblich gestellt"[159] werde. Dies sei dann der Fall, wenn der Erbe anstelle des Erblassers Mitglied der fortgesetzten Gesellschaft werde, wenn also eine Nachfolgeklausel vorliege.[160] [161]

---

[155] Regierungsbegründung in BT-Drucks. 12/6152, S. 20; zur Entstehungsgeschichte Seibert (Die Partnerschaft, S. 47), danach enthielten sämtliche vorherigen Entwürfe zum PartGG eigene Abfindungsregelungen (vergleiche nur § 19 der Entwürfe zum PartGG 1971 und 1975, BT-Drucks. 6/2047 und 7/4089, sowie § 10 III des Referentenentwurfs 1993, ZIP 1993, 153). Nach Verwirrung im Gesetzgebungsverfahren wurde auf deren Aufnahme im Regierungsentwurf dann aber verzichtet.

[156] Zu diesem Ergebnis kommt auch Heydn, Die erbrechtlich Nachfolge, S. 21.

[157] Mahnke, WM 1996, 1029, 1036; Heydn, Die erbrechtliche Nachfolge, S. 22.

[158] Vergleiche Fn. 149.

[159] BGHZ 22, 186, 193 unter Berufung auf Siebert, Gesellschaftsvertrag und Erbrecht, S. 19 f.; BGHZ 68, 225, 229; BGHZ 98, 48, 51; BGH NJW 1983, 2376.

[160] BGHZ 22, 186, 191; zur Literatur vergleiche Westermann, Personengesellschaften I,

Vor der Handelsrechtsreform 1998 wurde von namenhaften Vertretern des Schrifttums die Gegenansicht vertreten.[162] Diese nahmen an, dass Anteile an Personenhandelsgesellschaften grundsätzlich vererblich seien.[163] § 1922 BGB gehe von einer Identität der Erbschaft mit dem Vermögen des Verstorbenen aus, und zum Vermögen gehöre selbstverständlich auch die Beteiligung an einer OHG, die damit vererblich sein müsse. Da § 131 Nr. 4 HGB a. F. bestimme, dass der Tod eines Gesellschafters zur Auflösung der Gesellschaft führe und der Erbe Mitglied der Liquidationsgesellschaft werde, könne sich die Funktion einer Nachfolgeklausel nur darauf beschränken, die Auflösung der Gesellschaft nach § 131 Nr. 4 HGB a.F., also deren Umwandlung von einer werbenden Gesellschaft in eine Liquidationsgesellschaft, zu verhindern. Eine Vererblichstellung der Beteiligung erfolge durch die Nachfolgeklausel nicht und sei auch nicht erforderlich. Marotzke unterschied noch weiter. Der Gesellschaftsanteil als solcher sei grundsätzlich vererblich, die gesellschaftsrechtlichen Befugnisse, die eine werbende Gesellschaft voraussetzten, seien hingegen unvererblich. Mittels gesellschaftsvertraglicher Regelung sei jedoch auch ihre Vererblichstellung möglich.[164]

Seit der Handelsrechtsreform wird diese Auffassung nur noch als vor der Reform richtige Ansicht[165] und nun eingeschränkt geltende Meinung[166] vertreten. Dem jetzigen Wortlaut von § 131 III S. Nr. 1 HGB folgend wird durch eine Nachfolgeklausel nicht die Auflösung der Gesellschaft verhindert, sondern das Ausscheiden des Erben aus der Gesellschaft. Die Klausel sichert den Verbleib

---

Rdn. 471; Siebert, BB 1956, 837, 838; ders., BB 1957, 18; Rokas, Die Teilhaberschaft, S. 31; Kruse, FS Laufke, S. 181f.; Michalski, Perpetuierung von Unternehmen, S. 150; Baumbach / Hopt, HGB, § 139 Rdn. 10; v. Gerkan in: Röhricht / Graf v. Westphalen, HGB, § 131 Rdn. 17; Lorz in: Ebenroth / Boujong / Joost, HGB, § 131 Rdn. 43, § 139 Rdn. 2; GroßkommHGB-Ulmer, § 139 Rdn. 8.

[161] In diesem Zusammenhang soll kurz erwähnt werden, dass früher sogar vereinzelt die Ansicht vertreten wurde, Personengesellschaftsanteile seien per se nicht vererblich, also sogar dann, wenn die Fortsetzung mit den Erben gesellschaftsvertraglich vereinbart worden ist [so z.B. Staudinger-Boemer (1937), § 1922 Rdn. 162, vergleiche hierzu ders. mit gegenteiliger Auffassung in der 11. Aufl. (1954), § 1922 Rdn. 122].

[162] Staudinger-Marotzke (2000), § 1922 Rdn. 169 ff.; Schlegelberger- Schmidt, HGB, § 139 Rdn. 16; ders., Gesellschaftsrecht (3. Aufl.), § 45 V 3.: Siegmann, Personengesellschaftsanteil und Erbrecht, S. 92; ders., NJW 1995, 481, 484; Liebisch, ZHR 116 (1954), 128, 130 f.; kritisch zur Vererblichstellung des Anteils durch den Gesellschaftsvertrag auch Muscheler, Universalsukzession und Vonselbsterwerb, S. 57, 113; ders., Die Haftungsordnung der Testamentsvollstreckung, S. 433; für die Partnerschaft Hoffmann in: Meilicke u.a., PartGG, § 9 Rdn. 37.

[163] Für Kommanditanteile ist die Vererblichkeit unstreitig gesetzlich in § 177 HGB vorgegeben.

[164] Staudinger-Marotzke (2000), § 1922 Rdn. 169 ff.

[165] Schmidt, Gesellschaftsrecht, § 45 V 4.

[166] Staudinger-Marotzke (2000), § 1922 Rdn. 171; Schmidt, Gesellschaftsrecht, § 45 V 4.

des Erben in der Gesellschaft, folglich die Vererblichkeit der Mitgliedschaft.[167] Dies ist nach Karsten Schmidt jedoch insofern ungenau, als die Mitgliedschaft in der Personengesellschaft sich weiterhin als ein vererbliches Recht darstelle.[168] Für die BGB-Gesellschaft, in der § 727 I BGB, der synonym zu § 131 Nr. 4 HGB a.F. ist, nicht geändert wurde, könne – nach Marotzke – die These von der grundsätzlichen Vererblichkeit von Personengesellschaftsanteilen daher auch uneingeschränkt aufrecht erhalten werden.[169]

Die Auffassung, Personengesellschaftsanteile seien grundsätzlich vererblich, ist spätestens seit der Handelsrechtsreform abzulehnen. Bereits die Regelung der ausdrücklichen Unvererblichkeit in der Partnerschaftsgesellschaft (§ 9 IV S. 1 PartGG) hätte ein Umdenken bewirken können, da andernfalls die Partnerschaft nicht in das System des Personengesellschaftsrechts einzuordnen gewesen wäre.[170] Die Neuregelung im HGB zeigt nun deutlich, dass Personengesellschaftsanteile grundsätzlich unvererblich sind. Dies geben auch die Vertreter der Gegenansicht – zumindest für die dogmatische Begründung der qualifizierten Nachfolgeklausel bei der OHG – zu.[171] Aber auch für die Rechtslage in der BGB-Gesellschaft, in der weiterhin die Gesellschaft beim Tod eines Gesellschafters nach § 727 I BGB aufgelöst wird, kann nichts anderes gelten. Der qualifizierten Nachfolgeklausel (ausführlich hierzu unter D.IV., Seite 147) kommt auch hier nicht die Aufgabe zu, die Auflösung der Gesellschaft zu verhindern. Vielmehr ist die qualifizierte Nachfolgeklausel eine logische Konsequenz der grundsätzlichen Unvererblichkeit einerseits und der Möglichkeit vertraglicher Vererblichstellung andererseits. Sie bedarf dann auch nicht weiterer Behelfskonstruktionen zur Verteidigung der Vererblichkeit, wie einer Verpflichtung der übrigen Erben, bei einer qualifizierten Nachfolgeklausel ihre Anteile auf den als Nachfolger vorgesehenen Miterben zu übertragen.[172] Auch der Einwand, dass der Gesellschaftsanteil zum Vermögen gehöre und das Vermögen doch nach § 1922 BGB vererbt werde, überzeugt nicht. Sicherlich wird der Kapitalwert der Mitgliedschaft vererbt, und zwar in Form von Abfindungsansprüchen. Die Mitgliedschaft selbst ist jedoch unvererblich. Denn so wie Anteile an einer OHG

---

[167] Schmidt, Gesellschaftsrecht (3. Aufl.), § 45 V 3. unter Hinweis auf die Rechtsfolgen der zu erwartenden Handelsrechtsreform.

[168] Schmidt, Gesellschaftsrecht, § 45 V 4.; in diese Richtung auch Muscheler, Universalsukzession und Vonselbsterwerb, S. 113.

[169] So ausdrücklich Staudinger-Marotzke (2000), § 1922 Rdn. 171 f.; ebenfalls Schmidt, Gesellschaftsrecht, § 45 V 4.

[170] So schon Heydn, Die erbrechtliche Nachfolge, S. 27.

[171] Staudinger-Marotzke (2000), § 1922 Rdn. 169 f.; Schmidt, Gesellschaftsrecht (3. Aufl.), § 45 V 3.; ders., Gesellschaftsrecht, § 45 V 4.

[172] So aber Staudinger-Marotzke (1994), § 1922 Rdn. 180. Nach der herrschenden Auffassung (vergleiche Fn. 159 und Fn. 160) wird nur für den in der qualifizierten Nachfolgeklausel Benannten die Mitgliedschaft vererblich, eine Übertragung der vererbten Mitgliedschaft von den Miterben auf den in der Klausel Benannten erübrigt sich daher.

oder BGB-Gesellschaft grundsätzlich nicht unter Lebenden übertragbar sind (vergleiche §§ 717, 719 I BGB, § 105 III HGB)[173], können sie auch nicht ohne gesellschaftsvertragliche Regelung vererblich sein. Der Schutz der Mitgesellschafter vor dem Eindringen unerwünschter Personen erfordert die grundsätzliche Nichtübertragbarkeit und Nichtvererblichkeit der Mitgliedschaft.

Im Ergebnis ist daher mit der herrschenden Meinung von der grundsätzlichen Unvererblichkeit von Personengesellschaftsanteilen auszugehen. Hieraus folgt, dass die ausdrückliche gesetzliche Regelung zur Unvererblichkeit in der Partnerschaft, § 9 IV S. 1 PartGG, nur einen Grundsatz normiert, der auch im übrigen Personengesellschaftsrecht Geltung beansprucht.[174] Die Abfindungsregelung des § 738 I S. 2 BGB, die unstreitig für die OHG und die BGB-Gesellschaft Anwendung findet, kann daher nicht die Vererblichkeit des Gesellschaftsanteils zur Voraussetzung haben. Daraus folgt, dass der Abfindungsanspruch nicht durch § 9 IV S. 1 PartGG ausgeschlossen wird.[175]

c) Ausschluss des Abfindungsanspruchs aus sonstigen Gründen

Der Abfindungsanspruch könnte in der Partnerschaft aber aus anderen Gründen ausgeschlossen sein. Aufgrund der Erwägung, dass § 738 I S. 2 BGB möglicherweise nur zum Zweck habe, bei einer Abweichung vom gesetzlichen Regelfall der Auflösung einen Abfindungsanspruch zu gewähren, wurde früher diskutiert, dass die Norm für die Partnerschaft, in der die Auflösung nicht den gesetzlichen Regelfall darstellt, nur im Ausnahmefall der vertraglich vereinbarten Auflösung Anwendung finden könne.[176] Seit der Handelsrechtsreform kann die Auflösung der Gesellschaft beim Tod eines Gesellschafters aber nicht mehr als gesetzlicher Regelfall angesehen werden, und somit können solche Rückschlüsse nicht mehr gezogen werden.

Möglicherweise ist ein Abfindungsanspruch der Erben aber mit sonstigen Zielsetzungen des PartGG nicht vereinbar. Dem Anspruch könnten Besonderheiten freiberuflicher Tätigkeit entgegenstehen. Da es um einen Vermögensanspruch geht, wäre zu klären, ob sich insoweit Besonderheiten ergeben. Das Vermögen einer Partnerschaftsgesellschaft besteht im Vergleich zu dem einer OHG in der Regel weniger aus materiellen Werten wie Anlage-, Umlaufvermögen und Forderungen. Vielmehr spielen immaterielle Güter wie Know-how und Goodwill eine größere Rolle.[177] Die freiberufliche Tätigkeit zeichnet sich insbesondere durch die Verwertung von persönlichen Kenntnissen und Fähigkeiten

---

[173] Ausführlich zur Übertragung der Mitgliedschaft Hueck, Das Recht der OHG, S. 388 f.

[174] So sah es auch der Gesetzgeber des PartGG (vergleiche Regierungsbegründung in BT-Drucks. 12/6152, S. 21).

[175] Im Ergebnis auch Schmidt, NJW 1995, 1, 4; Heydn, Die erbrechtliche Nachfolge, S.28; Regierungsbegründung in BT-Drucks 12/6152, S. 21.

[176] Ein solcher Diskussionsansatz kam von Heydn, Die erbrechtliche Nachfolge, S. 28 f.

[177] MünchKommBGB-Ulmer, PartGG, § 1 Rdn. 46; ders., Die Gesellschaft bürgerlichen Rechts, § 738 BGB Rdn. 66.

aus, die in der Regel auf einer besonders qualifizierten Ausbildung beruhen[178] und unter Einsatz von vergleichsweise wenigen materiellen Hilfsmitteln[179] in Form von Dienstleistungen umgesetzt werden.[180] Abfindungsansprüche berücksichtigen aber grundsätzlich auch die immateriellen Werte, insbesondere orientieren sie sich nicht am – besonders bei Freiberuflerzusammenschlüssen niedrigeren – Liquidationswert, sondern am Fortführungswert der Gesellschaft.[181] Den vermögensrechtlichen Besonderheiten einer typischen Partnerschaftsgesellschaft kann somit im Rahmen der Abfindung durchaus Rechnung getragen werden (vergleiche ausführlicher dazu sogleich unter C.II.2., Seite 32). Der Abfindungsanspruch wäre also auch in der Partnerschaft nicht von vorneherein wertlos und daher vernachlässigbar oder gar ausgeschlossen.

Möglicherweise könnte aber der folgende Aspekt dazu führen, einen Abfindungsanspruch für ausgeschlossen zu halten. Die soeben beschriebene besondere Vermögenslage in der Partnerschaftsgesellschaft führt nämlich dazu, dass in der Regel wenig Liquidität vorhanden ist, um Abfindungsansprüche von Erben befriedigen zu können.[182] Anders als in der OHG können hier keine Warenlager oder Fahrzeuge etc. verkauft werden, um kurzfristig Geld zu beschaffen. Ob hieraus ein genereller Abfindungsausschluss gefolgert werden kann, ist jedoch fraglich. Sicherlich trifft der Liquiditätsaspekt Freiberufler grundsätzlich mehr als Gewerbetreibende in einer OHG. Dies kann aber nur ein Argument dafür sein, den Abfindungsanspruch gesellschaftsvertraglich zu beschränken oder ganz auszuschließen (ausführlich hierzu unter C.II.3., Seite 34). Das Argument vermag jedoch nicht einen von vornherein für sämtliche Partnerschaften bestehenden Abfindungsausschluss zu begründen. Ein solches Schutzbedürfnis wurde auch vom Gesetzgeber des PartGG nicht gesehen. Weder in § 8 PartGG, in dem das Partnerschaftsvermögen erwähnt wird, noch in § 9 PartGG finden sich entsprechende Hinweise. Auch die Gesetzesbegründung gibt insofern keine Anhaltspunkte. Zudem würde ein solcher genereller Ausschluss andere Vermögensinteressen, insbesondere die des Ausscheidenden und seiner Erben, völlig unberücksichtigt lassen. Die Liquiditätssituation in der Partnerschaftsgesellschaft kann folglich ebenfalls keinen Abfindungsausschluss begründen.

Im Ergebnis ist daher zusammenfassend festzuhalten, dass auch diese Erwägungen nicht zu einem Abfindungsausschluss führen. In der Partnerschaftsgesellschaft besteht also grundsätzlich ein Abfindungsanspruch nach

---

[178] Lenz in: Meilicke u.a., PartGG, § 1 Rdn. 2; MünchKommBGB-Ulmer, PartGG, § 1 Rdn. 39; Hornung, Rpfleger 1995, 481, 482;

[179] Das gilt selbstverständlich nicht für Ärztepartnerschaften. Diese benötigen für die gerätein-tensive Heilbehandlung erhebliche Hilfsmittel (zu diesem Phänomen Bösert, ZAP 1994, 765, 766). Ähnlich verhält es sich bei Architekten und Sachverständigen.

[180] Vergleiche auch die Legaldefinition in § 1 II S. 1 PartGG.

[181] Michalski / Römermann, PartGG, § 9 Rd. 35.

[182] Heydn, Die erbrechtliche Nachfolge, S. 30 f.

§ 1 IV PartGG i.V.m. § 738 I S. 2 BGB, der im Fall des Todes eines Partners dessen Erben zusteht.[183]

2. Die Berechnung der Abfindung

Die Berechnung des Abfindungsguthabens[184] soll sich nach dem Willen des Gesetzgebers des PartGG nach den gleichen Grundsätzen vollziehen wie im übrigen Personengesellschaftsrecht.[185] Nach dem Wortlaut von § 738 I S. 2 BGB (i.V.m. § 1 IV ParGG) ist der Abfindungsanspruch das, was der Ausgeschiedene bei Auflösung der Gesellschaft und Auseinandersetzung erhalten würde. Die Abfindung berechnet sich jedoch abweichend hiervon nach dem Fortführungswert der Partnerschaft einschließlich des Goodwill.[186] Der Liquidationswert stellt insoweit nur die Untergrenze dar.[187] Der Fortführungswert ergibt sich im Allgemeinen aus dem Preis, der bei der Veräußerung des Unternehmens als Einheit erzielt würde.[188] Da der Verkauf des Unternehmens aber nicht tatsächlich erfolgt, wird im Anschluss an die einhellige Betriebswirtschaftslehre auf den Ertragswert abgestellt. Es werden also die künftigen Überschüsse der Einnahmen über die Ausgaben prognostiziert.[189] Für Freiberufler-Gesellschaften und damit auch für Partnerschaftsgesellschaften gelten hier noch weitere Besonderheiten.[190] In aller Regel besteht der Wert des Gesellschaftsvermögens im We-

---

[183] Damit bleibt es bei der eingangs erwähnten Aussage aus der Regierungsbegründung (BT-Drucks. 12/6152, S.21), wo es heißt: „Wird die Partnerschaft ohne den Erben (die Erben) fortgeführt, so gilt wiederum § 738 BGB entsprechend."

[184] Zum Abfindungsguthaben in der Partnerschaft allgemein: Seibert, Die Partnerschaftsgesellschaft, S. 47; Ring, Die Partnerschaftsgesellschaft, § 9 Rdn. 54; MünchKommBGB-Ulmer, PartGG, § 9 Rdn. 10; Castan, Die Partnerschaftsgesellschaft, S. 124; Feddersen / Meyer-Landrut, PartGG, § 9 Rdn. 9; Michalski / Römermann, PartGG, § 9 Rdn. 34 f.; Hoffmann in: Meilicke u.a., PartGG, § 9 Rdn. 64 f; Michalski / Römermann, Vertrag der Partnerschaftsgesellschaft, Teil A, Einf. Rdn. 257.

[185] Regierungsbegründung in BT-Drucks. 12/6152, S. 21.

[186] Unstreitig, siehe nur Baumbach / Hopt, HGB, § 131 Rdn. 49; Michalski / Römermann, PartGG, § 9 Rdn. 35. Der Referentenentwurf zum PartGG (abgedruckt in ZIP 1993, 153 f.) hatte ursprünglich sogar noch eine Ausformulierung dieses Grundsatzes vorgesehen (für den Fall des Todes in § 10 III S. 3; vergleiche hierzu Schmidt, ZIP 1993, 633, 646); Seibert, Die Partnerschaft, S. 47.

[187] Baumbach / Hopt, HGB, § 131 Rdn. 49.

[188] BGHZ 116, 359, 370 (für die GmbH); BGH, WM 1971, 1450; BGH WM 84, 1506.

[189] BGHZ 116, 371; Seibert, Die Partnerschaft, S. 47.

[190] Vergleiche zur Bewertung: Bericht des Ausschusses für Praxisbewertung der Bundesrechtsanwaltskammer, BRAK-Mitt. 1986, 119 f., BRAK-Mitt. 1992, 24 f.; BGH, BRAK-Mitt. 1986, 109; ausführlich auch Lenzen / Ettmann, BRAK-Mitt. 2005, 13 f.; zur Bewertung einer Steuerberaterpraxis Platz, INF 2000, 310 f.; v. Borstel / Schnoor, Kauf und Bewertung einer Steuerberaterpraxis; Englert, Die Bewertung von Wirtschaftsprüfern und Steuerberaterpraxen; Richtlinie zur Bewertung von Arztpraxen, Deutsches Ärzteblatt 1984, B 671 und Narr / Hess, Ärztliches Berufsrecht, S. 710.

sentlichen in den in der Vergangenheit aufgebauten Beziehungen zu Mandanten, Klienten oder Patienten. Die Treue einer solchen einmal aufgebauten Beziehung kann daher, neben den durchschnittlich zu erwartenden Honorareinnahmen, den Wert eines solchen Mandats und damit den Goodwill einer Freiberufler-Gemeinschaft beeinflussen.[191] Dieser Aspekt wird insbesondere bei Patentanwälten, Wirtschaftsprüfern und Steuerberatern, aber auch bei Zahnärzten oder Allgemeinmedizinern eine erhebliche Rolle spielen, während bei Rechtsanwälten oder anderen Ärzten je nach Grad der Spezialisierung die Fluktuation der Mandanten und Patienten teilweise sehr hoch ist, der Treueaspekt damit zurücktritt und der Goodwill niedriger ist. Die Rechtsprechung versucht, diesen Besonderheiten bei der Ermittlung der Abfindung Rechnung zu tragen.[192] Der BGH sieht als Konsequenz für das Ausscheiden eines Gesellschafters aus einer personengebundenen Freiberuflergemeinschaft die Teilung der Sachwerte und die rechtlich nicht begrenzte Möglichkeit, um die bisherigen Mandanten, Klienten oder Patienten werben zu dürfen, als die sachlich nahe liegende und angemessene Art der Auseinandersetzung an.[193]

Um den Abfindungsanspruch ermitteln zu können, ist – und dies gilt allgemein im Personengesellschaftsrecht – auf den Stichtag des Ausscheidens eine Abschichtungsbilanz zu erstellen, in der sämtliche Vermögenswerte der Partnerschaft erfasst werden.[194] Der Fälligkeitszeitpunkt des sich hieraus ergebenen Abfindungsanspruchs ist umstritten. Nach teilweise vertretener Ansicht soll der Anspruch – entgegen § 271 I BGB – erst mit Feststellung der Abschichtungsbilanz fällig werden.[195] Nach wohl herrschender und zutreffender Auffassung bleibt es dabei, dass der Anspruch mit dem Ausscheiden des Gesellschafters nach § 271 I BGB fällig wird.[196] Das Gesetz bietet für die Verlegung des Fällig-

[191] Goette, DStR 2000, 1023; Hülsmann, NZG 2001, 625, 627; Ulmer, Die Gesellschaft bürgerlichen Rechts, § 738 Rdn. 66.

[192] OLG Karlsruhe, DB 1989, 1401 f. (zur Arztpraxis); OLG München, BB 1987, 1142 f. (zur Anwaltskanzlei); OLG Celle, AnwBl 1977, 216 f. (zu den Besonderheiten der Abfindung im Rahmen des Zugewinnausgleichs); BGH, NJW 1977, 373; OLG Frankfurt a.M., NJW-RR 1987, 327; OLG Saarbrücken, FamRZ 1984, 794 f.

[193] Vergleiche nur BGH, DStR, 1994, 401, 402 = ZIP 1994, 378, 380; BGH, DStR 1995, 856, 857 = ZIP 1995, 833, 834; hierzu auch Gail / Overlack, Anwaltsgesellschaften, Rdn. 279.

[194] Baumbach / Hopt, HGB, § 131 Rdn. 50; Ring, Die Partnerschaftsgesellschaft, § 9 Rdn. 54; Hoffmann in: Meilicke u.a., PartGG, § 9 Rdn. 64. Teilweise wird das Erfordernis des Aufstellens einer Abschichtungsbilanz auch kritisch gesehen und verneint (vergleiche nur Ulmer, Die Gesellschaft bürgerlichen Rechts, § 738, Rdn. 23 f. mit weiteren Hinweisen).

[195] Soergel-Hadding, § 738 Rdn. 8; Erman-Westermann, § 738 Rdn. 4; Hueck, Das Recht der OHG, S. 458.

[196] Vergleiche Palandt-Sprau, § 738 Rdn. 6; Hülsmann, NZG 2000, 625, 628; Baumbach / Hopt, HGB, § 131 Rdn. 54; Schmidt, Gesellschaftsrecht, § 50 IV 1. c). Nach Ulmer (Die Gesellschaft bürgerlichen Rechts, § 738 Rdn. 20) könne allerdings aus den Umständen eine Verschiebung des Fälligkeitszeitpunktes um die für die Erstellung der Abfindungsbilanz voraus-

keitszeitpunktes auch keine weitere Grundlage. § 738 I BGB stellt keine eigene Regelung zur Fälligkeit auf. § 271 I BGB setzt nicht das Aufstellen einer Bilanz voraus. Der Anspruch ist zudem bereits mit dem Ausscheiden bestimmbar, so dass ein Hinausschieben des Fälligkeitszeitpunktes nicht erforderlich ist.

3. Zulässigkeit von Abfindungsbeschränkungen

a) Allgemeine Grundsätze

Der Abfindungsanspruch aus § 738 I S. 2 BGB wird häufig gesellschaftsvertraglich beschränkt.[197] Mit solchen abweichenden Vereinbarungen über die Auseinandersetzung werden in der Regel unterschiedliche Zwecke, zumeist in Kombination, verfolgt.[198] In erster Linie sollen, im Interesse der übrigen Gesellschafter, Liquidität und Substanz der Partnerschaftsgesellschaft erhalten bleiben.[199] Neben diesem Aspekt der Kapitalsicherung geht es oft darum, anstelle der aufwendigen Abfindungsbilanz einen praktikableren Weg für die Berechnung des Abfindungsanspruchs zu vereinbaren und damit (unter Umständen) auch Streit über die Höhe der Abfindung zu vermeiden.[200] Hinzu kommt der Wunsch, die stillen Reserven nicht offen legen oder auflösen zu müssen. Auch können die Partner durch eine ungünstige Abfindungsregelung besser an die Gesellschaft gebunden werden. Gleichzeitig können Gläubiger für den Fall der Gesellschafterinsolvenz oder der Anteilspfändung bewusst benachteiligt werden.[201] Abfindungsklauseln, die im Fall des Ausscheidens durch Tod gelten, können wieder anderen Zwecken dienen [vergleiche dazu sogleich unter C.II.3.b), Seite 35].

Nach der Begründung zum PartGG soll sich die Zulässigkeit und Wirksamkeit von Abfindungsklauseln entsprechend den im übrigen Personengesellschaftsrecht entwickelten Grundsätzen bestimmen.[202] Die in der Vertragspraxis herrschende Unsicherheit über die Grenzen zulässiger Abfindungsklauseln wird demnach auf die Partnerschaftsgesellschaft übertragen. Zusammenfassend kann gesagt werden, dass ein völliger Abfindungsausschluss nur beim Tod eines Gesellschafters für dessen Erben in Betracht kommt [vergleiche dazu sogleich unter C.II.3.b), Seite 35]. Abfindungsbeschränkungen können sich aber im Grund-

---

sichtlich benötigte Zeit angenommen werden; Ulmer zustimmend auch Staudinger-Habermeier (2003), § 738 Rdn. 9.

[197] § 738 I S. 2 BGB ist dispositiv, Palandt-Sprau, § 738 Rdn. 7.

[198] Empirische Untersuchungen bei Baumann, Abfindungsregelungen, S. 3 f.

[199] Ulmer, Die Gesellschaft bürgerlichen Rechts, § 738 Rdn. 39; Westermann, Personengesellschaften I, Rdn. 446.

[200] Winkler, BB 1997, 1697, 1700; Schmidt, Gesellschaftsrecht, § 50 IV 2. b); z.B. auch BGHZ 65, 22, 27.

[201] Ulmer, Die Gesellschaft bürgerlichen Rechts, § 738 Rdn. 40 und Rdn. 47 (zur Unwirksamkeit solcher Klauseln).

[202] Regierungsbegründung in BT-Drucks. 12/6152, S. 20.

satz bis zur Höhe des Buchwertes ergeben.[203] Neben einer solchen betragsmäßigen Begrenzung des Abfindungsguthabens werden oft Fälligkeitsregelungen (z.B. ratenweise Auszahlung des Guthabens) getroffen. Die Grenzen der frei vereinbaren Abfindungsklauseln ergeben sich sowohl aus dem Aspekt des Gläubigerschutzes (über § 138 BGB) als auch aus dem Gesichtspunkt des Gesellschafterschutzes (§ 242 BGB). In der jüngeren Rechtsprechung gewinnt auch zunehmend der Aspekt der ergänzenden Vertragskontrolle an Bedeutung, d.h. unzulässige Abfindungsbeschränkungen sind nicht mehr per se nichtig oder unwirksam, sondern werden geltungserhaltend ausgelegt.[204] Im Rahmen von Freiberuflerzusammenschlüssen haben sich aufgrund der Bedeutung des engen Vertrauensverhältnisses zu den Mandanten, Klienten oder Patienten andere Abfindungsklauseln durchgesetzt. Die Gestaltungsfreiheit ist hier größer, als es bei Gesellschaften mit unternehmerischen oder sonstigen gewerblichen Zwecken der Fall ist.[205] Die rechtlich unbeschränkte Möglichkeit der Mitnahme von Mandanten ist danach schon ein hinreichender Ersatz für die Beteiligung am Wert einer Anwaltskanzlei. Die Kumulierung von Mandantenmitnahme und einer Beteiligung am Geschäftswert ist daher eher die Ausnahme. Sieht der Gesellschaftsvertrag als Abfindung nur die Beteiligung am Geschäftswert vor, so wird eine solche Bestimmung in der Regel mit einem nachvertraglichen Wettbewerbsverbot oder einer Mandantenschutzklausel verbunden sein. Fehlt eine solche Bestimmung, so ergibt sie sich nach der Rechtsprechung konkludent aus dem Gesellschaftsvertrag.[206]

b) Besonderheiten für den Erbfall

Für Abfindungsklauseln beim Tod eines oder aller Partner gelten weitere Besonderheiten.[207] Diese dienen, insbesondere wenn der Abfindungsanspruch gänzlich ausgeschlossen wird, häufig dazu, eine Verfügung über den Anteilswert auf den Todesfall zu ermöglichen oder das Unternehmen in seiner Substanz zu erhalten.[208] Nach der Regierungsbegründung zum PartGG[209] und der ihr fol-

---

[203] Baumbach / Hopt, HGB, § 131 Rdn. 64 f. mit Hinweisen auf die insoweit wieder strenger gewordene Rechtsprechung; Schmidt, Gesellschaftsrecht, § 50 IV 2. c); ausführlich hierzu Richter, Die Abfindung ausscheidender Gesellschafter unter Beschränkung auf den Buchwert.

[204] Im Einzelnen Baumbach / Hopt, HGB, § 131 Rdn. 60 f.; Schmidt, Gesellschaftsrecht, § 50 IV 2. c); grundlegend für die erwähnte neuere, strengere Rechtsprechung BGHZ 123, 281, 284 f.

[205] Überblick bei Hülsmann, NZG 2001, 625, 627 f.; Ulmer, Die Gesellschaft bürgerlichen Rechts, § 738 Rdn. 67 f.

[206] Vergleiche BGH, NJW 2000, 2584. Vertiefend zu Mandantenschutzklauseln und Wettbewerbsverboten in Gesellschaftsverträgen Kanzleiter, DNotZ 1989, 195 f., BGH NJW 1991, 699 f.

[207] Nach empirischen Untersuchungen enthalten ca. 80 % aller Gesellschaftsverträge für den Fall des Ausscheidens eines Gesellschafters durch Tod aus der Personenhandelsgesellschaft eine Abfindungsklausel (Bratke, ZEV 2000, 16).

[208] Ulmer, Die Gesellschaft bürgerlichen Rechts, § 738 Rdn. 40.

genden herrschenden Meinung[210] soll auch im Rahmen der Partnerschaftsgesellschaft ein solcher völliger Abfindungsausschluss für den (nicht nachfolgenden) Erben im Partnerschaftsgesellschaftsvertrag möglich sein. Die Konsequenzen dieser Auffassung lassen sich anhand der Darstellung der Rechtslage im übrigen Personengesellschaftsrecht aufzeigen.

Der BGH und die herrschende Meinung halten einen Abfindungsausschluss im Recht der OHG, KG und BGB-Gesellschaft ebenfalls für zulässig.[211] Eine solche Vereinbarung soll, wenn sie gleichmäßig für alle Mitgesellschafter gilt, auch keine Schenkung darstellen, da hier jeder Gesellschafter auf seinen Abfindungsanspruch zugunsten der Chance verzichtete, an dem Anteilswert der vorversterbenden Mitgesellschafter beteiligt zu sein (aleatorisches Geschäft).[212] Die Vereinbarung ist für die Gesellschafter mit einem „Russischen Roulette" zu vergleichen, denn der am längsten lebenden Gesellschafter bekommt am Ende alles.[213] Die Bestimmung kann jedoch zur Unternehmenserhaltung erforderlich sein und ist aus diesem Grund auch bis zur Grenze des § 138 BGB zulässig.[214] Lediglich bei einem groben Missverhältnis der die einzelnen Gesellschafter treffenden Risiken – beispielsweise in Folge erheblicher Altersunterschiede oder schwerer Erkrankungen – soll auch der gleichmäßig für alle Gesellschafter geltende Abfindungsausschluss eine Schenkung darstellen können.[215] Sieht der Gesellschaftsvertrag den Abfindungsausschluss nur für den Fall des Todes einzelner Gesellschafter vor oder berechtigt der Vertrag nur einen Gesellschafter entschädigungslos zur Übernahme, so ist in jedem Fall das Vorliegen einer Schenkung anzunehmen. Diese ist aber durch die Zuwendung der Anwartschaft auf den Anteil an die Begünstigten unter Lebenden vollzogen, ein etwaiger Forman-

---

209 Regierungsbegründung zum PartGG in BT-Drucks. 12/6152, S. 21.

210 Siehe nur Michalski / Römermann, PartGG, § 9 Rdn. 35; Castan, Die Partnerschaftsgesellschaft, S. 124 f.; Seibert, Die Partnerschaft, S. 47.

211 BGHZ 22, 186, 194 f.; BGH WM 1971, 1338 f.; BGHZ 98, 48, 56; zustimmend GroßkommentarHGB-Ulmer, § 138 Rdn. 120; Baumbach / Hopt, HGB, § 131 Rdn. 62; Lorz in: Ebenroth / Boujong / Joost, HGB, § 131 Rdn. 120; Schlegelberger-Schmidt, HGB, § 131 Rdn. 66 f.; Engel, NJW 1986, 345, 347 f.; Winkler, BB 1997, 1697, 1703; kritisch Heymann-Emmerich, HGB, § 138 Rdn. 43 f.; Finger, DB 1974, 28 f.

212 Herrschende Meinung nach BGHZ 22, 186, 194; vergleiche nur Baumbach / Hopt, HGB, § 131 Rdn. 62. Die Rechtsfigur des aleatorischen entgeltlichen Geschäftes wird aber teilweise abgelehnt [vergleiche Ulmer, Die Gesellschaft bürgerlichen Rechts, § 738 Rdn. 61; Schlegelberger-Schmidt, HGB, § 131 Rdn. 66 f.; Schmidt, Gesellschaftsrecht, § 45 V 3 b); Mayer, ZEV 2003, 355, 358]. Diese Autoren gehen von einer vorweggenommenen, auf den Todesfall bezogenen unentgeltlichen gesellschaftsvertraglichen Verfügung aus.

213 Auf diesen Aspekt weisen hin Schmidt, Gesellschaftsrecht, § 45 V 3. c) (der auch den Begriff des „Russischen Roulettes" benutzt); Wiedemann, Die Übertragung und Vererbung, S. 188 f.

214 Vergleiche BGH WM 1971, 1338 f.

215 BGH, NJW 1981, 1956, 1957; hierzu auch Wegmann, ZEV 1998, 135 f.

gel nach §§ 2301, 518 BGB damit geheilt (§§ 2301 II, 518 II BGB).[216] Jedoch können in diesem Fall durch die Annahme einer Schenkung Pflichtteilsergänzungsansprüche nach § 2325 BGB entstehen.[217] Im Übrigen wirkt sich der vollständige Abfindungsausschluss nach der herrschenden Meinung in der Weise aus, dass in die Pflichtteilsberechnung für den ordentlichen Pflichtteil nach § 2303 BGB weder der Gesellschaftsanteil noch ein an dessen Stelle tretender Abfindungsanspruch einzubeziehen sind.[218]

Auch in der Partnerschaftsgesellschaft kann sich die Rechtslage nicht anders darstellen. Ein vollständiger Abfindungsausschluss beim Ausscheiden durch Tod muss gerade hier möglich sein. Denn Freiberuflerzusammenschlüsse sind dadurch gekennzeichnet, dass in Geld umwandelbare Vermögenswerte zur Zahlung von Abfindungen weniger vorhanden sind als bei anderen Zusammenschlüssen. Der Hauptwert der Partnerschaft besteht in den personengebundenen Beziehungen zu Mandanten, Klienten und Patienten.[219] Durch den Tod erlöschen in der Regel diese personengebundenen Beziehungen und damit auch ihr Wert. Die Zahlung einer Abfindung würde typischerweise die Partnerschaft gefährden. Der im Partnerschaftsgesellschaftsvertrag vereinbarte Abfindungsauschluss beim Tod eines Partners muss somit im Sinne der Gesellschaftserhaltung insbesondere in der Partnerschaftsgesellschaft möglich sein. Der herrschenden Meinung[220] muss zugestimmt werden.

4. Erbschaftssteuerliche Konsequenzen

Der Anwachsungserwerb führt an sich noch zu keiner erbschaftsteuerlichen Belastung bei den übrigen Gesellschaftern. Denn der Anwachsung steht mit der Verpflichtung zur Zahlung einer Abfindung an die Erben eine gleichwertige Zahlungsverpflichtung gegenüber. Soweit keine Abfindungsbeschränkung eingreift, die Abfindung sich also an dem Verkehrswert des Anteils orientiert, kommt es zu keiner steuerpflichtigen Vermögensmehrung bei den verbleibenden Gesellschaftern. Wird der Abfindungsanspruch der Erben beschränkt, so kann sich eine Steuerverpflichtung sowohl aus § 3 I Nr. 2 S. 1 ErbStG als auch aus § 3 I Nr. 2 S. 2 ErbStG ergeben. Für die Annahme einer Steuerpflicht nach

---

[216] BGH WM 1971, 1338, 1339; Baumbach / Hopt, HGB, § 131 Rdn. 62; GroßkommentarHGB-Ulmer, § 138 Rdn. 120; Lorz in: Ebenroth / Boujong / Joost, HGB, § 131 Rdn. 120; im Ergebnis zustimmend v. Gerkan in: Röhricht / Graf v. Westphalen, HGB, § 131 Rdn. 57; Schlegelberger-Schmidt, HGB, § 138 Rdn. 67; Schmidt, Gesellschaftsrecht, § 45 V 3. b); kritisch Heymann-Emmerich, HGB, § 138 Rdn. 44.

[217] Lorz in: Ebenroth / Boujong / Joost, HGB, § 131 Rdn. 120; Palandt-Edenhofer, § 2325 Rdn. 13; ausführlich Bratke, ZEV 2000, 16 f.; Mayer, ZEV 2003, 355, 356 f..

[218] Riedel, ZErb 2003, 212, 213 mit weiteren Nachweisen.

[219] Über die Bedeutung dieses Vertrauensverhältnisses zuletzt noch BGH, NJW 2004, 836, 837 f. für Anwaltssozietät in Form einer BGB-Gesellschaft; vergleiche hierzu auch Ulmer, Die Gesellschaft bürgerlichen Rechts, § 738 Rdn. 66 mit weiteren Hinweisen.

[220] Siehe Fn. 210.

§ 3 I Nr. 2 S. 1 ErbStG ist Voraussetzung, dass es sich bei dem Abfindungsverzicht des verstorbenen Gesellschafters um eine (ausdrückliche) Schenkung auf den Todesfall an seine Mitgesellschafter handelt. In der Regel stellen aber Abfindungsklauseln, die den Grundsatz der Gleichbehandlung aller Gesellschafter wahren, keine schenkungssteuerpflichtigen Tatbestände dar, vielmehr handelt es sich nur um die Modalitäten der gesellschaftlichen Beitragspflicht (siehe unter C.II.3.b), Seite 35). Eine Steuerpflicht nach § 3 I Nr. 2 S. 1 ErbStG ist daher nur in Ausnahmefällen gegeben.[221] In § 3 I Nr. 2 S. 2 ErbStG stellt das Gesetz zwei Fiktionen auf, nämlich zum einen, dass der Anteilserwerb durch Anwachsung unentgeltlich erfolge, und zum anderen, dass der Umfang dieses Vermögenszuwachses in der Differenz zwischen dem Steuerwert des Anteils im Todeszeitpunkt und dem Wert der tatsächlich zu begleichenden Abfindungsansprüche Dritter (insbesondere der Erben des verstorbenen Gesellschafters) bestehe. Eine Erbschaftssteuer wäre nach dieser Vorschrift damit nur zu zahlen, wenn der Anteilssteuerwert über dem Wert des Abfindungsanspruchs liegt. In der Praxis fällt die Wertdifferenz zwischen dem Anteil und der Abfindung zumeist sehr gering aus, da die Bewertung von Anteilen an Personengesellschaften erbschaftssteuerlich privilegiert ist[222], und zudem die Gesellschafter, die als Mitglieder einer Gesamthandsgemeinschaft nach § 20 ErbStG jeweils in eigener Person Steuerschuldner sind, Vergünstigungen nach §§ 13 a bzw. 19 a ErbStG gelten machen können.[223] Jedoch gewinnt die Erbschaftssteuerpflicht nach § 3 I Nr. 2 S. 2 ErbStG an Bedeutung, sobald die Abfindung sehr gering ist oder sie – wie häufig im Fall des Ausscheides durch Tod – ausgeschlossen wurde. Die Festlegung des Abfindungsbetrages im Gesellschaftsvertrag hat damit für die in der Gesellschaft verbleibenden Gesellschafter konkrete erbschaftssteuerliche Konsequenzen, die bereits im Gesellschaftsvertrag berücksichtigt werden sollten.[224]

Für die Erben stellt der an die Stelle des Gesellschaftsanteils tretende Abfindungsanspruch einen steuerpflichtigen Erwerb i.S.d. § 3 I Nr. 1 ErbStG dar. Ist der Abfindungsanspruch gesellschaftsvertraglich beschränkt worden, so ist der den Erben ohne die Beschränkung zustehende Anspruch aus § 738 I S. 2 BGB der Besteuerung zugrunde zu legen. Hinsichtlich der Bewertung gilt § 12 ErbStG i.V.m. § 12 BewG. Die Begünstigungen für Betriebsvermögen (§ 13 a

---

[221] Riedel, ZErb 2003, 212, 215; v. Oertzen / Hannes, ZEV 2004, 130, 132; Gebel, Gesellschafternachfolge im Schenkung- und Erbschaftsteuerrecht, Rdn. 410.

[222] Für die Bewertung ist überwiegend die Steuerbilanz zugrunde zu legen (§§ 12 V S. 2 ErbStG i.V.m. 109 I BewG), folglich ergeben sich selbst bei einer Abfindung zum Buchwert regelmäßig keine entscheidenden Differenzen zum Steuerwert des Anteils (vergleiche Kirnberger / Werz, ErbStB 2004, 10, 11).

[223] Gebel, Gesellschafternachfolge im Schenkung- und Erbschaftsteuerrecht, Rdn. 479 f.; Sistermann, ZEV 1998, 166, 169.

[224] Hierzu Ausführlich Kirnberger / Werz, ErbStB 2004, 10, 11 f..

ErbStG) greifen nicht ein, vielmehr handelt es sich bei dem reinen Abfindungsanspruch um Privatvermögen.[225]

III. Besondere berufsrechtliche Folgen der Unvererblichkeit am Beispiel der vertragsärztlichen Partnerschaftsgesellschaft

In der Partnerschaftsgesellschaft treten häufig besondere berufsrechtliche Problemstellungen auf. Dies ist auch der Fall, wenn es bei der grundsätzlichen Unvererblichkeit der Beteiligung an der Partnerschaft nach § 9 IV S. 1 BGB bleibt, der Partner folglich aus der Gesellschaft ausscheidet, sein Anteil den übrigen Gesellschaftern anwächst (§ 738 I S. 1 BGB) und die Erben nur einen Abfindungsanspruch nach § 738 I S. 2 BGB erhalten. So stellen sich beispielsweise bei der vertragsärztlichen Partnerschaftsgesellschaft Fragen zum Antrag auf Durchführung des Nachbesetzungsverfahrens nach § 103 IV S. 1 SGB V[226], die im Folgenden behandelt werden.

Ein Vertragsarzt kann seine Zulassung nicht übertragen oder vererben.[227] Die Zulassung muss für gesperrte Planungsbereiche im Nachbesetzungsverfahren vom Zulassungsausschuss neu vergeben werden (vergleiche § 103 SGB V).[228] In diesem Kontext stellt sich das Problem, wer im gesetzlichen Regelfall der Unvererblichkeit zur Stellung des Ausschreibungsantrags auf Neubesetzung des Vertragsarztsitzes in einem Bereich mit Überversorgung nach § 103 VI S. 1 SGB V berechtigt ist.[229] In einer Gemeinschaftspraxis steht dieses Recht nach § 103 VI S. 1 i.V.m. IV S. 1 SGB V dem ausscheidenden Vertragsarzt oder den verfügungsberechtigten Erben zu. Damit würde nach dem Wortlaut des Gesetzes im gesetzlichen Regelfall niemand antragsberechtigt sein, da der Arzt selbst tot ist und seine Erben mangels Nachfolgeregelung (durch eine qualifizierte Nachfolgeklausel oder ein Eintrittsrecht) nicht verfügungsberechtigt sind. Nach dem Wortlaut des Gesetzes würde auch den verbleibenden Partnern kein Antrags-

---

[225] Riedel, ZErb 2003, 212, 215; Sistermann, ZEV 1998, 166, 169.

[226] Speziell für die Partnerschaftsgesellschaft weist auf diesen Problemkreis bereits Krieger, MedR 1995, S. 95 f. hin; vergleiche auch Nentwig / Bonvie / Hennings, Das Partnerschaftsgesellschaftsgesetz, S. 118 f.

[227] Vergleiche hierzu auch Wertenbruch, NJW 2003, 1904; ders., MedR 1996, 485. Die Partnerschaftsgesellschaft selbst kann keine Vertragsarztzulassung (Kassenarztzulassung) erhalten, diese kann nach § 3 II der Zulassungsverordnung für Kassenärzte (Ärzte-ZV) nur einem Arzt persönlich erteilt werden (Fiedler, NZS 2003, 574, 576 m.w.N.).

[228] Diese Begrenzung der Kassenarztzulassung wird teilweise für verfassungswidrig gehalten (vergleiche hierzu Nachweise bei Schnath in: Schnapp / Wigge, Hdb. des VertragsarztR, § 5 Rdn. 1 f.; Steinhilper, MedR 1994, 227). Die Rechtsprechung des BSG hat die seit 1989 in das SGB V eingeführte Regelung zur Bedarfsplanung aber für verfassungsgemäß erachtet (BSG, SozR 3-2500 § 103 Nr. 1; BSG, SozR 3-2500 § 103 Nr. 2).

[229] Für die Zulassungsbezirke, die nicht wegen Überversorgung gesperrt sind, stellt sich das Problem nicht. Hier kann ein eintretender Gesellschafter unabhängig von einem Nachbesetzungsverfahren eine Zulassung beantragen.

Wortlaut des Gesetzes würde auch den verbleibenden Partnern kein Antragsrecht zustehen. Ihnen wächst zwar der Anteil des verstorbenen Partners zu, sie sind damit aber nicht Rechtsnachfolger desselben und somit nicht verfügungsbefugt im Sinne von § 103 IV S. 1 SGB V.[230] Die verbleibenden Partner haben aber, insbesondere wenn der Abfindungsanspruch der Erben nicht gesellschaftsvertraglich ausgeschlossen ist, ein Interesse, die Abfindung dadurch finanzieren zu können, dass sie den Vertragsarztsitz ausschreiben lassen und vom zugelassenen Bewerber eine Einlage in Höhe der Abfindung verlangen. Andernfalls kann das ersatzlose Ausscheiden leicht zu einer fehlenden Kostendeckung, wenn nicht gar zu Liquiditätsproblemen führen. Nur wenn sich die Partner im Gesellschaftsvertrag wechselseitig über den Tod hinaus unwiderruflich bevollmächtigen, die Durchführung des Nachbesetzungsverfahrens bei der Kassenärztlichen Vereinigung zu beantragen, ist das Problem zu umgehen.[231]

Eine solche einzelfallbezogene, gesellschaftsvertragliche Lösung lehnt das BSG jedoch ab und hat entschieden, dass die in der Gemeinschaftspraxis verbleibenden Partner ebenfalls antragsberechtigt im Sinne des § 103 IV S. 1 SGB V sind.[232] Dieser Entscheidung kann nur beigepflichtet werden.[233] Während in anderen Partnerschaftsgesellschaften (z.B. solchen von Rechtsanwälten, Steuerberatern, etc.) die Abfindung in der Regel durch die Aufnahme eines neuen Partners finanziert wird, wäre dieser Weg sonst für vertragsärztliche Partnerschaftsgesellschaften in Gebieten mit Überversorgung im Fall fehlender Nachfolge durch die Erben versperrt. Dies würde für die verbleibenden Partner aber zu wirtschaftlich kaum tragbaren Folgen führen. Ein solches Ergebnis wollte auch nicht der Gesetzgeber des SGB V, wie die Bestimmung des § 103 VI SGB V zeigt. Die Vorschrift hat nicht nur die klarstellende Funktion, dass die Vorschriften des § 103 IV SGB V auch dann gelten, wenn die Zulassung nur eines der Ärzte endet. Vielmehr verlangt sie, dass die Interessen der verbleibenden Ärzte zu berücksichtigen sind. Dies ist aber nur möglich, wenn die verbleibenden Ärzten den ihnen angewachsenen Anteil wirtschaftlich verwerten können.[234] Den verbleibenden Partnern steht damit ein Antragsrecht auf Neubesetzung des Vertragsarztsitzes nach § 103 IV S. 1 SGB V zu.

Die sozialrechtlichen Vorschriften beeinflussen die partnerschaftsrechtlichen Regelungen noch in einem weiteren Punkt. Nach § 103 IV S. 6 i.V.m. VI S. 1 SGB V sind die Interessen des ausscheidenden Vertragsarztes oder seiner Erben

---

[230] Bartels, MedR 1995, 232, 234; Dahm, MedR 1994, 224, 225.

[231] Ein entsprechender Vorschlag findet sich z.B. bei Nentwig / Bonvie / Hennings, Das Partnerschaftsgesellschaftsgesetz, S. 118.

[232] BSG, SozR 3-2500 § 103 Nr. 5 = BSG, NZS 1999, 470 f. = BSG, MedR 1999, 382 f.

[233] Ebenfalls zustimmend Schnath in: Schnapp / Wigge, Hdb. des VertragsarztR, § 5 Rdn. 27; Wertenbruch, NJW 2003, 1904, 1905; Fiedler, NZA 2003, 574, 577; zuvor bereits Steinhilper, MedR 1994, 227, 232; Wertenbruch, MedR 1996, 485, 491 f.

[234] So auch die Argumentation des BSG (Fn. 232).

nur insoweit zu berücksichtigen, als der Kaufpreis die Höhe des Verkehrswertes der Praxis bzw. des Gesellschaftsanteils nicht übersteigt. Die Vorschrift soll verhindern, dass in zulassungsbeschränkten Gebieten von den neu eintretenden Ärzten überhöhte Kaufpreise verlangt werden können.[235] Damit haben die in der Partnerschaftsgesellschaft verbleibenden Partner ein finanzielles Interesse daran, dass die im Gesellschaftsvertrag vereinbarte Abfindung der Erben auf keinen Fall über dem Verkehrswert des Partnerschaftsanteils des ausscheidenden Gesellschafters liegt, da sie selbst – aufgrund dieser sozialrechtlichen Vorschriften – keinen höheren Kaufpreis von dem Nachfolger fordern können. Entsprechende Vorkehrungen sollten für Gemeinschaftspraxen von Ärzten bereits im Partnerschaftsgesellschaftsvertrag getroffen werden.[236]

IV. Zusammenfassung

Bleibt es bei der gesetzlichen Ausgangslage in der Partnerschaft, so wird im Fall des Ausscheidens eines Partners durch Tod (§ 9 I PartGG i.V.m. § 131 III S. 1 Nr. 1 HGB) dessen Anteil nicht vererbt (§ 9 IV S. 1 PartGG), sondern er wächst den übrigen Partnern an (§ 1 IV PartGG i.V.m. § 738 I S. 1 BGB). Diese setzen die Gesellschaft gemeinsam fort. In einer zweigliedrigen Partnerschaft erlischt die Partnerschaft, das Vermögen fällt dem einzig verbleibenden Partner zu, der von nun an nur noch als einzelner Freiberufler tätig sein kann. Die weiteren Rechtsfolgen des Ausscheidens richten sich nach § 1 IV PartGG i.V.m. §§ 738 – 740 BGB. Die Erben treffen keine vorläufigen Fortführungspflichten nach § 727 II BGB.

Die Erben erhalten einen Abfindungsanspruch aus § 738 I S. 2 BGB. Dieser Anspruch ist nicht per se für die Partnerschaftsgesellschaft ausgeschlossen, er kann aber im Partnerschaftsgesellschaftsvertrag für den Fall des Todes wirksam beschränkt oder sogar ausgeschlossen werden. Im Rahmen der Abfindung sind sowohl bei der Berechnung des Guthabens als auch bei der Zulässigkeit von Abfindungsbeschränkungen die Besonderheiten von Freiberuflerzusammenschlüssen zu berücksichtigen. So wird der Wert einer Partnerschaftsgesellschaft maßgeblich durch die personengebundenen Beziehungen zu Mandanten, Patienten oder Klienten beeinflusst. Aufgrund dieses Vertrauensverhältnisses ist vielfach die rechtlich unbeschränkte Möglichkeit der Mitnahme von Mandanten bereits hinreichender Ersatz für die Beteiligung am Wert einer Partnerschaftsgesellschaft.

Die Höhe der Abfindung an die Erben hat erhebliche Auswirkungen auf die erbschaftssteuerliche Belastung der verbleibenden Partner. Diesen steht, wenn es sich um eine Partnerschaftsgesellschaft von Ärzten handelt, im Fall des Aus-

[235] Vergleiche die amtliche Begründung zu § 103 IV und V SGB V in BT-Drucks. 12/3608, S. 99, hierzu auch Dahm, MedR 1994, 223; Bartels, MedR 1994, 232, 233; Fiedler, NZA 2003, 574, 576.

[236] Nentwig / Bonvie / Hennings, Das Partnerschaftsgesellschaftsgesetz, S. 116.

scheidens durch Tod ein Antragsrecht auf Neubesetzung des Vertragsarztsitzes nach § 103 IV S. 1 SGB V zu. Auf diesem Wege können die Partner die Finanzierung der Abfindung an die Erben sichern.

D. Gestaltungsmöglichkeiten zur erbrechtlichen Nachfolge im Partnerschaftsgesellschaftsvertrag

I. Die einfache Nachfolgeklausel (mit einem Erben)

1. Einführung

Wie gezeigt führt die gesetzliche Regelung der Unvererblichkeit nach § 9 IV S. 1 ParGG letztlich dazu, dass die Gesellschaft spätestens durch den Tod des vorletzten Partners erlischt. Dies ist aber nicht immer im Sinne der Partner. Einzelne oder alle Partner haben vielfach ein Interesse daran, dass ihre Mitgliedstellung in der Partnerschaftsgesellschaft von einem bestimmten Nachfolger fortgeführt wird. Um die Erhaltung der Partnerschafsgesellschaft zu sichern und / oder konkrete Nachfolgeinteressen durchzusetzen, ist daher eine Nachfolgeklausel[237] erforderlich.[238] Mit ihr werden die Zahl der möglichen Nachfolger, die an sie zu stellenden Voraussetzungen, die Person des oder der Bestimmungsberechtigten sowie die Art der Bestimmung geregelt. Die Zulässigkeit einer solchen Klausel ergibt sich aus § 9 IV S. 2 PartGG.[239] Danach kann der Partnerschaftsgesellschaftsvertrag die Vererblichkeit der Beteiligung bestimmen.[240] Darüber hinaus sind auch alle weiteren im Recht der Personengesellschaft bekannten Möglichkeiten der Vertragsgestaltung denkbar.[241] So ist es auch zulässig, nur den Partnerschaftsgesellschaftsanteil bestimmter Partner vererblich zu

[237] Teilweise wird für die „Nachfolgeklausel" die Bezeichnung „Fortsetzungsklausel" vorgezogen, da die Klausel nicht einen Eintritt der Erben in die Gesellschaft bewirke, sondern durch sie die Gesellschaft mit den automatisch nachrückenden Erben fortgesetzt werde (vergleiche etwa Schmidt, Gesellschaftsrecht, § 45 V 4.). Auch wenn dies dogmatisch durchaus überzeugend ist, wird im Rahmen dieser Arbeit an der Bezeichnung „Nachfolgeklausel" festgehalten, da sich diese Bezeichnung allgemein durchgesetzt hat.

[238] Westermann, Personengesellschaften I, Rdn. 458.

[239] Der Entwurf des PartGG von 1976 sah erstmals die Möglichkeit einer Nachfolgeklausel vor. Nach § 21 III konnten Partner und – nach einer entsprechenden Regelung im Partnerschaftsgesellschaftsvertrag – Dritte, die die beruflichen Voraussetzungen für eine Mitgliedschaft erfüllten, erben (BT-Drucks. 7/5402 S. 7).

[240] Nach Elkemann-Reusch (Die Partnerschaftsgesellschaft, S. 221 f.) könne die Vorschrift des § 9 IV S. 2 PartGG auch gestrichen werden, denn die Frage, welche Qualifikationen ein Partner erfüllen müsse, ergebe sich einzig aus dem Berufsrecht. Damit verkennt er jedoch, dass ohne die Vorschrift des § 9 IV S. 2 PartGG überhaupt keine Nachfolge in einen Partnerschaftsgesellschaftsanteil möglich wäre, es bliebe dann – unabhängig von dem, was das Berufsrecht erlaubt – bei der Unvererblichkeit. Aber auch sonst kann auf die Vorschrift nicht verzichtet werden, denn die Anforderungen nach § 9 IV S. 2 PartGG und die des jeweiligen Berufsrechts sind durchaus unterschiedlich (vergleiche im Folgenden unter D.I.4., Seite 47).

[241] Michalski / Römermann, PartGG, § 9 Rdn. 26; MünchKommBGB-Ulmer, PartGG, § 9 Rdn. 26.

stellen, während es in Hinsicht auf die anderen Partner bei deren Ausscheiden verbleibt.[242]

2. Unterscheidung zwischen einfacher und qualifizierter Nachfolgeklausel

Es gibt zwei erbrechtliche Nachfolgeklauseln: die so genannte einfache und die so genannte qualifizierte erbrechtliche Nachfolgeklausel.[243] Durch eine einfache Nachfolgeklausel im Gesellschaftsvertrag wird der Anteil für jeden Erben vererblich[244]. Es hängt somit von der Verfügung von Todes wegen ab, ob von mehreren Miterben nur einzelne oder ob alle in die Gesellschafterstellung nachfolgen. Liegt keine Verfügung von Todes wegen vor, so werden Nachfolger die gesetzlichen Erben. Demgegenüber bestimmt die qualifizierte Nachfolgeklausel eine Anteilsvererbung an einen oder einige (vom Gesellschafter zu bestimmende, namentlich benannte oder nach genau festgelegten Kriterien auszuwählende) Erben. Nur diese Erben werden entsprechend dem Gesellschaftsvertrag mit dem Erbfall Gesellschafter.[245] Wichtig ist, dass die erbrechtliche und gesellschaftsrechtliche Lage nicht auseinander fallen dürfen. Es kann immer nur derjenige nachfolgen, der die Voraussetzungen des Gesellschaftsvertrages erfüllt und gleichzeitig zum Erben berufen ist.

Im allgemeinen Personengesellschaftsrecht wird durch eine einfache Nachfolgeklausel jeder Erbe (in Höhe seiner Erbquote) Nachfolger in den Anteil des verstorbenen Gesellschafters. In die Partnerschaftsgesellschaft können aber nach der Vererbungsregel des § 9 IV S. 2 PartGG nur die entsprechend beruflich qualifizierten Erben nachfolgen (zu den Einzelheiten siehe unter D.I.4., Seite 47). Durch diese Einschränkung wird der Kreis der Erben bereits begrenzt, was einige Autoren zu der Aussage veranlasst, dass es eine einfache Nachfolgeklausel in der Partnerschaftsgesellschaft nicht gebe.[246] Dieser Auffassung ist zuzubilligen, dass eine an § 9 IV S. 2 PartGG orientierte Klausel immer wie eine qualifizierte Nachfolgeklausel wirken muss, denn ohne das Erfüllen des zusätzlichen Qualifikationsmerkmal ist eine Nachfolge nicht möglich.[247] Dennoch lässt sich auch in der Partnerschaftsgesellschaft mit der bekannten Terminologie arbeiten. Denn die Begrenzung der Nachfolger beruht hier auf dem Gesetz und nicht – wie sonst bei einer qualifizierten Nachfolgeklausel – auf einer vertraglichen Vereinbarung. Daher kann von einer einfachen Nachfolgeklausel gesprochen werden, wenn der Anteil entsprechend der gesetzlichen Regelung nach § 9 IV S. 2

---

242 Westermann, Personengesellschaften I, Rdn. 457.

243 Zur Terminologie Börner, AcP 166 (1966), 426, 427; Kipp / Coing, Erbrecht (12. Bearb.), § 91 IV 8 b).

244 Leipold, Erbrecht, Rdn. 432; Ausführlich Michalski, DB 1980, Beilage Nr. 5, 1, 22 f..

245 Leipold, Erbrecht, Rdn. 433; Lange / Kuchinke, § 5 VI. 4.; Michalski, DB 1980, Beilage Nr. 5, 1, 14 f.; Muscheler, Universalsukzession und Vonselbsterwerb, S. 57 f.

246 So Mayr, ZEV 1996, 321, 325; Schulze zur Wiesche, BB 1995, 593, 605.

247 Vergleiche auch Schmidt, NJW 1995, 1, 5.

PartGG vererblich ist. Dagegen handelt es sich um eine qualifizierte Nachfolgeklausel, wenn, über den Wortlaut des Gesetzes hinaus, im Gesellschaftsvertrag zusätzliche Anforderungen (z.B. ältester Sohn; Kind mit den besten Examensergebnissen) an den oder die Erben gestellt werden.[248]

3. Erbrechtliche oder gesellschaftsrechtliche Qualität der Nachfolge

a) Problemaufriss

Fraglich ist, ob die Rechtsnachfolge bei einer Nachfolgeklausel (sei es eine einfache oder eine qualifizierte) auf Erbrecht oder auf Gesellschaftsrecht beruht. Nach der ganz herrschenden Meinung im übrigen Personengesellschaftsrecht ist diese Frage zugunsten einer erbrechtlichen Lösung entschieden.[249] Möglicherweise könnten sich aber für die Partnerschaftsgesellschaft diesbezüglich weitere Denkansätze ergeben. Im Folgenden werden daher zunächst unter b), Seite 45, und c), Seite 46, die bekannten Ansichten aus dem übrigen Personengesellschaftsrecht dargestellt. Anschließend werden unter d), Seite 46, die Besonderheiten der Partnerschaftsgesellschaft untersucht, um unter e), Seite 47, zu einer abschließenden Stellungnahme in dieser Frage zu gelangen.

b) Nachfolgeklausel als Verfügung unter Lebenden auf den Todesfall

Nach der insbesondere von Flume[250], Ebert[251] und Säcker[252] vertretenen Auffassung, die häufig als gesellschaftsvertragliche Lösung[253] bezeichnet wird, beruht die Rechtsnachfolge in Personengesellschaftsanteile nicht auf dem Erbrecht. Vielmehr handelt es sich bei der Nachfolgeklausel um eine Verfügung unter Lebenden auf den Todesfall. Der Tod und die Erbenstellung sind daher nur

---

248 MünchKommBGB-Ulmer, PartGG, § 9 Rdn. 28; Heydn, Die erbrechtliche Nachfolge, S. 40; im Ergebnis auch Hoffmann in: Meilicke u.a., PartGG, § 9 Rdn. 42; Henssler / Prütting, BRAO, § 9 PartGG Rdn. 28; Ring, Die Partnerschaftsgesellschaft, § 9 Rdn. 69 f.; Michalski / Römermann, PartGG, § 9 Rdn. 27 und 29; Feddersen / Meyer-Landrut, PartGG, § 9 Rdn. 10 f.; Castan, Die Partnerschaftsgesellschaft, S. 131. Zu den sich hieraus ergebenden Veränderungen des Prüfungsrahmens siehe unter D.II.6., Seite 131.

249 BGHZ 22, 186, 191; BGHZ 68, 225, 229; BGHZ 98, 48, 50; Schmidt, Gesellschaftsrecht, § 45 V 4. b); Schlegelberger-Schmidt, HGB, § 139 Rdn. 17; GroßkommHGB-Ulmer, § 139 Rdn. 8; ders., ZGR 2 / 1972, 195, 212 f.; Lorz in: Ebenroth / Boujong / Joost, HGB, § 139 Rdn. 5; v. Gerkan in: Röhricht / Graf v. Westphalen, HGB, § 139 Rdn. 7; Baumbach / Hopt, HGB, § 139 Rdn. 10; ausführlich zu dieser Frage Siegmann, Personengesellschaftsanteil und Erbrecht, S. 39 f., S. 98; Rokas, Die Teilhaberschaft, S. 42; Siebert, Gesellschaftsvertrag und Erbrecht, S. 19 f.; Westermann, Personengesellschaften I, Rdn. 473 f.; Michalski, DB 1980 Beilage Nr. 5, 1, 11; Muscheler, Universalsukzession und Vonselbsterwerb, S. 57 f.; Siebert, BB 1956, 837, 838; zur historischen Entwicklung: Wiedemann, Die Übertragung und Vererbung, S. 154 f.

250 Flume, Die Personengesellschaft, S. 384 f.; ders., FS Schilling, S. 23.

251 Ebert, Kompetenzabgrenzung von Gesellschaftsrecht und Erbrecht, S. 77 f.

252 Säcker, Gesellschaftsvertragliche und erbrechtliche Nachfolge, S. 43 f.

253 Vergleiche etwa Schmidt, Gesellschaftsrecht § 45 V 4. b).

aufschiebende Bedingung für einen rechtsgeschäftlichen Anteilserwerb.[254] Begründet wird die Auffassung damit, dass insbesondere die von der herrschenden Meinung vertretene Einzelnachfolge mehrerer Miterben in den Gesellschaftsanteil (vergleiche unter D.III.1.b), Seite 132) mit dem Grundsatz der Universalsukzession[255] unvereinbar sei. Dies sei aber ein Fundamentalprinzip des Erbrechts und könne daher auch nicht erbrechtlich durchbrochen werden. Nur eine gesellschaftsvertragliche Lösung führe hier zu vertretbaren Ergebnissen.[256] Ebenso sei die im Falle einer qualifizierten Nachfolgeklausel stattfindende Sondernachfolge (dazu unter D.IV.2., Seite 149) unvereinbar mit dem Grundsatz der Universalsukzession.[257]

c) Nachfolge allein nach dem Erbrecht

Nach der herrschenden Meinung[258] vollzieht sich die Rechtsnachfolge der Erben allein nach dem Erbrecht. Diese Auffassung gesteht der gesellschaftsvertraglichen Lösung durchaus Vorteile bei der Begründung der Einzelnachfolge mehrerer Erben und der Sondernachfolge zu.[259] Dennoch sprechen nach dieser Ansicht andere grundlegende zivilrechtliche Prinzipien gegen diesen Lösungsansatz. So gebe es keinen dinglichen Verfügungsvertrag zu Gunsten Dritter.[260] Nur so ließe sich aber eine Nachfolgeklausel zivilrechtlich einstufen, die als Verfügung unter Lebenden ohne Beteiligung des Dritten, nämlich des Erben, unter den Gesellschaftern vereinbart würde. Selbst wenn man aber eine solche Vertragskonstruktion annähme, würde es sich um einen unzulässigen Vertrag zu Lasten Dritter handeln.[261] Denn auch wenn dem Erben per Saldo Vorteile zuflössen, erwerbe er mit dem Gesellschaftsanteil nicht nur Rechte, sondern auch Pflichten und insbesondere Haftungsrisiken.[262]

d) Besonderheiten bei der Partnerschaftsgesellschaft

Die Rechtsnachfolge in einen Partnerschaftsgesellschaftsanteil zieht für den Erben noch weitergehende Konsequenzen nach sich. Der Erbe muss hier nicht

---

[254] So auch Lange / Kuchinke, Erbrecht, § 5 VI. 6. a); Brox, Erbrecht, Rdn. 754 f. Im Ergebnis einen noch anderen Ansatz verfolgt Ebert (Kompetenzabgrenzung von Gesellschaftsrecht und Erbrecht, S. 130 f.), der den Gesellschaftsanteil generell für unvererblich hält und den Erben nur ein Eintrittsrecht zubilligt.

[255] Ausführlich zum Grundsatz der Universalsukzession und den hiervon gemachten Ausnahmen Muscheler, Universalsukzession und Vonselbsterwerb, S. 5 f. und S. 52 f.

[256] Flume, FS Schilling, S. 23, 26 f.

[257] Flume, FS Schilling, S. 23, 34 f.

[258] Vergleiche Fn. 249.

[259] Siehe nur Schmidt, Gesellschaftsrecht, § 45 V 4. b).

[260] Dies ist herrschende Meinung (vergleiche nur BGHZ 68, 225, 232) und aus dem Schrifttum MünchKommBGB-Leipold, § 1922 Rdn. 53 f.; a.A. die Befürworter der gesellschaftsvertraglichen Lösung (vergleiche Fn. 250 – Fn. 252).

[261] Siehe nur Ulmer, ZGR 2 / 1972, 195, 212 f.

[262] BGHZ 68, 225, 232.

nur die bekannten gesellschaftsrechtlichen Pflichten wahrnehmen. Vielmehr ist er verpflichtet, in der Partnerschaftsgesellschaft auch seinen Beruf auszuüben (§§ 1 I S. 1, 6 II, 9 III PartGG, siehe Einzelheiten unter D.I.4.a), Seite 47). Damit berührt die Rechtsnachfolge hier unmittelbar das Grundrecht der Berufsfreiheit des Erben aus Art. 12 GG.

e) Stellungnahme

Würde man die gesellschaftsvertragliche Lösung in der Partnerschaftsgesellschaft umsetzen, so bedeutete dies, dass dem Erben durch die Nachfolgeklausel als Verfügung unter Lebenden die Verpflichtung auferlegt werden könnte, einen bestimmten Beruf auszuüben. Ein solcher Eingriff in die Berufsfreiheit durch ein Rechtsgeschäft, an dem der Erbe selbst nicht beteiligt ist, wäre aber unstreitig unzulässig. Damit ist die gesellschaftsvertragliche Lösung trotz gewisser dogmatischer Vorteile in Bezug auf den Grundsatz der Universalsukzession in der Partnerschaftsgesellschaft schlechterdings nicht vertretbar. Die Nachfolge aufgrund einer Nachfolgeklausel ist somit erbrechtlich einzustufen.[263]

4. Erforderliche Qualifikation des Erben nach PartGG und Berufsrecht

a) Einführung

§ 9 IV S. 2 PartGG lässt eine Vererblichstellung der Beteiligung an einer Partnerschaft zu, jedoch mit der bereits erwähnten Einschränkung, dass eine Vererbung an Dritte nur möglich ist, wenn diese Partner im Sinne von § 1 I und II PartGG sein können. Für einen verstorbenen Arzt können beispielsweise die Tochter, der Neffe oder die Ehefrau, falls alle drei qualifiziert sind, sogar alle drei zu jeweils einem Drittel, in die Partnerschaftsstellung des Verstorbenen einrücken. Entsprechend dem Gesetzeswortlaut ist die Vererbung an einen Partner derselben Partnerschaftsgesellschaft ohne besondere Voraussetzungen möglich.

Es ist zu beachten, dass eine bloße Kapitalbeteiligung an dem Anteil des verstorbenen Partners nicht ausreicht. Die Erben müssen nicht nur vorhaben, den sie qualifizierenden Beruf in der Partnerschaftsgesellschaft auszuüben, sondern sie müssen ihn dann auch tatsächlich ausüben.[264] Die insbesondere von Michalski und Römermann vertretene Gegenansicht[265], wonach keine tatsächliche Berufsausübung in der Partnerschaftsgesellschaft erforderlich sei, sondern es genü-

[263] Im Ergebnis auch Heydn, Die erbrechtliche Nachfolge, S. 36.

[264] Herrschende Meinung im Anschluss an Regierungsbegründung zum PartGG in BT-Drucks. 12/6152, S. 9; vergleiche MünchKommBGB-Ulmer, PartGG, § 1 Rdn. 11; Ring, Die Partnerschaftsgesellschaft, § 1 Rdn. 2; Bluhm, Zum Partnerschaftsgesellschaftsgesetz und seiner Bedeutung für Rechtsanwälte, S. 59 f.; Henssler / Prütting, BRAO, § 1 PartGG Rdn. 11; Seibert, Die Partnerschaft, S. 55 f.; ders., DB 1994, 2381, 2382; Bösert, DStR 1993, 1332, 1333; Heins, NotBZ, 2001, 273; Kempter, BRAK-Mitt. 1994, 122, 123; Nentwig / Bonvie / Hennings, Das Partnerschaftsgesellschaftsgesetz, S. 88.

[265] Michalski / Römermann, PartGG, § 1 Rdn. 7, 9 mit weiteren Nachweisen.

ge, dass beim Abschluss des Aufnahmevertrages das Ziel einer solchen Ausübung des Freien Berufes bestanden habe, ist abzulehnen.[266] Die Auffassung würde nämlich dazu führen, dass das Wesen freiberuflicher Tätigkeit, wozu insbesondere die aktive Berufsausübung gehört[267], in den Hintergrund träte. Der Gesetzgeber wollte aber keine Rechtsform für stille Beteiligungen oder sonstige bloße Kapitalbeteiligungen, sondern eine Sonderrechtsform zur Berufsausübung von Freiberuflern schaffen.[268] Das PartGG ist demnach auf andere Beteiligungsformen auch gar nicht zugeschnitten, wie insbesondere der Grundsatz der Selbstorganschaft und die damit einhergehenden Geschäftsführungs- und Vertretungsregeln zeigen (vergleiche §§ 6 II, 7 III PartGG). Auch die Haftungsregelung in § 8 PartGG ist für Kapitalbeteiligte, die in der Regel nur begrenzt haften wollen, nicht zugeschnitten. Denn außerhalb der Haftung für Berufsfehler nach § 8 II PartGG haften alle Partner nach § 8 III PartGG grundsätzlich gesamtschuldnerisch mit ihrem Vermögen.[269]

Das Gesetz fordert für die Vererblichstellung eine Klausel im Partnerschaftsgesellschaftsvertrag. Diese könnte wie folgt lauten: „Die Beteiligung an der Partnerschaft ist nach den Vorschriften des PartGG vererblich". Eine exakte Wiedergabe des Gesetzeswortlautes („Die Beteiligung an der Partnerschaft ist an Dritte vererblich, die Partner im Sinne des § 1 I, II PartGG sein können") ist dabei nicht erforderlich. Entgegen anderer Auffassung[270] muss auch keine allgemeine Bezugnahme wie „nach Maßgabe der gesetzlichen Vorschriften" erfolgen, da auch die bloße Vererblichstellung im Partnerschaftsgesellschaftsvertrag ohne jeglichen Hinweis auf das Gesetz (z.B. „Die Beteiligung an der Partnerschaft ist vererblich") zur Folge hat, dass das Gesetz Anwendung findet. Damit soll jedoch keine Aussage darüber getroffen werden, ob es nicht im Einzelfall sinnvoll ist, die entsprechende Vertragsklausel über die gesetzlichen Anforde-

---

[266] Dies gilt uneingeschränkt für die Gründung und den späteren Beitritt von Partnern und Erben. Eine andere Frage ist es, welche Auswirkungen eine spätere Verhinderung oder Einstellung der Berufsausübung hat (vergleiche hierzu Regierungsbegründung zum PartGG in BT-Drucks. 12/ 6152, S. 9, sowie MünchKommBGB-Ulmer, PartGG, § 1 Rdn. 13 f. mit weiteren Nachweisen).

[267] Siehe Castan, Die Partnerschaftsgesellschaft, S. 28; Ring, Die Partnerschaftsgesellschaft, § 1 Rdn. 8.

[268] Vergleiche Regierungsbegründung in BT-Drucks. 12/6152, S. 7. Dabei ist der Gesetzgeber wohl nicht von einer stillen Beteiligung i.S.v. § 230 HGB ausgegangen, da der stille Gesellschafter nicht nach § 1 I PartGG der Partnerschaftsgesellschaft zugehörig ist, sondern meinte wohl verwandte Konstruktionen von Unterbeteiligungen, wie partiarische Darlehn etc. (vergleiche im Einzelnen Hopt, HGB, § 230 Rdn. 4).

[269] Im Einzelnen ist noch weiter streitig, welchen konkreten Umfang die Berufsausübung haben muss, um von einer „Ausübung" sprechen zu können. Diese Frage berührt jedoch die Qualifikation des Erben nicht mehr und kann daher hier nicht vertieft erläutert werden (im Einzelnen Lenz in: Meilicke u.a., PartGG, § 1 Rdn. 98).

[270] Heydn, Die erbrechtliche Nachfolge, S. 37.

rungen hinaus weiter zu konkretisieren [vergleiche hierzu sogleich unter b), Seite 49].

Im Folgenden wird untersucht, welche Qualifikationen der Erbe erfüllen muss, um in eine Partnerschaftsgesellschaft nachfolgen zu können. Dabei spielt das Berufsrecht eine herausragende Rolle. Denn aufgrund des Berufsrechtsvorbehaltes in § 1 III PartGG darf das jeweils geltende Berufsrecht einer Beteiligung durch den Erwerber nicht entgegenstehen. Zunächst wird aber unter b), Seite 49, eine von manchen Autoren vorgeschlagene einschränkende Auslegung des Kreises der Erben untersucht werden, sodann unter c), Seite 52, das Verhältnis des Berufsrechts und des Gesellschaftsrecht erörtert und schließlich unter II., Seite 53, das Berufsrecht näher bestimmt werden.

b) Eingrenzung des Kreises der potentiellen Erben durch einschränkende Auslegung

Nach dem weiten Wortlaut des § 9 IV S. 2 PartGG genügt es, dass der Nachfolgeberechtigte gemäß § 1 I S. 3 PartGG eine natürliche Person ist, die einen Freien Beruf i.S.v. § 1 II PartGG ausübt (§ 1 I S. 1 PartGG). Es wird die Auffassung vertreten, dass abweichend davon als Erben nur solche Personen zugelassen werden können, die ihrerseits die berufliche Qualifikation für zumindest einen der in der Partnerschaft vertretenen Berufe besitzen.[271] Dies würde bedeuten, dass in eine Partnerschaftsgesellschaft von beispielsweise Steuerberatern und Wirtschaftsprüfern auch nur Steuerberater und Wirtschaftsprüfer als Erben nachfolgen können. Die Gegenansicht erkennt nur die berufsrechtlichen Einschränkungen des Kreises der potentiellen Erben an (dazu im Einzelnen unten c), Seite 52, und II., Seite 53) und lehnt in Übereinstimmung mit dem Gesetzeswortlaut weitere Einschränkungen ab.[272]

Der Gesetzgeber des PartGG erwähnt in seiner Begründung zu § 9 IV S. 2 PartGG nur die berufsrechtlichen und die freiwilligen, sich aufgrund gesellschaftsvertraglicher Vereinbarung ergebenden Einschränkungen des Kreises der Erben.[273] Es stellt sich damit die Frage, ob die vorgeschlagene Einschränkung tatsächlich geboten ist. Ohne weitere Begrenzung würde sich die Situation im Erbfall wie folgt darstellen: Es gibt Freie Berufe, deren Bezeichnung nicht geschützt ist und zu deren Ausübung folglich keine besonderen Qua-

---

[271] MünchKommBGB-Ulmer, PartGG, § 9 Rdn. 25; MünchKommBGB-Leipold, § 1922 Rdn. 74 Fn. 201; Hoffmann in: Meilicke u.a., PartGG, § 9 Rdn. 44; Feddersen / Meyer-Landrut, PartGG, § 9 Rdn. 10; Schmidt, NJW 1995, 1, 5; ders., Gesellschaftsrecht, § 64 III 3. b); Heins, NotBZ 2001, 273, 274; Bluhm, Zum Partnerschaftsgesellschaftsgesetz und seiner Bedeutung für Rechtsanwälte, S. 153.

[272] In diesem Sinne Castan, Die Partnerschaftsgesellschaft, S. 131; Mahnke, WM 1996, 1029, 1036; wohl auch Michalski / Römermann, PartGG, § 9 Rdn. 25 b; Ring, Die Partnerschaftsgesellschaft, § 9 Rdn. 73, 74; Seibert, Die Partnerschaft, S. 51; Henssler / Prütting, BRAO, § 9 PartGG Rdn. 28; Hornung, Rpfleger 1996, 1, 5.

[273] Regierungsbegründung zum PartGG in BT-Drucks. 12/6152, S. 21.

lifikationen oder Zulassungsvoraussetzungen erforderlich sind. Jede erwerbsfähige natürliche Person kann sich beispielsweise als Künstler oder Unternehmensberater bezeichnen und diesen Beruf ausüben.[274] Selbst wenn die Leistungen in ihrem Niveau weit hinter dem zurückbleiben, was von einem Angehörigen dieses Freien Berufes normalerweise erwartet werden kann, gilt die Tätigkeit als Ausübung dieses Berufes.[275] Damit könnte in eine Partnerschaftsgesellschaft von Unternehmensberatern theoretisch auch der berufslose Sonderschüler als Erbe nachfolgen, wenn er sich als Künstler bezeichnet und diesen Beruf nun ausüben will. Denkbar wäre auch, dass ein Künstler in eine Partnerschaft von Journalisten nachfolgt und dort sein Atelier eröffnet. Die übrigen Partner könnten eine solche Nachfolge nicht verhindern, wenn der Gesellschaftsvertrag eine (einfache) Nachfolgeklausel enthielte. Dies könnte nun Bedenken aufwerfen und damit eine Einschränkung rechtfertigen, weil die Berufsausübung der übrigen Partner behindert werden könnte. So ist denkbar, dass der neue Partner durch sein Auftreten oder die mangelnde tatsächliche Qualifikation den unter Umständen mühsam erworbenen Ruf der Partnerschaftsgesellschaft ruiniert, Mandanten abschreckt, die Organisation der Gesellschaft durcheinander bringt, etc. Zwar kann dies theoretisch auch bei dem Eintritt eines neuen Partners oder durch bestehende Partner erfolgen, die beispielsweise aufgrund von Alkoholproblemen ihr Auftreten nachteilig verändern. Die Zusammenarbeit mit diesen haben sich die anderen Partner aber ausdrücklich ausgesucht. Zu dem Zeitpunkt, in dem eine Nachfolgeklausel in den Partnerschaftsgesellschaftsvertrag aufgenommen wird, ist aber in der Regel nicht absehbar, wer als Erbe nachfolgen kann, oft sind die potentiellen Erben noch nicht einmal geboren. Damit müssen die Partner im Nachfolgefall Konsequenzen ertragen, auf die sie ohne Einfluss sind. Dies könnte eine einschränkende Auslegung der auf § 9 IV S. 2 PartGG beruhenden Nachfolgeklausel rechtfertigen.

Probleme der aufgezeichneten Art können aber auch auftreten, wenn sich in dem zuerst genannten Beispiel der arbeitslose Sonderschüler dazu entschließt, als Unternehmensberater in die Partnerschaftsgesellschaft nachzufolgen. In diesem Fall würde auch die vorgeschlagene einschränkende Auslegung eine Nachfolge nicht verhindern. Zudem ist es nicht ganz richtig, dass den übrigen Gesellschaftern eine Nachfolgekonstellation aufgedrängt wird. Denn auch die Nachfolgeklausel bedarf einer entsprechenden Vereinbarung nach § 9 IV S. 2 PartGG. Vereinbaren die Partner eine solche Klausel, dann begeben sie sich freiwillig ihrer Einflussmöglichkeit. Im Gegenzug können sie dann aber auch selbst ihren Anteil völlig unabhängig von den übrigen Partnern vererben. Sollen hingegen schwierige Nachfolgekonstellationen verhindert werden, dann müssen

---

274 MünchKommBGB-Ulmer, PartGG, § 1 Rdn. 44; Michalski / Römermann, PartGG, § 1 Rdn. 60 und Rdn. 88 f.

275 Scholz in: Maunz / Dürig, GG, Art. 12 Rdn. 18.

die Partner von Anfang an detaillierte Nachfolgeregelungen treffen.[276] Auch diese Freiheit steht den Partnern zu. Die Nachfolgeklausel könnte dann beispielsweise so aussehen, dass die Nachfolge auf Personen beschränkt wird, die die Berufstätigkeit des Verstorbenen fortsetzen oder sonst die Partnerschaftsgesellschaft sinnvoll ergänzen. Darüber hinaus besteht auch die Möglichkeit, den Erben aus wichtigem Grund aus der Partnerschaft auszuschließen. Während dies bislang nur in besonderen Fällen möglich war[277], ist hier ein Wandel in der Rechtsprechung zu verzeichnen. So hat der BGH entschieden, dass ein neuer Gesellschafter, der in eine seit langer Zeit bestehende Sozietät von Freiberuflern eintritt, im Rahmen einer angemessenen Frist auch ohne sachlichen Grund ausgeschlossen werden kann.[278] Begründet wird diese Entscheidung mit den Besonderheiten der Zusammenschlüsse von Freiberuflern. Hier stellt sich in der Regel erst nach gewisser Zeit heraus, ob das nötige Vertrauen für eine Zusammenarbeit besteht und die Berufsauffassungen harmonieren.[279] Entsprechendes muss dann für den Ausschluss eines Erben aus einer Freiberuflersozietät gelten, denn auch hier wird sich oftmals erst später herausstellen, ob eine Zusammenarbeit mit dem neu Hinzutretenden möglich ist. Die oben aufgezeigten Bedenken gegen eine scheinbar unbegrenzte Nachfolge lassen sich damit entkräften.

Weiter wird die Auffassung vertreten, dass eine einschränkende Auslegung erforderlich sei, weil sich durch eine unbegrenzte Nachfolge der im Partnerschaftsgesellschaftsvertrag angegebene Gegenstand der Gesellschaft unzulässig ändere.[280] Ziel der Bestimmung des Gegenstandes nach § 3 II Nr. 3 PartGG ist es, die Berufszweige, in denen die Partner tätig werden, klar und eindeutig festzulegen, um so auch noch einmal den freiberuflichen Charakter der Tätigkeit zu unterstreichen.[281] Dennoch übersieht diese Ansicht, dass der Gegenstand des Gesellschaftsvertrages auch weit gefasst sein kann, solange es sich nur um die Ausübung freiberuflicher Tätigkeit handelt.[282] Der Gegenstand muss nicht jederzeit mit den in der Gesellschaft ausgeübten Berufen vollständig übereinstimmen.[283] Ansonsten wäre die Angabe des Gegenstandes auch überflüssig, da be-

---

[276] In diesem Sinne auch Mahnke, WM 1996, 1029, 1036.

[277] Hierzu Münchener Handbuch-Salger, § 38 Rdn. 46 i.V.m. Rdn. 34 f.; Michalski / Römermann, PartGG, § 9 Rdn. 25 b.

[278] BGH, NJW 2004, 2013, 2015.

[279] Vergleiche Fn. 278.

[280] MünchKommBGB-Ulmer, PartGG, § 9 Rdn. 25; Bluhm, Zum Partnerschaftsgesellschaftsgesetz und seiner Bedeutung für die Berufsgruppe der Rechtsanwälte, S. 153.

[281] Vergleiche Regierungsbegründung in BT-Drucks. 12/6152, S. 13.

[282] Michalski / Römermann, PartGG, § 3 Rdn. 19; Meilicke (in: Meilicke u.a., PartGG, § 3 Rdn. 25) geht sogar so weit, dass der Gegenstand gemischt gewerblich sein kann, solange er auch eine freiberufliche Tätigkeit umfasst.

[283] Michalski / Römermann, PartGG, § 3 Rdn. 19, 20; Castan, Die Partnerschaftsgesellschaft, S. 74.

reits nach § 3 II Nr. 2 PartGG die ausgeübten Berufe genannt werden müssen.[284] Folglich ist nicht auszuschließen, dass er auch verschiedene Nachfolgekonstellationen erfasst. Darüber hinaus kann der Partnerschaftsgesellschaftsvertrag und damit der Gegenstand der Gesellschaft auch geändert werden, sollte er tatsächlich die Berufsfelder der Gesellschaft nach einer Erbfolge unvollständig angeben.[285] Somit spricht die mögliche Änderung des Gegenstandes nicht gegen eine grundsätzlich unbegrenzte Nachfolgemöglichkeit des Erben, der einen Freien Beruf ausübt.

Im Ergebnis bestehen durch die dispositive Möglichkeit, die Nachfolgeklausel auch spezieller zu fassen, und die Möglichkeit, den Erben auszuschließen, in krassen Fällen genügend gesetzeskonforme Mittel, um einer theoretisch denkbaren unbegrenzten Nachfolge (und ihren Konsequenzen) adäquat zu begegnen. Die Belange der übrigen Gesellschafter können so ausreichend geschützt werden. Die Gefahr einer völlig unpassenden Zusammenarbeit bleibt damit nur in dem Rahmen, den man sich freiwillig durch die Nachfolgeklausel ausgesucht hat. Weitere Einschränkungen außerhalb des Gesetzeswortlautes sind daher nicht erforderlich. Die vorgeschlagene einschränkende Auslegung ist folglich abzulehnen.

c) Das Verhältnis des Berufsrechts zum Gesellschaftsrecht und seine Bedeutung für § 9 IV S. 2 PartGG

Es wurde festgestellt, der Verweis auf § 1 I, II PartGG in § 9 IV S. 2 PartGG führe dazu, dass tauglicher Erbe immer nur eine natürliche Person sein kann, die einen Freien Beruf ausübt. Fraglich ist, ob es darüber hinaus Einschränkungen des Kreises der potentiellen Erben durch das jeweilige Berufsrecht gibt. § 9 IV S. 2 PartGG verweist zwar nicht ausdrücklich auf den in § 1 III PartGG enthaltenen Berufsrechtsvorbehalt. Dennoch ging der Gesetzgeber des PartGG davon aus, dass das Berufsrecht hier weitere Einschränkungen vornehmen kann.[286] Die Vorschrift des § 1 III PartGG stellt den Vorbehalt auf, dass das für einzelne Freie Berufe geltende Berufsrecht die Verwendung der Rechtsform der Partnerschaft ausschließen oder von weiteren Voraussetzungen abhängig machen kann.[287] Dabei hat der Gesetzgeber keinen expliziten Vorrang des Gesellschaftsrechts vor dem Berufsrecht aufstellen wollen.[288] Vielmehr gilt das Prinzip

[284] So auch Castan, Die Partnerschaftsgesellschaft, S. 74.

[285] Zu solchen Vertragsänderungen siehe Meilicke in: Meilicke u.a., PartGG, § 3 Rdn. 26 f.

[286] Regierungsbegründung zum PartGG in BT-Drucks. 12/6152, S. 21.; a.A. nur Hoffmann (in: Meilicke u.a., PartGG, § 9 Rdn. 44), der davon ausgeht, dass in die Nachfolgeklausel noch explizit aufgenommen werden müsse, dass eine Vererblichkeit bei nicht kompatiblen Berufsrecht ausscheide. Dies ergibt sich aber bereits aus dem Gesetz selbst, wie im Folgenden aufgezeigt wird.

[287] Siehe Regierungsbegründung zum PartGG in BT-Drucks. 12/6152, S. 10.

[288] Diese Formulierung verwenden Seibert (Die Partnerschaft, S. 52) und Ulmer (MünchKommBGB, PartGG, § 1 Rdn. 77). Im Ergebnis stimmen sie aber mit der Regierungsbegrün-

des kleinsten gemeinsamen Nenners.[289] Dies bedeutet, dass stets der gesellschaftsrechtliche und der berufsrechtliche Bereich zu prüfen sind. Widersprechen sich die Regelungen, so gilt jeweils die engere Vorschrift. Damit kann aber auch die Frage nach der erbrechtlichen Nachfolge nicht ohne Prüfung des jeweiligen Berufsrechts beantwortet werden, denn dieses kann die Vererblichkeit ausschließen oder beschränken. Das Berufsrecht spielt damit, auch ohne ausdrücklichen Verweis auf § 1 III PartGG, für die Nachfolge nach § 9 IV S. 2 PartGG eine erhebliche Rolle.[290] Daher wird dem Berufsrecht – entsprechend dem Schwerpunkt dieser Arbeit – im Folgenden ein eigenes Kapitel gewidmet.

II. Das Berufsrecht

1. Einleitung

Es wurde festgestellt, dass die Berufsrechte die Erbfolge in den Partnerschaftsgesellschaftsanteil beeinflussen. Dies geschieht auf unterschiedliche Weise. Zu unterscheiden ist hier zwischen Berufswahl- und Berufszugangsregelungen einerseits und Berufsausübungsregelungen andererseits. Die Berufszugangsregelungen bestimmen, wer überhaupt einem bestimmten Beruf zugehören und damit Partner im Sinne von § 1 PartGG und Erbe im Sinne von § 9 IV S. 2 PartGG sein kann (hierzu unter 2., Seite 54). Berufsausübungsregelungen beschränken die Zusammenarbeit in einer Berufsausübungsgemeinschaft. Dadurch schränken sie den Kreis der potentiellen Erben weiter ein und bestimmen, welche Berufsangehörige in welche Partnerschaften als Erben nachfolgen können. Die Berufsausübungsregelungen können dabei in zwei Gruppen unterteilt werden. Soweit sie die gemeinschaftliche Berufsausübung innerhalb desselben Berufes regeln, handelt es sich um die monoprofessionelle Zusammenarbeit betreffende Berufsausübungsregelungen (hierzu unter 3., Seite 55). Ist hingegen die Zusammenarbeit mit Vertretern verschiedener Berufe betroffen, so handelt es sich um die interdisziplinäre Zusammenarbeit betreffende Berufsausübungsregelungen (hierzu unter 4., Seite 88).[291]

Das hier angesprochene Berufsrecht befindet sich nicht nur in formellen Gesetzen. Rechtsverordnungen und bei „verkammerten“ Berufen Satzungen der

---

dung überein, denn auch sie verstehen den Vorrang des Berufsrechts nicht so weit, dass das Berufsrecht den Organisationsrahmen des PartGG verändern könnte. Dann von einem „Vorrang“ zu sprechen, erscheint wenig überzeugend.

289 Vergleiche Regierungsbegründung zum PartGG in BT-Drucks. 12/6152, S. 11: „Treffen unterschiedliche berufsrechtliche Regelungen aufeinander, so gilt nur die nach allen Regelungen zulässige Lösung (gemeinsamer Nenner)....“.

290 In diesem Sinne auch Michalski / Römermann, PartGG, § 1 Rdn. 1000 und § 9 Rdn. 25 b; Castan, Die Partnerschaftsgesellschaft, S. 49 f.; Gail / Overlack, Anwaltsgesellschaften, Rdn. 255; Heydn, Die erbrechtliche Nachfolge, S. 38.

291 Lenz in: Meilicke u.a., PartGG, § 1 Rdn. 110 (für die monoprofessionelle Zusammenarbeit) und Rdn. 114 (für die interdisziplinäre Zusammenarbeit).

Berufskammern stellen einen Großteil des Berufsrechts dar.[292] Darüber hinaus existieren sowohl auf Bundes- als auch auf Länderebene (teilweise sogar auf Regionalebene) entsprechende Regelungen. Die folgenden Ausführungen beschränken sich auf die Bestimmungen für Ärzte, Zahnärzte, Apotheker, Rechtsanwälte, Notare, Steuerberater, Wirtschaftsprüfer, vereidigte Buchprüfer und Patentanwälte. Bestimmungen über Berufsausübungsgemeinschaften finden sich bei den rechts- und wirtschaftsberatenden Berufen in Bundesgesetzen[293], bei Ärzten und Zahnärzten in den Satzungen der jeweiligen Landesärztekammern bzw. Landeszahnärztekammern[294]. Diese Satzungen orientieren sich an einer von der Bundesärztekammer bzw. Bundeszahnärztekammer aufgestellten Musterberufsordnung.[295] Diese ist zwar nicht verbindlich, in der Praxis wird sie aber von den jeweiligen Kammern auf Länderebene weitgehend übernommen.[296] Durch diese praktische Umsetzung ist auch im ärztlichen Bereich überwiegend ein bundeseinheitliches Berufsrecht vorhanden.[297] Die berufsrechtlichen Satzungen gelten auch als vollwertiges Berufsrecht im Sinne von § 1 III PartGG.[298]

2. Berufszugangsregelungen

Der Berufszugang ist für die meisten freien Berufe gesetzlich geregelt. Dies bedeutet, dass das Gesetz bestimmte persönliche und fachliche Voraussetzungen für das Führen einer bestimmten Berufsbezeichnung voraussetzt. So ist nach § 4

---

[292] Die im PartGG getroffene Regelung zum Berufsrechtsvorbehalt in § 1 III PartGG wird dabei ergänzt durch § 6 I und § 8 III PartGG. Da lediglich in § 8 III PartGG ausdrücklich von einer „gesetzlichen" Regelung gesprochen wird, wird zutreffend gefolgert, dass für Regelungen im Sinne der §§ 1 III, 6 I PartGG grundsätzlich auch berufsrechtliche Satzungen ausreichen (so auch Regierungsbegründung zum PartGG in BT-Drucks. 12/6152, S. 11; vergleiche zu dieser Frage auch Mahnke, WM 1996, 1029, 1033; Scharlach / Hoffmann, WM 2000, 2082, 2084). Zu einer Einschränkung siehe Fn. 298.

[293] Vergleiche beispielhaft: § 3 II, III BNotO; § 59 a I BRAO.

[294] Vergleiche § 22 der Berufsordnung für die nordrheinischen Ärztinnen und Ärzte vom 14. 11. 1998 in der Fassung vom 22. 11. 2003, zu finden unter http://www.aekno.de/htmljava/c/berufsordnung.htm.

[295] Siehe (Muster-) Berufsordnung für die deutschen Ärztinnen und Ärzte – MBO-Ä 1997 – in der Fassung der Beschlüsse des 100. Deutschen Ärztetages 1997 in Eisennach, zuletzt geändert durch die Beschlüsse des 107. Ärztetages 2004 in Bremen, zu finden unter http://www.bundesaerztekammer.de/30/ Berufsordnung/Mbopdf.pdf.

[296] Burkart, Deutsches Ärzteblatt 1995, 2105; Butzer in: Schnapp, Rechtsfragen der gemeinschaftlichen Berufsausübung von Vertragsärzten, S. 29.

[297] Auf bedeutende Abweichungen wird an entsprechender Stelle hingewiesen werden.

[298] Diese grundsätzliche Anerkennung des Satzungsrechts (vergleiche Fn. 292) bezieht sich jedoch nur auf ergänzende Reglementierungen, die die Art und Weise der Berufsausübung betreffen. Sie schließt aber nicht aus, dass in Einzelfällen wegen der Wesentlichkeit der Beschränkung des Grundrechts auf die freie Berufsausübung nach Art. 12 I GG aus verfassungsrechtlichen Gründen allein der Gesetzgeber zur Schaffung berufsrechtlicher Reglementierungen befugt sein kann (Regierungsbegründung zum PartGG in BT-Drucks. 12/6152, S. 11).

BRAO die Befähigung zum Richteramt Voraussetzung für den Zugang zum Beruf des Rechtsanwaltes.[299] In den „verkammerten“ Berufen ist zusätzlich eine förmliche Zulassung Voraussetzung für die Berufsausübung. So hat beispielsweise ein Rechtsanwalt nach § 6 I BRAO eine entsprechende Zulassung zu beantragen und kann erst nach Erhalt der Zulassung durch die Rechtsanwaltskammer den Beruf des Rechtsanwaltes ausüben.[300]

Die erbrechtliche Nachfolge in einen Partnerschaftsgesellschaftsanteil erfordert zunächst, dass der Erbe entweder die Zulassung zu einem Beruf hat oder die Zulassung zu einem Beruf, der in der Partnerschaftsgesellschaft ausgeübt wird oder zulässigerweise in interdisziplinärer Zusammenarbeit ausgeübt werden kann (vergleiche hierzu unter D.II.4., Seite 88), erwerben kann. Für die Praxis bedeutet dies, dass beispielsweise ein Jura- oder Medizinstudium ohne Examen nicht ausreichend wäre, um Partner und damit Erbe zu werden. Insofern schränken bereits die Berufszugangsregelungen den Kreis der potentiellen Erben ein.

3. Berufsausübungsregelungen: Monoprofessionelle Zusammenarbeit

Die monoprofessionelle Zusammenarbeit bietet unabhängig von der Partnerschaftsgesellschaft eine Vielzahl von Vorteilen. Zunächst ermöglicht die größere organisatorische Einheit auch eine rationellere Berufsausübung. So können Organisationsformen in großen Büros oder Praxen die allgemeinen Betriebskosten senken. Auch können sich einzelne Partner in bestimmten Fachgebieten oder für bestimme Mandanten, Klienten oder Patienten spezialisieren. Dadurch erhöht sich der Marktwert der Partnerschaftsgesellschaft. Mehr und teilweise auch zahlungskräftigere Mandanten, Klienten oder Patienten werden so angezogen. Jüngeren Partnern erleichtert die Verbindung mit älteren Berufskollegen die Einarbeitung und den Eintritt ins Berufsleben. Angesammeltes Know-how kann auf diesem Weg weitergegeben werden. Dazu kommt, dass sich die Partner bei Urlaub und Krankheit vertreten können. Letztlich führt die gemeinschaftliche Verbindung innerhalb desselben Berufs zu einer Stärkung der wirtschaftlichen Sicherheit.

Wie bereits in der Einleitung erwähnt, könnten auch Vorschriften zur monoprofessionellen Zusammenarbeit den Kreis der möglichen Erben weiter einschränken. Die gemeinschaftliche Berufsausübung innerhalb desselben Berufs

---

299 Ähnliche Bestimmungen gelten für folgende Berufe: Arzt, Zahnarzt, Tierarzt, Hebamme, Krankengymnast, Masseur, medizinischer Bademeister, Logopäde, Beschäftigungs- und Arbeitstherapeut, Orthopist, Notar, Patentanwalt, Wirtschaftsprüfer, vereidigter Buchprüfer, Steuerberater, Steuerbevollmächtigter, Architekt, Lotse und in einigen Bundesländern der beratende Ingenieur (Unterrichtung durch die Bundesregierung über die Lage der Freien Berufe in BT-Drucks. 12/21, S. 10).

300 Gleiches gilt für Ärzte, Zahnärzte, Tierärzte, Notare, Patentanwälte, Wirtschaftsprüfer, vereidigte Buchprüfer, Steuerberater, Architekten, beratende Ingenieure und Lotsen (MünchKommBGB-Ulmer, PartGG, § 9 Rdn. 19.

ist grundsätzlich erlaubt.[301] Die verschiedenen Berufsrechte schränken aber die monoprofessionelle Zusammenarbeit in der Partnerschaftsgesellschaft teilweise ein und unterwerfen sie weiteren Voraussetzungen, die insbesondere für die Berufsgruppen der Nurnotare, Anwaltsnotare, Steuerberater und Wirtschaftsprüfer sowie Ärzte und Zahnärzte von Bedeutung sind, siehe unter b), c), d), e), f). Darüber hinaus gibt es auch ausdrückliche Verbote der monoprofessionellen Zusammenarbeit in der Partnerschaftsgesellschaft, zum Beispiel für Apotheker unter a). Die folgende Untersuchung bezieht sich darauf, ob ein Berufsangehöriger desselben Berufs in eine Partnerschaft als Erbe nachfolgen kann. Denn nur, wenn eine gemeinsame Berufsausübung möglich ist, kann nach der Vererbungsregel des § 9 IV S. 2 PartGG auch der Anteil an einer solchen Partnerschaftsgesellschaft vererblich gestellt werden.

a) Apotheker

Apothekern steht nach § 8 ApothG als zulässige Kooperationsform ausschließlich die Gesellschaft bürgerlichen Rechts und die OHG offen. Sobald eine Apotheke den Umfang eines Handelsgewerbes nach § 1 II HGB erreicht, ist die OHG die einzig zulässige Rechtsform für eine Kooperation. Da dies heute überwiegend zutrifft, können Apotheker nur noch in seltenen Fällen eine Gesellschaft bürgerlichen Rechts gründen.[302] An dieser gesellschaftsrechtlichen Situation sollte auch die Einführung des PartGG nichts ändern. Bereits aus diesem Grund nahm der Gesetzgeber die Apotheker nicht in den Katalog der Freien Berufe nach § 1 II PartGG auf.[303] Die damit einhergehende Nichtanwendbarkeit des PartGG auf Zusammenschlüsse von Apothekern wird auch überwiegend anerkannt.[304] Vereinzelt wird kritisiert, dass der Gesetzgeber des PartGG damit im Gesellschaftsrecht Fragen vorwegnimmt, die allein dem Berufsrecht zuzuordnen sind.[305] Aufgrund der allein an § 8 ApothG orientierten Gesetzesbegründung

[301] Die Bedeutung dieses Grundsatzes, wonach Kooperationsmöglichkeiten zwischen Angehörigen derselben Berufsgruppe nicht eingeschränkt werden sollen, betonte auch jüngst wieder die Kommission der Europäischen Gemeinschaften in ihrem „Bericht über den Wettbewerb bei freiberuflichen Dienstleistungen“ (S. 18, zu finden unter http://europa.eu.int/eurlex/de/com/cnc/2004/com2004_0083de01.pdf).

[302] Schiedermair / Pieck, ApothG, § 8 Rdn. 3; MünchKommBGB-Ulmer, PartGG, § 1 Rdn. 79.

[303] Regierungsbegründung zum PartGG in BT-Drucks. 12/6152, S. 10.

[304] Zustimmend unter anderen MünchKommBGB-Ulmer, PartGG § 1 Rdn. 79; Michalski / Römermann, PartGG, § 1 Rdn. 36. Seibert (Die Partnerschaft, S. 42 Fn. 36) weist darauf hin, dass die Apothekerverbände im Gesetzgebungsverfahren nicht auf eine Aufnahme in das PartGG gedrängt hätten: „Wer nicht will, der hat gehabt“. Henssler (WIB 1994, 53, 54) und Lenz (in: Meilicke u.a., PartGG, § 1 Rdn. 45) zeigen sich von der Ausklammerung der Apotheker überrascht. Sie sehen auch für Apotheker ein Bedürfnis für eine weitere Kooperationsform, da wegen wachsender wirtschaftlicher Risiken auch hier das Bestreben nach einer Haftungsbeschränkungsmöglichkeit vorhanden sei.

[305] Knoll / Schüppen, DStR 1995, 608, 610).

müsste – im Falle einer Öffnung der Vorschrift – überprüft werden, ob die Apotheker als Angehörige eines Freien Berufes angesehen werden können. Im Rahmen der Abgrenzung von Handelsgewerbe zum Freien Beruf werden Apotheker aufgrund des deutlichen Überwiegens der Anschaffung und Weiterveräußerung von Arzneimitteln gegenüber deren Herstellung als Betreiber eines Handelsgewerbe eingestuft.[306] Auch steuerrechtlich werden sie nicht als Freier Beruf behandelt (vergleiche die Nichtaufnahme in den Katalog des § 18 I S. 2 EStG), sie müssen vielmehr Gewerbesteuer zahlen (§ 2 GewStG i.V.m. § 15 EStG). Dennoch wird ihnen überwiegend ein Sonderstatus zugebilligt,[307] so dass eine Anerkennung als „ähnlicher Beruf" im Falle einer Änderung des ApothG tatsächlich möglich wäre.[308] Derzeit schließt das Berufsrecht aber eine Kooperationen von Apothekern in der Rechtsform der Partnerschaftsgesellschaft aus. Damit kann auch kein Apotheker Erbe eines Anteils an einer Partnerschaftsgesellschaft sein.

b) Hauptberufliche Notare

(1) Allgemeine Zulässigkeit der monoprofessionellen Zusammenarbeit

Hauptberuflichen Notaren (§ 3 I BNotO), auch Nurnotare genannt, sind Berufsverbindungen mit anderen hauptberuflichen Notaren am selben Amtssitz gemäß § 9 I S. 1 BNotO gestattet. Die Landesregierungen werden ermächtigt, durch Rechtsverordnung zu bestimmen, dass ein solcher Zusammenschluss zu seiner Zulassung einer Genehmigung der Aufsichtsbehörde bedarf (§ 9 I S. 2 Nr. 1 BNotO). Darüber hinaus können die Landesregierungen durch Rechtsverordnung die Zulassung zur gemeinsamen Berufsausübung an weitere Voraussetzungen knüpfen (§ 9 I S. 2 Nr. 2 BNotO). So können sie z.B. die Höchstzahl der an einem Zusammenschluss beteiligten Berufsangehörigen festzulegen. Früher wurde diese Frage bereits in der Bundesnotarordnung selbst geregelt (vergleiche § 9 II BNotO a.F.). Danach war nur ein Zusammenschluss von zwei Nurnotaren möglich.[309] Diese (zwingende) gesetzliche Vorgabe wurde aufgegeben, so dass heute auch größere Sozietäten zulässig sind, denen die Landesregierungen aber entsprechende Einschränkungen durch Rechtsverordnung vorgeben können.[310] Notaren im Bereich des Nurnotariats ist es aufgrund des Erfordernisses dessel-

---

[306] BGH, NJW 1983, 2085, 2086; Baumbach / Hopt, HGB, § 1 Rdn. 19.

[307] Regierungsbegründung zum PartGG, BT-Drucks. 12/ 6152 S. 10; Seibert, Die Partnerschaft, S. 42.

[308] So auch Michalski / Römermann, PartGG, § 1 Rdn. 36.

[309] Die Aufsichtsbehörden übten jedoch teilweise eine andere Praxis aus und erlaubten auch größere Sozietäten (Lerch in: Arndt, BNotO, § 9 Rdn. 17). Ausführlich zu dieser Problematik Michalski, ZIP 1996, 11f.

[310] Auch nach neuem Recht sollen jedoch keine Sozietäten in Größenordnungen wie bei den Rechtsanwälten entstehen. In diesem Sinne wird vertreten, dass sich in Großstädten nicht mehr als sieben Notare zusammenschließen dürfen (Lerch in: Arndt, BNotO, § 9 Rdn. 17).

ben Amtssitzes (§ 9 I BNotO) aber weiterhin untersagt, eine überörtliche Sozietät zu gründen.[311]

Bislang haben nur die Länder Baden-Württemberg, Bayern, Nordrhein-Westfalen und Rheinland-Pfalz von der Ermächtigung in der BNotO zum Erlass entsprechender Rechtsverordnungen Gebrauch gemacht.[312] In diesen Ländern wird der Zusammenschluss von Nurnotaren an eine Genehmigung geknüpft. Diese Genehmigungspflicht soll unter anderem verhindern, dass das unveräußerliche und unvererbliche Notaramt über die Sozietätsbildung vom jeweiligen Amtsträger wirtschaftlich ausgehöhlt und auf einen anderen übertragen wird.[313] Das allgemeine Verfahren, wonach beim Ausscheiden eines Notars die freiwerdende Notarstelle von den Landesjustizbehörden und nicht vom ausscheidenden Notar selbst vergeben wird, soll nicht durch Sozietätsverträge unterlaufen werden können.[314] Vor allem neue Notarbewerber sollen daher durch die Genehmigungspflicht geschützt werden. Um die beschriebene Missbrauchsmöglichkeit zu reduzieren, genehmigen die zuständigen Behörden in der Regel nur auf Dauer angelegte Sozietätsverträge[315] und versagen die Genehmigung, sobald einer der Notare ein bestimmtes Höchstalter überschritten hat.[316]

Die gemeinschaftliche Berufsausübung der hauptberuflichen Notare findet eine weitere Grenze darin, dass das öffentliche Notaramt nur einer bestimmten Person und nicht einer Gruppe von Personen übertragen wird. Daher muss nach § 9 III BNotO die Selbstständigkeit und Eigenverantwortlichkeit des einzelnen Notars als Amtsträger auch in der Sozietät unberührt bleiben.[317] Innerhalb der so eben beschriebenen Grenzen ist eine monoprofessionelle Zusammenarbeit von Nurnotaren grundsätzlich zulässig.

---

[311] Baumann in: Eylmann / Vaasen, BNotO, § 9 Rdn. 19; Schippel, BNotO, § 9 Rdn. 19.

[312] Baden-Württemberg, DVO v. 12.03.1963, GVBl., S. 30; Bayern, AVO v. 11.11.1982, GVBl., S. 982; Nordrhein-Westfalen, AVO v. 18.06.1991, GVBl., S. 290; Rheinland-Pfalz, LVO v. 15.07.1991, GVBl., S. 304.

[313] Baumann in: Eylmann / Vaasen, BNotO, § 9 Rdn. 8; Lerch in: Arndt, BNotO, § 9 Rdn. 9.

[314] Dabei geht es nicht tatsächlich um die Ernennung neuer Notare, sondern um die Zuweisung wirtschaftlicher Vorteile mittels Sozietätsvertrag. So wird der in der Sozietät verbleibende Notar in der Regel die Mandate des ausgeschiedenen Berufskollegen übernehmen können und damit einem neuen Notar die Berufsausübung praktisch unmöglich machen oder einem bereits tätigen Kollegen den Wechsel von einer Notarstelle zu einer besseren Stelle (sog. Vorrückungssystem) erheblich erschweren.

[315] Lerch in Arndt, BNotO, § 9 Rdn. 17; Schippel, BNotO, § 9 Rdn. 16.

[316] Keiner der von dem Zusammenschluss betroffenen Notare sollte älter als 60 Jahre sein (Argument aus §§ 6 I, 48 a BNotO, siehe BGH, DNotZ 1973, 429). Das Bundesverfassungsgericht hat eine gegen diese Rechtsprechung des BGH gerichtete Verfassungsbeschwerde nicht angenommen (BVerfG, DNotZ 1973, 493).

[317] Baumann in: Eylmann / Vaasen, BNotO, § 9 Rdn. 5; Lerch in: Arndt, BNotO, § 9 Rdn. 30; Schippel, BNotO, § 9 Rdn. 2.

(2) Möglichkeit der gemeinschaftlichen Berufsausübung in der Partnerschaftsgesellschaft

Nachdem die allgemeine Zulässigkeit einer gemeinschaftlichen Berufsausübung durch Nurnotare bejaht werden konnte, stellt sich nun die Frage, ob eine solche Zusammenarbeit auch in der Form der Partnerschaftsgesellschaft ausgeübt werden kann. Bislang wurde in der Literatur zum PartGG weit überwiegend die Ansicht vertreten, dass sich Nurnotare nicht zu einer Partnerschaftsgesellschaft nach dem PartGG zusammenschließen können.[318] Begründet wurde diese Auffassung damit, dass der Gesetzgeber des PartGG die Notare abweichend von § 18 I Nr. 1 EStG nicht in den Katalog der Freien Berufe nach § 1 II S. 2 PartGG aufgenommen habe. Nach der Ansicht des Gesetzgebers des PartGG sollen „die berufsrechtlichen Regelungen für die Notare, die ein öffentliches Amt ausüben, eine Teilnahme an der Partnerschaftsgesellschaft ausschließen".[319] Diese Äußerung des Gesetzgebers des PartGG wurde von der Literatur zur BNotO weitgehend wörtlich übernommen. So wurde und wird einhellig die Auffassung vertreten, dass sich Nurnotare nicht zu einer Partnerschaftsgesellschaft zusammenschließen können.[320] Zunächst ist festzuhalten, dass der Gesetzgeber die Frage, ob Notare den freien Berufen angehören, damit nicht wirklich entschieden hat.[321] Vielmehr hielt er eine solche Prüfung im Hinblick auf die „berufsrechtlichen Regelungen für die Notare" gerade für entbehrlich.

Fraglich ist, ob die Auffassung des Gesetzgebers überzeugt. Dieser hat die Regelungen, die einen Zusammenschluss in der Partnerschaftsgesellschaft unmöglich machen sollen, nicht näher konkretisiert. Betrachtet man die „berufsrechtlichen Regelungen" in der BNotO, so stellt man fest, dass § 9 BNotO, der sich mit der „Verbindung zur gemeinsamen Berufsausübung" beschäftigt, die Verbindung von Nurnotaren in einer Sozietät erlaubt [vergleiche die vorhergehenden Ausführungen unter D.II.3.b)(1), Seite 57].[322] Nach dem Berufsrecht der Notare ist damit ein Zusammenschluss zur gemeinsamen Berufsausübung – und genau ein solcher Zusammenschluss ist nach § 1 I S. 1 PartGG auch der Zusammenschluss in der Partnerschaft – möglich. Zu der Frage, in welcher Rechts-

[318] Seibert, Die Partnerschaftsgesellschaft, S. 52; Ring, Die Partnerschaftsgesellschaft, § 1 Rdn. 40; Castan, Die Partnerschaftsgesellschaft, S. 35; Feddersen / Meyer-Landrut, PartGG, § 1 Rdn. 12; Michalski / Römermann, PartGG, § 1 Rdn. 35 a; Lenz in: Meilicke u.a., PartGG, § 1 Rdn. 33; Michalski / Römermann, Vertrag der Partnerschaftsgesellschaft, Teil A, Einf. Rdn. 29; Elkemann-Reusch, Die Partnerschaftsgesellschaft, S. 199.

[319] So die Regierungsbegründung zum PartGG in BT-Drucks. 12/6152, S. 10.

[320] Vergleiche nur Baumann in: Eylmann / Vaasen, BNotO, § 9 Rdn. 17; Schippel, BNotO, § 9 Rdn. 5.

[321] Zu dieser Frage siehe sogleich unter D.II.3.b)(3), Seite 62.

[322] Ein solcher Zusammenschluss war auch nach der damals (zur Zeit der Entstehung des PartGG) geltenden Fassung der BNotO zulässig (vergleiche § 9 II BNotO a.F., hierzu Schippel, BNotO, § 9 Rdn. 13, 14).

form die Verbindung zulässig ist, äußert sich die Bundesnotarordnung im Gegensatz zu anderen Berufsordnungen (vergleiche z.B. § 27 I WPO, § 49 I StBerG) nicht. Auch die Gesetzesbegründungen zur BNotO geben für die Frage nach der zulässigen Rechtsform eines Zusammenschlusses keine Anhaltspunkte.[323] Die Neufassung der BNotO ermöglicht es den Landesregierungen aber, neben dem Genehmigungsvorbehalt auch die Voraussetzungen der Zulassung einer Sozietät zu regeln. Somit können die zuständigen Behörden den Besonderheiten des Notarrechts nun noch besser Rechnung tragen. Sozietätsverbote oder Ausschlüsse von bestimmten Rechtsformen wie der Partnerschaftsgesellschaft lassen sich dann aber nur bedingt begründen.[324] Damit folgt weder aus der grammatischen noch aus der historischen Auslegung des § 9 BNotO, dass sich Nurnotare nicht in einer Partnerschaftsgesellschaft zusammenschließen können.

Möglicherweise sprechen aber teleologische Aspekte gegen den Zusammenschluss von Notaren in einer Partnerschaftsgesellschaft. So könnten die hoheitliche Funktion der Beurkundungstätigkeit und die Ausübung eines öffentlichen Amtes durch den Notar (§ 1 I BNotO) gegen eine Teilnahme an einer Partnerschaftsgesellschaft sprechen.[325] Auch dieses Argument wird vom Gesetzgeber des PartGG angesprochen, indem er in der Gesetzesbegründung das öffentliche Amt des Notars ausdrücklich hervorhebt.[326] Zunächst könnte problematisch sein, dass sich der Beurkundungsauftrag aufgrund der hoheitlichen Funktion der Beurkundung immer nur an den einzelnen Notar richtet und zwar auch dann, wenn sich dieser zu einer Sozietät von Nurnotaren zusammenschließt.[327] In der Partnerschaftsgesellschaft kommt der Mandatsvertrag dagegen grundsätzlich mit der Gesellschaft und nicht mit den einzelnen Partnern zustande (§ 7 II PartGG i.V.m. § 124 HGB).[328] Insofern nähert sich die Partnerschaftsgesellschaft der juristischen Person an und könnte damit durch ihre Struktur einer hoheitlichen Berufsausübung entgegenstehen.

Die Rechtsprechung hat aber im Zusammenhang mit der Zulässigkeit einer Zahnarzt-GmbH und einer Anwalts-GmbH entschieden, dass nicht die Gesellschaft selbst die Befähigung zur vertragsmäßigen Erfüllung haben müsse, son-

---

323 Vergleiche Regierungsbegründung zum Dritten Gesetz zur Änderung der BNotO und anderer Gesetze in BT-Drucks. 13/4184, S. 19, 22; Bericht des Rechtsausschusses zum NotMaßnG in BT-Drucks. 03/2128, S. 4; Stellungnahme des Bundesrates zum NotMaßnG in BT-Drucks. 03/219 S. 45; zur Gesetzesgeschichte auch Schippel, BNotO, § 9 Rdn. 13.

324 In diesem Sinne auch MünchKommBGB-Ulmer, PartGG, § 1 Rdn. 80.

325 So z.B. Lerch in: Arndt, BNotO, § 9 Rdn. 17; Seibert, Die Partnerschaft, S. 52 Fn. 100; Heydn, Die erbrechtliche Nachfolge, S. 45.

326 Regierungsbegründung zum PartGG in BT-Drucks. 12/6152, S. 10.

327 Baumann in: Eylmann / Vaasen, BNotO, § 9 Rdn. 2; Schippel, BNotO, § 9 Rdn. 2; Michalski, ZIP 1996, 11, 15 f.; BayOblG, MDR 1981, 238.

328 Michalski / Römermann, PartGG, § 7 Rdn. 15; Seibert, Die Partnerschaft, S. 53; Schmidt, NJW 1995, 1, 5.

dern die in ihr tätigen Gesellschafter.[329] Daher könne sich eine Gesellschaft grundsätzlich auch zu solchen Leistungen verpflichten, für die sie selbst nicht über die entsprechende berufsrechtliche Zulassung verfüge.[330] Möglicherweise könnte diese Rechtsprechung in dem Sinne übertragen werden, dass sich auch die Partnerschaftsgesellschaft zu einer Beurkundung verpflichten kann. Dagegen spricht aber, dass der hoheitlichen Beurkundungstätigkeit ein besonderer Stellenwert zukommt, der mit anderen berufsrechtlichen Zulassungsfragen wie der nach der Approbation (§ 1 ZHG) oder einer Erlaubnis zur Rechtsberatung (Art. 1 § 1 RBerG) nicht unmittelbar vergleichbar ist. So ist der hauptberufliche Notar Träger eines öffentlichen Amtes; mit der Beurkundungstätigkeit führt er öffentliche Aufgaben aus.[331] Des Weiteren würde durch die Übertragung dieser Rechtsprechung nicht das Problem gelöst werden, dass nicht die in der Gesellschaft tätigen Gesellschafter in ihrer Gesamtheit verpflichtet werden können, sondern nur der einzelne Nurnotar verpflichtet werden kann.[332] Nur an ihn richtet sich der jeweilige Beurkundungsauftrag. Sein Amt ist insoweit nicht teilbar oder übertragbar.[333] Im Gegensatz dazu können Zahnärzte und Rechtsanwälte auch gemeinschaftlich beauftragt werden.[334] Im Ergebnis kann die Partnerschaftsgesellschaft daher bei Beurkundungstätigkeiten nicht Vertragspartner sein.

Als ein weiterer Ausfluss der hoheitlichen Tätigkeit des Notars ist zu sehen, dass die Beurkundungstätigkeit selbst auch nicht Gegenstand vertraglicher Vereinbarungen sein kann.[335] Dies hat zur Folge, dass sie auch nicht Gegenstand eines Partnerschaftsgesellschaftsvertrages sein kann. Da die Partnerschaftsgesellschaft damit weder Vertragspartner bei Beurkundungsfragen sein kann, noch ein entsprechender Sozietätsvertrag Vereinbarungen zur Beurkundungstä-

---

[329] BGH, ZIP 1994, 381, 382; BayObLG, ZIP 1994, 1868, 1870.

[330] Das erwähnte Urteil des BGH (Fn. 329) betraf die Ausübung der Zahnheilkunde, für die nach § 1 ZHG eine Approbation erforderlich ist, die nur einer natürlichen Person erteilt werden kann. Der BGH hielt es aber für ausreichend, dass die GmbH lediglich die rechtlichen und tatsächlichen Voraussetzungen für eine entsprechende Betätigung der in ihr angestellten Zahnärzte schaffe. Mit dem Urteil wurde erstmals die Zahnärzte-GmbH gerichtlich anerkannt. Das BayObLG (Fn. 329) hat sich dieser Entscheidung des BGH für die Rechtsanwalts-GmbH angeschlossen. In dem Urteil ging es unter anderem um Art. 1 § 1 RBerG und § 4 BRAO, die entsprechend der Begründung zur Zahnärzte-GmbH ebenfalls einer gemeinsamen Berufsausübung von Rechtsanwälten in der Form der GmbH nicht entgegenstanden. Vergleiche zur Problematik auch Michalski / Römermann, PartGG, § 7 Rdn. 15.

[331] BGHZ 112, 163, 167; Michalski, Das Gesellschafts- und Kartellrecht, S. 176; Baumann in: Eylmann / Vaasen, BNotO, § 9 Rdn. 1.

[332] Vergleiche Fundstellen in Fn. 327.

[333] Schippel, BNotO, § 9 Rdn. 2; Casper, ZIP 1996, 1501.

[334] Feuerich, BRAO, § 59 a Rdn. 8; diesen Unterschied zwischen Anwälten und Notaren hervorhebend: Michalski, ZIP 1996, 11, 16.

[335] Schippel, BNotO, § 9 Rdn. 2; Lerch in: Arndt, BNotO, § 9 Rdn. 9; Baumann in: Eylmann / Vaasen, BNotO, § 9 Rdn. 2.

tigkeit enthalten darf, kann als Zwischenergebnis festgehalten werden, dass jedenfalls die hoheitliche Beurkundungstätigkeit von hauptberuflichen Notaren tatsächlich nicht in einer Partnerschaftsgesellschaft ausgeübt werden kann. In diesem Punkt kann den aufgezeigten ablehnenden Meinungen[336] zugestimmt werden.

(3) Zulässigkeit der Partnerschaftsgesellschaft als organisatorischer und wirtschaftlicher Rahmen

Fraglich ist aber, ob sich aus dem Gesagten zwingend die Konsequenz ergibt, dass Partnerschaftsgesellschaft per se unzulässige Rechtsform für Nurnotare ist. Auch wenn die hoheitliche Beurkundungstätigkeit nicht in einer Partnerschaftsgesellschaft ausgeübt werden kann, so könnte die Partnerschaftsgesellschaft dennoch einen wirtschaftlichen und organisatorischen Rahmen liefern, in dem jeder Notar sein Amt und damit insbesondere die hoheitliche Beurkundungstätigkeit weiterhin selbständig und eigenverantwortlich ausübt.[337] Auf diesem Wege könnten die Nurnotare eine ihre Zusammenarbeit erleichternde Rechtsform wählen, ohne dass die Bedeutung der hoheitlichen Beurkundungstätigkeit und die Ausübung eines öffentlichen Amtes durch sie unberücksichtigt blieben. Hierfür spricht auch, dass ansonsten die auch für Nurnotare nach Art. 12 GG geltende Berufsfreiheit[338] erheblich eingeschränkt würde, obwohl mit der Ausklammerung der Beurkundungstätigkeit für eine solche grundrechtliche Beschränkung keine rechtfertigenden Gründe mehr vorlägen. Auch der Verpflichtung aus § 9 III BNotO zur persönlichen und eigenverantwortlichen Amtsführung würde man so gerecht werden und damit würde die für die gemeinsame Berufsausübung von Nurnotaren gegebene gesetzliche Beschränkung berücksichtigt.

Als zulässige Rechtsform für die Zusammenarbeit von Nurnotaren wird die Gesellschaft bürgerlichen Rechts[339] und teilweise auch eine Rechtsform sui generis[340] anerkannt. Die Partnerschaftsgesellschaft wird hingegen bisher abgelehnt.[341] Es wurde bereits dargelegt, dass die BNotO selbst eine Verbindung nach dem PartGG nicht explizit verbietet und durch eine Ausklammerung der hoheitlichen Beurkundungstätigkeit auch das Argument, eine solche Tätigkeit könne nicht in einer Partnerschaftsgesellschaft ausgeübt werden, entkräftet wer-

---

336 Siehe Fn. 318 und Fn. 320.

337 Dass dies von Nutzen sein kann, zeigt die Tatsache, dass es eine Vielzahl von Zusammenschlüssen von Nurnotaren gibt, für die die aufgezeigten Beschränkungen hinsichtlich der Beurkundungstätigkeit ebenfalls gelten.

338 Vergleiche nur BVerfG, NJW 1998, 2269, 2270 f.

339 Schippel, BNotO, § 9 Rdn. 1.

340 Baumann in: Eylmann / Vaasen, BNotO, § 9 Rdn. 15; nicht eindeutig Lerch in: Arndt, BNotO, § 9 Rdn. 3; im Unkehrschluss Palandt-Sprau, § 705 Rdn. 49.

341 Vergleiche nur Baumann in: Eylmann / Vaasen, BNotO, § 9 Rdn. 17; Schippel, BNotO, § 9 Rdn. 5.

den kann. Es ist folglich zu prüfen, ob es darüber hinaus partnerschaftsspezifische Besonderheiten gibt, die es rechtfertigen, diese Rechtsform gegenüber den als zulässig erachteten Rechtsformen für eine Zusammenarbeit von Nurnotaren abzulehnen. Zunächst könnte der Notar nicht als Freier Beruf anzusehen sein. Des Weiteren könnte eine Verbindung in Form eines organisatorischen und wirtschaftlichen Rahmens keine Berufsausübungsgemeinschaft im Sinne des PartGG darstellen. Schließlich könnten die Haftungsregeln des PartGG nicht mit dem Berufsbild eines Nurnotares vereinbar sein.

Dem Notarberuf (Nurnotar und Anwaltsnotar) wird teilweise unter Hinweis auf den aus § 1 BNotO folgenden Amtscharakter die Einordnung als Freier Beruf versagt.[342] Die Bundesnotarordnung selbst enthält in § 2 I S. 3 nur die Aussage, dass der Notarberuf kein Gewerbe sei, eine explizite Feststellung der Freiberuflichkeit, wie sie in § 32 II S. 1 StBerG für die Steuerberater, in § 1 II S. 1 WPO für die Wirtschaftsprüfer und in § 2 I BRAO für die Rechtsanwälte getroffen wurde, fehlt für die Notare. Auch im PartGG sind die Notare – wie erwähnt – nicht in den Katalog der Freiberufler nach § 1 II S. 2 PartGG aufgenommen worden. Dennoch werden sie überwiegend den Freien Berufen zugerechnet.[343] Der Notar erbringt aufgrund einer besonderen beruflichen Qualifikation (vergleiche §§ 5, 6 I BNotO) persönlich, eigenverantwortlich und fachlich unabhängig (§ 9 III BNotO) Dienstleistungen höherer Art. Er ist dabei trotz der Ausübung eines öffentlichen Amtes kein Beamter i.S.d. Beamtenrechts.[344] Seine Tätigkeit kann insbesondere auch wirtschaftlich mit freiberuflicher Tätigkeit verglichen werden, da der Notar entsprechend § 19 I S 4 BNotO seinen Unterhalt aus dem Überschuss der Gebühreneingänge über die Betriebsausgaben erzielt und auch die Unkosten seines Büros selbst zu tragen hat. Auch steuerrechtlich wird der Notar nach § 18 I Nr. 1 S. 2 EStG den Freien Berufen zugeordnet.[345] Damit ist der Notarberuf als Freier Beruf anzusehen. Fraglich ist aber, welche Auswirkungen die bewusste Ausklammerung der Notare im Berufskatalog des § 1 II S. 2 PartGG hat.[346] Eine Entscheidung in dem Sinne, dass Notare den Freien Berufen nicht angehörten, kann der Gesetzesbegründung nicht entnommen werden. Denn der Gesetzgeber hat sich aufgrund des oben nachgewiesenen Irrtums über „berufsrechtliche Regelungen" mit dieser Frage gar nicht beschäftigt.[347] Der Gesetzeswortlaut führt jedoch dazu, dass die Notare nur unter die „ähnlichen Berufe" nach § 1 II S. 2 PartGG subsumiert werden können. Dies wird jedoch teilweise mit der Begründung abgelehnt, dass die „ähnlichen Beru-

---

[342] Lerch in: Arndt, BNotO, § 1 Rdn. 6; Schippel, BNotO, § 1 Rdn. 14.

[343] Michalski, Gesellschafts- und Kartellrecht, S. 3 f.; BVerfGE 54, 237, 251.

[344] Schippel, BNotO, § 1 Rdn. 14; Palandt-Sprau, § 839 Rdn. 149; Bluhm, Zum Partnerschaftsgesellschaftsgesetz und seiner Bedeutung für Rechtsanwälte, S. 53.

[345] Schippel, BNotO, § 1 Rdn. 14.

[346] Vergleiche die Regierungsbegründung zum PartGG in BT-Drucks. 12/6152, S. 10.

[347] Vergleiche oben unter D.II.3.b)(2), Seite 59.

fe" nach der Gesetzesbegründung zum PartGG an der Rechtsprechung des Bundesfinanzhofs zu § 18 EStG gemessen werden. Eine solche Auslegung sei aber dann nicht möglich, wenn wie bei den Notaren der Gesetzgeber diese bewusst trotz ihres Vorkommens im Katalog des § 18 I Nr. 1 S. 2 EStG nicht in den Katalog des PartGG aufgenommen habe.[348] Dieser Ansicht kann nicht zugestimmt werden. Zum einen beruht die Nichtaufnahme in den Katalog auf einem Irrtum (siehe oben). Zum anderen dient die Rechtsprechung des Bundesfinanzhofes lediglich als Orientierungshilfe bei Anwendungsfragen. Auch der Gesetzgeber des PartGG ging nicht davon aus, dass sie „eins zu eins" auf die Partnerschaftsgesellschaft übertragbar sei. Vielmehr sah er, dass in Grenzfällen unterschiedliche Ergebnisse bei der Ausfüllung des Begriffs „ähnliche Berufe" vorkommen können.[349] Wenn unterschiedliche Ergebnisse auftreten können, dann muss erst recht auch eine Interpretation möglich sein, die letztlich zum Gleichlauf zwischen PartGG und EStG führt. Im Ergebnis können die Notare daher den „ähnlichen Berufen" in § 1 II S. 2 PartGG zugeordnet werden.[350]

Möglicherweise könnte durch die Annahme der Partnerschaftsgesellschaft als bloßer organisatorischer und wirtschaftlicher Rahmen keine „gemeinsame Berufsausübung" der Notare mehr gegeben sein. Das PartGG verlangt nach § 1 I S. 1 PartGG, dass die Partner ihren Freien Beruf auch in der Partnerschaftsgesellschaft ausüben (vergleiche hierzu unter D.I.4.a), Seite 47). Durch die Ausklammerung der Beurkundungstätigkeit könnte dies möglicherweise aber nicht der Fall sein. Für die Feststellung der gemeinsamen Berufsausübung von Nurnotaren ist es notwendig, dass eine gemeinsame Geschäftsstelle vorliegt.[351] Daneben müssen die verbundenen Notare durch einen gemeinsamen Briefbogen, ein gemeinsames Namensschild und eine gemeinsame Telefonnummer nach außen gemeinschaftlich auftreten. Zudem dürfen sie gemeinsame Urkundendeckblätter und gemeinsame Vordrucke für Kostenrechnungen verwenden.[352] Des Weiteren können alle sonstigen neben der Beurkundungstätigkeit stehenden Aufgaben auch gemeinschaftlich ausgeübt werden. Aus dem Grundsatz der persönlichen Amtsausübung darf nicht der Schluss gezogen werden, es gäbe im Notarrecht einen weiteren Grundsatz der alleinigen Berufsausübung.[353] Anders hätte der Gesetzgeber der BNotO die „gemeinsame Berufsausübung" von Nurnotaren auch nicht in § 9 I S. 1 BNotO explizit regeln können.[354] Folglich liegt auch

[348] Bluhm, Zum Partnerschaftsgesellschaftsgesetz und seiner Bedeutung für Rechtsanwälte, S. 54 f.

[349] Vergleiche Regierungsbegründung zum PartGG in BT-Drucks. 12/6152, S. 10.

[350] Ebenso Münchener Handbuch-Seibert, § 33 Rdn. 15; MünchKommBGB-Ulmer, PartGG, § 1 Rdn. 80.

[351] Lerch in: Arndt, BNotO, § 9 Rdn. 5.

[352] Lerch in: Arndt, BNotO, § 9 Rdn. 5; Eylmann / Vaasen, BNotO, § 9 Rdn. 4.

[353] Schippel, BNotO, § 9 Rdn. 2.

[354] Das gleiche ergibt sich aus der Erwähnung der „gemeinsamen Berufsausübung" in

bei einem Zusammenschluss von Nurnotaren eine „gemeinsame Berufsausübung“ im Sinne des PartGG vor.

Schließlich könnte die Haftung des Notars, die an eine öffentlich-rechtliche Amtshaftung angenähert ist (vergleiche § 19 I BNotO)[355], einer Amtsausübung der Nurnotare in der Partnerschaftsgesellschaft entgegenstehen.[356] Der Notar haftet nach § 19 I S. 1 BNotO persönlich für seine Amtspflichtverletzungen.[357] In der Partnerschaft haften die Partner gemäß § 8 I S. 1 PartGG für Verbindlichkeiten der Partnerschaft dem Gläubiger neben dem Vermögen der Partnerschaft als Gesamtschuldner.[358] Nach § 8 II PartGG haftet für Berufsfehler aber nur der mit einem Auftrag persönlich befasste Partner.[359] Während für Gläubiger die gesamtschuldnerische Haftung gegenüber der Einzelhaftung lediglich eine Besserstellung darstellt, führt die Haftungskonzentration bei Berufsfehlern, und hierzu würden auch Amtspflichtverletzungen gehören, zu einer fast identischen Haftungsregelung. Weitere Haftungsbeschränkungsmöglichkeiten nach § 8 III PartGG oder durch individuelle Vereinbarungen können jeweils nur in dem Rahmen vereinbart werden, den das Berufsrecht vorgibt.[360]

Damit würde sich die Haftungslage bei einem Zusammenschluss von Nurnotaren in der Partnerschaftsgesellschaft scheinbar nicht verschieben. Allerdings haftet der Notar nach § 19 I S. 2 BNotO im Falle einer fahrlässigen Amtspflichtverletzung nur subsidiär, also nur, wenn der Verletzte nicht anderweitige Ersatzansprüche hat. Insofern ist die Haftung des Notars gegenüber dem allgemeinen Haftungsregime in der Partnerschaftsgesellschaft beschränkt und könnte damit einer Berufsausübung in der Partnerschaftsgesellschaft entgegenstehen. Darüber hinaus haftet der Notar grundsätzlich nicht nach § 278 BGB.[361] In beiden Fällen begünstigt die Notarordnung damit den Notar. Es könnte daher argumentiert werden, dass sich dieser im Falle eines Zusammenschlusses zu einer Partnerschaftsgesellschaft freiwillig dieser Begünstigung begeben habe, so dass

§ 3 I Nr. 4 BeurkG.

355 Dabei tritt aber nicht der Staat an die Stelle des Notars (siehe § 19 I S. 4 BNotO), sondern dieser haftet selbst, § 839 BGB findet dabei gemäß § 19 I S. 3 BNotO entsprechende Anwendung (Palandt-Sprau, § 839 Rdn. 150 f.). Der Notar ist zudem nach § 19 a I BNotO verpflichtet, eine Berufshaftpflichtversicherung abzuschließen.

356 So Baumann in: Eylmann / Vaasen, BNotO, § 9 Rdn. 2.

357 Die Amtspflichten des Notars finden sich in den §§ 10 f. BeurkG.

358 Soweit es um die Beurkundungstätigkeit des Notars geht, gelten die Haftungsregelungen des PartGG schon deshalb nicht, weil sich der Beurkundungsauftrag wie gezeigt an den Notar allein richtet [siehe oben D.II.3.b)(2), Seite 59].

359 Zur Haftungslage in der Partnerschaftsgesellschaft Michalski / Römermann, PartGG, § 8 Rdn. 1 f.

360 Michalski / Römermann, PartGG, § 8 Rdn. 45 f.

361 Palandt-Thomas, § 839 Rdn. 150. Ausgenommen ist der Fall, dass die Hilfsperson mit selbständigen, nicht in vollem Umfang nachzuprüfenden Vorarbeiten für einen Urkundsentwurf betraut ist (BGH, NJW 1996, 464).

nun allein das Haftungsregime des PartGG gelte. Eine solche Ansicht verkennt aber die Bedeutung des öffentlichen Amtes des Notars und die damit automatisch verbundenen Besonderheiten im Rahmen der Haftung des Notars.

Fraglich ist, wie dem Vorstehenden gerecht zu werden ist. Das PartGG wurde absichtlich so geschaffen, dass es einen Vorbehalt des Berufsrechts in § 1 III PartGG vorsieht.[362] Dieser ermöglicht es, dass die Berufsausübung gänzlich oder nur mit bestimmten anderen Berufen ausgeschlossen werden kann oder andere Einschränkungen und Auflagen gemacht werden können, die dem jeweiligen Berufsrecht erforderlich erscheinen. Insofern kann die Kollision des Haftungsrechts – die im Übrigen bei einer BGB-Gesellschaft von Nurnotaren identisch bzw. sogar verschärft auftreten würde – nur so gelöst werden, dass im Rahmen der Haftungsfrage das Berufsrecht gegenüber dem PartGG zwingende Einschränkungen vorgibt. Dies bedeutet, dass die Nurnotare auch bei einem Zusammenschluss in der Rechtsform der Partnerschaftsgesellschaft nach § 1 III PartGG i.V.m. § 19 I S. 3 BNotO i.V.m. § 839 BGB haften. Diese Lösung unterstreicht die Flexibilität des PartGG. Den Besonderheiten des jeweiligen Berufsrechts kann hier tatsächlich Rechnung getragen werden, so dass sich die Partnerschaftsgesellschaft auch als Rechtsform für einen Zusammenschluss von Nurnotaren eignet. Im Ergebnis ist daher der Widerspruch im Haftungssystem zu lösen. Die Partnerschaftsgesellschaft kann einen zulässigen wirtschaftlichen und organisatorischen Rahmen für die Zusammenarbeit von Nurnotaren schaffen.

(4) Ergebnisse zur Zusammenarbeit von Nurnotaren in der Partnerschaftsgesellschaft

Die gewonnenen Ergebnisse lassen sich wie folgt zusammenfassen: Weder die grammatische noch die historische Auslegung des § 9 BNotO ergibt, dass sich Nurnotare nicht in einer Partnerschaftsgesellschaft zusammenschließen können. Auch teleologische Aspekte sprechen letztlich nicht gegen einen solchen Zusammenschluss. Der hauptberufliche Notar kann zwar seine hoheitliche Beurkundungstätigkeit nicht in der Partnerschaftsgesellschaft ausüben und die Partnerschaftsgesellschaft selbst kann auch nicht Vertragspartner bei Beurkundungsaufträgen sein. Sie kann den Notaren aber dennoch einen nützlichen wirtschaftlichen und organisatorischen Rahmen liefern, in dem der jeweilige Notar eigenverantwortlich und selbstständig sein öffentliches Amt ausübt. Der Notarberuf ist dabei den „ähnlichen Berufen" des § 1 II S. 2 PartGG zuzurechnen. Die Haftungsregeln des PartGG müssen hinter die Amtsträgerhaftung des Notars nach § 19 I BNotO zurücktreten, um so den Besonderheiten des öffentlichen

---

[362] Siehe Regierungsbegründung zum PartGG in BT-Drucks. 12/6152 S. 2, S. 10 f.; Seibert, Die Partnerschaft, S. 52.

Amtes des Notars Rechnung zu tragen. Im Endergebnis sind daher auch Nurnotare partnerschaftsfähig.[363]

(5) Folgen für die Vererblichkeit des Partnerschaftsanteils nach § 9 IV S. 2 PartGG

Abschließend stellt sich die Frage, ob aus der festgestellten Partnerschaftsfähigkeit der hauptberuflichen Notare auch die Vererblichkeit des Partnerschaftsanteils folgt. Nach § 9 IV S. 2 PartGG kann die Beteiligung an einer Partnerschaft an Dritte vererblich gestellt werden, die Partner i. S. v. § 1 I und II PartGG sein können. Somit führt die Partnerschaftsfähigkeit der Nurnotare grundsätzlich dazu, dass der Anteil an einer solchen Partnerschaft an einen anderen Nurnotar vererblich ist. Dieser müsste seinen Amtssitz am selben Ort haben, um auch die Voraussetzung des § 9 I BNotO zu erfüllen. Damit würden nach dem PartGG und dem Erbrecht keine Einwände gegen die Vererblichkeit des Partnerschaftsanteils an einer Sozietät von Nurnotaren bestehen.

Fraglich ist aber, ob durch die Vererblichstellung die Nichtübertragbarkeit des Notaramtes übergangen werden könnte.[364] Wäre dies der Fall, so dürfte der Anteil an einer Partnerschaftsgesellschaft von Nurnotaren trotz festgestellter Partnerschaftsfähigkeit nicht vererblich gestellt werden. Wie bereits dargestellt, stellt die Partnerschaftsgesellschaft bei Nurnotaren nur einen wirtschaftlichen und organisatorischen Rahmen dar, in dem die Nurnotare ihren Beruf ausüben.[365] Der Erbe würde nicht in die Amtstellung des Verstorbenen eintreten, sondern nur den Rahmen der Partnerschaftsgesellschaft nutzen können. Das Notaramt selbst würde damit nicht übertragen. Allerdings könnte dem neuen Notar, der die Amtstelle des Verstorbenen von der Landesjustizbehörde zugewiesen bekommt, die Amtsausübung praktisch unmöglich gemacht werden, wenn die Mandanten sich dem Erben und Nachfolger in der Partnerschaftsgesellschaft anschließen würden. Dadurch könnte im wirtschaftlichen Ergebnis doch eine Übertragung der Notarstelle selbst stattfinden. Die BNotO selbst verhindert jedoch ein solches Ergebnis. Nach § 53 I BNotO bedarf ein anderer am selben Amtssitz ansässiger Notar der Genehmigung der Landesjustizverwaltung, wenn er seine Geschäftsräume in die eines ausgeschiedenen Notars verlegen will. Durch dieses Genehmigungserfordernis kann im Einzelfall ein Missbrauch verhindert werden.[366] Dies bedeutet, dass auch der Erbe nicht ohne weiteres den organisatorischen und wirtschaftlichen Rahmen der Partnerschaftsgesellschaft nutzen kann. Vielmehr muss er eine entsprechende Genehmigung beantragen.

---

363 Zu diesem Ergebnis kommen (größtenteils ohne nähere Begründung) auch MünchKommBGB-Ulmer, PartGG, § 1 Rdn. 80; Gail / Overlack, Anwaltsgesellschaften, Rdn. 41; Knoll / Schüppen, DStR 1995, 608, 610; Münchener Handbuch-Seibert, § 33 Rdn. 15.

364 Zur Nichtübertragbarkeit und damit Unvererblichkeit des Notaramtes siehe Baumann in: Eylmann / Vaasen, BNotO, § 9 Rdn. 8.

365 Siehe unter D.II.3.b)(3), Seite 62.

366 Vergleiche hierzu Schippel, BNotO, § 53 Rdn. 1.

Die Landesjustizverwaltung hat dann zu prüfen, wie der einzelne Erbfall gelagert ist. Ist eine „wirtschaftliche Übertragung" des Notaramtes zu befürchten, so kann sie die Genehmigung versagen. Ist aber ohnehin nicht geplant, die Notarstelle des verstorbenen Notars neu zu besetzen, so bestehen auch grundsätzlich keine Bedenken gegen eine entsprechende Übernahme der Geschäftsräume. Im Ergebnis bietet das Genehmigungserfordernis nach § 53 I S. 1 BNotO ausreichenden Schutz vor einer „wirtschaftlichen Übertragung" des Notaramtes. Der Anteil an einer Partnerschaftsgesellschaft von Nurnotaren ist somit nach § 9 IV S. 2 PartGG an einen anderen Nurnotar vererblich.

c) Anwaltsnotare

In einigen Bundesländern gibt es anstelle der Nurnotare Anwaltsnotare.[367] Anwaltsnotare sind nach § 3 II BNotO Rechtsanwälte, die für die Dauer ihrer Zulassung bei einem bestimmten Gericht als Notare zur gleichzeitigen Amtsausübung neben dem Beruf des Rechtsanwaltes bestellt werden. Der Anwaltsnotar übt somit zwei getrennte juristische Berufe aus.[368] Für ihn gelten daher auch zwei verschiedene Berufsrechte. Diese Besonderheit der Anwaltsnotare führt dazu, dass die monoprofessionelle Zusammenarbeit (sofern man bei Anwaltsnotaren überhaupt von Monoprofessionalität sprechen kann) getrennt betrachtet wird. Anwaltsnotare können sich nach allgemeiner Ansicht nur in ihrer Funktion als Rechtsanwälte mit anderen Anwaltsnotaren / Rechtsanwälten in einer Gesellschaft zusammenschließen.[369] Hierfür steht ihnen auch die Rechtsform der Partnerschaftsgesellschaft zur Verfügung, sie sind insofern auch partnerschaftsfähig.[370] Der Anwaltsnotar erscheint dann im Namen der Partner-

---

[367] So in Berlin, Bremen, Hessen, Niedersachsen, Nordrhein-Westfalen (mit Ausnahme des rechtsrheinischen Gebiets); in Schleswig-Holstein als einzige Form des Notariats und in Baden-Württemberg im OLG-Bezirk Stuttgart (in Baden-Württemberg existiert neben diesen beide Formen auch noch ein historisch zu erklärendes Beamtennotariat, vergleiche Eylmann / Vaasen, BNotO, § 3 Rdn. 12 f.).

[368] Vergleiche nur BVerfGE 17, 371, 380; BVerfGE 54, 237, 247; BGH, NJW 1996, 392, 393.

[369] Schippel, BNotO, § 9 Rdn. 9; Lerch in: Arndt, BNotO, § 9 Rdn. 28; Baumann in: Eylmann / Vaasen, BNotO, § 9 Rdn. 20; Henssler / Prütting, BRAO, § 59 a Rdn. 24 f.; Jessnitzer / Blumberg, BRAO, § 59 a Rdn. 6; Römermann in: Hartung / Holl, Anwaltliche Berufsordnung, § 59 a BRAO Rdn. 27 f.; Kleine-Cosack, BRAO, § 59 a Rdn. 12; Feuerich, BRAO, § 59 a Rdn. 21.

[370] Vergleiche Regierungsbegründung zum PartGG in BT-Drucks. 12/6152, S. 10; Ring, Die Partnerschaftsgesellschaft, § 1 Rdn. 18; Castan, Die Partnerschaftsgesellschaft, S. 35; Michalski / Römermann, PartGG, § 1 Rdn. 35 a; Lenz in: Meilicke u.a., PartGG, § 1 Rdn. 33; Michalski / Römermann, Vertrag der Partnerschaftsgesellschaft, Teil A, Einf. Rdn. 29; a.A. Feddersen / Meyer-Landrut, PartGG, § 1 Rdn. 12. Dieser geht unzutreffend davon aus, dass auch Anwaltsnotare generell nicht partnerschaftsfähig seien, da sowohl der Anwalts- als auch der Nurnotar nicht in § 1 II PartGG genannt werden. Die Nichtaufnahme der Notare in den Katalog des § 1 II PartGG beruht aber auf einem Irrtum des Gesetzgebers (vergleiche unter

schaftsgesellschaft nur als Anwalt. Es soll jedoch möglich sein, auf dem Briefkopf der Partnerschaftsgesellschaft einen Hinweis[371] auf den außerhalb der Gesellschaft ausgeübten Notarberuf zu machen.[372] Auch kann im Innenverhältnis die Ausübung des Notariats und der Anwaltschaft auf gemeinsame Rechnung vereinbart werden.[373]

Ein Zusammenschluss von Anwaltsnotaren zur gemeinsamen Ausübung des Notarberufes in der Partnerschaftsgesellschaft soll hingegen nicht möglich sein.[374] Dies wird entsprechend dem zu den Nurnotaren Gesagten mit den Besonderheiten des Notarberufes begründet [vergleiche die parallele Argumentation unter D.II.3.b)(2), Seite 59]. Bei den Nurnotaren konnte diese Sichtweise letztlich nicht überzeugen [vergleiche D.II.3.b)(4), Seite 66]. Fraglich ist, ob dies auch für die Anwaltsnotare gilt. Nach § 9 II BNotO dürfen sich Anwaltsnotare zur gemeinsamen Berufsausübung miteinander verbinden. Die Bundesnotarordnung selbst schränkt die Zusammenschlussmöglichkeiten nicht auf die gemeinsame Ausübung des Berufs des Rechtsanwaltes ein. In der Bundesrechtsanwaltsordnung findet sich aber eine entsprechende Regelung. Nach § 59 a I S. 3 BRAO dürfen Rechtsanwälte, die zugleich Notare sind, nur in Bezug auf ihre anwaltliche Berufsausübung eine Sozietät eingehen. Fraglich ist, welche Konsequenzen sich aus diesem Verbot ergeben. Im Rahmen der Betrachtung der Nurnotare wurde bereits festgestellt, dass sich diese in einer Partnerschaftsgesellschaft zusammenschließen dürfen. Damit müssten sich ohne das entsprechende Verbot aus der BRAO grundsätzlich auch Anwaltsnotare entsprechend den Nurnotaren zusammenschließen können. Da der Beruf des Anwaltsnotars aber zwei Berufsrechte betrifft, kann hier die Zusammenarbeit auch von zwei Seiten beschränkt werden. Damit ist auch das entsprechende Verbot aus der BRAO zwingend zu beachten. Anwaltsnotare können sich daher nur in Bezug auf ihre Anwaltstätigkeit zusammenschließen.

D.II.3.b)(2), Seite 59).

[371] In der Praxis bekommt man durch diesen Hinweis auf den Briefbögen von Sozietäten oftmals den Eindruck, als ob auch der Notarberuf innerhalb der Gesellschaft ausgeübt würde. Die Grenzen der Zulässigkeit zwischen bloßem Hinweis auf den außerhalb ausgeübten Notarberuf und dem Erscheinen im Namen der Gesellschaft verschwimmen hier.

[372] Vergleiche Regierungsbegründung zum PartGG in BT-Drucks. 12/6152, S. 10.

[373] Schippel, BNotO, § 9 Rdn. 9. Die Gebührenteilung soll deshalb zulässig sein, weil bei einem echten Sozietätsverhältnis nicht die für einzelne Amtsgeschäfte anwachsende Gebühr, sondern das gesamte Einkommen über einen längeren Zeitraum und nach einem bestimmten Verteilungsschlüssel aufgeteilt wird.

[374] Ring, Die Partnerschaftsgesellschaft, § 1 Rdn. 18, 40; Castan, Die Partnerschaftsgesellschaft, S. 35; Michalski / Römermann, PartGG, § 1 Rdn. 35 a; Lenz in: Meilicke u.a., PartGG, § 1 Rdn. 33; Gail / Overlack, Anwaltsgesellschaften, Rdn. 39; Henssler / Prütting, BRAO, § 59 a Rdn. 25; Schippel, BNotO, § 9 Rdn. 9. Zur Abgrenzung der anwaltlichen Tätigkeit eines Anwaltsnotars von seiner notariellen Tätigkeit BGH-RR 2001, 1639.

Eine andere Frage ist es, ob diese Einschränkung in § 59 a I S. 3 BRAO auch wirklich erforderlich ist. Soweit die Vorschrift davon ausgeht, dass Notare generell nicht sozietätsfähig seien, ist dies, wie bereits oben bei den Nurnotaren nachgewiesen wurde, nicht richtig. Soweit § 59 a I S. 3 BRAO die Trennung von Rechtsanwalt und Notaramt beabsichtigt, um auf diesem Wege die Unabhängigkeit des Notaramtes zu sichern[375], so ist eine solche Einschränkung nicht erforderlich. Die Bundesnotarordnung, das Beurkundungsgesetz sowie die Bundesrechtsanwaltsordnung selbst schützen ausreichend die Anwaltsnotare vor jeder Beeinflussung. So ist nach § 9 III BNotO eine gemeinsame Berufsausübung nur zulässig, soweit die eigenverantwortliche Amtsführung und Unabhängigkeit des Notars gesichert ist. Dem Anwaltsnotar ist nach § 3 I Nr. 5 BeurkG die Mitwirkung an Beurkundungen untersagt, bei denen bereits ein anwaltliches Mandat der Sozietät besteht. Eine Weiterleitung von Mandanten innerhalb der Sozietät an den Notar ist damit ausgeschlossen. Auch umgekehrt dürfen die Rechtsanwälte der Sozietät nicht in Angelegenheiten anwaltlich beraten, in denen der Anwaltsnotar bereits in seiner Eigenschaft als Notar tätig wurde (§ 45 I Nr. 1 und Nr. 2 i.V.m. III BRAO).[376] Nach der hier vertretenen Meinung ist daher die Beschränkung der Zusammenarbeit von Anwaltsnotaren durch die Vorschrift des § 59 a I S. 3 BRAO de lege ferenda nicht gerechtfertigt. Die Bestimmung sollte somit insbesondere auch im Lichte von Art. 12 GG gestrichen werden. Eine entsprechende Gesetzesänderung wird hiermit angeregt.

Ausgehend vom derzeit gültigen und somit für die Praxis zu befolgenden Gesetzeswortlaut sind Anwaltsnotare daher nur in ihrer Funktion als Rechtsanwälte partnerschaftsfähig. Der Anteil an einer Partnerschaftsgesellschaft von Anwaltsnotaren ist dementsprechend wie folgt vererblich: Der Erbe kann in den Partnerschaftsgesellschaftsanteil nur als Rechtsanwalt und nicht als Notar nachfolgen. Er muss seine Notarstelle, falls er eine solche schon vor dem Erbfall innehatte, aber nicht aufgeben, sondern kann den Notarberuf außerhalb der Partnerschaftsgesellschaft weiterführen. Eine räumliche Trennung von Partnerschaftsgesellschaft und Notariat ist nicht erforderlich.[377] Der Erbe kann daher – bei entsprechender Zustimmung der übrigen Partner – auch in den Räumen der Partnerschaftsgesellschaft das Notariat fortführen. Zu beachten ist, dass dem Anwaltsnotar ein bestimmter Amtssitz zugewiesen wurde (§ 10 I BNotO) und er auch keinen Anspruch auf Verlegung dieses Amtssitzes hat.[378] Um die Unabhängigkeit des Notariats sicherzustellen, sollten im Partnerschaftsgesellschaftsvertrag entsprechende Regelungen über das Verhältnis der Anwalts- und Notartätigkeit

---

[375] Vergleiche die Argumentation bei Henssler / Prütting, BRAO, § 59 a Rdn. 25 f.

[376] Siehe hierzu OLG Hamm, KammerReport Hamm, 2004, S. 39 f.

[377] Henssler, WPK-Mitt. 1 / 1999, 2, 5; Casper, ZIP 1996, 1501; Bluhm, Zum Partnerschaftsgesellschaftsgesetz und seiner Bedeutung für Rechtsanwälte, S. 56; Gail / Overlack, Anwaltsgesellschaften, Rdn. 40.

[378] Schippel, BNotO, § 10 Rdn. 4.

des Erben sowie über die künftige Einnahmenverteilung (insbesondere, ob die Notar- und Rechtseinwaltseinnahmen zusammengelegt werden oder nicht) getroffen werden.

d) Wirtschaftsprüfer und Steuerberater

Alsbald nach Erlass des PartGG wurde ein auf dem Berufsrecht beruhender Ausschluss von der Partnerschaftsgesellschaft für Steuerberater und Wirtschaftsprüfer diskutiert.[379] Nach einer vor allem von den Wirtschaftsprüfer- und der Bundessteuerberaterkammer vertretenen Auffassung[380] sollten sich einzelne Wirtschaftsprüfer und Steuerberater nicht an einer Partnerschaftsgesellschaft beteiligen dürfen. Der Zugang zu dieser Rechtsform sollte lediglich anerkannten Steuerberatungs- oder Wirtschaftsprüfungsgesellschaften eröffnet sein.[381] Dies bedeutete, dass eine Partnerschaftsgesellschaft zugleich die strengen Anforderungen der §§ 27 f. WPO bzw. der §§ 49 f. StBerG erfüllen musste, um als Rechtsform für Zusammenschlüsse von Wirtschaftsprüfern und Steuerberatern zulässig zu sein. Die so genannte „einfache Partnerschaftsgesellschaft“, die diese Vorgaben nicht beachten musste, sollte es nach dieser Auffassung nicht geben.[382] Begründet wurde dies insbesondere mit dem Wortlaut von § 44 b I WPO, der als Sozietät von Wirtschaftsprüfern nur die Gesellschaft bürgerlichen Rechts und nicht die Partnerschaftsgesellschaft vorsah, bzw. mit dem Wortlaut der Parallelvorschrift des § 56 I S. 1 StBerG, der ebenfalls eine Sozietät nur in der Rechtsform der Gesellschaft bürgerlichen Rechts nannte. Diese Ansicht ist inzwischen aber überholt. Nachdem der Gesetzgeber zunächst § 44 b WPO geändert hatte[383] und dies zu neuen Zweifelsfragen geführt hatte[384], konnte der Ge-

---

[379] Ausführlich Michalski / Römermann, PartGG, § 1 Rdn. 107 f.; Koch, Interdisziplinäre Zusammenarbeit von Wirtschaftsprüfern, Steuerberatern und Rechtsanwälten, S. 166 f.; Scharlach / Hoffmann, WM 2000, 2082, 2084 f.

[380] Vergleiche nur die Äußerung des Präsidenten der Wirtschaftsprüferkammer Düsseldorf: Burret, WPK-Mitt. 1994, 201, 206 f.; für die Problematik bei den Steuerberatern: Gehre, StBerG, § 49 Rdn. 14; Mittelsteiner, DStR 1994, 1, 37; a.A. waren schon damals Eggesiecker / Keuenhof, BB 1995, 2049 f.; Maxl in: Kuhls, StBerG (1. Aufl.), § 56 Rdn. 107 f.; Knoll / Schüppen, DStR 1995, 608, 610.

[381] Bei Wirtschaftsprüfer und Steuerberatern wird zwischen Wirtschaftsprüfungs- bzw. Steuerberatungsgesellschaften und sonstigen Berufsausübungsgesellschaften unterschieden. Die Steuerberatungsgesellschaften bedürfen einer besonderen Anerkennung durch die oberste Finanzverwaltungsbehörde, die Wirtschaftsprüfungsgesellschaften müssen von der Wirtschaftsprüferkammer anerkannt werden. Die Unterscheidung zwischen diesen Formen und den sonstigen Berufsausübungsgemeinschaften wird beispielsweise bei der Durchführung von Jahresabschlussprüfungen relevant. Diese dürfen nach § 319 I HGB nur Wirtschaftsprüfungsgesellschaften durchführen.

[382] Diese Bezeichnung für Partnerschaften, die nicht als Wirtschaftsprüfungs- bzw. Steuerberatungsgesellschaften anerkannt sind, benutzen unter anderem Eggesiecker / Keuenhof, BB 1995, 2049; Hund, DSWR 1999, 270, 274.

[383] Drittes Gesetz zur Änderung der Bundesnotarordnung und anderer Gesetze vom 31. Au-

setzgeber durch die Neufassung von § 56 StBerG[385] und § 43 a II S. 1 WPO[386] in der Weise Klarheit schaffen, dass die Partnerschaftsgesellschaft nun auch außerhalb anerkannter Steuerberatungs- und Wirtschaftsprüfergesellschaften eine zulässige Rechtsform für die gemeinsame Berufsausübung darstellt. Damit existiert heute kein berufsrechtlicher Auschluss für Steuerberater und Wirtschaftsprüfer.

e) Ärzte

(1) Neuerungen im Bereich der beruflichen Zusammenarbeit von Ärzten

Die Regelungen zur gemeinsamen Berufsausübung mehrerer Ärzte sind 2004 durch die Beschlüsse des 107. Deutschen Ärztetages in Bremen grundlegend geändert worden. Die Delegierten stimmten für eine weitreichende Novellierung der MBO-Ä 1997[387]. Dadurch wurden unter anderem die Möglichkeiten der gemeinsamen Berufsausübung erweitert.[388] Nach § 22 MBO-Ä 1997 a.F.[389] waren als Berufsausübungsgemeinschaften von Ärzten nur die Gemeinschaftspraxis und die Ärztepartnerschaft zulässig. Jetzt schreibt § 18 II S. 1 MBO-Ä 1997 keine bestimmte Gesellschaftsform mehr vor. Damit soll ermöglicht werden, neben der BGB-Gesellschaft und der Partnerschaftsgesellschaft gegebenenfalls

---

gust 1998, BGBl. I 1998, S. 2585, 2598.

[384] Hierzu ausführlich Koch, Interdisziplinäre Zusammenarbeit von Wirtschaftsprüfern, Steuerberatern und Rechtsanwälten, S. 167 f.; siehe auch Römermann / Spönemann NZG 1998, 15, 17.

[385] Siebtes Gesetz zur Änderung von Vorschriften über die Tätigkeit der Steuerberater (7. StBÄndG) vom 24. Juni 2000, BGBl. I 2000, S. 874 f. Diese Gesetzesänderung wurde insbesondere deshalb erforderlich, weil sich sogar der Bundesfinanzhof gegen die Zulässigkeit der Berufsausübung in Form einer Partnerschaftsgesellschaft ohne Anerkennung als Berufsgesellschaft entschieden hatte (BFH, BStBl. 1998 II, 692, 693).

[386] Gesetz zur Änderung von Vorschriften über die Tätigkeit der Wirtschaftsprüfer vom 19. Dezember 2000, BGBl. I 2000, S. 1769, 1773 f.

[387] (Muster-) Berufsordnung für die deutschen Ärztinnen und Ärzte – MBO-Ä 1997 – in der Fassung der Beschlüsse des 100. Deutschen Ärztetages 1997 in Eisennach, zuletzt geändert durch die Beschlüsse des 107. Ärztetages 2004 in Bremen, zu finden unter http://www.bundesaerztekammer.de/30/Berufsordnung/Mbopdf.pdf. Der Text nur der Novellierung ist abgedruckt in Deutsches Ärzteblatt 2004, S. 1578 f.

[388] Zu beachten ist aber, dass im Bereich der vertragsärztlichen Versorgung die im Folgenden vorgestellten Neuerungen der §§ 17, 18, § 19 und § 23 a MBO-Ä 1997 zunächst noch einer geänderten gesetzlichen Grundlage bedürfen, und zwar des SGB V und der Ärzte-ZV, bevor die neuen Möglichkeiten von den Vertragsärzten genutzt werden können. Insofern ist es auch denkbar, dass die Vorschriften im Hinblick auf die Bedarfsplanung oder sonstige Besonderheiten des Vertragsarztrechtes nicht vollständig übernommen werden. Des Weiteren ist zu berücksichtigen, dass die Musterberufsordnung noch einer (in der Regel aber unproblematischen) Umsetzung in den jeweiligen Berufsordnungen der Landesärztekammern bedarf (siehe hierzu unter D.II.1., Seite 53).

[389] Siehe Fn. 46.

auch Rechtsformen wie die AG oder die GmbH[390] für eine Zusammenarbeit nutzen zu können.[391] Voraussetzung für die Wahl der Rechtsform ist aber weiterhin, dass stets die eigenverantwortliche medizinisch unabhängige sowie die nicht gewerbliche Berufsausübung gewährleistet bleiben (§ 18 II S. 1 MBO-Ä 1997). Bei jeder Form der beruflichen Zusammenarbeit müssen zudem die ärztlichen Berufspflichten eingehalten werden (§ 18 II S. 2 MBO-Ä 1997). Die Berufsordnungsgremien sehen es nicht mehr als Aufgabe der Berufsordnung an, durch formale Vorschriften berufliche Kooperationen einzugrenzen. Vielmehr sollen hauptsächlich inhaltliche Beschreibungen die ärztliche Tätigkeit regeln.[392] Eine solche Sichtweise ist neu. Sie wurde insbesondere durch das GKV-Modernisierungsgesetz – GMG[393] erforderlich. Durch dieses Gesetz wurde in § 95 SGB V ein neuer Versorgungstyp, nämlich der des „medizinischen Versorgungszentrums“ (MVZ), eine fachübergreifende, ärztlich geleitete Einrichtung, geschaffen.[394] Solche Einrichtungen können in allen zulässigen Organisations- und Gesellschaftsformen gegründet werden.[395] Damit war der Vertragswettbewerb unter verschiedenen Versorgungsformen eröffnet. Die Ärzteschaft sah sich daher zu einer Neuregelung des Berufsrechts veranlasst.[396] Die Umsetzung dieser Neuregelung in der MBO-Ä 1997 stärkt die Berufsausübungsfreiheit der Ärzte und wird sicher wegweisend für andere Berufsordnungen werden. Gerade auch im Hinblick auf die Bemühungen auf europäischer Ebene, jegliche Wettbewerbsbeschränkungen bei Freiberuflern, wozu auch Regeln für die Unternehmensform zählen, abzubauen,[397] bedeutet die Novellierung eine vorzeitige und begrüßenswerte Anpassung an europäische Ziele.

Neu ist weiterhin, dass der Zusammenschluss zu einer Berufsausübungsgemeinschaft nach § 18 I MBO-Ä 1997 nicht die gesamte Tätigkeit eines Arztes umfassen muss. Der Arzt kann nun z.B. auch eine Teil-Partnerschaftsgesellschaft bilden. Diese Form soll es Ärzten ermöglichen, an einer Einzelpraxis

---

[390] So sieht der neue § 23 a MBO-Ä 1997 die Tätigkeit von Ärzten in juristischen Personen des Privatrechts (Ärztegesellschaft) vor.

[391] Vergleiche Referat von Dr. Ingo Flenker auf dem 107. Deutschen Ärztetag in Bremen S. 8, http://www.bundesaerztekammer.de/30/Aerztetag/107_DAET/24Referate/RFlenker.html.

[392] Siehe Flenker (Fn. 391), S. 8.

[393] Gesetz zur Modernisierung der gesetzlichen Krankenversicherung (GKV-Modernisierungsgesetz – GMG) vom 14. November 2003, BGBl. I 2003, S. 2190. Das Gesetz trat am 1. Januar 2004 in Kraft.

[394] Siehe Erläuterungen dazu im Regierungsentwurf zum GKV-Modernisierungsgesetz – GMG vom 8. September 2003 in BT-Drucks. 15/1525, S. 26.

[395] Ausführlich Rau, DStR 2004, 640 f.; Richter, DStR 2004, 320 f.; Klose, BB 2003, 2702 f.; sowie im Rahmen der interprofessionellen Zusammenarbeit von Ärzten unter D.II.4.c), Seite 90.

[396] Siehe Flenker (Fn. 391), S. 1, 2; Klinkhammer, Deutsches Ärzteblatt 2004, 1551.

[397] Vergleiche die Mitteilung der Kommission: „Bericht über den Wettbewerb bei freiberuflichen Dienstleistungen“, http://europa.eu.int/eurlex/de/com/cnc/2004/com2004_0083de01.pdf.

festzuhalten, für die Erbringung bestimmter Teilleistungen aber eine Kooperation mit einem Kollegen einzugehen.[398] Da dies hauptsächlich interdisziplinäre Kooperationen betreffen wird, wird dieser Bereich, sowie auch die Erweiterung der Kooperationsmöglichkeiten mit anderen Leistungserbringern unter D.II.4.c), Seite 90, vertieft werden.

Aus der zuvor erwähnten neuen Möglichkeit zu Teilpartnerschaften (§ 18 I MBO-Ä 1997) folgt zwingend, dass nach § 17 II S. 1 MBO-Ä 1997 dem Arzt zukünftig erlaubt wird, an mehreren Orten tätig zu sein. So ist es ihm gestattet, über den Praxissitz hinaus an zwei weiteren Orten ärztlich tätig zu sein. Ein Arzt, der von dieser Regelung Gebrauch machen will und nicht nur am Praxissitz ambulant ärztlich tätig sein will, muss aber dafür Sorge tragen, dass eine ordnungsgemäße Versorgung seiner Patienten an jedem Ort seiner Tätigkeit gesichert ist (§ 17 II S. 2 MBO-Ä 1997). Durch die Begrenzung auf zwei weitere Orte soll eine Filialbildung verhindert werden.[399] Für Kooperationen ist nun auch die Zugehörigkeit zu mehreren Berufsausübungsgemeinschaften zulässig (§ 18 III S. 1 MBO-Ä 1997). Eine solche Berufsausübungsgemeinschaft ist sogar mit mehreren Praxissitzen gestattet, wenn an dem jeweiligen Praxissitz verantwortlich mindestens ein Mitglied der Berufsausübungsgemeinschaft hauptberuflich tätig ist (§ 18 III S. 3 MBO-Ä 1997). Bislang war nach den ergänzenden Bestimmungen zur MBO-Ä 1997 a.F.[400] eine solche Berufsausübungsgemeinschaft nur für Ärzte zulässig, die nicht unmittelbar patientenbezogen tätig wurden (z.B. eine laborärztliche Praxis führten oder als Sachverständige tätig wurden). Für alle Formen der Kooperation gilt, dass die freie Arztwahl der Patienten gewährleistet bleiben muss (§ 18 IV MBO-Ä 1997). Um das Leistungsgeschehen und die Zugehörigkeit zu einer Kooperationsgemeinschaft allgemein und insbesondere für den Patienten transparenter zu machen und so auch praktisch die freie Arztwahl zu garantieren, sind die Berufsausübungsgemeinschaften nach § 18 a I MBO-Ä 1997 anzukündigen.[401] Schließlich wurden auch noch die Möglichkeiten erweitert, Ärzte anzustellen (insbesondere durch § 19 MBO-Ä 1997).

Die Neuregelungen der MBO-Ä 1997 erleichtern die gemeinschaftliche Berufsausübung und können wie folgt zusammengefasst werden: Ärzte können nun Berufsausübungsgemeinschaften in jeder Gesellschaftsform gründen. Auch Teil-Berufsausübungsgemeinschaften sind möglich. Die Begrenzung auf einen Praxissitz fällt weg. Damit ist auch die Zugehörigkeit zu mehreren Berufsaus-

---

[398] Siehe Flenker (Fn. 391), S. 7.
[399] Siehe Flenker (Fn. 391), S. 6.
[400] Siehe unter D. (Ergänzende Bestimmungen zu einzelnen ärztlichen Berufspflichten) II. (Formen der Zusammenarbeit) Nr. 8 (Berufsausübungsgemeinschaften von Ärzten) (2). Diese ergänzenden Bestimmungen sind gestrichen worden.
[401] Siehe Flenker (Fn. 391), S. 9.

übungsgemeinschaften gestattet. Überörtliche Zusammenschlüsse sind auch für Ärzte, die unmittelbar patientenbezogen tätig werden, zulässig.

(2) Schlussfolgerungen aus den Neuregelungen für die erbrechtliche Nachfolge

Die Neuregelungen erleichtern nicht nur die gemeinschaftliche Berufsausübung, sondern auch die erbrechtliche Nachfolge. Bislang durfte ein Erbe, der selbst auch Arzt war, nicht einer anderen Berufsausübungsgemeinschaft angehören, um nachfolgen zu können. Damit musste er sich im Erbfall entscheiden, welcher Kooperation er zukünftig angehören wollte. Jetzt ist die Zugehörigkeit zu mehren Berufsausübungsgemeinschaften zulässig. Damit können mehr potentielle Erben nachfolgen. Darüber hinaus musste der Erbe früher zwingend seinen Praxissitz an den Sitz der Ärztepartnerschaftsgesellschaft legen, um – von der Ausnahme nicht patientenbezogener Tätigkeit abgesehen – einen gemeinsamen Praxissitz vorweisen zu können. Dies ist nun ebenfalls überflüssig. Für die Erben bedeutet dies, dass die früher für den Antritt der Nachfolge oft erforderliche Aufgabe der bisherigen Tätigkeit oder ein erforderlicher Umzug vermieden werden kann. Auch dies vergrößert den Kreis der potentiellen Erben. Die Nachfolge in der Partnerschaftsgesellschaft ist somit für Ärzte wesentlich einfacher und damit auch attraktiver geworden.[402]

Für das Verfahren im Fall der Nachfolge ist zu beachten, dass sich durch die Erbfolge die personelle Zusammensetzung der Partnerschaftsgesellschaft ändert. Um hier ebenfalls Transparenz zu schaffen, ist diese Veränderung nach § 18 a I MBO-Ä 1997 anzuzeigen.

(3) Einschränkung der monoprofessionellen Zusammenarbeit

(a) Ausschließliche Ausübung der Heilkunde

Trotz der neuen Erleichterungen bei der gemeinschaftlichen Zusammenarbeit von Ärzten stellt die MBO-Ä 1997 in einem Punkt möglicherweise strengere Anforderungen an die gemeinschaftliche Berufsausübung der Ärzte und schränkt damit die monoprofessionelle Zusammenarbeit gegenüber dem PartGG ein. Nach D. II. Nr. 8 (1) S. 2 der vormals gültigen ergänzenden Bestimmungen zur MBO-Ä 1997 durften „sich nur Ärzte zusammenschließen, die ihren Beruf ausüben".[403] Damit konnte gegenüber § 1 I S. 1 PartGG eine eigenständige und möglicherweise einschränkende Regelung der Gestalt getroffen worden sein, dass in einer Ärztepartnerschaftsgesellschaft zwingend und ausschließlich der Beruf des Arztes, nämlich die Ausübung der Heilkunde, wahrgenommen werden musste.[404] Eine solche Auffassung wäre insbesondere deshalb strenger, da für die Partnerschaftsgesellschaft vertreten wird, dass dort Partner auch nur als so

[402] Zu beachten ist aber auch hier, dass für den Bereich der vertragsärztlichen Versorgung die unter Fn. 388 erwähnte gesetzliche Umsetzung erst noch erfolgen muss.
[403] Siehe Fn. 46 und Fn. 400.
[404] Diese These stellt Heydn (Die erbrechtliche Nachfolge, S. 47 f.) auf. Ähnlich auch Schirmer, MedR 1995, 341, 348.

genannte „Managing Partner"[405] tätig sein können.[406] Auch wenn diese Auffassung nicht mit der hier vertretenen Meinung übereinstimmt, so besteht doch Konsens, dass ein Partner zumindest einen Großteil seiner Arbeitszeit als „Managing Partner" verwenden kann.[407] Auch dies wäre aber für Ärztepartnerschaften, wenn hier die Partner ausschließlich die Heilkunde am Menschen ausüben müssten, nicht zulässig.

In der Neuregelung der MBO-Ä 1997 ist die missverständliche Regelung aus den ergänzenden Bestimmungen gestrichen worden. Die neuen Bestimmungen zur Berufsausübung (§ 19 I und § 18 II S. 1 MBO-Ä 1997) unterscheiden sich im Wortlaut nicht mehr vom PartGG. Aber auch nach der früheren Rechtslage sollte für die Ärzte keine spezifische eigenständige Regelung getroffen werden. Dies belegen systematische Überlegungen. So ist den Ärzten nach den Vorschriften der MBO-Ä 1997 (sowohl in früheren wie auch in der derzeit gültigen Fassung) eine Zusammenarbeit mit bestimmten anderen Berufsgruppen, die nicht die Ausübung der Heilkunde am Menschen betreiben, erlaubt.[408] Nach dem bis zur Neuregelung geltendem § 23 b MBO-Ä 1997 a.F. konnte der Arzt sich einem solchem Zusammenschluss aber nur anschließen, wenn er eben nicht die Heilkunde ausübte. Wenn dies interdisziplinär zulässig ist, dann muss es den Ärzten aber auch monoprofessionell erlaubt sein, neben der Ausübung der Heilkunde auch Verwaltungsaufgaben zu übernehmen. Die ausschließliche Ausübung der Heilkunde verlangte das Gesetz daher trotz des insbesondere früher unklaren Wortlautes nicht.[409] Damit liegt im Ergebnis auch keine Einschränkung der monoprofessionellen Zusammenarbeit vor.

(b) Fachidentität oder Fachverwandtheit

Die Ärztepartnerschaft unterliegt grundsätzlich keinen Einschränkungen im Hinblick auf die beteiligten Fachgebiete. Zwar wird vertreten, dass sich nur Ärzte solcher Fachgebiete zu einer Gemeinschaftspraxis verbinden dürften, welche auch der gemeinsam geschuldeten Erfüllung des Behandlungsvertrages nachkommen könnten. Dies setze entweder Fachidentität oder zumindest Fachverwandtheit[410] voraus.[411] Dieser Ansicht ist zuzugestehen, dass jeder Arzt berufs-

---

405 „Managing Partner" widmen sich insbesondere in größeren Gesellschaften dem Management und der Organisation. Eine berufsspezifische Tätigkeit üben sie in der Regel nicht mehr aus.

406 Dies vertreten insbesondere Michalski / Römermann, PartGG, § 1 Rdn. 13.

407 Vergleiche ausführlich zu dem dahinter stehenden Streit, welche Anforderungen an die Berufsausübung i.S.v. § 1 I S. 1 PartGG zu stellen sind, unter D.I.4.a), Seite 47.

408 Ausführlich zur interdisziplinären Zusammenarbeit unter D.II.4.c), Seite 90.

409 So letztlich auch Heydn, Die erbrechtliche Nachfolge, S. 47.

410 Zum Begriff der Fachverwandtheit siehe Narr / Hess, Ärztliches Berufsrecht, S. 694.

411 Die These wird insbesondere von einigen Ärztekammern vertreten (Narr / Hess, Ärztliches Berufsrecht, S. 693 f.; a.A. Liebold / Zalewski, Kassenarztrecht, Rdn. 253; Schnapp / Wigge, Hdb. des VertragsarztR, § 5 Rdn. 8; Schirmer, MedR 1995, 341, 349; Nentwig / Bonvie /

rechtlich auf sein Fachgebiet beschränkt ist und nicht in fremden Fachgebieten tätig sein kann. So kann sich beispielsweise ein Facharzt nach § 20 I S. 2 MBO-Ä 1997 auch nur von einem Facharzt derselben Fachrichtung vertreten lassen. Der Arzt kann damit einen Behandlungsvertrag der Partnerschaftsgesellschaft nicht persönlich erfüllen, wenn sich dieser auf ein anderes Fachgebiet bezieht. Dieses berufsrechtliche Gebot der Fachgebietsbeschränkung kann selbstverständlich nicht durch das Gesellschaftsrecht außer Kraft gesetzt werden.[412] Es ist aber zu berücksichtigen, dass der Behandlungsvertrag zwischen Patient und Partnerschaftsgesellschaft entsprechend ausgelegt werden kann. Bei verständiger Würdigung sind nicht alle Partner zur Vertragserfüllung verpflichtet. Vielmehr beziehen sich die Leistungspflicht und ihre Erfüllung jeweils nur auf die Partner, die über die entsprechenden beruflichen Befugnisse und Qualifikationen verfügen. Diese schulden die persönliche Leistungserbringung jeweils nur für ihr Fachgebiet.[413] Durch die Haftungskonzentration nach § 8 II PartGG ist auch die Haftung der Partner insoweit beschränkt. Es wäre auch lebensfremd anzunehmen, der Patient mit Kniebeschwerden verlange die Erfüllung seines Behandlungsvertrages mit der Partnerschaftsgesellschaft auch von dem an der Partnerschaft beteiligten Augenarzt. Damit wird in der Partnerschaftsgesellschaft das Gebot der Fachgebietsbeschränkung nicht verletzt. Auch Ärzte verschiedener Fachrichtungen dürfen sich folglich zu einer Partnerschaftsgesellschaft zusammenschließen. Die gegenteilige Auffassung, die hier Fachidentität oder Fachverwandtheit voraussetzt, ist abzulehnen.

Dies bedeutet für den Erben, dass er nicht derselben Fachrichtung angehören muss, wie z.B. der verstorbene Partner. Er kann auch eine Fachrichtung ausüben, die bislang noch überhaupt nicht in der Partnerschaftsgesellschaft vertreten war und die vielleicht auch nicht mit den bisher vertretenen Fachrichtungen verwandt ist. Weder das Berufsrecht noch das PartGG oder das Erbrecht verhindern hier ungewöhnliche Konstellationen. Daher ist es wegen der Fülle der ärztlichen Fachrichtungen besonders wichtig, im Partnerschaftsgesellschaftsvertrag detaillierte Nachfolgeregelungen zu treffen.

(4) Beschränkungen im Vertragsarztrecht (Kassenarztrecht)

Für Kassenärzte stellt das Vertragsarztrecht weitere Anforderungen an eine monoprofessionelle Zusammenarbeit. Nach § 33 Ärzte-ZV[414] ist eine gemeinsame Berufsausübung von Vertragsärzten nur zulässig zwischen Vertragsärzten; sie bedarf der vorherigen Genehmigung durch den Zulassungsausschuss.[415] Die

Hennings, Das Partnerschaftsgesellschaftsgesetz, S. 45 f.).

[412] Schnapp / Wigge, Hdb. des VertragsarztR, § 5 Rdn. 8; Ratzel / Lippert, MBO-Ärzte, § 20 Rdn. 2.

[413] Wigge, MedR 2004, 123, 125; Schirmer, MedR 1995, 341, 349; Nentwig / Bonvie / Hennings, Das Partnerschaftsgesellschaftsgesetz, S. 45 f.

[414] Zur Verfassungsmäßigkeit Trautmann, NZS 2004, 238, 240 f..

[415] Zur Zukunft solcher Genehmigungserfordernisse im Hinblick auf eine geplante europäi-

Genehmigung darf nur unter der Voraussetzung versagt werden, dass die Versorgung der Versicherten beeinträchtigt wird oder landesrechtliche Vorschriften über die ärztliche Berufsausübung entgegenstehen.[416] Nach der Rechtsprechung kann die Genehmigung aber nur unter der zusätzlichen Voraussetzung erteilt werden, dass die beteiligten Vertragsärzte Mitglieder derselben kassenärztlichen Vereinigung sind.[417]

Es stellt sich die Frage, ob nach dem Zulassungsrecht nur solche Partnerschaftsgesellschaften den gesetzlichen Anforderungen genügen, in denen alle Partner zugelassene Vertragsärzte sind oder ob auch eine Partnerschaftsgesellschaft von Vertragsärzten und Nichtvertragsärzten (=Privatärzten) zulässig ist.[418] Es ist unstreitig, dass die Vorschrift des § 33 II S. 1 Ärzte-ZV zunächst einmal sicher stellen will, dass die vertragsärztliche Tätigkeit auch bei einer gemeinschaftlichen Berufsausübung lediglich von Vertragsärzten ausgeübt werden darf.[419] Teilweise wird der Vorschrift darüber hinaus auch ein ausdrückliches Verbot eines Zusammenschlusses zwischen einem Vertragsarzt und einem Nichtvertragsarzt entnommen.[420] Neben dem Hinweis auf § 33 II S. 1 Ärzte-ZV stützt sich diese Ansicht vor allem darauf, dass die Leistungen in der Partnerschaftsgesellschaft bei einer Verbindung von Vertragsarzt und Nichtvertragsarzt nicht mehr austauschbar wären, da die Privatärzte keine kassenärztlichen Leistungen erbringen dürften. Nicht alle Ärzte könnten damit die jeweiligen Behandlungsverträge erfüllen, eine gemeinschaftliche Berufsausübung wäre bei kassenärztlichen Leistungen nicht möglich. Die Partner könnten nur eine Praxisgemeinschaft gründen oder den Gesellschaftszweck ganz auf die privatärztliche Tätigkeit beschränken. Eine gemischte Partnerschaft von Vertragsärzten und Privatärzten sei aber unzulässig.[421] Diese Meinung verkennt aber, dass in der Partnerschaftsgesellschaft der Behandlungsvertrag mit der Gesellschaft zustande kommt und diese die Leistung bereits dann erfüllen kann, wenn nur einer der beteiligten Partner hierzu in der Lage ist.[422] Darüber hinaus wäre ein Verbot der

---

sche Richtlinien über Dienstleistungen Korzilius, Deutsches Ärzteblatt 2004, S. 2084 f.

[416] Ausführlich hierzu Liebold / Zalewski, Kassenarztrecht, Rdn. 253 f.; Trautmann, NZS 2004, 238 f.

[417] BSG, NJW 2004, 1820 f.

[418] Die gemeinsame Berufsausübung kann beispielsweise dann sinnvoll sein, wenn ein Vertragsarzt, dessen Zulassung durch Erreichen der Altersgrenze nach § 95 VII SGB V endet, ausschließlich privatärztlich in dieser Praxis weiterhin tätig sein möchte. Gleiches gilt für einen Arzt, der aufgrund der vertragsärztlichen Bedarfsplanung keine Zulassung als Vertragsarzt in dem von ihm favorisierten Planungsbereich bekommen und daher nur privatärztlich in der Gemeinschaftspraxis tätig sein kann.

[419] Trautmann, NZS 2004, 238, 244.

[420] Liebold / Zalewski, Kassenarztrecht, Rdn. 252; Schirmer, MedR 1995, 383, 388; Wigge, MedR 2004, 123, 127.

[421] Siehe nur Trautmann, NZS 2004, 238, 245.

[422] Vergleiche auch die Argumentation zu verschiedenen Fachgebieten in der Partnerschafts-

Bildung einer Gemeinschaftspraxis mit einem Privatarzt auch nicht mit Art. 12 GG vereinbar. Der Eingriff in die Berufsausübungsfreiheit des Vertragsarztes müsste durch hinreichende Gründe des Gemeinwohls gerechtfertigt werden.[423] Vertragsärzte unterliegen weit strengeren Pflichten als Privatärzte. Sie müssen bei der Durchführung ihrer Leistungen andere Voraussetzungen erfüllen und auch an ihre Eignung werden besondere Anforderungen gestellt. Dies dient insbesondere dem Schutz des Kassenpatienten und der Erhaltung des Systems der gesetzlichen Krankenversicherung.[424] Diesen Besonderheiten des Vertragsarztrechts wird aber bereits Rechnung getragen, wenn Kassenpatienten auch in einer gemischten Partnerschaftsgesellschaft, abgesehen von Vertretungsfällen, ausschließlich von den Vertragsärzten behandelt werden. Denn diese erfüllen dann die beschriebenen Voraussetzungen. Der mit einem Verbot solcher Partnerschaftsgesellschaften verbundene Eingriff in Art. 12 GG ist dann aber nicht mehr zu rechtfertigen. Die Vorschrift des § 33 II S. 1 Ärzte-ZV ist damit letztlich nur tätigkeits- und nicht organisationsbezgogen.[425] Die andere Ansicht ist abzulehnen. Eine Partnerschaftsgesellschaft von Vertragsärzten und Privatärzten ist damit zulässig.

Für den approbierten Arzt und Erben bedeutet dies, dass er auch ohne Kassenarztzulassung in eine Partnerschaftsgesellschaft von Kassenärzten als Nachfolger eintreten kann. Umgekehrt kann auch der als Vertragsarzt zugelassene Erbe in eine bislang ausschließlich von Privatärzten geführte Partnerschaftsgesellschaft nachfolgen. Die Erbfolge wird insoweit nach der hier vertretenen Ansicht nicht durch das Zulassungsrecht beschränkt. Der Partnerschaftsgesellschaftsvertrag muss aber berücksichtigen, dass eine gemeinsame Behandlungstätigkeit dann nur bei Privatpatienten erfolgen kann. Auch sollten die Patienten neben dem Fachgebiet über die kassenärztliche oder privatärztliche Tätigkeit des neuen Partners informiert werden.[426]

Es wurde bereits erwähnt, dass es den Ärzten nach dem Berufsrecht im Grundsatz gestattet ist, sich mit Ärzten beliebig anderer Fachrichtung zusammenzuschließen.[427] Diese Möglichkeit könnte aber für Kassenärzte durch das Vertragsarztrecht in besonderer Weise beschränkt sein. Zunächst begrenzt möglicherweise § 73 I SGB V die monoprofessionelle Zusammenarbeit von Ver-

---

gesellschaft unter D.II.3.e)(3)(b), Seite 76.

[423] BVerfGE 61, 291, 312; BVerfGE 68, 272, 282.

[424] Ausführlich Möller, MedR 2003, 195, 197 f..

[425] Diese Ansicht vertreten auch: Möller, MedR 2003, 195, 197f.; Kleinke / Frehse, AusR 2003, 69 f.; Schallen, Ärzte-ZV, § 33 Rdn. 830 f.; Schnapp / Wigge, Hdb. des VertragsarztR, § 5 Rdn. 5; Wertenbruch, MedR 1996, 485, 486; ders., NJW 2003, 1904; Nentwig / Bonvie / Hennings, Das Partnerschaftsgesellschaftsgesetz, S. 128.

[426] Ausführlich zur Vertragsgestaltung und Information Möller, MedR 2003, 195, 198 f..

[427] Butzer in: Schnapp, Rechtsfragen der gemeinschaftlichen Berufsausübung von Vertragsärzten, S. 22 Fn. 9; siehe auch oben unter D.II.3.e)(3)(b), Seite 76.

tragsärzten. Nach dieser Vorschrift gliedert sich die vertragsärztliche Versorgung in die hausärztliche und die fachärztliche Versorgung.[428] Dies könnte zur Folge haben, dass Gemeinschaftspraxen nur von Hausärzten oder nur von Fachärzten gegründet werden können, die Praxen müssten insoweit funktionsidentisch und nicht funktionsübergreifend sein.[429] § 73 I SGB V kann aber ein solches Verbot der Bildung einer Gemeinschaftspraxis nicht entnommen werden. Zwar führt die Trennung der vertragsärztlichen Versorgung dazu, dass Leistungen aus der hausärztlichen Versorgung nur von den an der hausärztlichen Versorgung teilnehmenden Ärzten und Leistungen der fachärztlichen Versorgung nur von den an der fachärztlichen Versorgung teilnehmenden Ärzten abgerechnet werden können.[430] Im Hinblick auf den mit einem Verbot einer Gemeinschaftspraxis verbundenen Eingriff in die Berufsausübungsfreiheit (Art. 12 I GG) müsste ein Verbot aber ausdrücklich gesetzlich nominiert sein. Einer bloßen Regelung zur Einteilung der vertragsärztlichen Versorgung, wie sie § 73 I SGB V darstellt, kann ein solches Verbot nicht entnommen werden. § 73 V beschränkt somit nicht die monoprofessionelle Zusammenarbeit von Ärzten.[431]

Möglicherweise begrenzt aber § 73 b II S. 2 Nr. 1 SGB V die monoprofessionelle Zusammenarbeit von Vertragsärzten. Nach dieser Vorschrift und der Regelung des § 73 b II S. 1 Nr. 1 SGB V können die Krankenkassen zur Sicherung der 2003 neu eingeführten „Hausarztzentrierten Versorgung" mit „besonders qualifizierten Hausärzten und Gemeinschaften dieser Hausärzte" Verträge schließen.[432] Das Gesetz könnte hier so verstanden werden, dass eine solche Möglichkeit nicht mit den bereits erwähnten funktionsübergreifenden Gemeinschaftspraxen besteht. Dies hätte zur Folge, dass Zusammenschlüsse von Hausärzten und Fachärzten nicht an der Hausarztzentrierten Versorgung teilnehmen könnten. Sie könnten dann nicht die wirtschaftlichen Vorteile dieses grundsätzlich frei wählbaren Systems nutzen. Dies würde die monoprofessionelle Zusammenarbeit von Hausärzten und Fachärzten insoweit beschränken. Eine solche Beschränkung ist aber nicht anzunehmen. Nach § 73 b II S. 2 Nr. 2 SGB V können nämlich auch zugelassene medizinische Versorgungszentren an

---

[428] Im Gegensatz zur fachärztlichen Versorgung umfasst die hausärztliche Versorgung dabei alle Leistungen, die einen engen persönlichen Kontakt von Arzt und Patient voraussetzen, insbesondere nach § 73 I S. 2 SGB V die fortgesetzte ärztliche Betreuung und die Koordination spezialisierter Leistungen (Wahl, Kooperationsstrukturen im Vertragsarztrecht, S. 100).

[429] Zu diesen Begriffen siehe Schirmer, MedR 1995, 341, 349.

[430] Wigge, MedR 2003, 123, 126.

[431] Im Ergebnis auch die Rechtsabteilung der Kassenärztlichen Bundesvereinigung (KBV) in ihrem Arbeitspapier vom 15.01.2003 zur „Gemeinsamen und arbeitsteiligen Berufsausübung in der vertragsärztlichen Versorgung" („Schirmer-Papier"); zuvor bereits Schirmer, MedR 1995, 383, 389.

[432] Zur „Hausarztzentrierten Versorgung" siehe Richter, DStR 2004, 320, 323.

der „Hausarztzentrierten Versorgung“ teilnehmen. Diese sind gerade dadurch gekennzeichnet, dass man in ihnen funktionsübergreifend tätig wird.[433] Dann können aber auch keine Bedenken gegen eine funktionsübergreifende Gemeinschaftspraxis als Vertragspartner im Rahmen der „Hausarztzentrierten Versorgung“ bestehen. Trotz des missverständlichen Wortlautes von § 73 b II S. 1 Nr. 1 SGB V ist Gemeinschaften von Haus- und Fachärzten damit nicht die Teilnahme an dieser Versorgungsform verwehrt.

Im Ergebnis ist es den Ärzten damit auch nach dem Vertragsarztrecht gestattet, sich mit Ärzten beliebiger anderer Fachrichtungen oder auch mit Fachärzten und Hausärzten zusammenzuschließen. Die monoprofessionelle Zusammenarbeit der Ärzteschaft ist insoweit nicht eingeschränkt. Ein Erbe kann damit beispielsweise als Hausarzt in eine bislang nur von Fachärzten geführte Partnerschaftsgesellschaft nachfolgen. Dieser Gesellschaft ist es auch nach § 73 b II S. 1 Nr. 1 SGB V gestattet, mit den Krankenkassen Verträge über die „Hausarztzentrierten Versorgung“ abzuschließen. Der Erbe kann aber auch als erster Facharzt in eine bislang ausschließlich von Hausärzten geführte Partnerschaftsgesellschaft eintreten. Wollen die übrigen Partner die soeben beschriebenen Konstellationen verhindern, so müssen sie entsprechende Nachfolgeregelungen in den Partnerschaftsgesellschaftsvertrag aufnehmen. Weder das Erbrecht, das PartGG noch das Berufsrecht oder das Vertragsarztrecht beschränken hier die Erbfolge.

(5) Besondere vertragsärztliche Beschränkungen in zulassungsbeschränkten Gebieten

(a) Einführung

Besonderheiten ergeben sich, wenn die Ärztepartnerschaftsgesellschaft ihren Sitz in einem zulassungsbeschränkten Gebiet hat. Der Anteil an dieser Partnerschaftsgesellschaft kann dann zwar grundsätzlich an einen tauglichen Erben i.S.d. § 9 IV S. 2 PartGG vererblich gestellt werden. Aus dieser Möglichkeit folgt jedoch nicht automatisch, dass der Erbe im Todesfall des Vertragsarztes auch dessen Nachfolge in die Kassenarztzulassung antreten kann. Die Kassenarztzulassung selbst ist nämlich nicht vererblich.[434] Zu einer sofortigen Nachfolge im Todesfall kann es folglich nur dann kommen, wenn der Erbe bereits für den betreffenden Planungsbereich eine Zulassung hat oder der Erbe nach dem Partnerschaftsgesellschaftsvertrag den Anteil auch ohne Vertragsarztzulassung erhalten soll.[435] Im Übrigen steht den Erben hier nur das Nachbesetzungsverfahren nach § 103 VI i.V.m. IV SGB V offen.[436]

---

[433] Siehe nur Rau, DStR 2004, 640 f.; ausführlich unter D.II.4.c)(2), Seite 92.

[434] Wertenbruch, MedR 1996, 485, 490; ders., NJW 2003, 1904; Schnapp / Wigge, Hdb. des Vertragsarztrechts, § 5 Rdn. 49.

[435] Wertenbruch, MedR 1996, 485, 490.

[436] Berücksichtigt man, dass in den so genannten „gesperrten Gebieten“ grundsätzlich keine

(b) Einzelheiten des Nachbesetzungsverfahrens

Im Rahmen des Nachbesetzungsverfahrens können die Erben[437] nach § 103 VI i.V.m. IV S. 1 SGB V an die Kassenärztliche Vereinigung einen Antrag auf Ausschreibung des Vertragsarztsitzes stellen.[438] Die Erben können sich bei entsprechender Berufsqualifikation auch selbst für die Vertragsarztstelle bewerben. Die Kassenärztliche Vereinigung führt sodann die Ausschreibung aus und erstellt eine Liste der Bewerber. Diese wird auch den Erben zur Verfügung gestellt (§ 103 IV S. 2 SGB V). Die Entscheidung über die Nachfolge in die Praxis des Verstorbenen trifft der Zulassungsausschuss nach pflichtgemäßem Ermessen (§ 103 IV S. 3 SGB V). Dabei wird die Auswahlentscheidung durch verschiedene gesetzliche Auswahlkriterien konkretisiert.[439] So ist nicht nur die berufliche Eignung der Bewerber sowie die Dauer ihrer ärztlichen Tätigkeit zu berücksichtigen, sondern auch, ob es sich um den Ehegatten oder ein Kind des ausscheidenden Vertragsarztes handelt (§ 103 IV S. 4 SGB V). Daneben spielen noch wirtschaftliche Interessen (bis zur Höhe des Verkehrswertes der Praxis, § 103 IV S. 5 SGB V), die Dauer der Eintragung des Bewerbers in die Warteliste (§ 103 V S. 3 SGB V), sowie die Interessen der verbleibenden Gemeinschaftspraxispartner (siehe unter (c), Seite 83) eine Rolle. Ehegatten und Kinder haben durch die besondere Nennung im Gesetz auch eine gute Chance, tatsächlich als Nachfolger die ausgeschriebene Praxis des verstorbenen Vertragsarztes fortführen zu können.[440]

---

neuen Zulassungen mehr erteilt werden sollen, so ist die Möglichkeit der Nachbesetzung, die im Hinblick auf Art. 14 GG trotz Überversorgung gewährt wird, durchaus zufrieden stellend (vergleiche hierzu ausführlich Fiedler, NZS 2003, 574 f. und Francke in: Wannagat, SGB V, § 103 Rdn. 16 f.).

[437] Zu beachten ist, dass § 103 VI S. 1 SGB V nur die „Erben" nennt. Gemeint ist damit nicht nur der Kreis der qualifizierten, selbst nachfolgewilligen Erben (z.B. nach § 9 IV S. 2 PartGG), sondern alle gesetzlich oder testamentarisch eingesetzten Erben (bei mehreren immer als Erbengemeinschaft). Der Vertragsarzt kann aber in seinem Testament vorsehen, dass einer der Erben stellvertretend für alle Erben den Antrag stellen kann. Diese Antragsberechtigung ist dann der Kassenärztlichen Vereinigung vorzuweisen. Der nachfolgewillige Abkömmling hat ohne Erbenstatus kein Antragsrecht (Steinhilper, MedR 1994, 227, 228).

[438] Vergleiche zu den Besonderheiten des Antragsrechts der übrigen Gesellschafter nach § 103 IV SGB V auch unter C.III., Seite 39.

[439] Francke in: Wannagat, SGB V, § 103 Rdn. 31 f.

[440] Zwar sind alle in § 103 IV S. 4 SGB V genannten Auswahlkriterien prinzipiell gleichrangig, dennoch engt in der Praxis eine dem Willen des Verstorbenen folgende Vergabemöglichkeit die Ermessensentscheidung des Zulassungsausschusses automatisch ein. Zumal dem Kriterium als Ehegatte und Kind aufgrund von Art. 6 I GG ein erhebliches Gewicht gegenüber anderen Kriterien zukommen kann. Auch kann durch eine unverzügliche Übergabe an diese Personen oftmals am ehestens ein Wertverlust der Praxis vermieden werden (Steinhilper, MedR 1994, 227, 230; Francke in: Wannagat, SGB V, § 103 Rdn. 34). Näher zum Umfang der Ermessensbindung unter (d), Seite 84.

Im Gegensatz zur vormaligen Gesetzeslage haben sich die Chancen dieser Personengruppe jedoch verschlechtert. Früher wurde bei ihnen gänzlich auf das Ausschreibungsverfahren verzichtet. Diese Privilegierung erschien dem Gesetzgeber aber angesichts der zunehmenden Bedeutung des Nachbesetzungsverfahrens nicht mehr gerechtfertigt, so dass die Eigenschaft als Ehegatte oder Kind nur noch ein Auswahlkriterium ist.[441] Für andere Erben, wie z.B. Geschwister oder Freunde – für die keine besonderen Auswahlkriterien gelten – sind die Chancen einer Nachfolge damit nicht größer als bei jedem anderen Arzt, der sich um die Vertragsarztstelle bewirbt.[442] Die Erben können gegen die Entscheidung des Zulassungsausschusses Widerspruch erheben und gegebenenfalls Klage einreichen. Dieselben Möglichkeiten haben abgelehnte Bewerber und somit auch der Erbe, der sich selbst bewirbt.[443]

(c) Besonderheiten der Gemeinschaftspraxis

Bei einer Gemeinschaftspraxis und folglich auch bei einer Ärztepartnerschaftsgesellschaft sind im Nachbesetzungsverfahren zusätzlich die Interessen der verbleibenden Gesellschafter angemessen zu berücksichtigen (§ 103 VI S. 2 SGB V). Denn diese haben ein Interesse an der Fortführung der Praxis im bisherigen Zuschnitt.[444] Dies bedeutet, dass der Zulassungsausschuss die Nachfolgeüberlegungen der verbleibenden Partner in seine Erwägungen mit einbeziehen muss.[445] Dadurch kann das Interesse der übrigen Partner die Chancen eines sich auf die Vertragsarztstelle bewerbenden Erben wieder erhöhen. Es kann nämlich angenommen werden, dass die verbleibenden Partner ein Interesse an der Erfüllung der Nachfolgeregelung des Partnerschaftsgesellschaftsvertrages haben und einem entsprechend berufsqualifizierten Erben damit unterstützen werden. Entscheidend wird hier sein, inwieweit der verstorbene Vertragsarzt die Nachfolge bereits zu Lebzeiten mit den übrigen Partnern abgesprochen hat. Will ein Partner sicherstellen, dass die von ihm erhoffte Nachfolge auch hinsichtlich der Ver-

---

[441] Vergleiche Regierungsbegründung zum Gesetz zur Sicherung und Strukturverbesserung der gesetzlichen Krankenversicherung (Gesundheitsstrukturgesetz) vom 1. Januar 1993 in BT-Drucks. 12/3608, S. 99. Durch dieses Gesetz wurde § 16 c Ärzte-ZV gestrichen.

[442] Siehe zum Ausschreibungsverfahren auch Nentwig / Bonvie / Hennings, Das Partnerschaftsgesellschaftsgesetz, S. 117.

[443] Zu den Rechtsschutzmöglichkeiten im Einzelnen: Wiegand in: Maaßen, GKV, § 103 SGB V Rdn. 11; Dahm, MedR 1994, 223, 225.

[444] Fiedler, NZS 2003, 574, 576; Steinhilper, MedR 1994, 227, 232.

[445] Dies gilt insbesondere auch deshalb, weil die übrigen Partner nicht verpflichtet werden können, mit dem vom Zulassungsausschuss ausgewählten Bewerber einen Gemeinschaftspraxisvertrag (Partnerschaftsgesellschaftsvertrag) abzuschließen. Geben sie daher von vorne herein zu erkennen, dass sie einen solchen Vertrag nicht abschließen werden, so hat der Zulassungsausschuss die Vertragsarztzulassung nicht zu erteilen. Voraussetzung ist nämlich immer, dass auch eine tatsächliche Nachfolgemöglichkeit besteht (BSGE 1985, 1, 7; Steinhilper, MedR 1994, 227, 232; Wertenbruch, NJW 2003, 1904, 1905). Zu den Folgen einer Weigerung der anderen Partner zur Zusammenarbeit siehe auch das Folgende.

tragsarztzulassung Aussicht auf Erfolg hat, so sollte er also bereits zu Lebzeiten Einvernehmen mit den anderen Partnern in dieser Frage erzielen. Zugleich ist eine möglichst detaillierte Regelung zur Erbfolge (möglichst Benennung des Erben) im Partnerschaftsgesellschaftsvertrag anzuraten, da die übrigen Partner dann über den Tod des Partners hinaus zur Erfüllung der konkreten Bestimmung zivilrechtlich verpflichtet sind. Diese Verpflichtung zur Vertragserfüllung werden sie dann dem Zulassungsausschuss mitteilen und somit die Chancen des betroffenen Erben erhöhen.

(d) Beschränkung des Auswahlermessens des Zulassungsausschusses

Im Zusammenhang mit dem zuvor Gesagten wird die Auffassung vertreten, dass sich im Nachbesetzungsverfahren das Auswahlermessen des Zulassungsausschusses immer auf den im Gesellschaftsvertrag als Sonderrechtsnachfolger bestimmten Erben beschränke (sofern dieser die generellen zulassungs- und berufsrechtlichen Voraussetzungen erfüllt).[446] Begründet wird diese Ansicht damit, dass andere Personen zivilrechtlich nicht die Nachfolge antreten könnten. Es stellt sich damit die Frage, inwieweit der Zulassungsausschuss tatsächlich durch zivilrechtliche Regelungen in Gesellschaftsverträgen gebunden werden kann.[447]

Dieser Auffassung ist zuzugestehen, dass der Zulassungsausschuss die zivilrechtlichen Verpflichtungen der übrigen Gesellschafter im Rahmen des von ihm zu beachtenden „Interesses der übrigen Gesellschafter" (§ 103 VI S. 2 SGB V) angemessen zu berücksichtigen hat. Dieser Aspekt spielt also in die Ermessensentscheidung des Zulassungsausschusses tatsächlich mit hinein. Er führt jedoch nicht dazu, dass das Ermessen zwingend immer auf Null reduziert ist und nur der Erbe die Zulassung erhalten kann. Eine solche Sichtweise lässt nämlich unberücksichtigt, dass die Kassenarztzulassung weder übertragbar noch vererblich ist. Sie ist ihrer Rechtsnatur nach öffentlich-rechtlich.[448] Dies darf auch nicht durch Nachfolgeregelungen in Gesellschaftsverträgen umgangen werden. Durch eine automatische Bindung des Zulassungsausschusses würde aber genau dies der Fall sein. Bereits aus diesem Grund ist die in Rede stehende Auffassung abzulehnen.

Die Ansicht widerspricht aber auch dem Wortlaut von § 103 IV und VI SGB V. Hier wird dem Zulassungsausschuss ein Auswahlermessen zwischen mehreren gleichrangigen Kriterien zugebilligt.[449] Für die Erben wird mit Ausnahme des (indirekten) Kriteriums als Ehegatte oder Kind (§ 103 IV S. 4 SGB V) und

[446] So Wertenbruch, MedR 1996, 485, 490.

[447] Die in Rede stehende Ansicht betrifft vor allem qualifizierte Nachfolgeklauseln. Dennoch wird sie an dieser Stelle erörtert, da sie eine berufsrechtliche Einschränkung der Erbfolge darstellt.

[448] Dahm, MedR 1994, 223; Wertenbruch, NJW 2003, 1904; Francke in: Wannagat, SGB V, § 123 Rdn. 26.

[449] So auch Dahm, MedR 1994, 223; Steinhilper, MedR 1994, 227, 232; Nentwig / Bonvie / Hennings, Das Partnerschaftsgesellschaftsgesetz, S. 117.

über das Interesse der übrigen Gesellschafter (§ 103 VI S. 2 SGB V) keine unmittelbar privilegierende Regelung, die eine Ermessensreduzierung auf Null rechtfertigen könnte, getroffen. Selbst der besondere Aspekt des Schutzes von Ehe und Familie nach Art. 6 I GG kann nur dazu führen, dass die Eigenschaft als Ehegatte oder Kind ein stärkeres Gewicht in der Ermessensentscheidung des Zulassungsausschusses erhält.[450] Es tritt aber weder eine automatische Bindung ein, noch betrifft dies andere Erben, die nicht Ehegatte oder Kind sind.

Die Auffassung ist schließlich auch mit dem Sinn und Zweck des Gesetzes nicht zu vereinbaren. In zulassungsbeschränkten Gebieten soll die Bedarfsplanung Kostensteigerungen aufgrund zunehmender Arztdichte entgegenwirken, um so die Finanzierbarkeit und damit die Existenz der gesetzlichen Krankenkassen zu gewährleisten.[451] Das Nachbesetzungsverfahren trägt dabei nur dem Umstand Rechnung, dass die Arztpraxis als eingerichteter und ausgeübter Gewerbebetrieb von Art. 14 GG geschützt ist und ohne das Nachbesetzungsverfahren eine wirtschaftliche Verwertung der Praxis faktisch nicht möglich wäre.[452] Eine solche Verwertung verlangt aber nicht zwingend, dass der im Gesellschaftsvertrag genannte Erbe die Nachfolge übernimmt. Vielmehr wird dies genauso durch die Aufnahme eines anderen Bewerbers sichergestellt. Dies gilt umso mehr, wenn dieser schon während des Nachbesetzungsverfahrens ein verbindliches Kaufangebot abgibt und damit die wirtschaftliche Verwertung garantiert. Zudem käme die kritisierte Auffassung einer Rückkehr zu und Erweiterung einer alten Gesetzeslage gleich. Es wurde bereits erwähnt, dass früher bei Ehegatten und Kindern ganz auf ein Ausschreibungsverfahren verzichtet wurde.[453] Diese sozusagen gesetzlich kodifizierte Ermessensreduzierung auf Null in bestimmten Fällen wurde aber bewusst zugunsten einer anderen gesetzgeberischen Entscheidung aufgegeben. Diese Entscheidung gegen absolute Privilegierungen ist zu akzeptieren. Sie kann nicht im Rahmen der Ermessensentscheidung wieder nivelliert werden.

Letztlich überzeugt die Ansicht, wonach das Ermessen des Zulassungsausschusses sich auf den im Gesellschaftsvertrag genannten Erben beschränkt, aber auch zivilrechtlich nicht. Die übrigen Partner können sich durch den Partnerschaftsgesellschaftsvertrag nämlich nur verpflichten, entweder den dort genannten Erben auch ohne Kassenarztzulassung als Partner aufzunehmen oder den Erben aufzunehmen, sobald er die Kassenarztzulassung erhalten hat. Ansonsten vermögen sie bei der derzeitigen Gesetzeslage, bei der die Entscheidung beim Zulassungsausschuss liegt, nur auf den Zulassungsausschuss entsprechend einzuwirken. Die Partner müssen wie auch der Erbe die Entscheidung des Zulassungsausschusses akzeptieren. Wird dem Erben die Zulassung nicht erteilt, so ist

---

[450] Francke in: Wannagat, SGB V § 103 Rdn. 34.
[451] Fiedler, NZS 2003, 574 mit weiteren Hinweisen.
[452] Schnapp / Wigge, Hdb. des VertragsarztR, § 5 Rdn. 46.
[453] Steinhilper, MedR 1994, 227, 230.

auch die vertragliche Verpflichtung der übrigen Partner aufgrund von Unmöglichkeit nach § 275 I BGB ausgeschlossen. Der Erbe kann die Nachfolge dann nicht antreten und muss sich mit einer Abfindung begnügen. Diese kann dadurch finanziert werden, dass die übrigen Partner nun mit dem vom Zulassungsausschuss ausgewählten Bewerber einen Aufnahmevertrag schließen. Dies ist den Partnern auch zivilrechtlich gestattet, da der Anspruch des Erben ausgeschlossen ist.

In der Praxis wird versucht, das Verfahren der öffentlich-rechtlichen Zulassung und die privatrechtliche Einigung über den Praxiskauf von Anfang an aufeinander abzustimmen.[454] Die übrigen Partner können sich gegenüber dem Zulassungsausschuss auch weigern, mit dem von diesem ausgewählten Bewerber einen Aufnahmevertrag zu schließen. Der Abschluss des zivilrechtlichen Aufnahmevertrages gehört zur Privatautonomie der Gesellschafter. Die Partner können hierzu nicht gezwungen werden.[455] Durch diese Weigerung können sie aber auch umgekehrt nicht den Zulassungsausschuss zwingen, die Kassenarztzulassung nur dem Erben zu erteilen. Die Weigerung der Partner, die sich letztlich im Scheitern des Praxiskaufvertrages äußert, kann vielmehr unterschiedliche Konsequenzen haben. Erfolgt sie erst nach der Erteilung der Zulassung an den anderen Bewerber, so beeinflusst sie die kassenärztliche Zulassung überhaupt nicht. Diese bleibt als selbständige Einzelzulassung bestehen.[456] Dies führt nur dazu, dass die übrigen Partner Schwierigkeiten mit der Finanzierung der nun zu leistenden Abfindung des Erben bekommen. Der ausgewählte Bewerber wird nämlich in der Regel – mangels einer anderen Nachfolgemöglichkeit – eine eigene Praxis eröffnen. Die Partner bekommen hierdurch nicht nur keinen neuen Partner als Nachfolger und damit auch keine Einlage, sondern unter Umständen noch zusätzliche Konkurrenz. Dies ist gerade in Bereichen mit Überversorgung besonders folgenschwer. Insofern müssen sich die übrigen Partner sorgfältig überlegen, ob sie sich tatsächlich eine Verweigerung der Zusammenarbeit leisten können.[457] Erfolgt die Weigerung der Partner zur Zusammenarbeit bereits zu Beginn oder während des Auswahlverfahrens, so wird das Nachbesetzungsverfahren dennoch fortgesetzt bis ein Bewerber gefunden wird.[458] Denn Ziel des Verfahrens ist es, einen Nachfolger zu finden und nicht die Vertragsarztstelle unbesetzt zu lassen.[459] Dies zeigt, dass die Privatautonomie der Partner im Zu-

---

[454] Francke in: Wannagat, SGB V, § 103 Rdn. 29.

[455] Fiedler, NZS 2003, 574, 575; Francke in: Wannagat, SGB V, § 103 Rdn. 30; Schallen, Ärzte-ZV, § 16 b Rdn. 319.

[456] Steinhilper, MedR 1994, 227, 232.

[457] So auch Nentwig / Bonvie / Hennings, Das Partnerschaftsgesellschaftsgesetz, S. 117.

[458] Francke in: Wannagat, SGB V, § 103 Rdn. 29.

[459] Früher wurde das Verfahren dann nicht fortgeführt. Dies wurde damit begründet, dass durch die Weigerung der übrigen Partner keine Nachfolgemöglichkeit mehr bestehen würde und somit der Sinn und Zweck des Verfahrens nicht erfüllt werden könne (Steinhilper, MedR

lassungsverfahren schnell an ihre Grenzen stößt. Zumindest aus wirtschaftlicher Sicht müssen sie letzten Endes mit dem Zulassungsausschuss zusammenarbeiten. Die Nachfolgeregelung im Partnerschaftsgesellschaftsvertrag ändert daran nichts. Sie findet nur ihren Eingang in die Ermessensentscheidung, führt aber nicht dazu, dass das Ermessen sich auf den dort benannten Nachfolger beschränkt. Die entgegenstehende Ansicht ist nach dem Gesagten nicht haltbar.

(e) Zusammenfassung zur Zusammenarbeit in zulassungsbeschränkten Gebieten

Die Berufsausübung von Vertragsärzten ist in zulassungsbeschränkten Gebieten besonders begrenzt. Dies wirkt sich auch auf die Nachfolge in eine vertragsärztliche Praxis aus. Hier führt der Tod eines Partners – wenn der Erbe nicht bereits eine passende kassenärztliche Zulassung besitzt oder nach dem Gesellschaftsvertrag auch ohne Zulassung Mitglied der Partnerschaftsgesellschaft werden soll – nicht zu einer sofortigen Nachfolge des Erben. Vielmehr muss zunächst ein Nachbesetzungsverfahren nach § 103 VI i.V.m. IV SGB V durchgeführt werden, und der Erbe muss nach Abschluss des Verfahrens vom Zulassungsausschuss die kassenärztliche Zulassung erhalten. Erst danach kann er die Nachfolge in die Partnerschaftsgesellschaft antreten.

Das Nachbesetzungsverfahren privilegiert die Erben gegenüber anderen Bewerber jedoch nicht ausdrücklich. Nur wenn es sich um einen Ehegatten oder ein Kind des Erblassers handelt, ist dies eines der Auswahlkriterien nach § 103 IV S. 4 SGB V und erhöht damit die Chancen auf die Zulassung. Ferner kann auch das vom Zulassungsausschuss nach § 103 VI S. 2 SGB V zu beachtende Interesse der übrigen Partner dazu führen, dass die Erben besonders berücksichtigt werden. Das Auswahlermessen des Zulassungsausschuss reduziert sich aber nicht automatisch auf den im Gesellschaftsvertrag als Sonderrechtsnachfolger bestimmten Erben. Aufgrund der daher nur begrenzten Möglichkeiten, als Erbe auch die kassenärztliche Zulassung zu erhalten, schränkt das Nachbesetzungsverfahren nach § 103 VI i.V.m. IV SGB V die erbrechtliche Nachfolge in eine Ärztepartnerschaftsgesellschaft deutlich ein.

(6) Zusammenfassung Ärzte

Die monoprofessionelle Zusammenarbeit von Ärzten ist trotz umfangreicher gesetzlicher Regelungen weitgehend frei. Dies liegt auch an der Neuregelung der Berufsordnung der Ärzte (MBO-Ä 1997). Ärzte können nun beispielsweise auch mehreren Berufsausübungsgemeinschaften angehören und sie dürfen sich auch überörtlich zusammenschließen. Auch das Vertragsarztrecht beschränkt die monoprofessionelle Zusammenarbeit nur begrenzt. So dürfen sich auch Vertragsärzte (Kassenärzte) mit Nichtvertragsärzten (Privatärzten) zusammenschließen und Ärzten beliebiger Fachrichtung, auch Hausärzten mit Fachärzten sind Kooperationen gestattet. Für den Erben bedeutet dies zunächst, dass er

1994, 227, 232). Die Vertragsarztstelle blieb dann tatsächlich unbesetzt. Eine wirtschaftliche Verwertung der Praxis war nicht möglich.

letztlich nur approbierter Arzt sein muss, um nach Berufsrecht und PartGG in den Anteil an einer Partnerschaftsgesellschaft nachfolgen zu können. Eine Besonderheit des Vertragsarztrechtes besteht aber in Gebieten mit Zulassungsbeschränkungen. Hier schränkt das Nachbesetzungsverfahren nach § 103 VI i.V.m. IV SGB V die erbrechtliche Nachfolge in einer Partnerschaftsgesellschaft stark ein.

f) Zahnärzte

Die berufsrechtlichen Grundlagen für Zahnärzte sind im Zahnheilkundegesetz (ZHG), in der Zahnärzte-ZV und in den landesrechtlichen Vorschriften nach dem Vorbild der Musterberufsordnung für Zahnärzte und Zahnärztinnen in der Fassung des Beschlusses des Vorstandes vom 29. Juni 2002 (MBO-ZÄ)[460] zu finden. Nach § 14 I S. 1 MBO-ZÄ können sich Zahnärzte zu einer Zahnärztepartnerschaft zusammenschließen. Bislang dürfen sie allerdings nach § 14 I S. 2 MBO-ZÄ nur einer Berufsausübungsgemeinschaft angehören. Es ist aber geplant, die MBO-ZÄ entsprechend den Neuregelungen bei den Ärzten (siehe unter D.II.3.e)(1), Seite 72) zu liberalisieren.[461] Nach § 16 b Zahnärzte-ZV gilt die Fortführungsregelung aus § 103 VI und IV SGB V für den vertragszahnärztlichen Bereich gleichermaßen. Die diesbezüglichen Ausführungen zu den Ärzten unter D.II.3.e), Seite 72, können insoweit übernommen werden. Auch bei Zahnärzten ist damit in diesem Punkt die erbrechtliche Nachfolge beschränkt.

4. Berufsausübungsregelungen: Interdisziplinäre Zusammenarbeit

a) Einleitung

Wie die Betrachtung der verschiedenen Berufsausübungsregelungen zur monoprofessionellen Zusammenarbeit unter 3. gezeigt hat, wird durch solche Vorschriften der Kreis der potentiellen Erben in einer Partnerschaftsgesellschaft teilweise erheblich beschränkt. Auch die Zusammenarbeit mit den Vertretern anderer Freier Berufe, die so genannte interdisziplinäre Zusammenarbeit, ist nicht in jedem Freien Beruf ohne weiteres zulässig. Dieser Bereich wird im Folgenden erörtert.

Berufsausübungsregelungen zur interdisziplinären Zusammenarbeit schränken den Kreis potentieller Erben nach § 9 IV S. 2 PartGG weiter ein. Es wird bestimmt, welche Angehörigen eines bestimmten Berufes in welche Partnerschaftsgesellschaft mit anderen Berufen nachfolgen können. So wird beispielsweise geregelt, ob ein Rechtsanwalt, um sich auf Arzthaftungsfragen zu spezialisieren, eine Sozietät mit einem Arzt gründen kann. Dabei sind verschiedene berufsrechtliche Einschränkungen zu beachten. Es gilt der Grundsatz, dass ein interprofessioneller Zusammenschluss nur möglich ist, wenn die beabsichtigte Kombination nach den Berufsrechten aller Beteiligten zulässig ist (Kompatibili-

---

[460] Die MBO-ZÄ ist abgedruckt unter http://www.bzaek.de/list/recht/mbo.pdf.

[461] Brakel in Klartext 2004, Heft 5, S. 1.

tät).[462] Für bestimmte Berufe existieren zurzeit keine berufsrechtlichen Einschränkungen. So können Unternehmensberater, Handelschemiker, Journalisten und Bildberichterstatter sowie Dolmetscher und Übersetzer die Möglichkeit interprofessioneller Zusammenarbeit im vollen Umfang nutzen, soweit dies das Berufsrechts des jeweiligen Zusammenschlusspartners erlaubt.[463] Dies bedeutet, dass ein Unternehmensberater mit einem Rechtsanwalt problemlos eine Partnerschaft eingehen kann, sofern nur das Berufsrecht des Rechtsanwaltes dies auch erlaubt.

Im Folgenden werden, nach einem Überblick über die Bedeutung interdisziplinärer Zusammenschlüsse unter b), bestimmte Berufsgruppen zur Erläuterung der interprofessionellen Zusammenarbeit exemplarisch unter c) bis i) behandelt. Eine umfassende Darstellung aller Berufsgruppen ist nicht möglich, da der Kreis der Freien Berufe nicht eindeutig begrenzt ist und da eine solche Darstellung schon wegen der Fülle der entsprechenden Rechtsquellen (Gesetze, Satzungen, Berufsordnungen) den vorliegenden Rahmen überschreiten würde.

b) Bedeutung interdisziplinärer Zusammenschlüsse

Interdisziplinäre Zusammenschlüsse gewinnen zunehmend an Bedeutung. Dies ist unter anderem dadurch bedingt, dass die aktuelle wirtschaftliche Situation in den Freien Berufen durch einen steigenden Nachwuchs- und Konkurrenzdruck gekennzeichnet ist.[464] So betrug die Anzahl der Selbstständigen und abhängig Beschäftigten in den Freien Berufen am 1. Januar 2004 bereits 3.679.000.[465] Insbesondere die Zahl der Selbstständigen in den Freien Berufen stieg von 295.000 im Jahre 1978 auf 817.000 Selbstständige im Jahre 2004.[466] Neben diesem Nachwuchsdruck hat sich auch der Wettbewerb mit anderen Berufen verschärft. So stehen heute Architekten und Ingeniere in direkter Konkurrenz mit der Bauwirtschaft (Planung und Leitung in einer Hand) und mit erwerbswirtschaftlichen Tätigkeiten der öffentlichen Hand.[467] Zudem haben auch der europäische Binnenmarkt und die Liberalisierung der Dienstleistungsmärkte zu weiteren Wettbewerbsverschärfungen geführt.[468] Um sich auf dem Markt be-

---

[462] Regierungsbegründung zum PartGG in BT-Drucks. 12/6152, S. 10; Michalski / Römermann, PartGG, § 1 Rdn. 100.

[463] Michalski / Römermann, PartGG, § 1 Rdn. 115; zu bereits vor Erlass des PartGG existierenden Berufsausübungsgesellschaften siehe auch Lenz, MDR 1994, 741, 746.

[464] Bericht der Bundesregierung über die Lage der Freien Berufe (Juni 2002), Dokumentation Nr. 509, S. 7, zu finden unter http://www.bmwi.de/Redaktion/Inhalte/Downloads/bericht-der-bundesregierung-freie-berufe.pdf,property=pdf.pdf.

[465] Nach den statistischen Erhebungen des Instituts für Freie Berufe Nürnberg, zu finden unter http://www.ifb.uni-erlangen.de/fs_statistik.htm.

[466] Statistik des Institutes für Freie Berufe Nürnberg, zu finden unter http://www.ifb.uni-erlangen.de/statistik/selbst-fb78-04.htm.

[467] Siehe Fn. 464.

[468] Siehe Fn. 464.

haupten zu können, wählen Freiberufler daher mehr und mehr interdisziplinäre Zusammenschlüsse. Diese ermöglichen es ihnen, dem jeweiligen Mandanten, Klienten oder Patienten ein umfassenderes Leistungsangebot zu bieten. So empfiehlt sich beispielsweise bei der Betreuung von Unternehmen eine interdisziplinäre Zusammenarbeit von Wirtschaftsprüfern, Steuerberatern und Rechtsanwälten. Diese können dann kompetente Lösungen „aus einer Hand“ anbieten und durch ihr umfassendes Dienstleistungsangebot den Mandanten dauerhafter und regelmäßiger binden.[469] Auch die zunehmende Spezialisierung in den einzelnen Berufen fördert interdisziplinäre Zusammenschlüsse. Ein Arzt, der sich auf psychosomatische Beschwerden spezialisiert, wird sich vermehrt auch mit Psychologie beschäftigen und mit einem entsprechenden Fachmann zusammenarbeiten wollen. Hinzu kommt, dass auch die Qualitätsansprüche derjenigen gestiegen sind, die Dienstleistungen von Freiberuflern nachfragen. Wer beispielsweise seinen Steuerberater aussucht, verlangt von diesem oft mehr als Buchführung, Jahresabschluss und steuerlichen Rat.[470] Der Gesetzgeber des PartGG hat diese Entwicklung erkannt und die Partnerschaftsgesellschaft daher eigens auch für interprofessionelle Zusammenschlüsse geschaffen.[471]

c) Ärzte

Die berufliche Zusammenarbeit von Ärzten ist durch die Neufassung der MBO-Ä 1997[472] im Jahr 2004 sowie das GKV-Modernisierungsgesetz – GMG[473] grundlegend geändert worden.[474] Die Neuerungen betreffen auch die interdisziplinäre Zusammenarbeit. Nach dem Berufsrecht dürfen sich Ärzte nach § 23 b I S. 2 MBO-Ä 1997 in einer medizinischen Kooperationsgemeinschaft in der Rechtsform der Partnerschaftsgesellschaft oder nach § 23 c MBO-Ä 1997 in einer sonstigen Partnerschaftsgesellschaft[475] mit Angehörigen anderer Berufe zusammenschließen.[476] Nach § 95 I S. 2 SGB V besteht alternativ die neu ge-

---

[469] Ausführlich zu diesen Vorteilen interdisziplinärer Zusammenarbeit: Koch, Interdisziplinäre Zusammenarbeit von Wirtschaftsprüfern, Steuerberatern und Rechtsanwälten, S. 25 f.; Brugger / Resing, DSWR 1999, 282 f.; Ewer, AnwBl 2000, 72 f.

[470] Brugger / Resing, DSWR 1999, 282.

[471] Regierungsbegründung zum PartGG in BT-Drucks. 12/6152, S. 2.

[472] (Muster-) Berufsordnung für die deutschen Ärztinnen und Ärzte – MBO-Ä 1997 – in der Fassung der Beschlüsse des 100. Deutschen Ärztetages 1997 in Eisennach, zuletzt geändert durch die Beschlüsse des 107. Deutschen Ärztetages 2004 in Bremen, zu finden unter http://www.bundesaerztekammer.de/30/Berufsordnung/Mbopdf.pdf.

[473] Gesetz zur Modernisierung der gesetzlichen Krankenversicherung (GKV-Modernisierungsgesetz – GMG) vom 14. November 2003, BGBl. I 2003, S. 2190. Das Gesetz trat am 1. Januar 2004 in Kraft.

[474] Ausführlich hierzu unter D.II.3.e)(1), Seite 72.

[475] Die Bezeichnung „sonstige Partnerschaftsgesellschaft“ ist dem Wortlaut der Berufsordnung (§ 23 c MBO-Ä 1997) entnommen und wird im Rahmen der Darstellung der interdisziplinären Zusammenarbeit von Ärzten übernommen.

[476] Daneben ist nun auch die Gründung einer so genannten Ärztegesellschaft nach § 23 a

schaffene Option, in einem medizinischen Versorgungszentrum (MVZ) zusammen zu arbeiten.

(1) Zusammenarbeit in der medizinischen Kooperationsgemeinschaft und der sonstigen Partnerschaftsgesellschaft

In der medizinischen Kooperationsgemeinschaft[477] dürfen sich Ärzte nach § 23 b I S. 1 MBO-Ä 1997 mit selbständig tätigen und zur eigenverantwortlichen Berufsausübung befugten Berufsangehörigen anderer akademischer Heilberufe im Gesundheitswesen oder staatlichen Ausbildungsberufen im Gesundheitswesen sowie anderen Naturwissenschaftlern und Angehörigen sozialpädagogischer Berufe zusammenschließen. Die Beteiligung von Ärzten an einer sonstigen Partnerschaftsgesellschaft ist mit Angehörigen anderer als den in § 23 b MBO-Ä 1997 beschriebenen Berufen zulässig, wenn die Ärzte in der Partnerschaftsgesellschaft nicht die Heilkunde am Menschen ausüben. Dies wäre z.B. der Fall, wenn sie nur als Sachverständige tätig wären oder reine laborärztliche Aufgaben übernähmen.[478] Damit könnte beispielsweise ein Arzt in einer Partnerschaftsgesellschaft tätig sein, in der verschiedene Berufsgruppen (z.B. Ingenieure, Architekten) als Sachverständige gemeinschaftlich zusammenarbeiten. Der Eintritt in eine solche Partnerschaftsgesellschaft ist nach § 23 c MBO-Ä 1997 der Ärztekammer anzuzeigen. Damit sind die Zulassungsvoraussetzungen für eine sonstige Partnerschaftsgesellschaft aber auch bereits erfüllt.

Die Anforderungen an die Zusammenarbeit in der medizinischen Kooperationsgemeinschaft sind demgegenüber höher. Die Berufsordnung stellt sehr konkrete Anforderungen an den Kooperationsvertrag. Als erstes schränkt § 23 b I S. 3 MBO-Ä 1997 den zunächst weiten Kreis der zulässigen Kooperationspartner nach S. 2 wieder etwas ein. Ein Zusammenschluss ist im Einzelnen nur erlaubt, wenn „die Verbindung mit dem Arzt einen gleichgerichteten oder integrierenden diagnostischen oder therapeutischen Zweck bei der Heilbehandlung, auch auf dem Gebiete der Prävention und Rehabilitation, durch räumliches nahes und koordiniertes Zusammenwirken aller beteiligten Berufsangehörigen erfüllen [kann]“. Diese Vorgabe ist nach § 23 b II MBO-Ä erfüllt, „wenn Angehörige aus den vorgenannten Berufsgruppen kooperieren, die mit dem Arzt entsprechend seinem Fachgebiet einen gemeinschaftlich erreichbaren medizinischen Zweck nach der Art ihrer beruflichen Kompetenz zielbezogen erfüllen können“. Die genannten Vorgaben wollen verhindern, dass beliebige Verbin-

MBO-Ä 1997 möglich. Damit können auch Ärzte in der Rechtsform der juristischen Person ärztlich tätig sein. Diese Neuerung wurde insbesondere im Hinblick auf den neuen Versorgungstypus des medizinischen Versorgungszentrums geschaffen [Klinkhammer, Deutsches Ärzteblatt 2004, 1551, 1552; siehe auch oben unter D.II.3.e)(1), Seite 72].

[477] Die Kooperationsgemeinschaft ist eine Berufsausübungsgemeinschaft, in welcher sich Ärzte mit Angehörigen anderer Berufe, die ebenfalls zur eigenverantwortlichen Berufsausübung befugt sind, zusammenschließen dürfen (Ratzel / Lippert, MBO-Ärzte, § 22 Rdn. 14).

[478] Ratzel / Lippert, MBO-Ä, Anhang D Nr. 10, Rdn. 1.

dungen entstehen, daher muss ein gemeinsamer medizinischer Zweck vorliegen.[479]

Zudem muss nach § 23 b I S. 4 MBO-Ä 1997 die eigenverantwortliche und selbständige Berufsausübung der Ärzte gewahrt sein, die Verantwortungsbereiche der einzelnen Partner gegenüber den Patienten müssen getrennt bleiben, und medizinische Entscheidungen müssen, sofern das Berufsrecht keine Ausnahme vorsieht, ausschließlich von den Ärzten getroffen werden. Damit gilt auch bei kooperativer Leistungserbringung der Grundsatz der persönlichen Leistungserbringung.[480] Darüber hinaus muss der Grundsatz der freien Arztwahl unangetastet bleiben, die behandelnden Ärzte müssen weiterhin zur Unterstützung bei Diagnose und Therapie auch andere Berufsangehörige außerhalb der Kooperation hinzuziehen können, und die Einhaltung der berufsrechtlichen Bestimmungen der Ärzte muss auch von den übrigen Partnern beachtet werden. Damit stellt das Berufsrecht sehr detaillierte und strenge Anforderungen an die interdisziplinäre Zusammenarbeit in der medizinischen Kooperationsgemeinschaft.

Für die erbrechtliche Nachfolge bedeutet dies, dass der Erbe in eine medizinische Kooperationsgemeinschaft nur nachfolgen kann, wenn er Arzt, Angehöriger eines anderen akademischen Berufes bzw. staatlichen Ausbildungsberufes im Gesundheitswesen, Naturwissenschafter oder Mitarbeiter eines sozialwissenschaftlichen Berufes ist. Übt der Erbe nicht einen der genannten Berufe aus, so besteht nur die Möglichkeit, in eine sonstige Partnerschaftsgesellschaft nachzufolgen. Die bislang in der Partnerschaftsgesellschaft beruflich tätigen Ärzte dürften dann aber nicht mehr die Heilkunde am Menschen ausüben. Dies wird in der Regel nicht gewollt sein. Aber selbst wenn der Erbe einen der möglichen partnerschaftsfähigen Berufe für eine Nachfolge in eine medizinische Kooperationsgemeinschaft ausübt, muss weiterhin gewährleistet sein, dass ein gemeinsamer medizinischer Zweck verfolgt wird. Auch an diesem Kriterium kann die Nachfolge in den Anteil an einer Partnerschaftsgesellschaft scheitern. Darüber hinaus müssen auch die übrigen detaillierten Voraussetzungen für eine Zusammenarbeit in einer medizinischen Kooperationsgemeinschaft erfüllt sein. Demgegenüber gestaltet sich die erbrechtliche Nachfolge in eine sonstige Partnerschaftsgesellschaft einfacher, da hier an den Beruf des Erben – mit Ausnahme des Berufes des Arztes – keine Anforderungen gestellt werden. Ist der Erbe Arzt, so darf er in der Partnerschaftsgesellschaft nicht mehr die Heilkunde am Menschen ausüben.

(2) Zusammenarbeit in einem medizinischen Versorgungszentrum

Neben den soeben beschriebenen Möglichkeiten zur gemeinschaftlichen interdisziplinären Berufsausübung besteht für die Ärzte seit Beginn des Jahres 2004 die neu geschaffene Option, in medizinischen Versorgungszentren inter-

---

479 Ratzel / Lippert, MBO-Ä, Anhang D Nr. 9, Rdn. 2.

480 Klinkhammer, Deutsches Ärzteblatt, 2004, 1551, 1552.

disziplinär tätig zu sein.[481] Nach der Legaldefinition des § 95 I S. 2 SGB V sind „medizinische Versorgungszentren fachübergreifende ärztlich geleitete Einrichtungen, in denen Ärzte, die in das Arztregister nach II S. 3 Nr. 1 eingetragen sind, als Angestellte oder Vertragsärzte tätig sind“. Nach der Gesetzesbegründung zum GKV-Modernisierungsgesetz – GMG[482] bezeichnet „fachübergreifend“ dabei eine „interdisziplinäre Zusammenarbeit zwischen ärztlichen und nicht-ärztlichen Heilberufen“.[483] Die Möglichkeiten der interdisziplinären Zusammenarbeit sind damit auf die Zusammenarbeit von verschiedenen Heilberufen beschränkt. Auch eine monoprofessionelle Zusammenarbeit der Ärzte ist zulässig. In diesem Fall bedeutet „fachübergreifend“, dass zumindest zwei unterschiedliche fachärztliche Ausrichtungen in dem medizinischen Versorgungszentrum ausgeübt werden müssen.[484]

Das medizinische Versorgungszentrum kann nach § 95 I S. 3 1. HS SGB V in jeder Organisationsform und damit grundsätzlich auch in der Rechtsform der Partnerschaftsgesellschaft betrieben werden.[485] Gesellschafter eines solchen Zentrums können nach § 95 I S. 3 2. HS SGB V nur Leistungserbringer sein, die aufgrund von Zulassung, Ermächtigung oder Vertrag an der medizinischen Versorgung der Versicherten teilnehmen. Nach der Regierungsbegründung sind dies beispielsweise Vertragsärzte, Krankenhäuser, Heilmittelerbringer sowie häusliche Krankenpfleger oder Apotheker.[486] Damit ist die Zusammenarbeit nach dem SGB V nicht auf Freiberufler begrenzt. Zudem können auch juristische Personen, wie z.B. eine AG als Trägerin eines Krankenhauses, ein medizinisches Versorgungszentrum gründen.[487] Insofern unterscheidet sich dieser neue Typus

---

[481] Ausführlich Schallen, Ärzte-ZV, § 18 Rdn. 359 f.; Wigge, MedR 2004, 123 f.; Richter, DStR 2004, 320 f.; Klose, BB 2003, 2702 f.; Rau, DStR 2004, 640 f.

[482] Gesetz zur Modernisierung der gesetzlichen Krankenversicherung (GKV-Modernisierungsgesetz – GMG) vom 14. November 2003, BGBl. I 2003, S. 2190.

[483] Regierungsbegründung zum GKV-Modernisierungsgesetz – GMG in BT-Drucks. 15/1525, S. 74.

[484] Rau, DStR 2004, 640, 641; Klose, BB 2003, 2702, 2703; Kirchhoff, NÄ 2004, S. 20. Strengere Anforderungen an die fachübergreifende ärztliche Tätigkeit stellt Schallen (Ärzte-ZV 2004, § 18 Rdn. 384 f.). Danach müssen neben der Fachgebietsbezeichnung noch bedarfsplanungsrechtliche Grundsätze berücksichtigt werden (z.B. dürfen Fachärzte für Allgemeinmedizin nicht mit hausärztlichen Internisten fachübergreifend tätig werden). Da das Gesetz aber bestehende sektorale Grenzen bei der medizinischen Versorgung überwinden will (Regierungsbegründung zum GKV-Modernisierungsgesetz – GMG in BT-Drucks. 15/1525, S. 74), ist eine so weitgehende einschränkende Auslegung als nicht zielführend abzulehnen.

[485] Klose, BB 2003, 2702, 2703.

[486] Regierungsbegründung zum GKV-Modernisierungsgesetz – GMG in BT-Drucks. 15/1525, S. 108.

[487] Schallen, Ärzte-ZV, § 18 Rdn. 374 f. Es wird vertreten, dass auch angestellte Ärzte zulässige Gründungsgesellschafter eines medizinischen Versorgungszentrums sein könnten (Rau, DStR 2004, 640, 643). Dagegen spricht aber, dass angestellte Ärzte mangels Zulassung nicht

grundlegend von der medizinischen Kooperationsgemeinschaft und anderen Gesellschaftsformen für Freiberufler.[488] Für die Rechtsform der Partnerschaftsgesellschaft ist die Organisationsform damit nur in den Fällen geeignet, in denen ausschließlich Freiberufler Gesellschafter sind. Damit kommen als Partner insbesondere Vertragsärzte und selbständige Krankenschwestern, die als häusliche Krankenpfleger tätig sind, in Betracht. Diese müssen ihren Beruf auch in dem medizinischen Versorgungszentrum ausüben. Eine kapitalistische Beteiligung durch eine AG ist nach § 1 I S. 1 und S. 3 PartGG unzulässig. Gewisse Vorteile des neuen Versorgungstypus sind damit nicht in der Partnerschaftsgesellschaft realisierbar. Diese eignet sich folglich nur in bestimmten Fällen als Rechtsform für ein medizinisches Versorgungszentrum. Auch ist der Kreis einer möglichen interdisziplinären Zusammenarbeit dadurch wieder deutlich begrenzt.

Das medizinische Versorgungszentrum muss nach § 95 I S. 2 SGB V ärztlich geleitet werden. Mindestens ein Arzt muss daher geschäftsführungsbefugt sein. Hierdurch wird die Unabhängigkeit der ärztlichen Tätigkeit sichergestellt.[489] Eine weitere Besonderheit des medizinischen Versorgungszentrums besteht darin, dass dieses selbst nach § 95 I SGB V eine vertragsärztliche Zulassung erhalten kann.[490] Mit dieser Zulassung erbringen dann die angestellten Ärzte die vertragsärztlichen Leistungen. Daneben können sich aber auch einzelne Vertragsärzte dem medizinischen Versorgungszentrum anschließen oder mit diesem kooperieren.[491]

Der Erbe muss ein zulässiger Gründungsgesellschafter eines medizinischen Versorgungszentrums sein, um hier eine Nachfolge antreten zu können. Dem medizinischen Versorgungszentrum ist nämlich nach § 95 VI SGB V die Zulassung zu entziehen, wenn in die Trägergesellschaft Gesellschafter aufgenommen

ärztliche Leistungserbringer sind (Schallen, Ärzte-ZV, § 18 Rdn. 367). Als Partner einer Partnerschaftsgesellschaft kommen angestellte Ärzte bereits mangels Freiberuflichkeit nicht in Betracht.

[488] Insgesamt entfernt sich das medizinische Versorgungszentrum damit vom Leitbild des persönlich verantwortlichen, freiberuflich tätigen niedergelassenen Arztes (Schallen, Ärzte-ZV, § 18 Rdn. 359).

[489] Siehe nur Rau, DStR 2004, 640, 641. Darüber hinaus wird vertreten, dass ähnlich wie bei der Rechtsanwaltsgesellschaft nach §§ 59 e III, 59 f I BRAO auch Vertretung sowie Anteilsbesitz und Stimmrecht mehrheitlich in ärztlicher Hand liegen müssen (Klose, BB 2003, 2702, 2703). Dagegen spricht jedoch, dass der Gesetzgeber eine vergleichbare Regelung nicht ins Gesetz aufgenommen hat und sich auch die Regierungsbegründung nicht näher zu dieser Frage äußert. Zudem ist die Vertretungsbefugnis des ärztlichen Geschäftsführers im Außenverhältnis ohnehin unbeschränkt, so dass sie ohne eine Erweiterung der ärztlichen Leitung gegeben ist (ebenso Rau, DStR 2004, 640, 641).

[490] Schallen, Ärzte-ZV, § 18 Rdn. 383. Zulässig ist damit nur die Gründung einer Organisationsgemeinschaft.

[491] Richter, DStR 2004, 320, 323.

werden, die keine Leistungserbringer i.S.v. § 95 I S. 3 2. HS SGB V sind.[492] Aufgrund dieses Erfordernisses ist der Zulassungsausschuss auch über Veränderungen im Bestand der Gesellschafter unverzüglich zu informieren.[493] Der Erbe muss daher aufgrund von Zulassung, Ermächtigung oder Vertrag an der medizinischen Versorgung der Versicherten teilnehmen. Damit könnte beispielsweise der Erbe, der „nur“ Privatarzt ist, keinen Anteil an einem medizinischen Versorgungszentrum in der Rechtsform der Partnerschaftsgesellschaft erben. Dasselbe gilt für den Erben, der angestellter Arzt ist. In beiden Fällen müsste sich der Erbe zunächst um eine Zulassung als Vertragsarzt bemühen. Von der selbständigen Zulassung des medizinischen Versorgungszentrums profitiert der Erbe auch nicht, da er eine eigene Zulassung benötigt. In einem Gebiet mit Überversorgung bestehen damit in der Praxis für den ärztlichen Erben, der noch keine Zulassung als Vertragsarzt hat, so gut wie keine Nachfolgemöglichkeiten. Sofern der verstorbene Partner bereits Vertragsarzt war, kann der Erbe jedoch versuchen, die Zulassung über das Nachbesetzungsverfahren nach § 103 VI i.V.m. IV SGB V zu erhalten. Auch dieses Verfahren privilegiert den Erben jedoch nicht ausdrücklich.[494] Aber auch wenn der Erbe bereits eine Zulassung besitzt, ist die Nachfolge in zulassungsbeschränkten Gebieten schwierig. Die Kassenarztzulassung selbst ist nämlich nicht vererblich.[495] Der Erbe kann daher nur dann die sofortige Nachfolge antreten, wenn er für den betreffenden Planungsbereich bereits eine Vertragsarztzulassung besitzt. Ansonsten ist er ebenfalls auf das Nachbesetzungsverfahren nach § 103 IV i.V.m. IV SGB V angewiesen. Zwar besteht nach § 103 IVa SGB V eine Privilegierung für Medizinische Versorgungszentren.[496] Danach wird der Wechsel eines niedergelassenen Arztes in ein medizinisches Versorgungszentrum erleichtert. Dies gilt jedoch nur, wenn der Arzt damit auf seine Zulassung verzichtet, um als angestellter Arzt tätig zu.[497] In diesem Fall kann er aber nicht mehr zulässiger Gründungsgesellschafter und somit Erbe eines medizinischen Versorgungszentrums sein. Das Zulassungsrecht beschränkt damit in einem medizinischen Versorgungszentrum auch die Nachfolge von Erben, die Ärzte sind.

Neben den Anforderungen des SGB V an die Gesellschafter und damit an die Person des Erben sind auch die insoweit noch strengeren Anforderungen des PartGG zu beachten. Dies bedeutet für den Erben, dass er weiterhin ein Freiberufler sein muss, der seine berufliche Tätigkeit, entsprechend dem von

---

492 Regierungsbegründung zum GKV-Modernisierungsgesetz – GMG in BT-Drucks. 15/1525, S. 108.

493 Schallen, Ärzte-ZV, § 18 Rdn. 380.

494 Vergleiche ausführlich zum Nachbesetzungsverfahren und dessen Auswirkungen auf die erbrechtliche Nachfolge unter D.II.3.e)(5)(b), Seite 82.

495 Schnapp / Wigge, Hdb. des Vertragsarztrechts, § 5 Rdn. 49.

496 Schallen, Ärzte-ZV, § 16 b Rdn. 343 f.

497 Vergleiche hierzu nur Klose, BB 2004, 2702, 2704.

ihm zu beachtenden Berufsrecht, in der Partnerschaftsgesellschaft als Trägergesellschaft des medizinischen Versorgungszentrums ausübt. Damit kann der Erbe beispielsweise nicht als Apotheker Partner und damit Erbe eines Anteils an einem medizinischen Versorgungszentrums werden.[498] Die Nachfolge ist damit letztlich insbesondere auf Vertragsärzte und selbständige Krankenschwestern begrenzt.

Da die Gesellschaft zudem fachübergreifend tätig sein muss, ist zu beachten, dass bei einem nur aus Vertragsärzten bestehenden Versorgungszentrum der Erbe, der ebenfalls Vertragsarzt ist, eine unterschiedliche fachärztliche Ausrichtung vertreten muss, um nachfolgen zu können, oder es muss durch die übrigen Partner gewährleistet werden, dass zwei verschiedene Fachrichtungen in der Partnerschaftsgesellschaft vertreten sind. War der verstorbene Partner beispielsweise Augenarzt und die übrigen Partner alle Fachärzte für Allgemeinmedizin, so dürfte der Erbe nicht nachfolgen, wenn er ebenfalls Facharzt für Allgemeinmedizin wäre. Er müsste also auch Augenarzt sein oder eine andere Fachrichtung ausüben. Die übrigen Partner könnten aber auch beschließen, auf die Zulassung als medizinisches Versorgungszentrum zu verzichten. Dies wird aber in der Regel nicht gewollt sein. Aufgrund des Erfordernisses der ärztlichen Leitung kann der Erbe nur nachfolgen, wenn auch diese Voraussetzung erfüllt werden kann. War der verstorbene Partner beispielsweise Arzt und war im Übrigen kein Arzt an dem Versorgungszentrum beteiligt, so könnte der Erbe auch nur als Arzt den Anteil des verstorbenen Partners erben, damit die ärztliche Leitung weiterhin gewährleistet ist.

Zusammenfassend lässt sich feststellen, dass sich nicht alle Vorteile eines medizinischen Versorgungszentrums in der Rechtsform der Partnerschaftsgesellschaft verwirklichen lassen. So ist insbesondere keine Beteiligung von Krankenhäusern an der ambulanten Versorgung in dieser Rechtsform möglich. Durch die Anforderungen des SGB V an die Gründungsgesellschafter, die ärztliche Leitung und die fachübergreifende Tätigkeit sowie die zusätzlichen Voraussetzungen des PartGG ist letztlich der Kreis der zulässigen Gesellschafter und damit auch der Erben sehr begrenzt. Hinzu kommen noch die Besonderheiten des ärztlichen Zulassungsrechts, die in Gebieten mit Überversorgung zu einer weiteren drastischen Beschränkung der Nachfolgemöglichkeiten führen.

d) Zahnärzte

Die berufsrechtlichen Grundlagen für die Zusammenarbeit von Zahnärzten sind im Zahnheilkundegesetz (ZHG), in der Zahnärzte-ZV und in den landesrechtlichen Vorschriften nach dem Vorbild der Musterberufsordnung für Zahnärzte und Zahnärztinnen in der Fassung des Beschlusses des Vorstandes vom 29.

---

[498] Das Berufsrecht der Apotheker schließt nämlich eine Kooperation in der Rechtsform der Partnerschaftsgesellschaft aus, siehe unter D.II.3.a), Seite 56.

Juni 2002 (MBO-ZÄ)[499] zu finden. Die Musterberufsordnung wird derzeit novelliert, um das zahnärztliche Berufsrecht den mit dem GMG[500] verbundenen Neuerungen, insbesondere der Einführung des medizinischen Versorgungszentrums, anzupassen. Dabei sind ähnliche Änderungen wie in der MBO-Ärzte 1997 geplant.[501] Für die interdisziplinäre Zusammenarbeit von Zahnärzten und die Folgen für die erbrechtliche Nachfolge kann daher vollständig auf die Ausführungen zu den Ärzten unter D.II.4.c), Seite 90, Bezug genommen werden.

e) Rechtsanwälte

(1) Partnerschaftsgesellschaft als zulässige Rechtsform

Nach § 1 II S. 2 PartGG übt der Rechtsanwalt einen Freien Beruf im Sinne des PartGG aus. Dennoch erwähnt die BRAO die Gesellschaftsform der Partnerschaftsgesellschaft an keiner Stelle. In § 59 a BRAO, der die gemeinsame Berufsausübung von Rechtsanwälten regelt und gleichzeitig mit der Verabschiedung des PartGG eingeführt wurde[502], wird lediglich von der „Sozietät" gesprochen. Der Begriff der „Sozietät" bezog sich aber nach jahrelang gefestigter Auffassung immer auf die Gesellschaft bürgerlichen Rechts.[503] Man könnte daher den Schluss ziehen, § 59 a BRAO verdränge im Sinne des Berufsrechtsvorbehaltes des § 1 III PartGG die Berufsausübung von Rechtsanwälten in der Partnerschaftsgesellschaft. Aus den Gesetzesmaterialien ergibt sich jedoch, dass der Gesetzgeber der BRAO mit § 59 a BRAO die Sozietät nicht auf die Gesellschaft bürgerlichen Rechts beschränken, sondern bewusst Raum für weitere Entwicklungen lassen wollte.[504] Eine solche Entwicklung ergab sich durch das erst spätere Inkrafttreten des PartGG.[505] Darüber hinaus erstreckt auch § 33 I BORA (Berufsordnung für Rechtsanwälte) für die Anwendung des anwaltlichen Berufsrechts den Begriff der Sozietät auf sämtliche Rechtsformen der beruflichen Zusammenarbeit. Auch wenn damit keine allgemein gültige Definition des Begriffs der Sozietät geben wird, so wird doch deutlich, dass der Begriff heutzutage nicht mehr auf eine Rechtsform reduziert werden kann.[506] In diesem Sinne ist auch

[499] Die MBO-ZÄ ist abgedruckt unter http://www.bzaek.de/list/recht/mbo.pdf.

[500] Gesetz zur Modernisierung der gesetzlichen Krankenversicherung (GKV-Modernisierungsgesetz – GMG) vom 14. November 2003, BGBl. I 2003, S. 2190.

[501] Brakel in Klartext 2004, Heft 5, S. 1.

[502] Siehe Gesetz zur Neuordnung des Berufsrechts der Rechtsanwälte und der Patentanwälte vom 2. September 1994, BGBl. I, S. 2278. Das Gesetz wurde gemeinsam mit dem PartGG am 26. Mai 1994 vom Deutschen Bundestag verabschiedet.

[503] Römermann / Spönemann, NZG 1998, 15; Römermann in: Anwaltliche Berufsordnung, § 59 a BRAO Rdn. 5; Jessnitzer / Blumberg, BRAO, § 59 a Rdn. 2.

[504] Vergleiche Regierungsbegründung zum Gesetz zur Neuordnung des Berufsrechts der Rechtsanwälte und Patentanwälte in BT-Drucks. 12/4993, S. 23.

[505] Das PartGG trat erst am 1. Juli 1995 in Kraft, um den Ländern eine längere Vorlaufzeit für die Einrichtung des Partnerschaftsregisters zu gewährleisten.

[506] Ausführlich zum Sozietätsbegriff Römermann / Spönemann, NZG 1998, 15 f.

allgemein anerkannt, dass sich § 59 a BRAO auch auf die gemeinsame Berufsausübung von Rechtsanwälten in der Partnerschaftsgesellschaft bezieht.[507] Nach einem Referentenentwurf des Bundesministeriums der Justiz ist daher im Zuge einer Neuregelung des Rechtsberatungsrechts auch geplant, den Begriff der „Sozietät" in § 59 a BRAO zu streichen.[508]

(2) Gesellschafterkreis einer interdisziplinären Partnerschaftsgesellschaft

Die Partnerschaftsgesellschaft ist zwar eine allgemein zulässige Rechtsform für Zusammenschlüsse von Rechtsanwälten, dies bedeutet aber nicht, dass auch der Gesellschafterkreis einer solchen Partnerschaftsgesellschaft unbeschränkt wäre. So erlaubt § 59 a I S. 1 BRAO interdisziplinäre Zusammenschlüsse im folgenden begrenzten Umfang: Rechtsanwälte dürfen sich mit Mitgliedern der Rechtsanwaltskammern und der Patentanwaltskammer, Steuerberatern, Steuerbevollmächtigten, Wirtschaftsprüfern und vereidigten Buchprüfern zur gemeinschaftlichen Berufsausübung in einer Sozietät verbinden.[509] Darüber hinaus erlaubt § 59 a III BRAO entsprechende Zusammenschlüsse mit den vergleichbaren Berufsangehörigen anderer Staaten.[510] Eine Sozietät mit Berufsgruppen, die nicht in § 59 a BRAO genannt werden, ist nach dem Berufsrecht unzulässig.[511]

Einem Unternehmensberater ist daher beispielsweise die Gründung einer Sozietät mit einem Rechtsanwalt verwehrt. Dies bedeutet aber nicht, dass es einem Rechtsanwalt generell verboten wäre, unternehmensberatend tätig zu sein. So ist die Tätigkeit als Unternehmensberater, sofern sie freiberuflich ausgeübt wird[512],

---

[507] Römermann in: Hartung / Holl, Anwaltliche Berufsordnung, § 59 a BRAO Rdn. 3; Henssler / Prütting, BRAO, § 1 PartGG Rdn. 25; Gail / Overlack, Anwaltsgesellschaften, Rdn. 23 f.; Ring, Die Partnerschaftsgesellschaft, § 1 Rdn. 43; Castan, Die Partnerschaftsgesellschaft, S. 59; Römermann / Spönemann, NZG 1998, 15; Michalski, NJW 1996, 3233, 3237; Posegga, NJW 2004, 3228 f.; Bluhm, Zum Partnerschaftsgesellschaftsgesetz und seiner Bedeutung für Rechtsanwälte, S. 160 f.

[508] Referentenentwurf des Bundesministeriums der Justiz, Entwurf eines Gesetzes zur Neuregelung des Rechtsberatungsrechts (Rechtsdienstleistungsgesetz), zu finden unter http://www.bmj.bund.de/media/ archive/894.pdf, S. 12. Nach der Begründung (S. 82) soll damit noch einmal verdeutlicht werden, dass den Rechtsanwälten nicht vorgeschrieben wird, welche gesellschaftsrechtliche Organisationsform sie zur Berufsausübung zu wählen haben.

[509] Besonderheiten gelten allerdings für Rechtsanwälte, die beim Bundesgerichtshof zugelassen sind. Diese dürfen nach § 172 a BRAO nur untereinander eine Sozietät eingehen, und die Sozietät darf nur maximal zwei Anwälte umfassen.

[510] Ausführlich zu den multinationalen Sozietäten: Römermann in: Hartung / Holl, Anwaltliche Berufsordnung, § 59 a BRAO Rdn. 54 f.

[511] Deutschland ist trotz dieser Einschränkung durchaus führend im Hinblick auf die Möglichkeiten interprofessioneller Zusammenschlüsse. Solche „Multi-Disciplinary-Practices" sind nämlich in den meisten EU-Mitgliedsstaaten und auch in den USA verboten (siehe dazu Kilian, NJW 2001, 326, 328 f.; Stürner / Bormann, NJW 2004, 1481, 1486 f.).

[512] Beschränkt sich die Unternehmensberatung auf Grundsatzfragen, so gilt sie unproblematisch als freiberufliche Tätigkeit. Wird allerdings eine überwiegend spezialisierte Beratung oder Tätigkeit etwa im Bereich des Inkassos, der Baubetreuung, Werbeberatung, Beratung für

mit der anwaltlichen Tätigkeit nach § 7 Nr. 8 BRAO durchaus vereinbar.[513] Solange ein Rechtsanwalt daher in der Partnerschaftsgesellschaft seiner anwaltlichen Tätigkeit nachkommt, erfüllt er die Voraussetzungen des § 59 a BRAO. Einen möglichen Zweitberuf dieses Rechtsanwaltes als Unternehmensberater erfasst § 59 a BRAO nicht. Damit darf die Vorschrift nicht als eine nur „formale Begrenzung" der anwaltlichen Tätigkeit, bei der allein die bloße Zugehörigkeit zu einer bestimmten Berufsgruppe entscheidend ist, verstanden werden.[514] Vielmehr ist Voraussetzung für eine berufliche Zusammenarbeit in der Partnerschaftsgesellschaft, dass der sozietätsfähige Beruf, für den die Zulassung besteht, auch tatsächlich in der Gesellschaft ausgeübt wird.[515] Der Zweitberuf darf dann also nur einen geringen Teil der Arbeitskraft des Rechtsanwaltes einnehmen.

Die durch § 59 a BRAO gemachte Einschränkung der interdisziplinären Zusammenarbeit hat zur Folge, dass sich beispielsweise Ingenieure – zur speziellen Betreuung von Bauprozessen – nicht mit Rechtsanwälten zur gemeinschaftlichen Berufsausübung zusammenschließen können. Ärzten und Rechtsanwälten ist es ebenso nicht gestattet, sich im Rahmen einer Sozietät auf Arzthaftungsfälle zu spezialisieren. Begründet wird dies damit, dass dem Rechtsanwalt die Zusammenarbeit nur mit solchen Berufen erlaubt ist, die in gleicher Weise wie er der Verschwiegenheitspflicht und mit dieser korrespondierenden Aussageverweigerungsrechten und Beschlagnahmeverboten unterliegen.[516] Fraglich ist, ob diese Argumentation überzeugen kann.

Betrachtet man die gesetzlichen Bestimmungen zur Verschwiegenheit in §§ 53 und 97 StPO, so fällt auf, dass auch anderen als den in § 59 a BRAO genannten Berufsgruppen ein Zeugnisverweigerungsrecht und die Beschlagnahmefreiheit zustehen. So haben beispielsweise Ärzte ein Zeugnisverweigerungsrecht nach § 53 I Nr. 3 StPO, ärztliche Aufzeichnungen dürfen nicht nach § 97 I StPO beschlagnahmt werden und die Verletzung der Schweigepflicht wird nach § 203 I Nr. 1 StGB bestraft. Damit müsste es dem Arzt eigentlich gestattet sein, eine interdisziplinäre Partnerschaft mit Rechtsanwälten einzugehen. Unabhängig davon wäre aber noch nicht geklärt, ob dies auch für Berufsgruppen gilt, die

---

Datenverarbeitung, Finanz- oder Kreditberatung oder der Buchhaltung ausgeübt, so handelt es sich um eine gewerbliche Tätigkeit (vergleiche MünchKommBGB-Ulmer, PartGG, § 1 Rdn. 56 m.w.H.).

[513] Zwar können sich, wenn die Unternehmensberatung auch die Vermittlung von Unternehmenskäufen umfasst, Gefahren für die anwaltliche Unabhängigkeit ergeben. Die rein freiberufliche Tätigkeit als Unternehmensberater ist hiervon aber nicht umfasst (siehe Henssler / Prütting, BRAO, § 7 Rdn. 105).

[514] So aber ohne Begründung Heydn, Die erbrechtliche Nachfolge, S. 54.

[515] Siehe nur Henssler / Prütting, BRAO, § 59 a Rdn. 33.

[516] Siehe Regierungsbegründung zum Gesetz zur Neuordnung des Berufsrechts der Rechtsanwälte und Patentanwälte in BT-Drucks. 12/4993, S. 34.

nicht in § 53 I S. 1 Nr. 1 – 4 StPO genannt werden. Diese könnten zumindest unter das Zeugnisverweigerungsrecht nach § 53 a StPO fallen. Danach können auch Gehilfen von Personen, die in § 53 I S. 1 Nr. 1 – 4 StPO genannt werden (die so genannten Geheimnisträger), das Zeugnis verweigern, wenn eine entsprechende Entscheidung des Geheimnisträgers i.S.v. § 53 I StPO vorliegt.[517] Gehilfen sind alle Personen, die eine in unmittelbarem Zusammenhang mit der Berufsausübung des Geheimnisträgers stehende Tätigkeit ausüben.[518] Ein arbeitsrechtliches Verhältnis ist hierfür ebenso wenig erforderlich wie die Weisungsgebundenheit des Gehilfen.[519] Damit würde auf diesem Wege auch ein Zeugnisverweigerungsrecht für den Architekten bestehen, dem ein Rechtsanwalt – in einer gedachten gemeinsamen Sozietät – eine Prozessakte über einen Bauprozess überlässt.[520] Problematisch ist jedoch, dass hier keine strafrechtlich bewehrte Verschwiegenheitspflicht hergeleitet werden kann.[521] Zwar korrespondiert mit dem Zeugnisverweigerungsrecht des Gehilfen nach § 53 a StPO auch eine Strafbewehrtheit der Weitergabe des Geheimnisses nach § 203 III S. 2 StGB. Anders als § 53 a StPO setzt diese Vorschrift jedoch nach herrschender Meinung die Weisungsabhängigkeit des Gehilfen voraus.[522] Diese fehlt aber in einer gleichberechtigten Partnerschaft. Hier könnte eine Verschwiegenheitspflicht somit nur vertraglich und nur mit zivilrechtlichen Folgen vereinbart werden. Damit wäre in der Tat bei Berufsgruppen, die nicht in § 53 I S. Nr. 1 – 4 StPO genannt werden, nicht im gleichen Maße wie bei den genannten Berufsgruppen die Vertraulichkeit gewährleistet. Das besondere Interesse des Mandanten an der Verschwiegenheit wäre damit gefährdet. Eine Erweiterung des Personenkreises des § 59 a BRAO auf solche Berufsgruppen ist daher abzulehnen.[523]

---

[517] Hierzu Kleinknecht / Meyer-Goßner, StPO, § 53 a Rdn. 1 f.

[518] Michalski, NJW 1996, 3233, 3235.

[519] OLG Oldenburg, NStZ 1983, 39; Kleinknecht / Meyer-Goßner, StPO, § 53 a Rdn. 2.

[520] Dies wäre aber nur ein abgeleitetes Zeugnisverweigerungsrecht, ein selbstständiges Zeugnisverweigerungsrecht bestünde nicht. Bereits deshalb wäre die Zusammenarbeit in der Partnerschaftsgesellschaft problematisch (ausführlicher zu diesem Aspekt im Rahmen der interdisziplinären Zusammenarbeit in der Steuerberatungsgesellschaft unter D.II.4.g)(1), Seite 117.

[521] Wie wichtig diese ist, zeigt auch die „Wouters"-Entscheidung des EuGH (NJW 2002, 877). Der insoweit allgemein restriktive EuGH ließ hier ein Sozietätsverbot in den Niederlanden zwischen Rechtsanwälten und Wirtschaftsprüfern unbeanstandet, weil der Wirtschaftsprüfer keiner dem Anwaltsberuf vergleichbaren Verschwiegenheitspflicht unterlag.

[522] Lenckner in: Schönke / Schröder, StGB, § 203 Rdn. 64.

[523] Generell gegen eine Ausdehnung der sozietätsfähigen Berufe i.S.v. § 59 a BRAO: AGH Baden-Württemberg, BRAK-Mitt. 1995, 169 f. (Versagung der Sozietätsbildung eines Rechtsanwalts mit einer Unternehmensberaterin); AGH Celle, NJW-RR 2003, 129 f. (Unzulässigkeit einer Sozietät von einem Rechtsanwalt mit einem Mediator); in anderem Zusammenhang auch bestätigend BGH, NJW 2004, 3548, 3549; Dahns / Gelmke, NJW Spezial 2004, 237; Kleine-Cosack, BRAO, § 59 a Rdn. 10 f.

Gleichzeitig bestehen gegen eine Erweiterung des Personenkreises von § 59 a StPO de lege ferenda auf die übrigen Geheimnisträger i.S.d. § 53 I S. 1 Nr. 1 – 4 StPO, also insbesondere auf Ärzte[524], Zahnärzte, Psychologische Psychotherapeuten, Kinder- und Jugendlichenpsychotherapeuten, Apothekern und Hebammen keine Einwände.[525] Die gesetzgeberische Intention hinter der Beschränkung des Personenkreises kann hier unproblematisch erfüllt werden.[526]

Für die Nachfolge ist aber zunächst vom derzeit gültigen Gesetzestext auszugehen. Dies bedeutet für den Erben, dass er nur dann in eine Sozietät von Rechtsanwälten nachfolgen kann, wenn er dem in § 59 a I BRAO genannten Personenkreis angehört. Er muss also entweder selbst Rechtsanwalt oder ein Mitglied der Rechtsanwaltskammer oder Patentanwaltskammer, ein Steuerberater, ein Steuerbevollmächtigter, ein Wirtschaftsprüfer oder ein vereidigter Buchprüfer sein. Auch hier beschränkt das Berufsrecht also wieder die Möglichkeiten

---

524 Den Ärzten wäre nach § 23 c MBO-Ä 1997 unter bestimmten Voraussetzungen auch die Beteiligung an einer so genannten „sonstigen Partnerschaftsgesellschaft" mit Rechtsanwälten gestattet (Einzelheiten unter D.II.4.c)(1), Seite 91.

525 Ebenso und weitergehend Michalski, NJW 1996, 3233 f.; Römermann in: Hartung / Holl, Anwaltliche Berufsordnung, § 59 a BRAO Rdn. 23. Michalski und Römermann wollen dabei interdisziplinäre Partnerschaften in noch weiterem Umfang auch mit Architekten etc. zulassen. Dies ist aber aus den oben genannten Gründen, insbesondere wegen des Fehlens einer strafrechtlichen bewehrten Verschwiegenheitspflicht, abzulehnen. Auch Henssler (NJW 2003, 241, 246) ist für eine Erweiterung der sozietätsfähigen Berufe um Diplompsychologen und Sozialpädagogen, allerdings unter der Prämisse einer gleichzeitigen Erstreckung des strengen anwaltlichen Berufspflichtenprogramms (de lege ferenda) auf diese Berufe. Dass dies aber nach der hier vertretenen Meinung nicht ausreichend ist, zeigen die Ausführungen zur interdisziplinären Zusammenarbeit in der Steuerberatungsgesellschaft unter D.II.4.g)(1), Seite 117.

526 In diese Richtung geht auch der Referentenentwurf des Bundesministeriums der Justiz, Entwurf eines Gesetzes zur Neureglung des Rechtsberatungsrechts (Rechtsdienstleistungsgesetz), zu finden unter http://www.bmj.bund.de/media/ archive/894.pdf). Geplant ist dort unter anderem die Erweiterung von § 59 a BRAO um Absätze IV und V, wonach „Rechtsanwälte [...] nach Genehmigung durch die Rechtsanwaltskammer ihren Beruf gemeinschaftlich mit Angehörigen vereinbarer Berufe ausüben [dürfen]". Damit sollen nach der Begründung des Referentenentwurfs (S. 31) „neue Formen der Zusammenarbeit mit Rechtsanwälten [ermöglicht werden]". Gleichzeitig lässt das Ministerium ausdrücklich offen, „ob weitere Änderungen im anwaltlichen Berufsrecht erforderlich sind", dies soll noch im weiteren Gesetzgebungsverfahren geprüft werden (S.31). Damit ist es nicht ausgeschlossen, dass § 59 a BRAO in naher Zukunft grundlegend geändert wird (zustimmend Kleine-Cosack, AnwBl 2004, I; kritisch Dahns, NJW-Spezial, 2004, 288; ders., NJW-Spezial, 2005, 237 f.; Härting, BB 2004, 2421, 2425). Der soeben vorgestellte Vorschlag zur Änderung von § 59 a BRA0 wurde auch vom 65. Deutschen Juristentag in Bonn angenommen (vergleiche den Beschluss unter http://www.djt.de/files/djt/65/beschluesse.pdf S. 37; Noske, ZRP 2004, 242, 244). Die Bundesrechtsanwaltskammer äußerte in einer ersten Bewertung jedoch Bedenken gegen den Vorschlag (BRAK-Mitt. 2004, 222).

des Erben, den Anteil an einer Partnerschaftsgesellschaft nach § 9 IV S. 2 PartGG zu erben.

(3) Beschränkung der interdisziplinären Zusammenarbeit durch § 30 BORA

Möglicherweise könnte auch § 30 BORA die interdisziplinäre Zusammenarbeit und damit auch die Nachfolge beschränken. Nach dieser gemäß § 33 BORA für alle Gesellschaftsformen von Rechtsanwälten geltenden Vorschrift darf sich ein Rechtsanwalt nur dann mit Angehörigen anderer Berufe zusammenschließen, wenn diese bei ihrer Tätigkeit das anwaltliche Berufsrecht beachten. Damit ist aber nicht gemeint, dass eine Zusammenarbeit nur zulässig ist, wenn sich die anderen Berufsangehörigen von Anfang an, insbesondere im Partnerschaftsgesellschaftsvertrag, verpflichtet haben, das Berufsrecht der Rechtsanwälte zu beachten. Denn es ist bereits fraglich, ob eine bloße Satzungsbestimmung wie § 30 BORA so weitreichenden Einfluss auf zivilrechtliche Verträge haben kann.[527] Dieser Frage soll hier aber nicht weiter nachgegangen werden, da schon bei der Betrachtung des Normzwecks dieser Vorschrift deutlich wird, dass § 30 BORA nicht im Sinne eine Zulässigkeitsvorschrift zu verstehen ist. Die Norm bezweckt, eine Umgehung des Berufsrechts durch der BORA nicht unterworfene Partner zu verhindern.[528] Dieser Zweck wird bereits dadurch sicher gestellt, dass die anwaltlichen Partner durch die Vorschrift des § 30 BORA bei Verstößen der nichtanwaltlichen Partner nach §§ 113 f. BRAO sanktioniert werden können. Damit ist es nicht erforderlich, die interdisziplinäre Arbeit erst dann zu erlauben, wenn sich alle Berufsangehörigen verpflichtet haben, das anwaltliche Berufsrecht zu beachten. § 30 BORA beschränkt die interdisziplinäre Zusammenarbeit daher nicht im Sinne einer Zulässigkeitsvorschrift ein.[529] Da auch das Berufsrecht der anderen sozietätsfähigen Berufe sehr streng ist, kommt der Vorschrift insgesamt kaum praktische Relevanz zu.[530]

(4) Beschränkung durch das Verbot der Sternsozietät

(a) Einleitung

Nach § 6 III S. 2 PartGG i.V.m. § 112 HGB ist es einem Partner untersagt, seiner Partnerschaftsgesellschaft im Rahmen eines anderen Freiberuflerzusammenschlusses oder als einzeln praktizierender Freiberufler Konkurrenz zu machen. Dieses Verbot ist jedoch dispositiv. Für Zusammenschlüsse von Rechtsanwälten gelten in diesem Zusammenhang weitere Besonderheiten. Die herrschende Meinung entnimmt dem Wortlaut von § 59 a I S. 1 BRAO, wonach sich

[527] Ablehnend Kleine-Cosack, BRAO, § 59 b Rdn. 21.

[528] Römermann in: Hartung / Holl, Anwaltliche Berufsordnung, § 30 BORA Rdn. 2 f.; Michalski / Römermann in: Henssler / Streck, Hdb. des Sozietätsrechts, S. 425; Feuerich, BRAO, § 30 BORA Rdn. 1.

[529] So auch Bluhm, Zum Partnerschaftsgesellschaftsgesetz und seiner Bedeutung für Rechtsanwälte, S. 165 f.

[530] Kleine-Cosack, NJW 1997, 1257, 1261.

Rechtsanwälte nur „in einer Sozietät" zusammenschließen dürfen, ein Verbot. Eine Mitgliedschaft in mehreren, von einander verschiedenen Sozietäten sei unzulässig (Verbot der Sternsozietät).[531] Dieses Verbot ist auch in § 31 BORA niedergelegt. Danach darf sich ein Rechtsanwalt mit anderen Rechtsanwälten nur dann zur gemeinsamen Berufsausübung verbinden, wenn diese nicht einer weiteren Sozietät angehören.[532] Das Verbot der Sternsozietät soll eine „Vermehrung" oder „Teilung" der anwaltlichen Berufstätigkeit verhindern.[533] Die einzelnen gesellschaftsrechtlichen Beziehungen und Verflechtungen sollen für Mandant, Behören und Kammern überschaubar bleiben.[534] Nach anderer Ansicht, die insbesondere von Römermann vertreten wird, kann § 59 a I S. 1 BRAO ein solches Verbot der Sternsozietät nicht entnommen werden.[535] Vielmehr stelle das Wort „einer" in § 59 a I S. 1 BRAO nur einen unbestimmten Artikel und kein Zahlwort dar. Dem zuletzt genannten Argument ist zuzugestehen, dass die grammatikalische Auslegung tatsächlich zweideutig ist. Jedoch ist das Ergebnis der historischen Auslegung eindeutig.[536] Der Gesetzgeber der BRAO verwendete das Wort „einer" nämlich bewusst als Zahlwort.[537] Dies bestätigte er erneut beim Erlass von § 59 e II BRAO. Diese Regelung zur Rechtsanwalts-GmbH

---

[531] BGH, NJW-Spezial 2006, S. 94 / BGH, NJW 1999, 2970; AGH Celle, NJW 2004, 3270; AGH Hamm, BRAK-Mitt. 1998, 286; AGH Hamburg, AnwBl 1999, 226; Henssler / Prütting, BRAO, § 59 a Rdn. 28 f.; Jessnitzer / Blumberg, BRAO, § 59 a Rdn. 3; Feuerich, BRAO, § 59 a Rdn. 14 f.; Zuck, NJW 1999, 263, 265; Henssler, ZIP 1998, 2121, 2122; ders., NJZ 1999, 1095; Edelmann, DStRE 1999, 776.

[532] Ein Verbot der Sternsozietät unter Einbeziehung der nichtanwaltlichen Sozien ist nicht durch die Satzungsermächtigung in der BRAO gedeckt. Dies hat der BGH ausdrücklich klargestellt (BGH, NJW 1999, 2970). Die Satzungsversammlung trug daraufhin dieser Rechtsprechung durch eine Änderung des Wortlautes von § 31 BORA Rechnung. Bemerkenswert ist auch, dass eine zuvor von der Satzungsversammlung beschlossene Ergänzung von § 31 BORA dahin, dass die Mitgliedschaft von Rechtsanwälten in zwei personenidentischen Gesellschaften zulässig sei, umgehend durch ministeriellen Bescheid aufgehoben wurde und damit nie in Kraft getreten ist (vergleiche hierzu Jessnitzer / Blumberg, BRAO, § 59 a Rdn. 3 m.w.N.).

[533] Regierungsbegründung zum Gesetz zur Neuordnung des Berufsrechts der Rechtsanwälte und Patentanwälte in BT-Drucks. 12/4993, S. 33.

[534] Henssler, ZIP 1998, 2121, 2122.

[535] Römermann in: Hartung / Holl, Anwaltliche Berufsordnung, § 59 a BRAO Rdn. 8 f.; Kleine-Cosack, BRAO, § 59 a Rdn. 5 f.; Kilian, NJW 2001, 326, 330 f.. Bedenken bezüglich der Verfassungskonformität äußern insbesondere: Henssler, ZIP 1998, 2121 f.; Jawansky, DB 2002, 2699, 2700 f.; Bluhm, Zum Partnerschaftsgesellschaftsgesetz und seiner Bedeutung für Rechtsanwälte, S. 170 f.; Koch, Interdisziplinäre Zusammenarbeit von Wirtschaftsprüfern, Steuerberatern und Rechtsanwälten, S. 197 f.

[536] So auch Jawansky, DB 2002, 2699, 2700; Bluhm, Zum Partnerschaftsgesellschaftsgesetz und seiner Bedeutung für Rechtsanwälte, S. 172.

[537] Vergleiche Regierungsbegründung zum Gesetz zur Neuordnung des Berufsrechts der Rechtsanwälte und Patentanwälte in BT-Drucks. 12/4993, S. 33.

wurde ausdrücklich als Parallelregelung zu § 59 a I S. 1 BRAO verfasst und soll mit einer Sternsozietät vergleichbare Konstellationen verhindern.[538] Das gesetzgeberische Verbot in § 59 a I S. 1 BRAO besteht daher. Es soll aber nach einem vom Bundesministerium der Justiz vorgelegten Referentenentwurf eines Gesetzes zur Neuregelung des Rechtsberatungsgesetzes künftig entfallen.[539] Geplant ist die ersatzlose Streichung der Wörter „in einer Sozietät“ in § 59 a I S. 1 BRAO.[540] Unabhängig von der Frage, ob der Referentenentwurf des Justizministeriums tatsächlich Gesetz wird, könnte das gegenwärtig noch geltende Verbot der Sternsozietät aber ohnehin verfassungswidrig und daher nichtig sein.[541]

(b) Verfassungskonformität des Verbotes der Sternsozietät

Zunächst könnte das Verbot der Sternsozietät mit Art. 12 I S. 1 GG unvereinbar sein. Indem Rechtsanwälte sich keinen weiteren Zusammenschlüssen anschließen können und somit in ihrer Freiheit, den Beruf in Assoziationen mit anderen auszuüben, beschränkt werden, wird in den Schutzbereich von Art 12 I S. 1 GG eingegriffen. Es wird den Rechtsanwälten aber nicht generell versagt, ihren anwaltlichen Beruf in Gesellschaften auszuüben. Vielmehr regelt das Verbot der Sternsozietät die Modalitäten dieser Assoziierungsmöglichkeit, indem eine Mehrfachbeteiligung an Sozietäten untersagt wird. Folglich ist hier die Berufsausübung betroffen. Entsprechend der vom Bundesverfassungsgericht aufgestellten „Drei-Stufen-Theorie“[542] müsste der Eingriff dann durch vernünftige Erwägungen des Gemeinwohls legitimiert sein.[543]

Solche sah der Gesetzgeber insbesondere darin, eine „Vermehrung“ oder „Teilung“ der anwaltlichen Berufstätigkeit zu verhindern. Die Zugehörigkeit zu einer Kanzlei entspreche den Erwartungen des Rechtsverkehrs, zudem entstün-

---

[538] Regierungsbegründung zum Gesetz zur Änderung der Bundesrechtsanwaltsordnung, der Patentanwaltsordnung und anderer Gesetze in BT-Drucks. 13/9820, S. 14.

[539] Referentenentwurf des Bundesministeriums der Justiz, Entwurf eines Gesetzes zur Neuregelung des Rechtsberatungsrechts (Rechtsdienstleistungsgesetz), zu finden unter http://www.bmj.bund.de/media/ archive/894.pdf, S. 82.

[540] Siehe Referentenentwurf des Bundesministeriums (Fn. 539), S. 82. Hierzu auch Dahns, NJW-Spezial 2004, 285 f.

[541] Interessant ist, dass die Sternsozietät bis 1997 in der Praxis geduldet wurde. So war es keine Seltenheit, dass Rechtsanwälte beispielsweise nebenbei Gesellschafter einer Steuerberatungs-GmbH waren (siehe Henssler, ZIP 1998, 2121). Die Tätigkeit in zwei getrennten Gesellschaften weist insbesondere Vorteile auf, wenn Rechtsanwälte nicht nur rein freiberufliche, sondern auch gewerbesteuerpflichtige Tätigkeiten (z.B. Insolvenzverwaltung) ausüben, da auf diesem Wege ein „Abfärben“ der Gewerbesteuerpflicht nach § 15 III Nr. 1 EStG auf die Einkünfte aus der eigenen Freiberuflichen Tätigkeit sowie auf die Einkünfte der übrigen Sozietätsmitglieder verhindert werden kann (Henssler / Prütting, BRAO, § 59 a Rdn. 28).

[542] Apothekerurteil: BVerfGE 7, 377, 400.

[543] Siehe BVerfGE 7, 377, 405 und die weiteren auf dem Apothekerurteil aufbauenden Urteile: BVerfGE 16, 286, 297; BVerfGE 65, 116, 125; BVerfGE 77, 308, 332; BVerfGE 78, 155, 162; BVerfGE 81, 70, 84; BVerfGE 85, 248, 259; BVerfGE 93, 362, 369.

den keine Ungewissheiten für den Mandanten, mit wem er kontrahiert.[544] Fraglich ist, ob diese Argumente überzeugen können.

Zunächst erscheint es zweifelhaft, ob die genannte Erwartung des Rechtsverkehrs tatsächlich besteht. Der Gesetzgeber selbst hat diese Aussage nicht näher ausgeführt oder belegt. Es ist wahrscheinlicher, dass sich der Mandant über die Ausgestaltung der beruflichen Verhältnisse seines Rechtsanwaltes keine Gedanken macht. Aber selbst wenn eine solche Erwartung des Rechtsverkehrs tatsächlich bestehen sollte, so stellt sich die Frage, ob auch Gefahren für den Mandanten durch Sternsozietäten entstehen. Denn nur dann wäre es gerechtfertigt, entsprechend den Erwartungen an dem Verbot festzuhalten.

Eine Gefahr wird in diesem Zusammenhang darin gesehen, dass dem Mandanten unklar ist, mit wem der Mandatsvertrag abgeschlossen wird. Dieses Argument überzeugt jedoch nicht. Denn die Vertragspartner ergeben sich bereits aus dem Vertrag selbst sowie aus Vollmachtsformularen. So verlangt § 10 I S. 1 BORA, dass bei der Verwendung von Briefbögen sämtliche Gesellschafter genannt werden müssen. Sollte sich im Einzelfall weder aus dem Vertrag noch aus den Umständen ergeben, wer Vertragspartner geworden ist, so würde diese Unsicherheit jedenfalls nicht zu Lasten des Mandanten gehen. Vielmehr hätte sich der Rechtsanwalt bzw. die Sozietät einen entsprechenden Rechtsschein zurechnen zulassen.[545] Bereits um hier nicht eine kostenträchtige Vermehrung möglicher Mithaftender zu verursachen, werden die jeweilige Sozietät und der handelnde Anwalt immer ein Interesse daran haben, den Vertragspartner ausdrücklich zu benennen und Missverständnisse aufgrund der Mitgliedschaft in mehreren Sozietäten zu verhindern. Insofern besteht für den Mandanten keine Gefahr durch Unklarheiten über den Vertragspartner.

Möglicherweise soll das Verbot der Sternsozietät die anwaltliche Unabhängigkeit (§§ 3 I, 43 a I BRAO, § 1 III BORA) schützen. Gegen eine solche Zielsetzung spricht jedoch, dass es dem Rechtsanwalt nicht verwehrt ist, neben der gemeinschaftlichen Berufsausübung in einer Sozietät noch als alleingeschäftsführender Gesellschafter einer gewerblichen Gesellschaft tätig zu sein.[546] Solche nicht beruflich geprägten gewerblichen Tätigkeiten dürften die anwaltliche Unabhängigkeit aber im gleichen Umfang oder noch mehr beeinflussen. Dennoch sind sie erlaubt. Folglich kann das Verbot der Sternsozietät nicht in erster Linie die anwaltliche Unabhängigkeit schützen wollen.

Das Verbot der Sternsozietät könnte auch der Sicherung der Verschwiegenheitspflicht nach § 43 a II S. 1 BRAO und § 2 BORA dienen. Die Verschwiegenheitspflicht gehört zu den statusbildenden Grundpflichten, sie bildet die unerlässliche Basis des Vertrauensverhältnisses zwischen Mandant und Rechtsan-

[544] Regierungsbegründung zum Gesetz zur Neuordnung des Berufsrechts der Rechtsanwälte und Patentanwälte in BT-Drucks. 12/4993, S. 33.

[545] So auch Henssler, ZIP 1998, 2121, 2122.

[546] Unstreitig seit BVerfG NJW 1993, 317 f.

walt.[547] Dieses Vertrauensverhältnis müsste durch die Zugehörigkeit des Rechtsanwaltes zu mehreren Sozietäten gefährdet sein. Die Verschwiegenheitspflicht bleibt jedoch immer an die jeweilige Sozietät und den handelnden Rechtsanwalt gebunden. Die Zugehörigkeit zu weiteren Sozietäten ändert an der Pflicht des Rechtsanwaltes nichts. Die Weitergabe vertraulichen Wissens an Unbefugte ist zudem auch strafrechtlich nach § 203 I Nr. 3 StGB bewehrt. Damit ist nicht erkennbar, auf welcher Grundlage ein erhöhtes Verletzungspotential der Verschwiegenheitspflicht im Rahmen der Sternsozietät gegeben sein sollte.

Schließlich könnten unüberbrückbare Interessenskonflikte für den Rechtsanwalt in einer Sternsozietät entstehen, die unter Umständen auch zu einer Verletzung des Verbotes der Vertretung widerstreitender Interessen nach § 43 a IV BRAO und § 3 BORA führen könnten. Es ist nicht zu leugnen, dass die Zugehörigkeit eines Rechtsanwaltes zu mehreren Sozietäten ein erhöhtes Potential an Interessenkonflikten bietet. Das Verbot der Vertretung widerstreitender Interessen nach § 43 a IV BRAO bezieht sich nicht ausdrücklich auf die Konstellation der Sternsozietät. Dadurch könnten hier Interessenkonflikte möglicherweise nicht effektiv verhindert werden. Es wäre jedoch durchaus möglich, das Verbot der Vertretung widerstreitender Interessen auch auf alle mit einem Rechtsanwalt in einer Sternsozietät verbundenen Rechtsanwälte anzuwenden.[548] Darüber hinaus kann man Interessenkonflikten in der Praxis auch dadurch begegnen, dass vor der Übernahme eines neuen Mandates zunächst eine Überprüfung auf etwaige Interessenkonflikte erfolgt. Ein solches System hat sich in den überörtlichen Großkanzleien bereits durchgesetzt und könnte auch für Sternso-

[547] Siehe Einzelheiten Feuerich, BRAO, § 43 a Rdn. 12.

[548] Das Verbot der Vertretung widerstreitender Interessen wurde im Jahr 2003 in seiner Anwendung durch die Rechtsprechung des BVerfG geändert. Das Gericht entschied, dass beim Wechsel eines Sozietätsmitgliedes in eine andere Sozietät, auch wenn beide Sozietäten in derselben Rechtssache gegeneinander tätig sind, kein Vertreten von widerstreitenden Interessen im Sinne von § 43 a IV BRAO darstelle, sofern das wechselnde Sozietätsmitglied die betroffenen Mandate nicht auch tatsächlich selbst bearbeitet hatte (BVerfG, NJW 2003, 2520). Seit dieser Entscheidung begründet nicht mehr abstrakter Rechtsschein von gefährlichen Situationen den Interessenkonflikt, vielmehr muss ein solcher durch eine Mandatsbearbeitung quasi in personam auch bei dem betroffenen Anwalt entstehen (zu dieser neuen Entscheidung Kilian, BB 2003, 2189 f.). Durch diese die Berufsfreiheit schützende Rechtsprechung könnte auch für das Verhindern der Vertretung widerstreitender Interessen in der Sternsozietät eine praktikable Lösung gefunden werden. Stellt man nämlich auch hier auf die jeweilige Person und deren tatsächliche Mandatsbearbeitung ab, so würde ein verlässliches Kriterium existieren, welches nach Erweiterung von § 3 II BORA die Konstellation der Sternsozietät erfassen könnte, ohne aber automatisch alle mit dem Rechtsanwalt in der Sternsozietät verbundenen Anwälte zu „infizieren“ (für eine generelle Erstreckung des Verbotes widerstreitender Interessen auf alle mit dem „Sozius multiplex“ verbundenen Gesellschafter Henssler, ZIP 1998, 2121, 2122 f.; Koch, Interdisziplinäre Zusammenarbeit von Wirtschaftsprüfern, Steuerberatern und Rechtsanwälten, S. 207).

zietäten eine adäquate Lösung bieten.[549] Ein generelles Verbot der Sternsozietät ist hier aber nicht erforderlich, um den Konflikt zu lösen.

Zusammenfassend ist damit festzuhalten, dass vernünftige Gründe des Allgemeinwohls, die einen Eingriff in Art. 12 I GG rechtfertigen könnten, allenfalls in der Sicherung des Verbotes widerstreitender Interessen erblickt werden können. Ein solcher Eingriff wäre aber nicht verhältnismäßig. Es wurden bereits weniger eingreifende Mittel wie beispielsweise die Erstreckung des Verbotes widerstreitender Interessen auf die Konstellation der Sternsozietät und andere Konfliktvermeidungsmöglichkeiten aufgezeigt. Das Verbot der Sternsozietät ist nicht zur Sicherung des Verbotes der Vertretung widerstreitender Interessen erforderlich. Der dadurch erfolgte Eingriff in Art. 12 I GG ist somit unverhältnismäßig. Das Verbot der Sternsozietät ist mit Art. 12 I GG unvereinbar und sollte daher entsprechend dem Referentenentwurf des Bundesministeriums der Justiz abgeschafft werden.

Daneben könnte auch noch ein Verstoß gegen Art. 3 I GG vorliegen. Denn während Wirtschaftsprüfer und Steuerberater gleichzeitig Gesellschafter in mehreren Gesellschaften sein dürfen, wird dies den Rechtsanwälten durch das Verbot der Sternsozietät in § 59 a I S. 1 BRAO verwehrt. Eine solche Ungleichbehandlung bei der Rechtssetzung wäre nur dann gerechtfertigt, wenn es hinreichende sachliche, berufsbezogene Kriterien gibt, welche die unterschiedliche Behandlung rechtfertigen könnten.[550] Solche sind aber nicht ersichtlich. Vielmehr weisen die Berufe enge Parallelen in ihrer Organisation und in ihrer Tätigkeit auf.[551] Auch ist nicht nachvollziehbar, warum die Mandaten bei Rechtsanwälten einen anderen Erwartungshorizont bezüglich der Zugehörigkeit zu mehreren Sozietäten haben sollen als bei Wirtschaftsprüfern und Steuerberatern. Damit verstößt das Verbot der Sternsozietät auch gegen Art. 3 I GG.[552]

Im Ergebnis ist das Verbot der Sternsozietät mit der Verfassung nicht vereinbar. Der Gesetzgeber ist aufgefordert, durch eine Neufassung von § 59 a I BRAO und die Abschaffung von § 31 BORA für eine verfassungskonforme Gesetzeslage zu sorgen.[553]

---

[549] In Großkanzleien wird teilweise auch mit den so genannten „chinese walls" gearbeitet, die einen kanzleiinternen Wissenstransfer unter anderem durch entsprechende physische Separation von Dokumenten und selektive Zugangsberechtigung zu Datenträgern vermeiden können (siehe Einzelheiten bei Kilian, BB 2003, 2189, 2194 und Zuck, NJW 1999, 263, 265).

[550] Siehe Einzelheiten bei BVerfGE 62, 256, 274; BVerfGE 79, 212, 218; BVerfGE 89, 365, 376; BVerfGE 91, 346, 363.

[551] BVerfG, NJW 1998, 2269, 2271 zu den Assoziierungsmöglichkeiten von Anwaltsnotaren und Wirtschaftsprüfern.

[552] Ebenso ausführlich Henssler, ZIP 1998, 2121, 2124 f..

[553] Henssler (ZIP 1998, 2121, 2127 f.), Kilian (NJW 2001, 326 f.) und neuerdings auch Grunewald und Müller (NJW 2005, 465, 467) weisen zudem noch auf europarechtliche Bedenken gegenüber dem Verbot der Sternsozietät hin. So verhindert das Verbot, dass international tätige, interdisziplinäre deutsche Sozietäten ihre Auslandsaktivitäten als Reaktion auf die neuen

(c) Folgen des Verbotes der Sternsozietät auf die Nachfolge

Für die Nachfolge in einer Partnerschaftsgesellschaft bedeutet das Verbot der Sternsozietät, dass der anwaltliche und zur Nachfolge gewillte Erbe seine bisherige Tätigkeit in einer anderen Sozietät aufgeben muss, da er nicht einer weiteren Sozietät angehören darf. Der Erbe wird gezwungen, eine Entscheidung zu treffen. Ist er Einzelanwalt, so behindert dies die Nachfolge in die Partnerschaftsgesellschaft nicht. Da sich aber immer mehr Anwälte in Sozietäten zusammenschließen[554], erhöhen sich die beschränkenden Auswirkungen des Verbotes der Sternsozietät. Da das Verbot aber, wie oben geprüft, verfassungswidrig ist, könnte der Erbe in diesen Fällen Verfassungsbeschwerde einlegen. Das Verbot betrifft aber nur Rechtsanwälte. Übt der Erbe also einen anderen der Katalogberufe des § 59 a BRAO aus, so kann er diesen in einer anderen Sozietät beibehalten und gleichzeitig in eine Partnerschaftsgesellschaft, in der auch Rechtsanwälte Partner sind, nachfolgen. Auch ist es einem sozietätsangehörigen Rechtsanwalt, der zugleich Steuerberater oder Wirtschaftsprüfer ist, gestattet, seine nicht anwaltliche Tätigkeit in einem weiteren beruflichen Zusammenschluss auszuüben. Er kann daher mit dieser tätigkeitsbezogenen Einschränkung auch in die Partnerschaftsgesellschaft nachfolgen. Selbstverständlich muss der Erbe in allen genannten Konstellationen immer noch etwaige Wettbewerbsbeschränkungen in den Gesellschaftsverträgen der jeweiligen Sozietäten beachten, denn auch diese könnten ihn an der Nachfolge hindern oder diese erschweren.

(5) Beschränkungen durch Mehrheitserfordernisse

(a) Aus dem Berufsrecht der Rechtsanwälte

Die Zusammenarbeit von Rechtsanwälten mit anderen in § 59 a BRAO genannten Berufen in der Rechtsform der Partnerschaftsgesellschaft könnte des Weiteren durch berufsrechtliche Vorgaben für die Beteiligungsstruktur sowie besondere Anforderungen an die verantwortliche Führung beschränkt sein. Das Berufsrecht der Rechtsanwälte verlangt für die Partnerschaftsgesellschaft keine Mehrheitserfordernisse zu Gunsten des eigenen Berufsstandes. Solche bestehen lediglich für die Rechtsanwaltsgesellschaft.[555] So ist die interprofessionelle Zu-

---

europarechtlichen Rahmenbedingungen in monoprofessionell strukturierte Auslandsgesellschaften auslagern. Denn multiprofessionelle Sozietäten sind in den anderen Mitgliedsstaaten verboten und Art. 11 der Richtlinie 98/5/EG erlaubt es, dass die Mitgliedsstaaten solche Zusammenschlüsse auch weiterhin durch nationales Rechts verbieten. Damit kann eine deutsche multiprofessionelle Sozietät beispielsweise in England nur eine monoprofessionelle Auslagerung in einer neuen Sozietät unterhalten. Gerade dies verwehrt ihr aber das deutsche anwaltliche Berufsrecht durch das Verbot der Sternsozietät.

[554] Nach Schätzungen sind zwischen 50 und 60 % aller Rechtsanwälte in Sozietäten zusammengeschlossen (Steinkraus / Schaaf, JuS 2001, 275).

[555] Gesellschaften mit beschränkter Haftung können nach § 59 c I BRAO als Rechtsanwaltsgesellschaften zugelassen werden. Keine Rechtsanwaltsgesellschaften sind die Gesellschaft bürgerlichen Rechts und die Partnerschaftsgesellschaft.

sammenarbeit in der GmbH nach § 59 e III S. 1 BRAO nur gestattet, wenn die Mehrheit der Geschäftsanteile und Stimmrechte den Rechtsanwälten zustehen.[556] Stürner und Bormann vertreten aber die Ansicht, dass unabhängig von der Rechtsform eines Zusammenschlusses entsprechende Regelungen geschaffen werden sollten, nach denen sich die Mehrheit der Anteile und Stimmrechte immer in der Hand von Rechtsanwälten befinden müssen.[557]

Dieser Ansicht, nach der auch in jeder Partnerschaftsgesellschaft unter Beteiligung von Rechtsanwälten deren Mehrheit erforderlich wäre, kann jedoch nicht zugestimmt werden. Mehrheitserfordernisse zu Gunsten bestimmter Berufsgruppen erschweren die interprofessionelle Zusammenarbeit nur unnötig und verhindern damit wünschenswerte Zusammenschlüsse.[558] Anders als bei Rechtsanwaltsgesellschaften suggeriert bei einer Partnerschaftsgesellschaft unter Beteiligung von Rechtsanwälten auch nicht bereits die Firmierung, dass hier Rechtsanwälte die Mehrheit der Gesellschafter stellen. Daneben ist bei der Partnerschaftsgesellschaft im Gegensatz zur Rechtsanwaltsgesellschaft der Unternehmensgegenstand auch nicht zwingend auf die Rechtsberatung festgelegt.[559] Eine Irreführung der betroffenen Rechtskreise über die Gesellschaft und ihre Gesellschafter[560] droht daher bei der Partnerschaftsgesellschaft unter Beteiligung von Rechtsanwälten nicht. Auch die Bewahrung der Unabhängigkeit der Rechtsanwälte rechtfertigt kein solches Mehrheitserfordernis.[561] So ist nicht ersichtlich, inwieweit die anwaltliche Unabhängigkeit bei dem Fehlen einer Mehrheitsbeteiligungsregelung besonders gefährdet sein sollte. Vielmehr wird der angestellte Anwalt oder der Syndikusanwalt, die beide in gewisser Abhängigkeit und einem, wenn auch nicht unbeschränkten, Weisungsverhältnis zu ihren Arbeitgebern stehen, nicht weniger in ihrer anwaltlichen Unabhängigkeit gefährdet,[562] als es ein Rechtsanwalt durch die Dominanz berufsfremder Mitgesellschafter sein könnte. Mehrheitserfordernisse in der Partnerschaftsgesellschaft unter Beteili-

---

[556] Ausführlich, insbesondere zu den Konflikten die durch die Mehrheitserfordernisse in den verschiedenen Berufsrechten entstehen Merkner, AnwBl 2004, 529 f.

[557] Stürner / Bormann, NJW 2004, 1481, 1491.

[558] So führen die durch die BRAO, das StBerG und die WPO aufgestellten Mehrheitserfordernisse dazu, dass beispielsweise der Zusammenschluss in der Rechtsform der GmbH von einem Rechtsanwalt, einem Steuerberater und einem Wirtschaftprüfer, von denen keiner über eine Mehrfachqualifikation verfügt, so gut wie ausgeschlossen ist (vertiefend Merkner, AnwBl 2004, 529, 532).

[559] Vergleiche zur Rechtsanwaltsgesellschaft Regierungsbegründung zum Gesetz zur Änderung der Bundesrechtsanwaltsordnung, der Patentanwaltsordnung und anderer Gesetze in BT-Drucks. 13/9820, S. 13.

[560] So zur Verteidigung des Mehrheitserfordernisses bei der Anwalts-GmbH Merkner, AnwBl 2004, 529, 532.

[561] Dieser Ansicht sind aber Stürner / Bormann, NJW 2004, 1481, 1491.

[562] Bluhm, Zum Partnerschaftsgesellschaftsgesetz und seiner Bedeutung für Rechtsanwälte, S. 180 f.

gung von Rechtsanwälten sind daher abzulehnen. Abgesehen vom Fall der als Wirtschaftsprüfungs- bzw. Steuerberatungsgesellschaft anerkannten Partnerschaftsgesellschaft (hierzu sogleich) ist somit eine gleichberechtigte Kooperation aller beteiligten sozietätsfähigen Berufe sichergestellt.

(b) Aus dem Berufsrecht der Wirtschaftsprüfer und Steuerberater

Berufsrechtliche Vorgaben an die Beteiligungsstruktur sowie besondere Anforderungen an die verantwortliche Führung bestehen bei gemischten Partnerschaftsgesellschaften unter Beteiligung von Wirtschaftsprüfern. Will eine solche Partnerschaftsgesellschaft gleichzeitig als Wirtschaftsprüfungsgesellschaft[563] anerkannt sein, so verlangt § 28 II S. 3 WPO, das die Mehrheit der Partner Wirtschaftsprüfer sind. Lediglich bei zweigliedrigen Gesellschaften genügt Parität.[564] Der Status als Wirtschaftsprüfungsgesellschaft hat für die Partnerschaft den Vorteil, dass die Gesellschaft nach § 319 HGB auch im eigenen Namen Pflichtprüfungsaufträge ausführen darf. Dafür müssen die beteiligten Rechtsanwälte aber hinnehmen, selber in der Unterzahl zu sein. Etwas anderes kann sich nur dann ergeben, wenn sich an einer solchen Wirtschaftsprüfungsgesellschaft doppelt qualifizierte Rechtsanwälte, also solche, die gleichzeitig Rechtsanwälte und Wirtschaftsprüfer sind, beteiligen. Wird auf die Anerkennung als Wirtschaftsprüfungsgesellschaft verzichtet, so genannte „einfache Partnerschaftsgesellschaft“[565], so gelten die genannten Anforderungen ebenso nicht.[566]

Ähnliches sieht das Gesetz für Partnerschaftsgesellschaften, die auch als Steuerberatungsgesellschaft[567] anerkannt sein möchten, vor. Eine solche Firmierung ist nach § 50 IV StBerG nur gestattet, wenn mindestens ebenso viele Steuerberater beteiligt sind wie Angehörige andere Berufe. Auch hier kann die Dominanz der Steuerberater in der Regel lediglich durch doppelt qualifizierte Rechtsanwälte abgemildert werden.[568]

Neben dem Mehrheitserfordernis bestehen bei der Wirtschaftsprüfungs- und der Steuerberatungsgesellschaft auch noch weitere Besonderheiten hinsichtlich der verantwortlichen Führung. So darf nach § 50 II, III und IV StBerG die Zahl der Geschäftsführer, die nicht Steuerberater sind, die Zahl der geschäftsführenden Steuerberater nicht übersteigen. Auch bei den Wirtschaftsprüfern müssen nach § 28 II S. 3 WPO die geschäftsführenden Wirtschaftsprüfer gegenüber den

---

563 Weitere Einzelheiten unter D.II.4.h)(1), Seite 123.

564 Hierzu Henssler, WPK-Mitt. 1999, 2, 5.

565 Zu diesem Begriff siehe Fn. 382. In einer solchen Partnerschaftsgesellschaft könnten die an ihr beteiligten Wirtschaftsprüfer die Pflichtprüfungsaufträge nur persönlich annehmen und die Partnerschaftsgesellschaft nur als einen bloßen organisatorischen Rahmen nutzen (siehe Knoll / Schüppen, DStR 1995, 608, 610; Henssler, WPK-Mitt. 1999, 2, 5).

566 Henssler in: Henssler / Streck, Hdb. des Sozietätsrechts, S. 565; Koch, Interdisziplinäre Zusammenarbeit von Wirtschaftsprüfern, Steuerberatern und Rechtsanwälten, S. 298 f.

567 Siehe auch unter D.II.4.g)(1), Seite 117.

568 Henssler, WPK-Mitt. 1999, 2, 5 f..

sonstigen Geschäftsführern die Mehrheit darstellen. Gibt es nur zwei Geschäftsführer, muss einer von ihnen ein Wirtschaftsprüfer sein.[569] Die Berufsordnung der Steuerberater verschärft darüber hinaus noch die Anforderungen an die Vertretung der Steuerberatungsgesellschaft. Nach § 57 IV S. 1 BOStB dürfen andere Personen als Steuerberater eine Steuerberatungsgesellschaft nicht allein oder einzeln vertreten. Auch Partner, die nicht Steuerberater sind, dürfen nach § 57 III S. 1 1. HS BOStB nur gemeinsam mit einem Steuerberater die Gesellschaft vertreten.[570] Auch in diesem Fall muss aber nach § 57 III S. 1 2. HS BOStB durch entsprechende Bestimmungen im Innenverhältnis gewährleistet sein, dass bei der internen Willensbildung die Stimmen der Steuerberater ausschlaggebend sind. Eine Ausnahme besteht nach § 57 VII BOStB lediglich, wenn die Gesellschaft gleichzeitig als Wirtschaftsprüfungsgesellschaft anerkannt ist. Dann kann auch ein Wirtschaftsprüfer zur Einzelvertretung zugelassen werden.

Insbesondere die in § 57 BOStB niedergelegten Vertretungsvoraussetzungen sind für die gemeinschaftliche Berufsausübung unter Beteiligung von Rechtsanwälten in der Partnerschaftsgesellschaft bedenklich. Ein an einer Steuerberatungsgesellschaft beteiligter Rechtsanwalt muss danach auch zur Wahrnehmung eines Rechtsberatungsmandates nach außen gemeinsam mit einem Steuerberater auftreten. Der Steuerberater wäre aber selbst nach Art. 1 § 5 Nr. 2 RBerG zur Rechtsberatung nur sehr eingeschränkt oder auch gar nicht befugt. Dieser Widerspruch wird noch größer, wenn man sich verdeutlicht, dass umgekehrt Rechtsanwälten und Wirtschaftsprüfern nach § 3 Nr. 1 StBerG Steuerberatung erlaubt ist, ihnen also die gleichen Befugnisse wie Steuerberatern zustehen.[571] Gleichwohl dürfen sie in der Steuerberatungsgesellschaft keine Einzelvertretungsmacht haben und müssen eine Dominanz der Steuerberater hinnehmen. Berücksichtigt man zudem, dass das StBerG in § 50 IV StBerG nur verlangt, dass mindestens genauso viele Steuerberater wie Angehörige anderer Berufsgruppen die Gesellschaft vertreten, so geht die Regelung in § 57 III S. 1 BOStB mit der Anordnung der Gesamtvertretung über dieses Ziel eindeutig hinaus. Eine verantwortliche Führung der Steuerberatungsgesellschaft durch Steuerberater, wie sie § 32 III S. 2 StBerG zur Bedingung macht, verlangt keine solche Beschränkung der Vertretungsbefugnisse. Die Vorschrift des § 57 III S. 1 BOStB sollte daher, soweit sie Nicht-Steuerberater nur zur gemeinsamen Vertretung mit einem Steuerberater befugt, zugunsten einer Einzelvertretungsmöglichkeit geändert werden.[572]

---

[569] Michalski / Römermann, PartGG, § 6 Rdn. 43, 44.

[570] Michalski / Römermann, PartGG, § 7 Rdn. 22.

[571] Vergleiche hierzu Koch, Interdisziplinäre Zusammenarbeit von Wirtschaftsprüfern, Steuerberatern und Rechtsanwälten, S. 22 und 307 f.

[572] Ähnliche Bedenken zu dieser Regelung äußerte bereits der BFH, DStRE 1998, 71, 73 f.. Auch Gehre (StBerG, § 50 Rdn. 5) sieht es als „von untergeordneter Bedeutung“, dass der

Fasst man die bestehenden Beschränkungen aus dem Berufsrecht der Wirtschaftsprüfer und Steuerberater zusammen, so bleibt festzuhalten, dass die interprofessionelle Zusammenarbeit in einer als Berufsgesellschaft[573] anerkannten Partnerschaftsgesellschaft eine erhebliche Beschränkung für die beteiligten Rechtsanwälte darstellt. Eine gleichberechtigte Kooperation ist hier durch die Mehrheitserfordernisse und die Anforderungen an eine verantwortliche Leitung zugunsten bestimmter Berufsträger nur möglich, wenn die Rechtsanwälte größtenteils doppeltqualifiziert sind. In der so genannten „einfachen Partnerschaftsgesellschaft" bestehen diese Beschränkungen jedoch nicht.

(c) Auswirkungen auf die Nachfolge

Die aufgezeigten Beschränkungen wirken sich auch auf die Nachfolge in die Partnerschaftsgesellschaft aus. Stirbt ein Partner in einer als Steuerberatungs- oder Wirtschaftsprüfungsgesellschaft anerkannten Partnerschaftsgesellschaft, so genügt es nicht, dass der Erbe einen Freien Beruf ausübt, der auch interdisziplinär zulässigerweise mit den übrigen Partnern ausgeübt werden kann. Vielmehr müssen hier auch die Mehrheitsverhältnisse der StBerG und der WPO berücksichtigt werden. Dies bedeutet insbesondere auch für den Erben, der Rechtsanwalt ist, eine gewichtige Einschränkung seiner Nachfolgemöglichkeiten, die ihm durch das Berufsrecht anderer Berufe auferlegt wird. Will dieser Erbe beispielsweise die Nachfolge eines Wirtschaftsprüfers in einer Wirtschaftsprüfungsgesellschaft antreten, in der außerdem noch zwei weitere Wirtschaftsprüfer, ein Rechtsanwalt und ein Steuerberater Partner sind, so würde das anwaltliche Berufsrecht dem Erben zwar nach § 59 a I BRAO die Zusammenarbeit mit den Wirtschaftsprüfern und dem Steuerberater erlauben. Und nach § 28 IV Nr. 1a WPO könnte der Rechtsanwalt auch Gesellschafter einer Wirtschaftsprüfungsgesellschaft sein. Jedoch würden die Wirtschaftsprüfer durch den Eintritt des Erben in der Partnerschaftsgesellschaft ihre Mehrheit verlieren. Diese ist jedoch nach § 28 II S. 3 WPO Voraussetzung für die Anerkennung als Wirtschaftsprüfungsgesellschaft. Damit steht in dem genannten Beispielsfall das Berufsrecht der Wirtschaftsprüfer einer Nachfolge des anwaltlichen Erben in der Partnerschaftsgesellschaft nach § 9 IV S. 2 PartGG entgegen.[574] Etwas anderes könnte nur dann gelten, wenn entweder der Erbe doppeltqualifiziert, also nicht nur Rechtsanwalt, sondern auch Wirtschaftsprüfer ist, oder die Gesellschafter beschließen, auf den Status als anerkannte Wirtschaftsprüfungsgesellschaft zu

---

bestimmende Einfluss der Steuerberater auch in der Vertretung nach außen zum Ausdruck kommt. Seiner Ansicht nach ist daher die satzungsmäßige Einräumung von Einzelvertretungsmacht an Nichtsteuerberater möglich (ebenso Koch, Interdisziplinäre Zusammenarbeit von Wirtschaftsprüfern, Steuerberatern und Rechtsanwälten, S. 308; wohl auch Gerken, AnwBl 1996, 157 f.; a.A. Meurers in: Kuhls, StBerG, § 50 Rdn. 3 und Rdn. 31).

[573] Der Begriff bezeichnet hier die Steuerberatungs- und die Wirtschaftsprüfungsgesellschaft.

[574] Auf dieses Problem bei der Nachfolge weist auch Elkemann-Reusch, Die Partnerschaftsgesellschaft, S. 222 hin.

verzichten. Die Mehrheitsverhältnisse des StBerG und der WPO beschränken daher die Nachfolge in Partnerschaftsgesellschaften, die gleichzeitig als Wirtschaftsprüfungs- und Steuerberatungsgesellschaften anerkannt sind, erheblich. Hinzu kommt, dass der Erbe, der selbst Rechtsanwalt ist, in diesen Gesellschaften an die strengen Anforderungen im Hinblick auf die Geschäftsführung und Vertretung gebunden ist. So muss er akzeptieren, dass die verantwortliche Führung derartiger Berufsgesellschaften entweder bei den Wirtschaftsprüfern oder bei den Steuerberatern liegt.

(6) Örtliche Beschränkungen

Rechtsanwälte sind grundsätzlich verpflichtet, sich bei einem bestimmten Gericht zuzulassen (Gebot der Lokalisierung nach § 18 I BRAO) und auch dort ihre Kanzlei zu errichten (Residenzpflicht nach § 27 I BRAO). Die Errichtung von Zweigstellen ist gemäß § 28 I S. 1 BRAO verboten. Unter Hinweis auf diese Bestimmungen durften Rechtsanwälte bis 1989 auch keine überörtlichen Kanzleien errichten.[575] Mittlerweile erlaubt auch das Gesetz in § 59 a II BRAO die Errichtung mehrerer Kanzleien.[576] Zulässig sind dabei nicht nur überörtliche, sondern auch intraurbane Sozietäten (Zusammenschlüsse von Rechtsanwälten innerhalb eines Ortes).[577] Voraussetzung ist jedoch in jedem Fall, dass am Kanzleiort ein Partner verantwortlich tätig ist, für den die Kanzlei den Mittelpunkt seiner Berufstätigkeit bildet.[578] Damit ist durch das anwaltliche Berufsrecht die gemeinsame Berufsausübung in der Partnerschaftsgesellschaft unter Beteiligung von Rechtsanwälten nicht über Zweigstellen, aber über gleichberechtigte Niederlassungen im Sinne einer „überörtlichen Partnerschaft" zulässig.[579] Aus registerrechtlichen Gründen muss dennoch eine der Kanzleien als Sitz der Partnerschaftsgesellschaft angemeldet werden.[580]

(7) Zusammenfassung

Die interdisziplinäre Zusammenarbeit in der Partnerschaftsgesellschaft unter Beteiligung von Rechtsanwälten ist nur in einem sehr begrenzten Umfang möglich. Die Berufsordnung der Rechtsanwälte, insbesondere § 59 a I BRAO, stellt hier strenge Anforderungen auf, die sich auch erheblich auf die erbrechtliche Nachfolge auswirken. Zu nennen ist hier insbesondere die Begrenzung des Kreises der sozietätsfähigen Berufe. Rechtsanwälte dürfen sich nur mit Mitgliedern

---

[575] Änderung erst durch BGHZ 108, 290, 294 und Bestätigung durch BGHZ 119, 225, 227.

[576] Seit dem Gesetz zur Neuordnung des Berufsrechts der Rechtsanwälte und Patentanwälte vom 2. September 1994, BGBl. I S. 2278.

[577] Jessnitzer / Bluhmberg, BRAO, § 59 a Rdn. 10.

[578] Kritisch zu dieser gesetzlichen Voraussetzung Kleine-Cosack, BRAO, § 59 a Rdn. 19 f. und Römermann in: Hartung / Holl, BRAO, § 59 a Rdn. 41 f.

[579] Henssler / Prütting, BRAO, § 1 PartGG Rdn. 27; Bluhm, Zum Partnerschaftsgesellschaftsgesetz und seiner Bedeutung für Rechtsanwälte, S. 192 f.

[580] Henssler / Prütting, BRAO, § 1 PartGG Rdn. 27.

der Rechtsanwaltskammern und der Patentanwaltskammer, Steuerberatern, Steuerbevollmächtigten, Wirtschaftsprüfern und vereidigten Buchprüfern zur gemeinschaftlichen Berufsausübung verbinden. Ein Erbe kann daher nur dann nachfolgen, wenn er dem in § 59 a I BRAO genannten Personenkreis angehört. Eine Erweiterung des Personenkreises der sozietätsfähigen Berufe de lege ferenda auf sämtliche Geheimnisträger i.S.d. § 53 I S. 1 Nr. 1 – 4 StPO wäre jedoch sinnvoll und wird derzeit auch intensiv diskutiert. Die Zusammenarbeit wird auch durch das Verbot der Sternsozietät beschränkt. Diesem Verbot stehen jedoch durchgreifende verfassungsrechtliche Bedenken entgegen. Für die erbrechtliche Nachfolge bedeutet das Verbot, dass der Erbe beispielsweise seine bisherige Tätigkeit in einer anderen Sozietät aufgeben muss, bevor er die Nachfolge antreten kann. Das Berufsrecht erlaubt den Rechtsanwälten auch nicht, Zweigstellen der Sozietät zu errichten, zulässig ist aber die Gründung von überörtlichen Sozietäten. Ist die Partnerschaftsgesellschaft gleichzeitig als Steuerberatungs- oder Wirtschaftsprüfungsgesellschaft anerkannt, wird die Berufsausübung der an ihr beteiligten Rechtsanwälte noch einmal deutlich eingeschränkt, in diesem Fall durch das Berufsrecht der Steuerberater und Wirtschaftsprüfer. Es sind Mehrheitserfordernisse und Anforderungen an die verantwortliche Führung zu beachten, die in der Regel zu einer Dominanz der Wirtschaftsprüfer oder der Steuerberater über die beteiligten Rechtsanwälte führen. Allein aufgrund dieser Mehrheitsverhältnisse kann es dem grundsätzlich berufsqualifizierten Erben verwehrt bleiben, die erbrechtliche Nachfolge in der Partnerschaftsgesellschaft anzutreten.

f) Notare

(1) Nurnotare

Hauptberufliche Notare dürfen nach § 9 I BNotO keine interprofessionellen Berufverbindungen eingehen. Es ist ihnen also auch nicht gestattet, sich mit einem Rechtsanwalt zu einer Bürogemeinschaft oder zu einer Sozietät zusammentun. Dadurch wird sichergestellt, dass nicht über den Umweg einer Sozietätsbildung Anwaltsnotare in Gebieten von Nurnotaren tätig werden.[581] Die Rechtslage bei den Nurnotaren unterscheidet sich durch das Verbot interprofessioneller Zusammenschlüsse grundlegend von der bei den Anwaltsnotaren [siehe unter (2), Seite115].[582] Für die Nachfolge in eine Partnerschaftsgesellschaft bedeutet das Verbot interprofessioneller Zusammenschlüsse, dass nur ein Erbe, der selbst Nurnotar ist, in eine Partnerschaftsgesellschaft von Nurnotaren nachfolgen kann.[583] Auf der anderen Seite muss ein Nurnotar sein Notariat aufgeben, wenn

---

581 Lerch in: Arndt, BNotO, § 9 Rdn. 7; Schippel, BNotO, § 9 Rdn. 8.

582 Interessanterweise zieht das BVerfG hieraus den Schluss, dass der Gesetzgeber das Anwaltsnotariat verbieten dürfe, wenn es sich durch fremde Berufseinflüsse vom Berufsbild des Nurnotars zu sehr entferne (BVerfG, DNotZ 1989, 627, 632).

583 Nach bisher vorherrschender, aber nicht überzeugender Auffassung sind Nurnotare nicht

er beispielsweise einen Partner einer Rechtsanwaltspartnerschaftsgesellschaft beerben möchte. Die erbrechtliche Nachfolge ist hier insoweit nur sehr begrenzt möglich.

(2) Anwaltsnotare

Bei den Anwaltsnotaren sind hingegen auch interprofessionelle Zusammenschlüsse zulässig. Die Zusammenarbeit von Anwaltsnotaren mit anderen Rechtsanwälten wurde bereits unter D.II.3.c), Seite 68, erläutert. Hier gilt, dass – nach der derzeitigen Gesetzeslage – Anwaltsnotare nur in ihrer Funktion als Rechtsanwälte partnerschaftsfähig sind. Was die Zusammenarbeit von Anwaltsnotaren mit anderen Berufsgruppen angeht, so bestimmt § 59 a I S. 4 BRAO, dass sich diese nach dem Notarrecht richtet. Die BNotO hat sich in diesem Punkt mittlerweile aber an die BRAO angepasst. § 9 II BNotO bestimmt, dass sich Anwaltsnotare (in ihrer Eigenschaft als Rechtsanwälte) auch mit Mitgliedern einer Rechtsanwaltskammer, Patentanwälten, Steuerberatern, Steuerbevollmächtigten, Wirtschaftsprüfern und vereidigten Buchprüfern zur gemeinsamen Berufsausübung zusammenschließen dürfen.[584] Nach Anwaltsrecht zulässige Zusammenschlüsse stehen damit letztlich auch den Anwaltsnotaren offen.[585]

Der zuletzt erwähnte Zusammenschluss mit Wirtschaftsprüfern und Buchprüfern, den das Gesetz nun wie selbstverständlich erwähnt, galt lange Zeit als unzulässig.[586] Begründet wurde diese Ansicht damit, dass diese Berufe zu wenige Gemeinsamkeiten mit dem Beruf des Rechtsanwaltes aufweisen und durch ihren wirtschaftlichen Charakter die Unabhängigkeit und Unparteilichkeit des Notaramtes gefährden würden.[587] Das BVerfG änderte 1998 seine Auffassung und erklärte das Sozietätsverbot von Anwaltsnotaren mit Wirtschaftsprüfern wegen eines Verstoßes gegen Art. 12 I S. 1 GG und Art. 3 I GG für verfassungswidrig.[588] Die Bundesnotarordnung wurde daraufhin entsprechend geändert.[589]

---

partnerschaftsfähig, siehe ausführlich unter D.II.3.b), Seite 57.

584 Vergleiche hierzu ausführlich Schippel, BNotO, § 9 Rdn. 9 f.; Eylmann / Vaasen, BNotO, § 9 Rdn. 20 f.; Koch, Interdisziplinäre Zusammenarbeit von Wirtschaftsprüfern, Steuerberatern und Rechtsanwälten, S. 186 f.

585 Diese Ansicht vertrat Casper (ZIP 1996, 1501, 1502) bereits vor der Novellierung der Bundesnotarordnung.

586 Vergleiche nur BGHZ 64, 214, 217 f.; BGHZ 75, 296; BVerfGE 54, 237, 247. Der Vollständigkeit halber sei an dieser Stelle erwähnt, dass auch der Zusammenschluss von Anwaltsnotaren und Steuerberatern bis zur Entscheidung des BVerfG aus dem Jahre 1989 (NJW 1989, 2611 f.) umstritten war (vertiefend hierzu Schippel, BNotO, § 9 Rdn. 11).

587 Siehe Fn. 586.

588 BVerfG, NJW 1998, 2269 f.; zu dieser Entscheidung Edelmann, DStR 1998, 1798 f.

589 Drittes Gesetz zur Änderung der Bundesnotarordnung und anderer Gesetze, BGBl. I 1998, S. 2585 f.

Die in der Literatur vereinzelt immer noch vertretene gegenteilige Auffassung[590] ist abzulehnen. So fehlt bereits ein sachlicher Grund für eine Ungleichbehandlung der Wirtschaftsprüfer mit den Steuerberatern, denen die Zusammenarbeit mit den Anwaltsnotaren erlaubt ist. Sowohl der Wirtschaftsprüfer als auch der Steuerberater verfolgen die wirtschaftlichen Interessen ihrer Mandanten. Auch Steuerberater sind nicht nur rechtsberatend, sondern auch wirtschaftsberatend tätig (siehe §§ 33, 57 III Nr. 1 und Nr. 3 StBerG).[591] Eine besondere Gefährdung durch die Ausübung von den so genannten Vorbehaltsaufgaben durch den Wirtschaftsprüfer (hierbei handelt es sich in erster Linie um die Prüfung von Unternehmen nach § 2 I WPO) ist ebenfalls nicht erkennbar.[592] Der Wirtschaftsprüfer ist nämlich zur Unabhängigkeit und Unparteilichkeit aufgefordert und übt seine Tätigkeit auch im öffentlichen Interesse aus. Damit weist er sogar Ähnlichkeit mit dem Notarberuf auf.[593] Zudem ist auch die Organisation der Berufsgruppen vergleichbar.[594] Schließlich hat der Gesetzgeber parallel zur Änderung der BNotO die Mitwirkungsverbote für Notare in § 3 I Nr. 7 BeurkG verschärft.[595] Bei vorangegangener oder andauernder außernotarieller Tätigkeit ist dem Notar oder einem Sozius nun die Mitwirkung in derselben Angelegenheit versagt. Durch dieses Verbot bleiben die notarielle Unabhängigkeit und die Unparteilichkeit des Anwaltsnotars angesichts der sich fortentwickelnden Kooperationsmöglichkeiten weiterhin gewährleistet.[596] Im Ergebnis ist dem Anwaltsnotar entsprechend der gesetzlichen Regelung in § 9 II BNotO die Zusammenarbeit mit Wirtschaftsprüfern und Buchprüfern gestattet.

Für die Nachfolge bedeutet dies, dass der bislang als Anwaltsnotar tätige Erbe in eine Partnerschaftsgesellschaft von Rechtsanwälten, Mitgliedern der Rechtsanwaltskammern, Patentanwälten, Steuerberatern, Steuerbevollmächtigen, Wirtschaftsprüfern und vereidigten Buchprüfern nachfolgen kann. Dabei kann es sich sowohl um eine Gesellschaft handeln, in der nur eine dieser Berufsgruppen bisher vertreten war, als auch um eine gemischte Gesellschaft, in der bereits mehrere der genannten Berufe vertreten sind. Auf der anderen Seite kann der Erbe auch als Rechtsanwalt, Mitglied der Rechtsanwaltskammer, Patentanwalt, Steuerberater, Steuerbevollmächtigter, Wirtschaftsprüfer oder vereidigter Buch-

---

590 Eylmann / Vaasen, BNotO, § 9 Rdn. 26; Lerch, NJW 1999, 401, 402.

591 Vergleiche dazu Brugger / Resing, DSWR 1999, 282.

592 Casper, ZIP 1996, 1501, 1504; Budde / Steuber, ZIP 1997, 101, 106.

593 Koch, Interdisziplinäre Zusammenarbeit von Wirtschaftsprüfern, Steuerberatern und Rechtsanwälten, S. 190.

594 BVerfG, NJW 1998, 2269, 2271.

595 Drittes Gesetz zur Änderung der Bundesnotarordnung und anderer Gesetze, BGBl. I 1998, S. 2585 f.

596 Vergleiche Regierungsbegründung zum Dritten Gesetz zur Änderung der Bundesnotarordnung und anderer Gesetze in BT-Drucks. 13/4184, S. 37. Kritisch zu dieser Änderungen des BeurkG Edelmann, DStR 1998, 1798, 1800.

prüfer die Nachfolge in einer Partnerschaftsgesellschaft von bislang nur Anwaltsnotaren antreten. Aufgrund der weiten Assoziierungsmöglichkeiten in § 9 II BNotO bestehen hier auch entsprechende erbrechtliche Möglichkeiten.

g) Steuerberater

(1) Interdisziplinärer Zusammenschluss in der Steuerberatungsgesellschaft

Steuerberater können sich entweder in einer Steuerberatungsgesellschaft in der Rechtsform der Partnerschaftsgesellschaft oder in einer so genannten „einfachen Partnerschaftsgesellschaft" zur gemeinschaftlichen interdisziplinären Berufsausübung zusammenschließen. Die Steuerberatungsgesellschaft, die in den §§ 49 f. StBerG geregelt ist, bedarf der Anerkennung durch die oberste Finanzverwaltungsbehörde auf Länderebene (§ 49 III StBerG). Diese Anerkennung berechtigt und verpflichtet zum Führen der Bezeichnung „Steuerberatungsgesellschaft".[597] Nach den §§ 50 II, 50 a I Nr. 1 StBerG können sich in der Steuerberatungsgesellschaft neben Steuerberatern auch Rechtsanwälte, Wirtschaftsprüfer, vereidigte Buchprüfer und Steuerbevollmächtigte zur gemeinsamen Berufsausübung zusammenschließen. Diese Berufsgruppen sind alle zur unbeschränkten geschäftsmäßigen Hilfeleistung in Steuersachen befugt.[598] § 50 III StBerG ermöglicht darüber hinaus, dass auch besonders befähigte Personen mit einer anderen als der in § 36 StBerG genannten Fachrichtung Partner in einer Steuerberatungsgesellschaft sein können. Mit der Formulierung „anderen Fachrichtung" wird klargestellt, dass nicht Personen, die erst Zwischenstadien auf dem Weg zum Steuerberater erreicht haben, wie beispielsweise Volks- oder Betriebswirte, erfasst werden.[599] Vielmehr sollen hier ganz andere Berufszweige, wie zum Beispiel Mathematiker oder Informatiker, angesprochen werden. Um Partner in einer Partnerschaftsgesellschaft werden zu können, müssen diese anderen Berufszweige dann auch Freie Berufe ausüben. Partnerschaftsfähig wären beispielsweise der Diplom-Informatiker, wenn er Systemanalysen erarbeitet und seine Ausbildung mit der eines Ingenieurs vergleichbar ist,[600] und der Diplom-Mathematiker, wenn er als Ingenieur oder EDV-Berater arbeitet.[601] Aber auch

---

[597] Für Steuerberater ist die Gründung einer Steuerberatungsgesellschaft häufig wegen der damit verbundenen Haftungsbeschränkung interessant. Hinzu kommt, dass der mit dem Namen der Gesellschaft verbundene Wert auch über den Tod der einzelnen Gesellschafter hinaus erhalten bleiben kann, auch für die Alter- und Hinterbliebenenversorgung hat die Steuerberatungsgesellschaft Vorteile (Gehre, StBerG, § 49 Rdn. 1). Bis zum Jahre 2000 sprach für die Gründung einer Partnerschaftsgesellschaft in Form einer Steuerberatungsgesellschaft zusätzlich, dass nur diese zur geschäftsmäßigen Hilfe in Steuersachen befugt war (siehe Schulze zur Wiesche, DStR 2001, 1589 f.).

[598] Gehre, StBerG, § 49 Rdn. 9.

[599] Meurers in: Kuhls, StBerG, § 50 Rdn. 20.

[600] MünchKommBGB-Ulmer, PartGG, § 1 Rdn. 69 (der Diplom-Informatiker gehört dann zu den ähnlichen Berufen i.S.v. § 1 II S. 2 PartGG).

[601] Ingenieur im Sinne von § 1 II S. 2 PartGG ist nur, wer der Ingenieurkammer eines Bundes-

Patentanwälte könnten auf diesem Wege Partner in einer Steuerberatungsgesellschaft werden, da nach § 5 II i.V.m. § 6 I der Patentanwaltsordnung (PAO) Voraussetzung für den Beruf des Patentanwaltes eine technische Befähigung ist, die durch ein Studium naturwissenschaftlicher oder technischer Fächer nachzuweisen ist.[602] Die Zulassung der besonders befähigten Personen bedarf einer entsprechenden Genehmigung der Anerkennungsbehörde, die erst nach Anhörung der Berufskammer erteilt wird. Die Genehmigung darf nur versagt werden, wenn die besondere Fachkunde fehlt oder die persönliche Zuverlässigkeit nicht vorhanden ist.[603]

Für alle Nicht-Steuerberater gelten nach § 72 I StBerG die Vorschriften über die Rechte und Pflichten der Steuerberater umfänglich und damit auch die Berufspflicht der Verschwiegenheit sowie das Unterliegen unter die Berufsaufsicht der Steuerberaterkammer. Dennoch ist fraglich, ob dadurch die Klienten einer Steuerberatungsgesellschaft in der Rechtsform der Partnerschaftsgesellschaft ausreichend geschützt werden. Die gesetzliche Verschwiegenheitspflicht führt nämlich bei den besonders befähigten Personen nach § 50 III StBerG – außer bei den Patentanwälten – nicht zu einem selbstständigen Zeugnisverweigerungsrecht nach § 53 I Nr. 3 StPO oder einer Beschlagnahmefreiheit nach § 97 StPO. Beides ist jedoch für einen effektiven Klientenschutz unabdingbar, insbesondere darf nicht das für Steuerberater geltende Zeugnisverweigerungsrecht mittelbar durch in derselben Steuerberatungsgesellschaft tätige andere Berufsgruppen ausgehöhlt werden. Zwar könnte insoweit versucht werden, über die §§ 53 a, 97 IV StPO die besonders befähigten Personen nach § 50 III StBerG als Berufsgehilfen, denen zumindest ein vom so genannten Geheimnisträger abgeleitetes Zeugnisverweigerungsrecht und auch eine entsprechende Beschlagnahmefreiheit zustehen würden, einzuordnen. Dies scheitert auch nicht bereits daran, dass § 53 a StPO zwingend ein Weisungsverhältnis zwischen Gehilfen und Geheimnisträger verlangt.[604] Aber die Gehilfen dürften keine eigenverantwortliche selbstständige Tätigkeit, die in keinem unmittelbaren Zusammenhang mit der Berufsausübung des Geheimnisträgers steht, mehr ausüben.[605] Solche Tätigkeiten sind in einer gleichberechtigten Partnerschaft unter Beteiligung verschiedener Professionen jedoch sehr häufig. Hier ist oft jeder selbstständig in seinem Berufsfeld tätig und arbeitet nicht nur anderen Partnern zu. Eine andere Aufgabenverteilung

---

landes angehört oder die Voraussetzungen für den Namenschutz eines Bundeslandes erfüllt (Castan, Die Partnerschaftsgesellschaft, S. 32). Zu den EDV-Beratern, die nur den ähnlichen Berufen zugerechnet werden, MünchKommBGB-Ulmer, PartGG, § 1 Rdn. 69.

602 Feuerich, PAO, § 6 Rdn. 1.

603 Die persönliche Zuverlässigkeit spielt bei den anderen Berufsgruppen schon deshalb keine Rolle, weil alle einer Berufs- und Standesaufsicht sowie einer speziellen Gerichtsbarkeit unterliegen.

604 Michalski, NJW 1996, 3233, 3235.

605 Kleinknecht / Meyer-Goßner, StPO, § 53 a Rdn. 2; Michalski, NJW 1996, 3233, 3235.

würde dem Wesen der Partnerschaftsgesellschaft auch nicht entsprechen. Da sowohl Diplom-Informatikern als auch Ingenieuren oder hauptberuflichen Sachverständigen mangels Aufnahme in den Katalog des § 53 I Nr. 3 StPO kein selbstständiges Zeugnisverweigerungsrecht zusteht, sollte in der als Steuerberatungsgesellschaft anerkannten Partnerschaftsgesellschaft daher auf die Aufnahme dieser besonders befähigten Personen nach § 50 III StBerG verzichtet werden. Gegen eine Aufnahme von Personen, denen ein selbstständiges Zeugnisverweigerungsrecht, wie beispielsweise den Patentanwälten oder Ärzten[606], zusteht, bestehen jedoch keine Bedenken. Das zuvor Gesagte könnte de lege ferenda wie folgt umgesetzt werden: Der Gesetzgeber könnte durch eine Änderung des StBerG Personen ohne selbstständiges Zeugnisverweigerungsrecht ausdrücklich von der Partnerschaftsgesellschaft ausschließen.[607] Alternativ könnten auch das Zeugnisverweigerungsrecht und die Beschlagnahmefreiheit in der StPO auf Personen, die in einer interdisziplinären Berufsausübungsgemeinschaft mit in § 53 I Nr. 3 StPO genannten Berufsgruppen tätig sind, erweitert werden.[608] Durch den zweiten Vorschlag würde die interprofessionelle Zusammenarbeit einheitlich erleichtert und erweitert werden, so dass in der Folge verschiedene Berufsgruppen, so z.B. auch die der Rechtsanwälte, ihr Berufsrecht liberalisieren und zumindest dem der artverwandten Berufe (insbesondere Steuerberater und Wirtschaftsprüfer) anpassen könnten. Gleichzeitig würde der wichtige Vertrauensschutz weiterhin gewährleistet bleiben. Im Sinne einer Harmonisierung der Berufsrechte ist daher die zweite Alternative, eine Änderung der StPO, zu bevorzugen. Es ist aber noch hervorzuheben, dass in der Praxis bei Zusammenschlüssen in der Steuerberatungsgesellschaft unter Beteiligung von Rechtsanwälten das strengere Berufsrecht der Rechtsanwälte bereits dazu führt, dass wegen § 59 a I BRAO keine Personen ohne ein eigenes Zeugnisverweigerungsrecht aufgenommen werden dürfen. Gleiches gilt, wenn die beteiligten Steuerberater oder Wirtschaftsprüfer gleichzeitig Rechtsanwälte sind und daher an das Berufsrecht der Rechtsanwälte gebunden sind.[609] In diesen Fällen bewirkt anderes Berufsrecht bereits, dass eine Aufnahme von besonders befähigten Personen nach § 50 III StBerG nicht möglich ist.

---

606 Das ärztliche Berufsrecht würde eine ärztliche Beteiligung unter der Voraussetzung, dass der Arzt nicht die Heilkunde am Menschen ausübt, nach § 23 c MBO-Ä 1997 erlauben (Einzelheiten unter D.II.4.c)(1), Seite 91).

607 In Steuerberatungsgesellschaften, die in anderen Rechtsformen geführt werden, ist die Hilfstätigkeit einzelner Gesellschafter durchaus denkbar, so dass für diese Gesellschaften die besonders befähigten Personen nach § 50 III StBerG nicht ausgenommen werden müssen.

608 Bislang wurden Erweiterungen des Kataloges von § 53 StPO immer abgelehnt (vergleiche nur für Tierärzte BVerfGE 38, 312).

609 Eine Lösung vom strengeren Berufsrecht der Rechtsanwälte ist aber möglich, wenn der doppeltqualifizierte Partner auf die Führung der anderen Berufsbezeichnung und die Ausübung der entsprechenden Tätigkeit in der Partnerschaftsgesellschaft verzichtet (Maxl in: Kuhls, StBerG, § 56 Rdn. 57 und § 57 Rdn. 14).

Die besonders befähigten Personen können nicht im Gesellschaftsvertrag zur Ausübung von Gesellschafterrechten bevollmächtigt werden (§ 50 a I Nr. 6 StBerG). Auch im Übrigen beschränken das StBerG und auch die Berufsordnung der Steuerberater die Geschäftsführungs- und Vertretungsmöglichkeiten von Nicht-Steuerberatern in der Steuerberatungsgesellschaft (§ 50 II, III, IV StBerG; § 57 III, IV, VII BOStB). Dadurch wird sichergestellt, dass die Steuerberater auch bei einer interdisziplinären Zusammenarbeit ihren Einfluss nicht verlieren.[610]

(2) Interdisziplinärer Zusammenschluss in der einfachen Partnerschaftsgesellschaft

Steuerberater können sich nach § 56 II S. 1 StBerG zur gemeinschaftlichen Berufsausübung auch in einer Partnerschaftsgesellschaft zusammenschließen, die nicht gleichzeitig als Steuerberatungsgesellschaft anerkannt ist.[611] Gesellschafter einer solchen Partnerschaftsgesellschaft dürfen neben anderen Steuerberatern und Steuerbevollmächtigten Wirtschaftsprüfer, vereidigte Buchprüfer, Mitglieder einer Rechtsanwaltskammer und Mitglieder der Patentanwaltskammer sein. Auch Anwaltsnotare dürfen nach § 56 II S. 2 i.V.m. I S. 2 StBerG in Bezug auf ihre anwaltliche Tätigkeit Partner einer solchen einfachen Partnerschaftsgesellschaft werden.

Damit unterscheidet sich der Gesellschafterkreis einer solchen einfachen Partnerschaftsgesellschaft von dem der gleichzeitig als Steuerberatungsgesellschaft anerkannten Partnerschaftsgesellschaft. In einer Steuerberatungsgesellschaft können Mitglieder einer Patentanwaltskammer nicht automatisch, sondern nur nach Erteilung einer entsprechenden Genehmigung nach § 50 III StBerG eintreten. Anwaltsnotare können in einer Steuerberatungsgesellschaft überhaupt nicht tätig werden. Zusätzlich besteht nach dem Gesetzeswortlaut in einer Steuerberatungsgesellschaft die Möglichkeit, neben den Patentanwälten andere besonders qualifizierte Personen mit anderer Ausbildung Gesellschafter werden zu lassen. Tatsächlich besteht eine solche Möglichkeit aus Vertrauensschutzgesichtspunkten der Klienten aber nicht [ausführlich hierzu unter (1), Seite 117].

Teilweise wird die Auffassung vertreten, dass auch der Gesellschafterkreis einer einfachen Partnerschaftsgesellschaft im Zuge einer Gesetzesänderung erweitert werden sollte. So sei eine Zusammenarbeit mit den beratenden Volks- und Betriebswirten im Hinblick auf die betriebswirtschaftliche Beratung interessant.[612] Ebenso könne eine Erweiterung der gemeinschaftlichen Berufsausübung auf die beratenden Ingenieure, beispielsweise im Hinblick auf schwierige Um-

---

[610] Zu den Einzelheiten und insbesondere zu den Konsequenzen für die Nachfolge in einer Steuerberatungsgesellschaft siehe unter D.II.4.e)(5)(b), Seite 110.

[611] Dies war vor der Gesetzesänderung umstritten, Einzelheiten unter D.II.3.d), Seite 71.

[612] So Gilgan, Stbg 1995, 28, 29.

weltfragen, erwogen werden.[613] Die herrschende Meinung lehnt dies bislang ab.[614] Der Gesetzgeber ging davon aus, dass das Gesetz in § 56 II S. 1 StBerG die Gruppe der sozietätsfähigen Berufe abschließend aufzähle. Insbesondere würde das Berufsbild der freien rechtsberatenden Berufe einen Zusammenschluss mit Gewerbetreibenden oder anderen Freiberuflern, die nicht einer Kammeraufsicht unterlägen, ausschließen.[615] Fraglich ist, ob diese Begrenzung des Gesellschafterkreises wirklich überzeugen kann. Dagegen könnte bereits das Gesetz selbst sprechen. Für die Steuerberatungsgesellschaft ist in § 50 III StBerG eine Erweiterung um besonders befähigte und zuverlässige Personen unter bestimmten Voraussetzungen durchaus vorgesehen. Hier scheint das Berufsbild der freien rechtsberatenden Berufe eine Kooperation nicht per se zu verhindern. Allerdings kann eine Steuerberatungsgesellschaft beispielsweise auch in der Rechtsform einer Kapitalgesellschaft geführt werden und damit nach § 2 II S. 1 GewStG gewerbesteuerpflichtig sein. Auch dies widerspricht dem ursprünglichen Berufsbild des Freien Berufes.[616] Damit weicht die Steuerberatungsgesellschaft ohnehin vom tradierten Bild eines Freiberuflerzusammenschlusses ab und ist daher für andere Zusammenschlüsse wenig aussagekräftig. Für die Begrenzung des Gesellschafterkreises einer einfachen Partnerschaftsgesellschaft spricht aber, dass die in § 56 II S. 1 StBerG genannten Berufe gesetzlich und strafbewehrt zur Verschwiegenheit verpflichtet sind (§ 203 I Nr. 3 StGB), ihnen ein Zeugnisverweigerungsrecht nach § 53 I Nr. 3 StPO zusteht und sie sich auf das Beschlagnahmeverbot des § 97 StPO berufen können. Der hierdurch erreichte Schutz des Mandanten könnte bei einer Erweiterung der sozietätsfähigen Berufe um Ingenieure und beratende Volks- und Betriebswirte, für die solche Vorschriften gerade nicht gelten, nicht mehr erreicht werden.[617] In der einfachen Partnerschaftsgesellschaft ist daher von einer Ausdehnung des Personenkreises auf beratende Volks- und Betriebswirte sowie Ingenieure abzusehen. Gegen eine Erweiterung um andere, ebenfalls einer gesetzlichen Verschwiegenheitspflicht sowie einem selbstständigen Zeugnisverweigerungsrecht unterliegende Berufsgruppen, wie beispielsweise die der Ärzte[618], bestehen jedoch keine

---

[613] Siehe Fn. 612; aber auch Maxl (in: Kuhls, StBerG, § 56 Rdn. 45) hält eine Sozietät mit Ingenieuren nicht grundsätzlich für ausgeschlossen.

[614] Gehre, StBerG, § 56 Rdn. 3; Meng, StB 1995, 130, 131; teilweise auch Maxl in: Kuhls, StBerG, § 56 Rdn. 41 f., 53 f.

[615] Regierungsbegründung zum Sechsten Gesetz zur Änderung des Steuerberatungsgesetzes in BT-Drucks. 12/6753, S. 17.

[616] Meurers in: Kuhls, StBerG, § 49 Rdn. 5.

[617] So auch Heilgeist, KammerReport 2004, 1; vergleiche hierzu auch die übertragbaren Ausführungen zu den nach § 50 III StBerG besonders befähigten Personen in der Steuerberatungsgesellschaft unter (1), Seite 117.

[618] Das ärztliche Berufsrecht würde hier auch nicht entgegenstehen (siehe § 23 c MBO-Ä 1997, hierzu unter D.II.4.c)(1), Seite 91.

Bedenken.[619] Hier müssen die Bedürfnisse der Berufsträger entscheiden, ob solche Zusammenschlüsse für Steuerberater von Interesse sein können und somit eine Gesetzesänderung sinnvoll wäre.[620]

(3) Konsequenzen für die Nachfolge

Die Nachfolge in der als Steuerberatungsgesellschaft anerkannten Partnerschaftsgesellschaft und in der einfachen Partnerschaftsgesellschaft gestaltet sich wie folgt: Partnerschaftsfähig in der Steuerberatungsgesellschaft sind nach §§ 50 II, 50 a I Nr. 1 StBerG neben Steuerberatern Steuerbevollmächtigte, Rechtsanwälte, Wirtschaftsprüfer und vereidigte Buchprüfer. Der Erbe muss daher, um nachfolgen zu können, einen der genannten Berufe ausüben. Daneben sieht das Gesetz die Möglichkeit vor, eine besonders befähigte Person mit einer anderen als der in § 36 StBerG genannten Fachrichtung Partner und folglich auch Erbe werden zu lassen. Eine Nachfolge wäre damit auch als Diplom-Informatiker, Ingenieur, EDV-Berater oder Patentanwalt möglich. Es bestehen jedoch Bedenken, Berufszweige, denen nicht wie den Patentanwälten ein selbstständiges Zeugnisverweigerungsrecht zusteht, aufzunehmen bzw. nachfolgen zu lassen. Dementsprechend sollte die Nachfolge auf die in den §§ 50 II, 50 a I Nr. 1 StBerG genannten Personen sowie andere Berufe mit einem eigenem Zeugnisverweigerungsrecht begrenzt werden.

In die einfache Partnerschaftsgesellschaft kann der Erbe nachfolgen, wenn er Steuerberater, Steuerbevollmächtigter, Wirtschaftsprüfer, vereidigter Buchprüfer oder Mitglied einer Rechtsanwalts- oder Patentanwaltskammer ist. Folgt der Er-

---

619 Vergleiche hierzu auch die parallelen Erläuterungen bei den Rechtsanwälten unter D.II.4.e)(2), Seite 98.

620 Die Bundesregierung hat im Juli 2004 einen Gesetzesentwurf vorgelegt, wonach § 56 VI StBerG dahingehend geändert werden soll, dass auch Steuerberatern eine „Kooperation" mit nicht sozietätsfähigen Berufen gestattet sein soll (Regierungsentwurf zum Gesetz zur Umsetzung von EU-Richtlinien in nationales Steuerrecht und zur Änderung weiterer Vorschriften (Richtlinien-Umsetzungsgesetz-EURLUmsG) in BR-Drucks. 605/04 S. 35). Die „Kooperation", die auch von Rechtsanwälten genutzt wird (vgl. § 8 S. 1 BORA), ist eine lockere, aber dauerhafte Zusammenarbeit mit anderen Berufsträgern, die ohne die Nutzung eines gemeinsamen Büros erfolgt. Nach dem oben genannten Regierungsentwurf wird auch die „Bürogemeinschaft" ausdrücklich als besondere Form der Kooperation bezeichnet und damit den gleichen Regelungen unterstellt. Somit wäre künftig, sollte der Regierungsentwurf umgesetzt werden, auch eine Bürogemeinschaft zwischen einem Steuerberater und einem nicht sozietätsfähigen Beruf möglich. Das Berufsrecht der Rechtsanwälte sieht Bürogemeinschaften aber nur mit sozietätsfähigen Berufen vor (§ 59 a IV i.V.m. I BRAO). Dadurch könnten Steuerberater künftig davon abgehalten werden, mit Rechtsanwälten eine Bürogemeinschaft zu gründen (diese nicht unberechtigten Befürchtungen äußern Dahns / Gelmke, NJW-Spezial 2004, 237, 238; Heilgeist, KammerReport 2004, 1). Der Gesetzesentwurf zeigt, wie das Berufsrecht vermehrt, insbesondere auch bei der interdisziplinären Arbeit, in Bewegung gerät und welchen Einfluss in diesem Bereich die Änderung einzelner Vorschriften auf fremde Berufszweige hat.

be als Nicht-Steuerberater in eine Steuerberatungsgesellschaft nach, so muss er die Vorschriften über die Geschäftsführung bzw. Vertretung beachten. Diese können die Nachfolge des Erben sogar verhindern (vergleiche hierzu die Ausführungen zu Rechtsanwälten unter D.II.4.e)(5), Seite 108). Zusammenfassend ist festzustellen, dass die interdisziplinäre Zusammenarbeit unter Beteiligung von Steuerberatern zumindest in der einfachen Partnerschaftsgesellschaft übereinstimmend mit den Vorschriften für die Rechtsanwälte geregelt ist. Lediglich in der Steuerberatungsgesellschaft bestehen durch § 50 III StBerG Besonderheiten. Diese wirken sich aber nur aus, wenn an einem Zusammenschluss keine Rechtsanwälte beteiligt sind, da sich sonst das strengere Berufsrecht der Rechtsanwälte auch in der Steuerberatungsgesellschaft durchsetzt.

h) Wirtschaftsprüfer und vereidigte Buchprüfer

Bei den Wirtschaftsprüfern und den vereidigten Buchprüfern[621] ist die interdisziplinäre Zusammenarbeit ähnlich geregelt wie bei den Steuerberatern. Auch hier ist zu unterscheiden zwischen der interdisziplinären Zusammenarbeit in der als Wirtschaftsprüfungsgesellschaft anerkannten Partnerschaftsgesellschaft und der so genannten „einfachen Partnerschaftsgesellschaft“ unter Beteiligung von Wirtschaftsprüfern.

(1) Interdisziplinärer Zusammenschluss in der Wirtschaftsprüfungsgesellschaft

Eine Partnerschaftsgesellschaft kann nach § 27 I WPO auch als Wirtschaftsprüfungsgesellschaft anerkannt werden.[622] Die Voraussetzungen für die Anerkennung sind in § 28 WPO geregelt. Bei der gemeinschaftlichen Berufsausübung mit Berufsfremden wird danach unterschieden, ob diese einfache oder persönlich haftende Gesellschafter sind. Da in der Partnerschaftsgesellschaft alle Partner persönlich haften (§ 8 I PartGG), wenn auch mit der besonderen Mög-

---

[621] Der Aufgabenbereich von vereidigten Buchprüfern entspricht weitgehend dem der Wirtschaftsprüfer. Die durch vereidigte Buchprüfer durchzuführenden Prüfungen beziehen sich allerdings nach § 129 I S. 1 WPO auf das Gebiet des betrieblichen Rechungswesens, insbesondere Buch- und Bilanzprüfungen. In diesem Bereich dürfen sie auch Prüfungsvermerke erteilen und auch die Jahresabschlussprüfungen von bestimmten mittelgroßen Gesellschaften durchführen (§ 129 I S. 4 WPO). Wirtschaftsprüfer hingegen können nach § 2 I WPO umfassende betriebswirtschaftliche Prüfungen, insbesondere solche von Jahresabschlüssen großer Unternehmen, durchführen und entsprechende Bestätigungsvermerke erteilen. Wird ein vereidigter Buchprüfer zum Wirtschaftsprüfer bestellt, so verliert er nach § 128 I 2. HS WPO automatisch die Bestellung als vereidigter Buchprüfer. Die Tätigkeit als Wirtschaftsprüfer beinhaltet somit die Tätigkeit als vereidigter Buchprüfer. Die Vorschriften über die berufliche Zusammenarbeit von Wirtschaftsprüfern gelten nach § 130 I, II WPO auch für die vereidigten Buchprüfer, im Folgenden werden die vereidigten Buchprüfer daher nicht mehr ausdrücklich erwähnt.

[622] Zu den Vorteilen, die mit denen der Steuerberatungsgesellschaft übereinstimmen, siehe Fn. 597.

lichkeit der Haftungskonzentration nach § 8 II PartGG,[623] findet hier nur die Bestimmung zur persönlichen Haftung Anwendung. Nach § 28 II S. 1 WPO können daher neben Wirtschaftsprüfern auch Steuerberater und Rechtsanwälte Partner in Wirtschaftsprüfungsgesellschaften sein. Zudem besteht die bereits von den Steuerberatern nur bekannte Möglichkeit, besonders befähigte Personen, die nicht Wirtschaftsprüfer, vereidigte Buchprüfer, Steuerberater oder Rechtsanwälte sind, Partner nach § 28 II S. 2 WPO werden zu lassen. Voraussetzung ist eine Genehmigung der Wirtschaftsprüferkammer. Des Weiteren müssen diese Personen einen mit dem Beruf des Wirtschaftsprüfers nach § 43 a IV Nr. 1 WPO zu vereinbarenden Beruf ausüben. Als vereinbar gelten Freie Berufe auf dem Gebiet der Technik und des Rechnungswesens und nach § 44 b I WPO sozietätsfähige Berufe [zu den zuletzt genannten Berufen siehe unter (2), Seite 125]. In der Partnerschaftsgesellschaft ist weiter zu beachten, dass es sich bei den genannten Berufen auch tatsächlich um Freie Berufe handeln muss. So können von den zu vereinbarenden Berufen auf dem Gebiet der Technik und des Rechnungswesens nur Ingeniere und einige hauptberufliche Sachverständige als Partner für Wirtschaftsprüfer in Betracht kommen.[624] Für die Angehörigen der zu vereinbarenden Berufe gelten nach § 56 WPO die Vorschriften über die Rechte und Pflichten der Wirtschaftsprüfer und damit auch die Berufspflicht der Verschwiegenheit sowie das Unterliegen unter die Berufsaufsicht der Wirtschaftsprüferkammer. Dass dies aber nicht genügt, um den Vertrauensschutz des Mandanten zu gewährleisten und um eine Umgehung insbesondere des Zeugnisverweigerungsrechts der beteiligten Wirtschaftsprüfer sicherzustellen, wurde bereits im Rahmen der Beteiligung von besonders befähigten Personen an einer Steuerberatungsgesellschaft in der Rechtsform der Partnerschaftsgesellschaft erörtert. Auf die diesbezüglichen, übertragbaren Ausführungen wird daher an dieser Stelle verwiesen (D.II.4.g)(1), Seite 117). Auch hier müsste sichergestellt werden, dass nur Berufe, die auch einem Zeugnisverweigerungsrecht nach § 53 StPO unterliegen (also auch die nach § 44 b I WPO sozietätsfähigen Berufe), Partner werden können. Damit könnten nach der hier vertretenen Auffassung neben Wirtschaftsprüfern und vereidigten Buchprüfern nur Steuerberater und Rechtsanwälte sowie bei entsprechender Genehmigung die nach § 44 b I WPO sozietätsfähigen Berufe Partner in einer Wirtschaftsprüfungsgesellschaft werden. Alle Nicht-

---

[623] Diese führt dazu, dass bei beruflichen Fehlern die persönliche unbeschränkte Gesellschafterhaftung auf den verantwortlichen Partner konzentriert werden kann. Nur dieser Partner haftet dann unbeschränkt. Für Ansprüche, die sich nicht auf die fehlerhafte Berufsausübung beziehen, haften alle Partner unbeschränkt. Damit haftet jeder Partner unbeschränkt für die eigenen beruflichen Fehler und die sonstigen Ansprüche. Folglich sind die Partner einer Partnerschaftsgesellschaft trotz der Haftungskonzentration als persönlich haftende Gesellschafter zu qualifizieren.

[624] Hierzu MünchKommBGB-Ulmer, PartGG, § 1 Rdn. 57 (zu Ingenieuren) und Rdn. 59 (zu hauptberuflichen Sachverständigen).

Wirtschaftsprüfer müssen dabei beachten, dass die WPO in § 28 I, II S. 1 und S. 3 die Geschäftsführungs- und Vertretungsmöglichkeiten von Nicht-Wirtschaftsprüfern einschränkt.[625] Dadurch wird erreicht, dass in der Wirtschaftsprüfungsgesellschaft die verantwortliche Führung stets bei den Wirtschaftsprüfern bleibt.

(2) Interdisziplinärer Zusammenschluss in der einfachen Partnerschaftsgesellschaft

Wirtschaftsprüfer können sich in einer Partnerschaftsgesellschaft, die nicht als Wirtschaftsprüfungsgesellschaft anerkannt ist (so genannte „einfache Partnerschaftsgesellschaft"), zur gemeinschaftlichen interdisziplinären Berufsausübung zusammenschließen. Dies ist heute trotz des unklaren Wortlautes von § 44 b WPO, der die gemeinsame Berufsausübung außerhalb der Wirtschaftsprüfungsgesellschaft regelt, einhellige Meinung und wird durch die Vorschrift des § 43 a II S. 1 WPO bestätigt.[626] Das Berufsrecht der Wirtschaftsprüfer erlaubt gegenüber anderen Berufsrechten, insbesondere dem der Rechtsanwälte und Steuerberater, die interdisziplinäre Zusammenarbeit im größeren Umfang. So zählt das Gesetz nicht bestimmte Berufsgruppen abschließend auf, vielmehr ist nach § 44 b I S. 1 WPO eine Zusammenarbeit mit jeder natürlichen Person möglich, die der Berufsaufsicht einer Berufskammer eines Freien Berufes unterliegt[627] und der ein Zeugnisverweigerungsrecht nach § 53 I S. 1 Nr. 3 StPO zusteht. Darüber hinaus ist unter denselben Voraussetzungen auch ein Zusammenschluss mit juristischen Personen sowie mit Personengesellschaften zulässig. Mit Anwaltsnotaren darf nach § 44 b I S. 2 WPO eine Sozietät nur bezogen auf die anwaltliche Tätigkeit eingegangen werden. Damit ist den Wirtschaftsprüfern eine gemeinschaftliche Berufsausübung außer mit Steuerberatern, Steuerbevollmächtigten, Rechtsanwälten, Patenanwälten und Notaren (theoretisch) auch mit Ärzten, Zahnärzten und Apothekern gestattet.[628] Die ebenfalls in § 53 I S. 1 Nr. 3 StPO genannten psychologischen Psychotherapeuten, Kinder- und Jugendlichenpsychotherapeuten sowie Hebammen unterliegen zwar einer Berufsaufsicht, eine gesetzlich eingerichtete Berufskammer mit Pflichtmitgliedschaft der auf diesen Gebieten tätigen Selbstständigen gibt es aber nicht.[629] Im Ergebnis ist damit der Kreis der partnerschaftsfähigen Berufe in der einfachen Partnerschaftsgesellschaft gegenüber dem in der Wirtschaftsprüfungsgesellschaft weitgehend, nach

[625] Ausführlich unter D.II.4.e)(5)(b), Seite 110.

[626] Vergleiche zu dem früheren Streit die Ausführungen unter D.II.3.d), Seite 71.

[627] Ausführlich zur Kammerzugehörigkeit als Kriterium der Zusammenschlussfähigkeit Michalski, Das Gesellschafts- und Kartellrecht, S. 156 f.

[628] Michalski / Römermann, PartGG, § 1 Rdn. 119. Apotheker sind allerdings nicht partnerschaftsfähig, siehe unter D.II.3.a), Seite 56. Die Zusammenarbeit mit Ärzten wäre nach dem ärztlichen Berufsrecht nur zulässig, wenn die Ärzte nicht die Heilkunde am Menschen ausüben, vergleiche unter D.II.4.c)(1), Seite 91.

[629] MünchKommBGB-Ulmer, PartGG, § 1 Rdn. 44.

der hier vertretenen Auffassung (nach der nur Personen, denen ein eigenes Zeugnisverweigerungsrecht nach § 53 I S. 1 Nr. 3 StPO zusteht, Partner in der Wirtschaftsprüfungsgesellschaft sein können, siehe unter (1), Seite 123) sogar vollständig identisch. In der Praxis wirkt sich das liberale Berufsrecht der Wirtschaftsprüfer wegen der sehr häufig vorkommenden Mehrfachqualifikationen seiner Berufsträger kaum aus, da diese auch an das strenge Berufsrecht der Rechtsanwälte und / oder Steuerberater gebunden sind.[630] Zudem könnten an einem Zusammenschluss von Ärzten und Wirtschaftsprüfern derzeit keine Rechtsanwälte oder Steuerberater beteiligt sein, da deren Berufsrecht eine gemeinschaftliche Berufsausübung mit Ärzten nicht oder derzeit noch nicht vorsieht. Damit sind bestimmte Zusammenschlüsse in der Praxis nicht oder kaum attraktiv. Gleichzeitig verdeutlichen diese Probleme, dass die Liberalisierung eines Berufsrechtes nur sinnvoll ist, wenn auch gleichzeitig zumindest die Berufsrechte der artverwandten Berufe entsprechend geändert werden.[631] Begrüßenswert wäre in diesem Zusammenhang, die in § 44 b I S. 1 WPO gefundenen Kriterien für eine gemeinschaftliche Berufsausübung (Berufsaufsicht der Kammer, Zeugnisverweigerungsrecht nach § 53 I S. 1 Nr. 3 StPO) auch auf die Zusammenschlüsse der anderen artverwandten Berufe auszudehnen. Die Vorschrift sollte damit Vorbild für die berufliche Zusammenarbeit von Rechtsanwälten, Steuerberatern (und zwar sowohl in der Steuerberatungsgesellschaft als auch in

---

630 Michalski / Römermann, PartGG, § 1 Rdn. 120. Eine Lösung vom strengeren Berufsrecht der Rechtsanwälte und Steuerberater ist aber möglich, wenn der doppeltqualifizierte Partner auf die Führung der anderen Berufsbezeichnungen und die Ausübung der entsprechenden Tätigkeiten in der Partnerschaftsgesellschaft verzichtet (für doppeltqualifizierte Steuerberater Maxl in: Kuhls, StBerG, § 56 Rdn. 57 und § 57 Rdn. 14).

631 Auf diesen Punkt weist auch die Wirtschaftsprüferkammer in ihrer Stellungnahme vom 19. November 2004 (www.wpk.de/stellungnahmen/stellungnahme_19-11-2004.asp) zu dem Referentenentwurf eines Gesetzes zur Neuregelung des Rechtsberatungsrechts (hierzu mehr unter Fn. 526) hin. Die Wirtschaftsprüferkammer spricht sich unter Anderem auch aus diesem Grund gegen die geplante Form der Erweiterung von § 59 a BRAO aus. Sie empfiehlt eine Änderung, bei der die Einhaltung der Berufspflichten nicht, wie im Entwurf vorgesehen, durch den schriftlichen Gesellschaftsvertrag garantiert, sondern bereits gesetzlich (wie bei den Wirtschaftsprüfern durch die Regelung in § 44 b I WPO) gewährleistet wird. Sollte der Entwurf dennoch Gesetz werden, so befürchtet die Wirtschaftsprüferkammer, dass für die Wirtschaftsprüfer und Steuerberater die Zusammenarbeit mit Rechtsanwälten künftig nicht mehr zulässig sein könnte. Dabei übersieht die Kammer aber, dass sich bei der interdisziplinären Zusammenarbeit immer das strengere Berufsrecht durchsetzt, so dass entsprechend dem dann strengeren Berufsrecht der Wirtschaftsprüfer und Steuerberater ein Zusammenschluss nur nach ihren Vorgaben zulässig wäre. Zudem gilt für die Rechtsanwälte nach herrschender Meinung auch ein Verbot der Sternsozietät (siehe unter D.II.4.e)(4), Seite 102), so dass auch keine irgendwie geartete mittelbare Aushöhlung durch die parallele Zugehörigkeit von Rechtsanwälten zu einer Sozietät mit Personen, die nur gesellschaftsvertraglichen Verschwiegenheitspflichten unterliegen, zu befürchten wäre.

der einfachen Partnerschaftsgesellschaft) sowie in der Wirtschaftsprüfungsgesellschaft sein.

(3) Schlussfolgerungen für die erbrechtliche Nachfolge

Für den Erben, der in eine Partnerschaftsgesellschaft von Wirtschaftsprüfern nachfolgen will, ist das liberale Berufsrecht der Wirtschaftsprüfer vorteilhaft, da nach dem Gesetzeswortlaut die Anzahl der partnerschaftsfähigen Berufe groß ist. So kann der Erbe, der in eine Wirtschaftsprüfungsgesellschaft oder in eine einfache Partnerschaftsgesellschaft nachfolgen will, nicht nur Wirtschaftsprüfer und vereidigter Buchprüfer, sondern auch Steuerberater oder Rechtsanwalt sein. Zudem besteht für den Erben nach dem Wortlaut der WPO die Möglichkeit, mit entsprechender Genehmigung der Wirtschaftsprüferkammer als besonders befähigte Person nach § 28 II S. 2 WPO die Nachfolge in einer Wirtschaftsprüfungsgesellschaft anzutreten. Diese Möglichkeit besteht aus Gründen des Vertrauensschutzes des Klienten aber nur für die nach § 43 IV Nr. 1 i.V.m. § 44 b WPO genannten Berufe, denen ein selbstständiges Zeugnisverweigerungsrecht zusteht. Über den Umweg einer einzuholenden Genehmigung sowie einer besonderen Befähigung können damit auch Patentanwälte, Anwaltsnotare und Ärzte, Zahnärzte sowie theoretisch Apotheker die Nachfolge in die Wirtschaftsprüfungsgesellschaft antreten. Das Berufsrecht der Apotheker steht hier jedoch einer Nachfolge eines Erben entgegen und auch der Arzt kann nur nachfolgen, wenn er in der Partnerschaftsgesellschaft nicht die Heilkunde am Menschen ausübt. Die Nachfolge in die einfache Partnerschaftsgesellschaft gestaltet sich für den Erben identisch, da hier § 44 b I S. 1 WPO unmittelbar ohne den Umweg einer Genehmigung Anwendung findet. Darüber hinaus ist zu beachten, dass in der Wirtschaftsprüfungsgesellschaft die Vorschriften zur Geschäftführung und Vertretung die erbrechtliche Nachfolge – vergleiche hierzu die Ausführungen bei den Rechtsanwälten unter D.II.4.e)(5), Seite 108, – beschränken. Fasst man das Gesagte zusammen, so lässt sich feststellen, dass trotz der liberalen Vorschriften der WPO die Nachfolgemöglichkeiten durch anderes Berufsrecht wieder eingeschränkt werden. Dennoch sind die Möglichkeiten gegenüber dem Berufsrecht der Rechtsanwälte und auch dem der Steuerberater erweitert.

Die Schwierigkeiten des divergierenden Berufsrechts zeigen sich auch an den folgenden Beispielen. Ist der Erbe selbst mehrfachqualifiziert, ist er also beispielsweise Wirtschaftsprüfer und Rechtsanwalt, so ist er zusätzlich durch das strengere Berufsrecht der Rechtsanwälte gebunden. Dieses würde ihm durch § 59 a I BRAO verbieten, die Nachfolge in einer Wirtschaftsprüfungsgesellschaft, an der bislang nur Wirtschaftsprüfer und Diplom-Informatiker beteiligt sind, anzutreten. Der Erbe dürfte dann nur nachfolgen, wenn er auf die Bezeichnung als Rechtsanwalt und die anwaltliche Tätigkeit verzichtete und somit nur als Wirtschaftsprüfer die Nachfolge anträte. Auch dann würden jedoch nach der hier vertretenen Auffassung Bedenken gegenüber einem solchen Zusammenschluss bestehen. Aber auch wenn der Erbe nicht mehrfachqualifiziert ist, genügt es, wenn nach dem Berufsrecht der anderen Partner bzw. auch nur eines anderen Partners eine Zusammenarbeit mit dem Beruf des Erben und damit mit dem Erben ausgeschlossen ist. So dürfte in eine Wirtschaftsprüfungsgesellschaft von Wirtschaftsprüfern, Steuerberatern und Rechtsanwälten ein Erbe, der Diplom-Ingenieur ist, nicht nachfolgen. Zwar könnte er nach dem Gesetzeswortlaut mit einer Genehmigung nach § 28 II S. 2 WPO Partner werden, da er einen Freien Beruf auf dem Gebiet der Technik, der mit dem Beruf des Wirtschaftsprüfers nach § 43 a IV Nr. 1 WPO vereinbar ist, ausübt. Aber auch bei unterstellter besonderer Befähigung und Zuverlässigkeit würde das anwaltliche Berufsrecht nach § 59 a I BRAO einen solchen Zusammenschluss verhindern. Diplom-Ingenieure sind nach dieser Vorschrift nämlich nicht partnerschaftsfähig. Zudem bestehen gegenüber der Möglichkeit der Aufnahme von besonders befähigten Personen ohne eigenes Zeugnisverweigerungsrecht durchgreifende Bedenken.

Weiter ist denkbar, dass der Erbe einen Anteil an einer Wirtschaftsprüfungsgesellschaft erbt, aber selbst einen Beruf ausübt, der ohne Genehmigung nur in der einfachen Partnerschaftsgesellschaft ausgeübt werden darf (z.B. Patentanwalt). Der Patentanwalt ist ein sozietätsfähiger Beruf nach § 44 b I S. 1 WPO, und damit nach § 43 IV S. 1 Nr. 1 WPO vereinbar mit dem Beruf des Wirtschaftsprüfers; er könnte eine Genehmigung als besonders befähigte Person nach § 28 II S. 2 WPO erhalten. Gelingt dies, so wäre die Nachfolge in die Wirtschaftsprüfungsgesellschaft unproblematisch. Sollte die Genehmigung aber nicht erteilt werden, weil beispielsweise keine besondere Befähigung des Patentanwaltes vorhanden ist, so könnte die Partnerschaftsgesellschaft nur auf die Anerkennung als Wirtschaftsprüfungsgesellschaft verzichten und zukünftig als einfache Partnerschaftsgesellschaft tätig sein. Die Wirtschaftsprüferkammer müsste sonst die Anerkennung nach § 34 I S. 1 Nr. 2 WPO widerrufen, da die Voraussetzungen für die Anerkennung nachträglich weggefallen wären. Damit könnten sich für die übrigen Partner durch die Nachfolge teilweise beträchtliche Konsequenzen ergeben.

Die Ausführungen zeigen, wie komplex sich die Nachfolge im Einzelfall gestalten kann. Insbesondere wird deutlich, dass das einzelne liberale Berufsrecht, wie das der Wirtschaftsprüfer, durch die anderen divergierenden Berufsrechte, insbesondere das der Rechtsanwälte, in seiner Wirkung stark beschränkt wird. Insofern ist der durch eine Änderung der BRAO[632] geplante grundsätzliche Ansatz einer Öffnung der interdisziplinären Zusammenarbeit sehr zu begrüßen.

i) Patentanwälte

Nach § 52 a I S. 1 der Patentanwaltsordnung (PAO) dürfen sich Patentanwälte mit Mitgliedern der Patentanwaltskammer und einer Rechtsanwaltskammer, mit Steuerberatern, Steuerbevollmächtigten, Wirtschaftsprüfern und vereidigten Buchprüfern in einer Sozietät zusammenschließen. Die Vorschrift wurde durch

---

[632] Hierzu siehe Fn. 526.

das Gesetz zur Neuordnung des Berufsrechts der Rechtsanwälte und Patentanwälte vom 2. September 1994[633] eingefügt und entspricht inhaltlich dem mit diesem Gesetz ebenfalls eingefügten § 59 a S. 1 BRAO. Auch eine Zusammenarbeit mit Anwaltsnotaren ist möglich, sofern das notarielle Berufsrecht dies zulässt (§ 52 a I S. 2 PAO). Die Zusammenarbeit mit ausländischen Kollegen ist in § 52 a III PAO entsprechend zu § 59 a III BRAO geregelt. Der Gesetzgeber der PAO ist dabei bewusst der Regelung des § 59 a BRAO gefolgt.[634] Es kann daher für die interprofessionelle Zusammenarbeit von Patentanwälten auf die entsprechenden Ausführungen zu den Rechtsanwälten unter D.II.4.e), Seite 97, verwiesen werden.[635] [636]

5. Zusammenfassung

Die verschiedenen Berufsrechte beschränken deutlich die berufliche Zusammenarbeit in der Partnerschaftsgesellschaft. Es ist dadurch nur bedingt möglich, Partner und damit auch Erbe in einer Partnerschaftsgesellschaft zu werden. Der Erbe muss zunächst das eigene Berufsrecht beachten. Dieses beschränkt durch Berufszugangs- und Berufsausübungsregelungen die erbrechtliche Nachfolge. Der Erbe muss entweder die Zulassung zu einem Beruf haben oder erwerben können, der in der Partnerschaftsgesellschaft ausgeübt wird oder zulässigerweise in interdisziplinärer Zusammenarbeit ausgeübt werden kann.

Bei den Wirtschaftsprüfern und Steuerberatern ist eine monoprofessionelle Zusammenarbeit sowohl in Form der anerkannten Wirtschaftsprüfungs- und Steuerberatungsgesellschaft als auch in der so genannten „einfachen Partnerschaftsgesellschaft" zulässig. Letzteres hat der Gesetzgeber mittlerweile ausdrücklich festgestellt und damit eine jahrelange heftige Kontroverse beendet. Nurnotaren ist – entgegen der vorherrschenden Auffassung – eine monoprofessionelle Zusammenarbeit in der Rechtsform der Partnerschaftsgesellschaft gestattet. Der Anteil an einer solchen Partnerschaftsgesellschaft ist entsprechend an einen anderen Nurnotar vererblich. Für die Anwaltsnotare sieht § 59 a I S. 3 BRAO eine Beschränkung der monoprofessionellen Kooperation vor. Diese ist aber nicht gerechtfertigt und sollte daher aufgehoben werden. Bei den Ärzten ist die monoprofessionelle Zusammenarbeit durch die letzten Änderungen der MBO-Ä 1997 weitgehend frei, lediglich in Gebieten mit Zulassungsbeschrän-

---

633 BGBl. I, S. 2278.

634 Regierungsbegründung zum Gesetz zur Neuordnung des Berufsrechts der Rechtsanwälte und der Patentanwälte in BT-Drucks. 12/ 4993, S. 41.

635 Vertiefend hierzu auch Feuerich, PAO, § 52 a Rdn. 1 f.

636 Der neue Entwurf eines Gesetzes zur Neureglung des Rechtsberatungsrechts (NJW Beilage zu Heft 38/2004) enthält erstmalig nur eine Regelung zur Änderung von § 59 a BRAO. Eine Erweiterung der interprofessionellen Zusammenarbeit von Patentanwälten ist damit derzeit nicht geplant.

kungen schränkt das Nachbesetzungsverfahren nach § 103 VI i.V.m. IV SGB V die erbrechtliche Nachfolge deutlich ein.

Die Berufsrechte der hier geprüften Berufe erlauben auch die interdisziplinäre Zusammenarbeit nur in begrenztem Umfang. Besonders großzügig ist das Berufsrecht der Ärzte, allerdings nur soweit der Arzt in der so genannten „sonstigen Partnerschaftsgesellschaft“ nicht die Heilkunde am Menschen ausübt. Ansonsten ist die interdisziplinäre Zusammenarbeit, die auch in der medizinischen Kooperationsgemeinschaft oder einem medizinischen Versorgungszentrum in der Rechtsform der Partnerschaftsgesellschaft ausgeübt werden kann, ebenfalls an strenge Voraussetzungen geknüpft. Die Zusammenarbeit ist hier insbesondere nur mit Angehörigen anderer Heilberufe erlaubt. Zudem beschränkt in Gebieten mit Überversorgung die Nichtvererbbarkeit der kassenärztlichen Zulassung die Nachfolgemöglichkeiten des Erben.

Bei den Rechtsanwälten kann der Erbe nur nachfolgen, wenn er dem in § 59 a I BRAO genannten Personenkreis angehört. Eine Erweiterung des Personenkreises de lege ferenda auf sämtliche Geheimnisträger i.S.d. § 53 I S. 1 Nr. 1 – 4 StPO wäre jedoch begrüßenswert. Die Beschränkung der erbrechtlichen Nachfolge durch das Verbot der Sternsozietät hält einer Überprüfung der Verfassungsmäßigkeit nicht stand. Nurnotaren ist eine interdisziplinäre Zusammenarbeit nicht gestattet. Der Erbe eines Anteils an einer solchen Partnerschaftsgesellschaft muss daher zwingend selbst Nurnotar sein. Für den Anwaltsnotar, für den Steuerberater in einer einfachen Partnerschaftsgesellschaft und den Patentanwalt gestalten sich die Möglichkeiten der interdisziplinären Zusammenarbeit vergleichbar mit denen der Rechtanwälte.

Nachfolgemöglichkeiten in einer als Steuerberatungsgesellschaft anerkannten Partnerschaftsgesellschaft bestehen für die in §§ 50 II, 50 a I Nr. 1 StBerG genannten Personen. Die im Gesetz vorgesehene Möglichkeit, besonders befähigte Personen mit einer anderen Fachrichtung Partner und damit Erbe einer Steuerberatungsgesellschaft werden zu lassen, ist abzulehnen. Eine Erweiterung sollte nur Berufe mit einem selbständigen Zeugnisverweigerungsrecht einbeziehen. Das Berufsrecht der Wirtschaftsprüfer ist nach dem Gesetzeswortlaut weitgehend liberal. Tatsächlich sind jedoch auch hier die Nachfolgemöglichkeiten beschränkt. Es können Personen i.S.v. § 28 II S. 1 WPO und Personen nach § 28 II S. 2 WPO in eine Wirtschaftsprüfungsgesellschaft nachfolgen. Im zweiten Fall sind aber nur solche besonders befähigten Personen zuzulassen, denen nach § 44 b I WPO ein selbständiges Zeugnisverweigerungsrecht zusteht und die der Berufsaufsicht einer Kammer unterliegen. Damit sind bei den Wirtschaftsprüfern die Voraussetzungen für eine Nachfolge in die einfache Partnerschaftsgesellschaft, in der § 44 b I WPO unmittelbare Anwendung findet, und in die Wirtschaftsprüfungsgesellschaft identisch. Sowohl das Berufsrecht der Wirtschaftsprüfer als auch das der Steuerberater beschränkt zudem in den Berufsgesellschaften die erbrechtliche Nachfolge zusätzlich durch Mehrheitserfordernisse und Vertretungsregelungen, die die jeweils eigene Berufsgruppe bevorzugen.

Der Erbe muss nicht nur beachten, ob sein Berufsrecht eine interdisziplinäre Zusammenarbeit erlaubt, sondern es dürfen auch die anderen beteiligten Berufsrechte einer Nachfolge in der Partnerschaftsgesellschaft nicht entgegenstehen. Das dabei geltende „Prinzip des kleinsten gemeinsamen Nenners“ führt bei den interdisziplinären Zusammenschlüssen dazu, dass eine erbrechtliche Nachfolge immer nur in bestimmten Konstellationen möglich ist, nämlich wenn die verschiedenen Berufsrechte nicht divergieren. Zu begrüßen sind in diesem Zusammenhang die gegenwärtigen Bestrebungen zur Erleichterung insbesondere der interdisziplinären Zusammenarbeit. Insbesondere die Bemühungen der Europäischen Kommission um eine Deregulierung (siehe „Bericht über die wirtschaftlichen Auswirkungen und den Wettbewerb bei freiberuflichen Dienstleistungen“[637]), aber auch die aufgezeigten Veränderungen bei den Ärzten und Rechtsanwälten sind dabei hervorzuheben. Die Liberalisierung einzelner Berufsrechte stellt aber in der Praxis – wie die Untersuchungen der einzelnen Berufsgruppen ausführlich gezeigt haben – vielfach keine Vereinfachung dar. Erforderlich ist daher eine einheitliche Liberalisierung, die zumindest das Berufsrecht der artverwandten Berufe (z.B. der Steuerberater, Wirtschaftsprüfer und Rechtsanwälte) vergleichbar regelt, um so auch tatsächlich Erleichterungen zu schaffen. Diese Liberalisierungen vereinfachen dann zunehmend auch die erbrechtlichen Nachfolge in der Partnerschaftsgesellschaft. Die Veränderungen dürfen jedoch nicht auf Kosten des Vertrauensschutzes des Mandanten bzw. Klienten erfolgen. Deshalb sollte beachtet werden, dass Berufe mit einem selbstständigen Zeugnisverweigerungsrecht und einer Kammeraufsicht nur mit anderen Berufen, denen ebenfalls entsprechende Rechte zustehen, zusammen arbeiten dürfen.

6. Folgerungen für die Praxis

Aus den aufgezeigten Beschränkungen der Nachfolge in der Partnerschaftsgesellschaft ergeben sich für die Praxis folgende Konsequenzen. Zunächst verändert sich der Prüfungsrahmen bei der Nachfolge. Während im allgemeinen Personengesellschaftsrecht nur die Erbeneigenschaft und bei einer qualifizierten Nachfolgeklausel auch noch deren Voraussetzungen zu prüfen waren, treten folgende Erfordernisse hinzu: die Zugehörigkeit des Erben zu einem Beruf i.S.v. § 1 I, II PartGG und die Kompatibilität des Berufs des Erben und der übrigen Partner nach § 1 III PartGG i.V.m. mit dem jeweiligen Berufsrecht.

Damit gestaltet sich die Nachfolge in der Partnerschaftsgesellschaft wesentlich komplexer als in anderen Gesellschaftsformen. Oft ist auch nicht im Zeitpunkt des Erbfalls unmittelbar feststellbar, ob die Voraussetzungen für eine Nachfolge vorliegen. Daraus ergibt sich ein Schwebezustand, der unter D.V., ab

[637] Zu finden unter http://europa.eu.int/eurlex/de/com/cnc/2004/com2004_0083de01.pdf.

Seite 156, erörtert wird. Wegen der Komplexität ist eine umfassende, möglichst frühzeitige Beratung der Partner über die Möglichkeiten, die ihnen das PartGG und das jeweilige Berufsrecht für die Nachfolge einräumen, unerlässlich.

III. Die Nachfolge einer Erbengemeinschaft in einen Partnerschaftsanteil

1. Die Rechtslage in der OHG

a) Problemaufriss

Es kommt in der Partnerschaftsgesellschaft vor, dass nicht nur ein Erbe, sondern mehrere Erben entsprechend § 9 IV S. 2 PartGG zur Nachfolge qualifiziert sind. In diesem – durch das Erfordernis der Berufsqualifikation eher selteneren – Fall bilden die Erben nach dem Erbrecht eine Erbengemeinschaft. Es stellt sich die Frage, ob die Nachfolge einer solchen Erbengemeinschaft in einen Partnerschaftsanteil zulässig ist. Da die Partnerschaftsgesellschaft im Wesentlichen der OHG angenähert ist,[638] ist zunächst die Rechtslage in der OHG dazustellen, um dann eine entsprechende Übertragbarkeit der hier gefundenen Grundsätze auf die Partnerschaftsgesellschaft zu prüfen.

In der OHG tritt bei der Nachfolge einer Erbengemeinschaft das folgende Problem auf. Die Erbengemeinschaft ist eine Gesamthandsgemeinschaft.[639] Dadurch stehen alle zum Nachlass gehörenden Rechte allen Miterben ungeteilt als Ganzes zu (§ 2040 I BGB).[640] Diese erbrechtliche Zuordnung mit den gesellschaftsrechtlichen Anforderungen an die Mitgliedschaft in einer Personengesellschaft in Einklang zu bringen, ist eine der Schwierigkeiten bei der erbrechtlichen Lösung der Nachfolge in der Personengesellschaft.[641] Im Folgenden ist dieser Widerspruch aufzulösen.

b) Die „Einzelnachfolge" als Durchbrechung des Gesamthandsprinzips

Die ganz herrschende Meinung[642] lehnt eine Mitgliedschaft der Erbengemeinschaft in der OHG ab. Der Gesellschaftsanteil an einer OHG gehe vielmehr „im

---

638 Regierungsbegründung zum PartGG in BT-Drucks. 12/6152, S. 9.

639 Lange / Kuchinke, Erbrecht, § 42 I. 4.

640 Lange / Kuchinke, Erbrecht, § 42 I. 4.

641 Zur erbrechtlichen Qualität der Nachfolge ausführlich bereits unter D.I.3., Seite 45.

642 Ständige Rechtsprechung seit RGZ 16, 40, 56; BGHZ 22, 186, 192; BGHZ 68, 225, 237; BGHZ 98, 48, 51; dieser Rechtsprechung folgt die Literatur GroßkommentarHGB-Ulmer, § 139 Rdn. 47; Baumbach / Hopt, HGB § 139 Rdn. 14; Palandt-Edenhofer, § 2032 Rdn. 8; MünchKommBGB-Ulmer, § 727 Rdn. 33; Westermann, Personengesellschaften I, Rdn. 515 f.; Hueck, Das Recht der OHG, S. 410 f.; Siebert, Gesellschaftsvertrag und Erbrecht, S. 21 f.; Wiedemann, Die Übertragung und Vererbung, S. 196 f.; Rokas, Die Teilhaberschaft, S. 56 f.; hinnehmend auch Muscheler, Die Haftungsordnung der Testamentsvollstreckung, S. 457, 458, der allerdings in der gesamthänderischen Ausgestaltung der Erbengemeinschaft kein Strukturelement der Universalsukzession sieht (ausführlich Muscheler, Universalsukzession und Vonselbsterwerb, S. 50).

Wege der Sondererbfolge (Singularsukzession) unmittelbar und geteilt"[643] entsprechend der jeweiligen Erbquote „ohne weiteres Dazutun an die einzelnen Nachfolger"[644] über. Damit erfolgt in Durchbrechung des Gesamthandsprinzips eine „Einzelnachfolge"[645] der Miterben. Zur Begründung wird darauf verwiesen, dass die gesamthänderische Bindung bei der Erbengemeinschaft sich nicht mit den gesellschaftsrechtlichen Gegebenheiten vertrage. So sei die OHG „eine persönlichkeitsbezogene Arbeitsgemeinschaft und stets eine persönlichkeitsbezogene Haftungsgemeinschaft"[646]. Insbesondere mit dem zuletzt genannten Aspekt sei die Haftung der Erbengemeinschaft unverträglich, da deren Mitglieder bis zur Nachlassteilung nur beschränkt hafteten (§ 2059 I BGB) und darüber hinaus Haftungsbeschränkungen durch besondere Maßnahmen (Nachlassverwaltung, Nachlassinsolvenz) herbeiführen könnten.[647] Die folglich notwendige Verselbständigung der Erben werde auch durch § 139 HGB bestätigt, der jedem Miterben einzeln das Recht zubillige, seinen Gesellschaftsanteil in einen Kommanditanteil umzuwandeln.[648] Nach der Gegenmeinung[649] ist es zumindest für einen gewissen Zeitraum zulässig, dass die Erbengemeinschaft Mitglied der OHG wird und die mit dieser Rechtsstellung verbundenen Rechte und Pflichten wahrnimmt und erfüllt. Hierfür spricht unter anderem, dass die Rechtsprechung die Fortführung eines einzelkaufmännischen Unternehmens durch eine Erbengemeinschaft durchaus zulässt.[650] Gegen eine Gesellschafterstellung der Erbengemeinschaft in der OHG lässt sich aber neben den genannten Argumenten der herrschenden Meinung einwenden, dass die Organisationsverfassung der Erbengemeinschaft nicht auf die Ausübung von Gesellschafterrechten zugeschnitten ist.[651] Insbesondere wenn sich die Erben über die Wahrnehmung von Rechten nicht einigen, ist die Erbengemeinschaft nicht mehr funktionsfähig. Zudem ist die herrschende Meinung mittlerweile auch gewohnheitsrechtlich anerkannt und wird von der Rechtsprechung „schon im Hinblick auf die notwendige Kontinui-

---

643 BGHZ 98, 48, 51.

644 BGHZ 22, 186, 192 f.; BGHZ 68, 225, 237; BGH, NJW 1981, 749 f.; BGHZ 98, 48, 51.

645 BGHZ 68, 225, 237. Der BGH verwendet in seinen Entscheidungen sowohl den Begriff der „Einzelnachfolge" (BGHZ 68, 225, 237), der „Sondererbfolge" (BGHZ 98, 48, 51) als auch der „Sonderrechtsnachfolge"(BGHZ 22, 186, 193), wenn es um die Nachfolge mehrerer Miterben in einen Personengesellschaftsanteil geht. Ausführlich zu den terminologischen Abgrenzungsschwierigkeiten Siegmann, Personengesellschaftsanteil und Erbrecht, S. 21, 22.

646 BGHZ 22, 186, 192.

647 BGHZ 22, 186, 192; GroßkommentarHGB-Ulmer, § 139 Rdn. 47.

648 BGHZ 68, 225, 237.

649 Ausführlich Börner, AcP 166 (1966), 426 f.; Ebert, Kompetenzabgrenzung von Gesellschaftsrecht und Erbrecht, S. 134 f.; Kruse, FS Laufke, S. 179, 184 f.; Weipert, ZEV 2002, 300 f.

650 Auf diesen Widerspruch verweist Muscheler, Die Haftungordnung der Testamentsvollstreckung, S. 457 m.w.N.

651 Westermann, Personengesellschaften I, Rdn. 516.

tät einer revisionsrichterlichen Rechtsprechung nicht mehr in Frage gestellt"[652]. Im Ergebnis ist daher für die OHG von einer „Einzelnachfolge" mehrerer Miterben in einen Gesellschaftsanteil auszugehen.

2. Die Rechtslage in der Partnerschaftsgesellschaft

a) Einführung

Es stellt sich die Frage, ob das zuvor für die OHG Festgestellte auch für die Nachfolge einer Erbengemeinschaft in eine Partnerschaftsgesellschaft Gültigkeit behält. Der Gesetzgeber des PartGG sowie die Literatur zum PartGG gehen – ohne weitere Begründung – davon aus, dass auch in der Partnerschaftsgesellschaft eine „Sondererbfolge" zu erfolgen habe.[653] Möglicherweise weist die Partnerschaftsgesellschaft gegenüber der OHG jedoch Besonderheiten auf, die eine andere Beurteilung rechtfertigen könnten. Es ist daher insbesondere zu untersuchen, welche Auswirkungen die Haftungsbeschränkungsmöglichkeiten sowie die Beschränkung der Gesellschafter auf natürliche Personen auf die Nachfolge einer Erbengemeinschaft in eine Partnerschaftsgesellschaft haben.

b) Auswirkungen der Möglichkeit einer Haftungsbeschränkung in der Partnerschaftsgesellschaft

Im übrigen Personengesellschaftsrecht wird als eines der Hauptargumente gegen eine Gesellschafterstellung der Erbengemeinschaft vorgebracht, die Erbengemeinschaft hafte bis zur Auseinandersetzung nur mit dem Nachlass (§ 2059 BGB) und könne darüber hinaus die Haftungsbeschränkung durch besondere Maßnahmen (Nachlassverwaltung, Nachlassinsolvenzverfahren) herbeiführen.[654] Solche Haftungsbeschränkungen seien mit der grundsätzlichen unbeschränkten persönlichen Haftung des Gesellschafters einer OHG unverträglich.[655] Die Haftungssituation in der Partnerschaftsgesellschaft unterscheidet sich aber von der in der OHG, so dass dieses Argument möglicherweise keine zwingende Einzelnachfolge der Erben in der Partnerschaftsgesellschaft rechtfertigt. Im Folgenden ist daher zunächst die Haftungssituation in der Partnerschaftsgesellschaft allgemein und dann die Haftung im Rahmen der erbrechtlichen Nachfolge zu untersuchen.

---

[652] BGHZ 68, 224, 237.

[653] Regierungsbegründung zum PartGG in BT-Drucks. 12/6152, S. 21; Michalski / Römermann, PartGG, § 9 Rdn. 27; Ring, Die Partnerschaftsgesellschaft, § 9 Rdn. 69; Hoffmann in: Meilicke u.a., PartGG, § 9 Rdn. 42; Michalski / Römermann, Vertrag der Partnerschaftsgesellschaft, Teil A, Einf. Rdn. 258; Feddersen / Meyer-Landrut, PartGG, § 9 Rdn. 11; MünchKommBGB-Ulmer, PartGG, § 9 Rdn. 27.

[654] Ausführlich zum Haftungsargument Köbler, Erbrecht und Gesellschaftsrecht, S. 106; Westermann, Personengesellschaftsrecht I, Rdn. 517.

[655] BGHZ 22, 186, 192; BGHZ 68, 225, 237.

(1) Die allgemeine Haftungssituation in der Partnerschaftsgesellschaft

Die Partner einer Partnerschaftsgesellschaft haften nach § 8 I PartGG für die Verbindlichkeiten der Partnerschaftsgesellschaft unbeschränkt persönlich. In § 8 II und III PartGG sind jedoch Ausnahmen von dieser unbeschränkten Haftung vorgesehen.[656] Nach § 8 II PartGG haften nur die Partner, die auch mit der Bearbeitung eines Auftrages befasst waren. Diese Handelndenhaftung ist „haftungsrechtliches Neuland“[657].[658] Sie bezieht sich aber nur auf die persönliche Haftung der Partner und ändert nichts an der unbeschränkten Haftung des Partnerschaftsvermögens.[659] Weiterhin findet die Haftungsbeschränkung nur Anwendung bei der Haftung für Schäden wegen fehlerhafter Berufsausübung. Gemeint sind damit allein Fehler im Zusammenhang mit der freiberuflichen Tätigkeit.[660] Hierzu zählen insbesondere sämtliche vertraglichen Ansprüche der Auftraggeber, „also solche, die auf Unmöglichkeit, Verzug, positiver Vertragsverletzung oder Gewährleistungsrecht beruhen, wobei auch Ansprüche von Dritten, soweit sie in den Schutzbereich des Vertrages einbezogen sind, ebenso erfasst sind wie Pflichtverletzungen bei den Vertragsverhandlungen.“[661] Daneben sollen aber auch „deliktische Verbindlichkeiten der Partnerschaft infolge von Handlungen, die ein Partner in Ausführung der ihm zustehenden Verrichtung begeht“, einbezogen sein.[662] Da viele Freiberufler für ihre Berufsfehler eine Haftpflichtversicherung abgeschlossen haben, ist in diesem Bereich eine persönliche Haftung der Partner zwar nicht als solche, aber doch in ihren wirtschaftlichen Folgen so gut wie ausgeschlossen. Für alle anderen Ansprüche, die nicht unmittelbar aus der Berufsausübung resultieren, bleibt es aber bei der grundsätzlich unbegrenzten Haftung aller Partner. Hierbei handelt es sich insbesondere um Mietschulden für die Räumlichkeiten der Partnerschaftsgesellschaft, Ansprüche aus Darlehn, Steuerschulden der Partnerschaftsgesellschaft, Ansprüche der Ange-

---

656 Ausführlich zur Haftung in der Partnerschaftsgesellschaft auch Michalski / Römermann, PartGG, § 8 Rdn. 14 f. und aus jüngster Zeit speziell für Rechtsanwälte Jungk, AnwBl 2005, 283 f.

657 Scharlach / Hoffmann, WM 2000, 2082, 2084.

658 Schmidt, Gesellschaftsrecht, § 64 IV 4. a); ausführlich zur Vereinbarkeit von § 8 II PartGG mit der Struktur der Personengesellschaft Elkemann-Reusch, Die Partnerschaftsgesellschaft, S. 169 f. und S. 190 f. und Frangenberg, Haftungsbeschränkung und Haftungskonzentration, S. 131 f.

659 Regierungsbegründung zum PartGG in BT-Drucks. 12/6152, S. 17. Auch die Neufassung von § 8 II PartGG durch das Gesetz zur Änderung des Umwandlungsgesetzes, des Partnerschaftsgesellschaftsgesetzes und anderer Gesetze vom 22. Juli 1998 (BGBl. I, S. 1878) bringt das Fortbestehen der Haftung des Partnerschaftsvermögens in ihrem Wortlaut deutlich zum Ausdruck („...neben der Partnerschaft“).

660 Michalski / Römermann, PartGG, § 8 Rdn. 24.

661 Regierungsbegründung zum PartGG in BT-Drucks. 12/6152, S. 18; vergleiche auch MünchKommBGB-Ulmer, PartGG, § 8 Rdn. 15.

662 Regierungsbegründung zum PartGG in BT-Drucks. 12/6152, S. 18.

stellten auf Arbeitslohn etc.[663] Die zuletzt genannten Ansprüche haben jedoch für den einzelnen Partner im Vergleich zu dem oft schwer abschätzbaren Berufshaftungsrisiko nur eine geringe Bedeutung.[664]

Neben der Möglichkeit der Haftungskonzentration nach § 8 II PartGG kann die Haftung auch nach § 8 III PartGG begrenzt werden.[665] So ist es zulässig, durch Gesetz für einzelne Berufe Ansprüche aus Schäden wegen fehlerhafter Berufsausübung auf einen bestimmten Höchstbetrag zu begrenzen, wenn zugleich eine Pflicht zum Abschluss einer Haftpflichtversicherung der Partner oder der Partnerschaft begründet wird. Die Haftungsbeschränkungsmöglichkeit nach § 8 III PartGG betrifft somit den summenmäßigen Haftungsumfang und nicht – wie im Rahmen von § 8 II PartGG – den personellen Umfang der Haftung.[666] Derzeit erfüllen nur einige Freie Berufe die Voraussetzungen der summenmäßigen Beschränkung nach § 8 III PartGG. Die Regelungen in § 54 a I WPO, § 67 a I StBerG, § 51 a I BRAO und § 45 a I PAO sehen für Wirtschaftsprüfer, Steuerberater, Rechtsanwälte und Patentanwälte entsprechende Möglichkeiten vor.[667] Daneben befinden sich auch in den Architektengesetzen einiger Bundesländer (z.B. § 2 a III Architektengesetz Baden-Württemberg) entsprechende Bestimmungen.[668] Für die übrigen Freien Berufe wurden Regelungen, die den Anforderungen des § 8 III PartGG entsprechen, bislang nicht geschaffen. Damit profitieren beispielsweise Ingenieure und Ärzte nicht von dieser Beschränkung des Haftungsumfanges.[669] Für alle Freien Berufe besteht neben den genannten Beschränkungsmöglichkeiten nach § 8 PartGG die zusätzliche und auch für die OHG geltende Möglichkeit einer individuell mit dem jeweiligen Gläubiger vereinbarten Haftungsbeschränkung.[670]

Die soeben dargestellten Möglichkeiten zur Haftungsbeschränkung in der Partnerschaftsgesellschaft zeigen, dass ein undurchbrochenes „Prinzip der unbegrenzten Haftung“ hier nicht feststellbar ist. Insbesondere für die Freien Berufe der Rechtsanwälte, Patentanwälte, Wirtschaftsprüfer und Steuerberater, deren Berufsrechte auch die Anforderungen des § 8 III PartGG erfüllen, ist durch die summenmäßige Haftungsbeschränkung die Gesellschafterstellung in der Part-

---

663 Seibert, Die Partnerschaft, S. 56.

664 Seibert, Die Partnerschaft, S. 56 f.

665 Kritisch zu dieser Regelung Schmidt, NJW 1995, 1, 6; Barth, NZBau 2003, 409 f.

666 MünchKommBGB-Ulmer, PartGG, § 8 Rdn. 35.

667 MünchKommBGB-Ulmer, PartGG, § 8 Rdn. 37. Danach kann die Haftung bei Steuerberatern, Rechtsanwälten und Patentanwälten auf 250 000 Euro und bei Wirtschaftsprüfern auf eine Million Euro begrenzt werden.

668 Erhebliche verfassungsrechtliche Bedenken gegen diese landesrechtlichen Bestimmungen äußert Barth, NZBau 2003, 409 f.

669 Auch diese Berufsgruppen sind jedoch größtenteils zumindest verpflichtet, eine Berufshaftpflichtversicherung abzuschließen, vergleiche nur für die Ärzte § 21 MBO-Ä 1997.

670 Auch diese Möglichkeit wird teilweise durch das Berufsrecht der Freien Berufe wieder eingeschränkt, siehe für Rechtsanwälte in § 51 a I Nr. 1 BRAO.

nerschaftsgesellschaft der in einer Gesellschaft mit beschränkter Haftung angenähert.[671] Die Haftungskonzentration auf den handelnden Partner nach § 8 II PartGG verschafft zudem eine vergleichbare Haftungslage wie in der Kommanditgesellschaft, nur dass dort die haftende Person (der Komplementär) von Beginn an feststeht und sich nicht erst aus der konkreten Sachlage ergibt.[672] Diese doch anders strukturierte Haftung in der Partnerschaftsgesellschaft zeigt sich auch bei der erbrechtlichen Nachfolge.

(2) Die Haftung im Erbfall

Im Erbfall stellt sich die Haftung wie folgt dar. Die Erben haften für Nachlassverbindlichkeiten. Dies betrifft die in § 1967 II BGB genannten Nachlassverbindlichkeiten, also die „Erblasserschulden", die in der Person des Erblassers begründet sind, und die „Erbfallschulden", die die Erben als solche treffenden Verbindlichkeiten.[673] Daneben entstehen neue Schulden durch Erbschaftsverwaltungs- oder Nachlasskosten. Diese Kosten, die den Erben bei der Verwaltung und Abwicklung des Nachlasses entstehen, werden als „Nachlasserbenschulden"[674] bezeichnet.[675] Bei der im Rahmen der erbrechtlichen Nachfolge in eine Personengesellschaft interessierenden Haftung für Geschäftsverbindlichkeiten ist die soeben beschriebene Erbenhaftung von der Gesellschafterhaftung zu unterscheiden. Beide Haftungsgründe bestehen nebeneinander und sind von einander unabhängig.[676] Danach haften die Erben nach § 1967 BGB für die vor dem Erbfall entstandenen Geschäftsverbindlichkeiten des Erblassers.[677] Diese erbrechtliche Haftung ist grundsätzlich nach § 1975 f. BGB auf den Nachlass beschränkbar.[678] Die erbrechtliche Haftung ist im Übrigen unabhängig davon, ob

---

[671] Heydn, Die erbrechtliche Nachfolge, S. 88; in diese Richtung auch Seibert, Die Partnerschaft, S. 60.

[672] Michalski / Römermann, PartGG, § 8 Rdn. 12.

[673] Damrau, Erbrecht, § 1967 Rdn. 5f.; Leipold, Erbrecht Rdn. 507, 508.

[674] Grundlegend für diese Bezeichnung Boehmer, FG RG III (1929), 216 (252, 253, 264).

[675] Sehr umstritten und haftungstechnisch für den Erben bedeutend ist die Frage, ob es sich bei den „Nachlasserbenschulden" um Nachlassverbindlichkeiten oder um Eigenverbindlichkeiten des Erben handelt. Nach herrschender Auffassung in Rechtsprechung und Lehre (RGZ 90, 91; BGH NJW 1990, 1237; BGH NJW 1993, 1582; stellvertretend für die Lehre siehe Lange / Kuchinke, § 47 V.; MünchKommBGB-Siegmann, § 1967 Rdn. 15) kommt diesen Schulden meist eine Doppelstellung als Nachlassverbindlichkeiten und Eigenverbindlichkeit zu (vergleiche ausführlich und kritisch zu dem Ganzen auch Dauner-Lieb, Unternehmen in Sondervermögen, S. 120 f, 142 f.)

[676] GroßkommentarHGB-Ulmer, § 139 Rdn. 151; MünchKommBGB-Heldrich, § 2058 Rdn. 12; Schlegelberger-Schmidt, HGB, § 139 Rdn.103; Siegmann, Personengesellschaftsanteil und Erbrecht, S. 207; Lange / Kuchinke, Erbrecht, § 47 VI. 1. a); Damrau, Erbrecht, § 1967 Rdn. 34; Westermann, AcP 173 (1973), 24 f.; Wolf, DB 2003, 1423, 1424 f..

[677] Dabei ist es heute allgemein anerkannt, dass die Geschäftsverbindlichkeiten Nachlassverbindlichkeiten darstellen (Siegmann, Personengesellschaftsrecht und Erbrecht, S. 210).

[678] Schlegelberger-Schmidt, HGB, § 139 Rdn. 102; Damrau, Erbrecht, § 1967 Rdn. 5. Sehr

die Gesellschaft ohne Erben (§§ 9 IV S. 1, II PartGG), mit allen Erben (einfache Nachfolgeklausel nach § 9 IV S. 2 PartGG) oder mit einem oder einigen Erben (qualifizierte Nachfolgeklausel nach § 9 IV S. 2 PartGG) fortgesetzt wird.[679]

Die gesellschaftsrechtliche Haftung bezieht sich hingegen nur auf die Erben, die in die Gesellschaft nachfolgen. Es ist dabei die Haftung für die nach dem Erbfall entstandenen Verbindlichkeiten von der Haftung für Altverbindlichkeiten zu unterscheiden. Für die Neuverbindlichkeiten haften die Erben, unabhängig davon, ob man die Erbengemeinschaft als Gesellschafterin akzeptiert, als neue Gesellschafter aus ihrer Gesellschafterstellung heraus nach § 8 I S. 1 PartGG. Die Haftung orientiert sich an der Rechtsstellung des verstorbenen Partners, dessen Stellung die Erben übernommen haben.[680] Die Erben haften folglich für die sonstigen Geschäftsverbindlichkeiten unbegrenzt und für berufliche Fehler nur, soweit sie selbst mit dem Auftrag befasst sind. Daneben besteht für die Erben – abhängig von der Art des von ihnen ausgeübten Freien Berufes – die Möglichkeit, ihre Haftung der Summe nach entsprechend § 8 III PartGG zu beschränken. Die gesellschaftsrechtliche Haftung der Erben für Neuverbindlichkeiten ist damit in der Partnerschaftsgesellschaft durch die genannten Haftungsbegrenzungsmöglichkeiten im Vergleich zu der unbeschränkten Haftung der Erben in einer OHG deutlich schwächer.

§ 9 IV S. 3 PartGG eröffnet unter Verweis auf § 139 HGB den Erben das zusätzliche und hier der Vollständigkeit halber erwähnte Recht, ohne Einhaltung einer Kündigungsfrist ihren Austritt aus der Partnerschaftsgesellschaft zu erklären.[681] In diesem Fall kann die gesellschaftsrechtliche Haftung abgewendet werden. Die Erben haften nur noch nach den Grundsätzen der beschränkbaren Erbenhaftung für die Altschulden bis zum Erbfall und für die Neuschulden bis zum Austritt, mit der Möglichkeit der Haftungsbeschränkung (§§ 1967 ff BGB, § 139 IV HGB).[682] Die im Recht der OHG statthafte Möglichkeit, den Anteil in eine Kommanditbeteiligung umzuwandeln, besteht für den Erben in der Partnerschaftsgesellschaft nicht, da dem Partnerschaftsgesellschaftsgesetz eine Kommanditbeteiligung fremd ist.[683]

---

weit gehend Emmerich (ZHR 150 (1986), 193, 197), der auch ohne die Maßnahmen des § 1975 f. BGB einen Zugriff der Gläubiger auf das Privatvermögen ablehnt.

679 Bei der qualifizierten Nachfolgeklausel besteht aber im Innenverhältnis für die nicht nachfolgenden Miterben ein Regress- bzw. Freistellungsanspruch gegen den nachfolgenden Erben (siehe ausführlich unter D.IV.3.c), Seite 154).

680 Ring, Die Partnerschaftsgesellschaft, § 9 Rdn. 79; Hoffmann in: Meilicke u.a., PartGG, § 9 Rdn. 46.

681 Ausführlich Michalski / Römermann, PartGG, § 9 Rdn. 33.

682 Castan, Die Partnerschaftsgesellschaft, S. 131 f; Baumbach / Hopt, HGB, § 139 Rdn. 44.

683 Ring, Die Partnerschaftsgesellschaft, § 9 Rdn. 78; Feddersen / Meyer-Landrut, PartGG, § 9 Rdn.11; Schmidt, NJW 1995, 1, 5.

Die gesellschaftsrechtliche Haftung der Erben für Altschulden richtet sich nach § 8 I S. 2 PartGG i.V.m. § 130 HGB.[684] Die Vorschrift des § 130 HGB bezieht sich zwar nach ihrem unmittelbaren Wortlaut nur auf einen Gesellschafterwechsel unter Lebenden. Nach ganz herrschender Auffassung ist § 130 HGB aber auf den Gesellschafterwechsel im Wege des Erbgangs anwendbar.[685] Damit ist das Haftungsregime in der Partnerschaftsgesellschaft strenger als in der BGB-Gesellschaft, in der § 130 HGB im Falle einer erbrechtlichen Nachfolge (bislang) keine Anwendung findet.[686] Zu beachten ist aber, dass auch hier Besonderheiten durch die Haftungskonzentration nach § 8 II PartGG gelten. Der Eintritt eines neuen Partners, sei es durch Anteilsübertragung oder Vererbung, bewirkt nämlich trotz der grundsätzlichen Haftungserstreckung nach § 8 I S. 2 PartGG i.V.m. § 130 HGB nicht, dass der Erbe automatisch für Schäden aus der fehlerhaften Berufsausübung des Erblassers einzustehen hat.[687] Soweit ohne weitere Begründung vertreten wird, der Erbe müsse vollständig in die Haftung des Erblassers eintreten und hafte damit trotz der Haftungskonzentration für die

---

684 Michalski / Römermann, PartGG, § 8 Rdn. 19; MünchKommBGB-Ulmer, PartGG, § 8 Rdn. 9; Schlegelberger-Schmidt, HGB, § 139 Rdn. 103; Damrau, Erbrecht, § 1967 Rdn. 42; Lange / Kuchinke, Erbrecht, § 47 VI. 2. a).

685 So schon RGZ 16, 40, 57 f.; BGH, NJW 1982, 45; Michalski / Römermann, PartGG, § 8 Rdn. 19; GroßkommentarHGB-Ulmer, § 139 Rdn. 151; Schlegelberger-Schmidt, HGB, § 130 Rdn. 12; Börner, AcP 166 (1966), 426, 432 f.; Emmerich, ZHR 150 (1986), 193, 203; a.A. insbesondere Liebisch (ZHR 116 (1954), 128, 153 f.). Nach Liebisch soll allein das erbrechtliche Haftungsregime zur Anwendung gelangen, da die Nachfolge im Gegensatz zu einem Eintritt unter Lebenden nicht auf einem freiwilligen Entschluss des Erben beruhe. Gegen das zuletzt genannte Argument spricht aber, dass die Bestimmung des § 139 HGB dem Erben durchaus ein Wahlrecht bietet, so dass der Verbleib in der Gesellschaft als freier Willensentschluss zu qualifizieren ist. Auch der Erbe in der Partnerschaftsgesellschaft hat ein Austrittsrecht nach § 9 IV S. 3 PartGG i.V.m. § 139 HGB (Michalski / Römermann, PartGG, § 9 Rdn. 33).

686 In der Literatur wird aber diskutiert, ob nicht aus der Rechtsprechung des BGH zur Teilrechtsfähigkeit der BGB-Gesellschaft (BGH, NJW 2001, 1056) und zur entsprechenden Anwendbarkeit des § 130 HGB auf den rechtsgeschäftlichen Eintritt eines neuen Gesellschafters (NJW 2003, 1803) folge, dass auch der im Wege einer erbrechtlichen Nachfolgeklausel nachrückende Erbe für Altverbindlichkeiten nach § 130 HGB haften müsse (dafür MünchKommBGB-Ulmer, § 714 Rdn. 74; ders. in ZIP 2003, 1113, 1121; Schmidt, NJW 1995, 1, 5 f.; a.A. MünchKommBGB-Siegmann, § 1967 Rdn. 46).

687 MünchKommBGB-Ulmer, PartGG, § 8 Rdn. 32; Ulmer / Habersack, FS Brandner, S. 164 f.; Bluhm, Zum Partnerschaftsgesellschaftsgesetz und seiner Bedeutung für Rechtsanwälte, S. 138 f.; im Ergebnis ebenso für den Fall des rechtsgeschäftlichen Eintritts (nicht explizit für den Fall der Gesamtrechtsnachfolge) Seibert in: Ebenroth / Boujong / Joost, HGB, § 8 PartGG Rdn. 1 und 16; Feddersen / Meyer-Landrut, PartGG, § 8 Rdn. 2; Castan, Die Partnerschaftsgesellschaft, S. 99 f.; Jungk, AnwBl 2005, 283, 284; ausführlich auch Mazza, BB 1997, 746 f. Die Regierungsbegründung zum PartGG (BT-Drucks. 12/6152) äußert sich zu dieser Frage nicht.

Bearbeitungsfehler des Erblassers[688], oder soweit vertreten wird, er hafte auch für die Bearbeitungsfehler der übrigen Partner[689], verkennen diese Meinungen die Besonderheiten der Haftungskonzentration. Die Haftung für Berufsfehler knüpft nämlich nicht an der Mitgliedschaft in der Partnerschaft, sondern an der Mitwirkung bei der Bearbeitung an.[690] Die Haftung ist persönlicher Natur.[691] Der Erbe, der vor dem Erbfall nicht mit dem Auftrag befasst war, kann damit auch nicht nach dem Erbfall hierfür verantwortlich gemacht werden. Dies wird auch durch die Neufassung von § 8 II PartGG deutlich.[692] Die Vorschrift verweist auf § 8 I PartGG insgesamt und nicht lediglich auf § 8 I S. 1 PartGG. Damit bezieht sich nach dem Gesetz auch die Haftungskonzentration auf die Haftung eines neu eintretenden Partners / Erben nach § 8 I S. 2 PartGG.[693] Der neu Eintretende haftet nicht für Berufsfehler des Erblassers, er wird vielmehr den nicht mit dem Auftrag befassten anderen (Alt-) Partnern gleichgestellt. Auch für die Gläubiger ist ein solches Ergebnis nicht unbillig, da die Partnerschaftsgesellschaft weiterhin haftet. Im Ergebnis muss der Erbe damit nach § 8 I S. 2 PartGG i.V.m. § 130 HGB weder für Bearbeitungsfehler des Erblassers noch für die der übrigen Partner einstehen.[694] Eine solche gesellschaftsrechtliche Haftung des Erben kommt nur dann in Betracht, wenn er nach dem Erbfall das Auftragsverhältnis fortführt und während seiner Mitwirkung ein Bearbeitungsfehler vorkommt.[695] Da die Haftungskonzentration aber nur die beruflichen Fehler erfasst, haftet der Erbe in jedem Fall nach § 8 I S. 2 PartGG i.V.m. § 130 HGB für die übrigen Altverbindlichkeiten, also insbesondere die Geschäftsverbindlichkeiten aus Miete und Arbeitsverhältnissen.

---

[688] So ausdrücklich nur Heydn, Die erbrechtliche Nachfolge, S. 91.

[689] Ring (Die Partnerschaftsgesellschaft, § 8 Rdn. 11) und Graf v. Westphalen (in: Meilicke u.a., PartGG, § 8 Rdn. 39), die (ohne nähere Begründung) die Haftungskonzentration generell im Fall eines Neueintritts eines Partners nicht anwenden wollen. Zu berücksichtigen ist aber, dass die genannten Autoren noch die alte Rechtslage, bei der § 8 II PartGG lediglich auf § 8 I S. 1 PartGG Bezug nahm, zugrunde legen. Zur neuen Rechtslage und ebenfalls ohne Begründung ablehnend nur Henssler / Prütting, BRAO, § 8 PartGG Rdn. 9.

[690] Bluhm, Zum Partnerschaftsgesellschaftsgesetz und seiner Bedeutung für Rechtsanwälte, S. 141; Mazza, BB 1997, 746, 750.

[691] MünchKommBGB-Ulmer, PartGG, § 8 Rdn. 32.

[692] Gesetz zur Änderung des Umwandlungsgesetzes, des Partnerschaftsgesellschaftsgesetzes und anderer Gesetze vom 22. Juli 1998, BGBl. I 1998, S. 1878.

[693] Mazza, BB 1997, 746, 748; Seibert in: Ebenroth / Boujong / Joost, HGB, § 8 PartGG Rdn. 16.

[694] Dies betrifft aber nur die gesellschaftsrechtliche und nicht die erbrechtliche Haftung des Erben.

[695] Bluhm, Zum Partnerschaftsgesellschaftsgesetz und seiner Bedeutung für Rechtsanwälte, S. 141; MünchKommBGB-Ulmer, PartGG, § 8 Rdn. 32.

(3) Ergebnis

Betrachtet man zusammenfassend die gesellschaftsrechtliche Haftung des Erben in der Partnerschaftsgesellschaft, so haben die Ausführungen gezeigt, dass diese der beschränkbaren erbrechtlichen Haftung sehr angenähert ist. Die Unverträglichkeit der beiden Haftungsgründe ist im Vergleich zur OHG nur minimal und bezieht sich vor allem auf die – gegenüber der Haftung für Berufsfehler – in der Regel weniger relevante Haftung für sonstige Geschäftsverbindlichkeiten. Die beschränkbare erbrechtliche Haftung durchbricht damit in der Partnerschaftsgesellschaft keinen „Grundsatz der unbeschränkten gesellschaftsrechtlichen Haftung". Das Argument, die Unverträglichkeit der Haftung widerspräche einer Gesellschafterstellung einer Erbengemeinschaft und verlange eine Einzelnachfolge der Erben, ist folglich in der Partnerschaftsgesellschaft deutlich schwächer und vermag hier allein eine Einzelnachfolge nicht zu begründen. Es wird daher auf andere Aspekte ankommen, die im Folgenden untersuchen werden.

c) Die Beschränkung auf natürliche Personen in § 1 I S. 3 PartGG

Nach § 1 I S. 3 PartGG dürfen Angehörige einer Partnerschaftsgesellschaft nur natürliche Personen sein. Diese Vorschrift könnte einer Nachfolge der Erbengemeinschaft in einer Partnerschaftsgesellschaft entgegen stehen. Die Erbengemeinschaft ist nämlich eine Gesamthandsgemeinschaft.[696] Sie nimmt damit eine Sonderstellung ein, deren Einzelheiten an dieser Stelle noch nicht erörtert werden sollen, da die Erbengemeinschaft jedenfalls keine natürliche Person ist.[697] Als solche dürfte die Erbengemeinschaft damit nicht Gesellschafterin einer Partnerschaftsgesellschaft sein. Bei der Vorschrift des § 1 I S. 3 PartGG handelt es sich um eine partnerschaftsspezifische Besonderheit.[698] Das Recht der OHG und BGB-Gesellschaft lässt demgegenüber zumindest juristische Personen und Personenhandelsgesellschaften als Mitglieder zu.[699]

(1) Auslegung des § 1 I S. 3 PartGG

Es stellt sich aber die Frage, ob der nach dem Wortlaut gegebene Ausschluss der Erbengemeinschaft auch dem Sinn und Zweck der Vorschrift entspricht. Damit ist zu überprüfen, welche Gründe den Gesetzgeber bewogen haben, die Partner in der Partnerschaftsgesellschaft auf natürliche Personen zu beschränken. Nach der Gesetzesbegründung entspricht eine solche Begrenzung „am ehesten dem Leitbild der auf ein persönliches Vertrauensverhältnis zum Auftraggeber ausgerichteten freiberuflichen Berufsausübung".[700] Zum genauen Anwen-

---

[696] Lange / Kuchinke, Erbrecht, § 42 I. 4. a).

[697] Ausführlich zu den Besonderheiten der Gesamthandsgemeinschaften Schmidt, Gesellschaftsrecht, § 8 III 5.

[698] MünchKommBGB-Ulmer, PartGG, § 1 Rdn. 23.

[699] Siehe nur MünchKommBGB-Ulmer, § 705 Rdn. 64 f.

[700] Regierungsbegründung zum PartGG in BT-Drucks. 12/6152, S. 9.

dungsbereich der Vorschrift macht die Regierungsbegründung hingegen keine Angaben. Der Referentenentwurf des Bundesministers der Justiz aus dem Jahre 1993 verweist in einem Nebensatz darauf, dass nur eine natürliche Person eine Berufszulassung erwerben könne.[701] Auch der Bericht des Rechtsausschusses zum Entwurf eines PartGG aus dem Jahre 1976 befasst sich nur flüchtig mit unserer Frage.[702] Danach sollen Wirtschaftsprüfungs- und Steuerberatungsgesellschaften nicht Partner in einer Partnerschaftsgesellschaft werden dürfen, „da diese als Personenverband zur Berufsausübung nur natürlichen Personen vorbehalten bleiben soll".[703] Die vorangehenden Entwürfe aus den Jahren 1971 und 1975 enthielten hingegen keine Beschränkung auf natürliche Personen.[704] Auch in der Literatur zum Partnerschaftsgesellschaftsgesetz haben sich einige Autoren mit der Beschränkung auf natürliche Personen auseinandergesetzt. Danach wird teilweise die Begründung des Regierungsentwurfs aufgegriffen und die Begrenzung mit dem besonderen Charakter der Freiberuflichkeit gerechtfertigt.[705] Andere sehen die Funktion des § 1 I S. 3 PartGG darin, zu verhindern, dass die Partnerschaftsgesellschaft als gewerblich geprägte Personengesellschaft qualifiziert werde und damit § 15 III Nr. 2 EStG Anwendung fände.[706] Teilweise wird auch zur Begründung angeführt, das Entstehen einer „GmbH & Partner" werde auf diese Weise verhindert.[707] Nach anderer Auffassung[708] ist die Bestimmung zu streichen. Begründet wird dies mit der Erwägung, die Vorschrift vermische unzulässig Gesellschaftsrecht und Standesrecht. Das Berufsrecht müsse selbst entscheiden, inwieweit es nichtnatürliche Personen als Gesellschafter zulasse. Es sei nicht einzusehen, warum eine Wirtschaftsprüfungs-GmbH sich mit einem Wirtschaftsprüfer in einer BGB-Gesellschaft zusammenschließen dürfe, der besondere Charakter der Freiberuflichkeit aber einen Zusammenschluss in einer Partnerschaftsgesellschaft verbiete. Dies gelte umso mehr, als die Regierungsbegründung zum PartGG sich an anderer Stelle selbst dafür ausspreche, Freiberuflern auch die Kapitalgesellschaft zur Verfügung zu stellen.[709] Spätestens durch die gesetzgeberische Zulassung von verschiedenen Freiberufler-GmbHs

[701] Siehe Abdruck des Referentenentwurfs in ZIP 1993, 153, 154.
[702] BT-Drucks. 7/5413.
[703] BT-Drucks. 7/5413, S. 3.
[704] BT-Drucks. 6/2047 und BT-Drucks. 7/4089.
[705] Seibert, AnwBl 1993, 155, 156; ders., DB 1994, 2381, 2382; Kempter, BRAK-Mitt. 1994, 122; Hornung, Rpfleger 1996, 481, 482; Ring, Die Partnerschaftsgesellschaft, § 1 Rdn. 5.
[706] Kempter, BRAK-Mitt. 1994, 122.
[707] Kempter, BRAK-Mitt. 1994, 122, 123; insoweit zustimmend Lenz, WM 1996, 1029, 1032.
[708] Michalski / Römermann, PartGG, § 1 Rdn. 25 f.; Castan, Die Partnerschaftsgesellschaft, S. 54; Feddersen / Meyer-Landrut, PartGG, § 1 Rdn. 6; Lenz in: Meilicke u.a., § 1 Rdn. 102; Mahnke, WM 1996, 1029, 1032; Lenz, MDR 1994, 741, 742; Elkemann-Reusch, Die Partnerschaftsgesellschaft, S. 195 f.; bereits zum Referentenentwurf Michalski, ZIP 1993, 1210, 1211; Schmidt, ZIP 1993, 633, 639.
[709] Regierungsbegründung zum PartGG in BT-Drucks.12/6152 S. 8.

(z.B. in § 59 c I BRAO für Rechtsanwälte) sei eine grundsätzliche Unvereinbarkeit der freiberuflichen Tätigkeit mit der Rechtsform der Kapitalgesellschaft nicht mehr zu begründen.[710] Für die zweite Ansicht spricht, dass die Beantwortung der Frage, ob ein Berufsstand es für zulässig hält, dass seine Angehörigen auch mit nichtnatürlichen Personen zusammenarbeiten, tatsächlich dem Berufsrecht des jeweiligen Berufsstandes obliegen sollte. Entsprechende Regelungen sind auch in den einzelnen Berufsrechten zu finden. So verbietet § 59 c II BRAO die Beteiligung von Rechtsanwaltsgesellschaften an Zusammenschlüssen zur gemeinsamen Berufsausübung. Eine Rechtsanwalts-GmbH kann folglich bereits nach dem Berufsrecht nicht Partnerin in einer Partnerschaftsgesellschaft werden.[711] Gegen die Streichung der Beschränkung auf natürliche Personen spricht aber, dass die Intention des Gesetzgebers des PartGG eindeutig war und ist. Der Gesellschafterkreis sollte auf natürliche Personen begrenzt sein. Trotz der soeben beschriebenen – auch dem Gesetzgeber sicherlich nicht unbekannten – Kritik an der Gesetzesbeschränkung hat der Gesetzgeber nämlich auch bei späteren Gesetzesänderungen[712] immer an der Bestimmung des § 1 I S. 3 PartGG festgehalten. Der Gesetzgeber hat sich damit bewusst nicht dem gewandelten Verständnis der gemeinsamen Berufsausübung von Freiberuflern in Personen- bzw. Kapitalgesellschaften in der Weise angeschlossen, dass hierdurch auch der Gesellschafterkreis der Partnerschaftsgesellschaft erweitert werden müsste. Es lag im Ermessen des Gesetzgebers, der freiberuflichen Tätigkeit in der Partnerschaftsgesellschaft einen besonderen Charakter zu verleihen, der nicht zwingend dem sonstigen Verständnis entsprechen muss. Der Gesetzgeber war nicht gehindert, eine Öffnung der Kapitalgesellschaft für Freie Berufe zu befürworten und dennoch am eingeschränkten Gesellschafterkreis der Partnerschaftsgesellschaft festzuhalten. Im Ergebnis sind damit der eindeutige Gesetzeswortlaut und die dahinter stehende gesetzgeberische Entscheidung zur Beibehaltung zu akzeptieren. Gesellschafter einer Partnerschaftsgesellschaft dürfen daher grundsätzlich nur natürliche Personen sein.

(2) Besonderheiten der Erbengemeinschaft

Etwas anderes könnte nur dann gelten, wenn für die Erbengemeinschaft besondere Erwägungen vorgebracht werden können, die trotz des soeben gefundenen Ergebnisses ihre Gesellschafterstellung in der Partnerschaftsgesellschaft rechtfertigen könnten. Die dargestellte Diskussion zum Gesellschafterkreis be-

---

[710] Michalski / Römermann, PartGG, § 1 Rdn. 26.

[711] Demgegenüber erlaubt der BGH Sozietäten zwischen Einzelanwälten und personal geprägten Gesellschaften (BGH, NJW 2003, 3548, 2549). Hierzu auch Grunewald, NJW 2004, 1146, 1147; Deppert, BRAK-Mitt. 2004, 94, 99.

[712] Gesetz zur Änderung des Umwandlungsgesetzes, des Partnerschaftsgesellschaftsgesetzes und anderer Gesetze vom 22. Juli 1998, BGBl. I 1998, S. 1878 und Zweites Gesetz zur Änderung der Finanzgerichtsordnung und anderer Gesetze vom 19. Dezember 2000, BGBl. I, S. 1757.

zog sich nämlich nicht ausdrücklich auf die Erbengemeinschaft. Diese wird nur als eine der Gesamthandsgemeinschaften vom Ergebnis mit umfasst. Die Erbengemeinschaft unterscheidet sich von den anderen Gesamthandsgemeinschaften des BGB und insbesondere von der Kapitalgesellschaft dadurch, dass sie in ihrer Struktur weniger gefestigt und nach der Vorstellung des Gesetzgebers lediglich auf ihre eigene Abwicklung gerichtet ist.[713] Danach würde es sich bei der Hypothese von einer Gesellschafterstellung der Erbengemeinschaft nur um eine vorübergehende Gesellschafterstellung einer wenig gefestigten nichtnatürlichen Person handeln. Dies könnte eine andere Behandlung als bei der BGB-Gesellschaft, der OHG und insbesondere der Kapitalgesellschaft im Rahmen von § 1 I S. 3 PartGG rechtfertigen, da ein vorübergehender Zustand möglicherweise eher zu akzeptieren wäre als die dauerhafte Gesellschafterstellung einer nichtnatürlichen Person.

Die Erbengemeinschaft wird erst dann auseinandergesetzt, wenn zumindest ein Miterbe die Auseinandersetzung wünscht (§ 2042 I BGB). Bis dahin verwalten die Miterben den Nachlass gemeinschaftlich (§ 2038 BGB). Diese Phase dauert oft sehr lange und in der Praxis bestehen Erbengemeinschaften häufig über einen sehr langen Zeitraum.[714] Dies hat seine Ursache zum einen darin, dass die Erben ihren Auseinandersetzungsanspruch nach § 2042 BGB rein tatsächlich nicht geltend machen oder sich die Auseinandersetzung aufgrund von Abwicklungsschwierigkeiten oder Unstimmigkeiten innerhalb der Erbengemeinschaft hinzieht. Sind die Erbteile noch nicht eindeutig bestimmt (§ 2043 BGB) bzw. verlangt ein Erbe eine vorherige Beendigung des Aufgebotes (§ 2045 BGB), so verzögert sich die Auseinandersetzung ebenfalls.[715] Die Gesamtheit der Erben kann aber auch rechtlich durch Vereinbarung die Auseinandersetzung ausschließen (§§ 2042 II, 749 II BGB).[716] Zudem kann der Erblasser nach § 2044 I S. 1 BGB die Auseinandersetzung durch letztwillige Verfügung auf lange Dauer, und zwar nach § 2044 II S. 1 BGB bis zu 30 Jahre lang und nach § 2044 II S. 2 BGB sogar noch länger, ausschließen.[717] Damit ist der Charakter einer Erbengemeinschaft nicht zwingend nur vorübergehender Natur.[718] Zudem korrespondiert das Recht der Miterben, die Auseinandersetzung zu verlangen, mit dem Recht jedes Gesellschafters einer Personengesellschaft das Gesellschaftsverhältnis zu kündigen (siehe nur § 723 I BGB). Auch dieses – begrenzt dispositive – Recht führt zumindest in der BGB-Gesellschaft gleichfalls

713 Siehe nur MünchKommBGB-Heldrich, § 2042 Rdn. 1; Leipold, Erbrecht, Rdn. 537.
714 Muscheler, ZEV 1997, 169.
715 Lange / Kuchinke, Erbrecht, § 44 II. 2. d) und e).
716 Lange / Kuchinke, Erbrecht, § 44 II. 4.
717 Damrau, Erbrecht, § 2044 Rdn. 2 f.; ausführlich zu den Besonderheiten des Ausschluss der Auseinandersetzung beim Unternehmernachlass Kiethe, ZEV 2003, 225 f.
718 So auch Eberl-Borges, ZEV 2002, 125, 127; Muscheler, ZEV 1997, 169.

zur Auflösung und anschließender Auseinandersetzung.[719] Damit ist die Dauerhaftigkeit dieser beiden Gesamthandsformen quasi identisch.

Die Ausführungen haben gezeigt, dass die Erbengemeinschaft keine reine Abwicklungsgesellschaft ist und sich hinsichtlich ihrer Dauer nur wenig von der BGB-Gesellschaft unterscheidet. Eine gedachte Gesellschafterstellung der Erbengemeinschaft in der Partnerschaftsgesellschaft kann daher durchaus eine sehr lange Zeitspanne betreffen. Eine Ausnahme von § 1 I S. 3 PartGG für die Erbengemeinschaft ist somit jedenfalls aus diesem Grund nicht gerechtfertigt.

Möglicherweise führt aber die weniger gefestigte Struktur der Erbengemeinschaft und die damit eingeschränkte Handlungsfähigkeit zu einem anderen Ergebnis.[720] Es bleibt den Erben jedoch unbenommen, besondere Vereinbarungen über die Verwaltung des Nachlasses zu treffen (§§ 2038 II, 745 I BGB). Insbesondere durch die Bestellung eines Vertreters / Verwalters könnte so ein geschlossenes Auftreten der Erbengemeinschaft nach Außen und damit eine gefestigtere Struktur erreicht werden.[721] Der Einwand einer mangelnden Handlungsfähigkeit ist damit im Ergebnis nicht durchschlagend. Die Besonderheiten der Erbengemeinschaft gegenüber anderen Gesamthandsformen und Kapitalgesellschaften rechtfertigen damit bei genauerer Betrachtung keine gesonderte Behandlung der Erbengemeinschaft im Rahmen von § 1 I S. 3 PartGG. Es bleibt somit dabei, dass die Erbengemeinschaft als Gesamthandsgemeinschaft keine natürliche Person und damit nicht partnerschaftsfähig ist.[722]

d) Berufsausübung- und Berufszulassungsprobleme

Die Stellung der Erbengemeinschaft als Gesellschafterin in einer Partnerschaftsgesellschaft könnte auch durch berufsrechtliche Aspekte verboten sein. So müssen die Partner nach § 1 I S. 1 PartGG ihren Beruf in der Partnerschaftsgesellschaft ausüben. Es stellt sich damit die Frage, ob eine Erbengemeinschaft überhaupt einen Beruf ausüben und eine Zulassung erwerben kann oder ob dies nur den in ihr verbundenen Erben möglich ist. Sollte die Erbengemeinschaft hierzu nicht in der Lage sein, so würde diese partnerschaftsspezifische Besonderheit die Nachfolge der Erbengemeinschaft ausschließen.

Um diese Frage zu beantworten, hilft ein Vergleich mit anderen Gesellschaftsformen für Freiberufler und mit deren Möglichkeiten zur Berufsaus-

---

[719] Weipert, ZEV 2002, 300, 301.

[720] Ausführlich zu den Verwaltungsstrukturen in der Erbengemeinschaft Muscheler, ZEV 1997, 169 f. und 222 f.

[721] MünchKommBGB-Heldrich, § 2038 Rdn. 21; Lange / Kuchinke, Erbrecht, § 43 II. 5. b). Teilweise wird auch eine analoge Anwendung des § 146 I S. 2 HGB, der in der Partnerschaftsgesellschaft über § 10 I PartGG ebenfalls Anwendung finden könnte, befürwortet [für die OHG Börner, AcP 166 (1966), 426, 440 m.w.N.]. Danach wären die Erben sogar verpflichtet, einen gemeinsamen Vertreter zu bestellen. Dies ist jedoch mangels einer planwidrigen Regelungslücke abzulehnen.

[722] Anders Heydn, Die erbrechtliche Nachfolge, S. 93 f.

übung. In einer als BGB-Gesellschaft oder Partnerschaftsgesellschaft tätigen Sozietät (§ 59 a I BRAO) ist jeder einzelne Rechtsanwalt bei der Berufskammer zugelassen und übt seinen Beruf selbstständig aus. Demgegenüber ist die Rechtsanwalts-GmbH (§§ 59 c f. BRAO) nach § 60 I BRAO selbst zugelassenes Mitglied der Rechtsanwaltskammer und damit auch zur rechtsbesorgenden Tätigkeit, die sie durch ihre Organe ausübt, befugt.[723] Die Rechtsanwaltsgesellschaft würde damit theoretisch den partnerschaftsgesellschaftlichen Zweck der gemeinsamen Berufsausübung erfüllen können.[724] Praktisch ist ihr dies nach § 1 I S. 3 PartGG als juristische Person aber verwehrt.[725] Dennoch zeigt das Beispiel, dass die BRAO nicht zwingend von einer Berufsausübung durch natürliche Personen ausgeht. Ähnliches gilt auch im Bereich des ärztlichen Berufsrechtes. So kann ein Medizinisches Versorgungszentrum, welches in jeder Rechtsform betrieben werden kann, nach § 95 I SGB V selbst eine vertragsärztliche Zulassung erhalten.[726] Die beiden Beispiele zeigen, dass Berufsausübung und Zulassung nicht mehr zwingend an natürliche Personen gekoppelt wird. Auch eine Erbengemeinschaft kann damit nicht pauschal von Berufsausübung und Zulassung zu einem Beruf ausgeschlossen werden.[727] Allerdings sieht auch kein Berufsrecht eines Freien Berufes die Berufsausübung und Zulassung durch eine Erbengemeinschaft ausdrücklich gesetzlich vor. In der Praxis würde beispielsweise ein Zulassungsausschuss einer Erbengemeinschaft keine vertragsärztliche Zulassung bewilligen. Dies liegt aber sicherlich nicht nur an der gewohnheitsrechtlich absolut anerkannten Rechtsprechung des BGH zur Nachfolge einer Erbengemeinschaft in einen Personengesellschaftsanteil,[728] sondern auch an der bereits erwähnten Struktur der Erbengemeinschaft. So kann diese nach Außen nur geschlossen auftreten, wenn sich alle Miterben einig sind und ein gemeinsamer Verwalter bestellt wurde.[729] Zudem ist auch die Rechtsfähigkeit der Erbengemeinschaft nicht anerkannt.[730] Damit wäre es für die Berufskammern auch rein tatsächlich schwierig, einer Erbengemeinschaft eine entsprechende berufliche Zulassung zu bewilligen. Die Berufskammern vergeben entsprechend den Vorgaben ihrer Berufsordnungen an nichtnatürliche Personen nur dann Zulassungen, wenn die Organisationsverfassung, insbesondere die Regelungen zur Geschäftsführung und Vertretung, entsprechend detailliert wie bei der Rechts-

[723] Henssler, NJW 1999, 241, 242.
[724] Hierzu Bluhm, Zum Partnerschaftsgesellschaftsgesetz und seiner Bedeutung für Rechtsanwälte, S. 58.
[725] Hierzu ausführlich unter D.III.2.c), Seite 141.
[726] Schallen, Ärzte-ZV, § 18 Rdn. 383; Richter, DStR 2004, 320, 323.
[727] So aber noch Heydn, Die erbrechtliche Nachfolge, S. 110.
[728] Hierzu siehe oben unter D.III.1.b), Seite 132.
[729] MünchKommBGB-Heldrich, § 2038 Rdn. 21; Lange / Kuchinke, Erbrecht, § 43 II. 5. b).
[730] Für die Rechtsfähigkeit der Erbengemeinschaft in neuerer Zeit Eberl-Borges, ZEV 2002, 125 f. und Weipert, ZEV 2002, 300 f. m.w.N.

anwalts-GmbH oder bei dem Medizinischen Versorgungszentrum sind. Da solche Bestimmungen für die Erbengemeinschaft nicht existieren, kann die Erbengemeinschaft im Ergebnis nicht selbstständig eine Berufszulassung erwerben und einen Beruf ausüben. Die Erbengemeinschaft kann damit nach § 1 I S. 1 PartGG keine Partnerstellung einnehmen. Die Nachfolge einer Erbengemeinschaft in eine Partnerschaftsgesellschaft ist folglich unzulässig. Hingegen würde das Erfordernis der Berufsausübung nach § 1 I S. 1 PartGG nicht einer Einzelnachfolge der Miterben in einen Partnerschaftsgesellschaftsanteil entgegenstehen.[731]

e) Zusammenfassung und Stellungnahme

Die Partnerschaftsgesellschaft unterscheidet sich von anderen Personengesellschaften insbesondere durch die andersartige Ausgestaltung der Haftung ihrer Mitglieder. Diese Besonderheit führt unter anderem dazu, dass die gesellschaftsrechtliche und die erbrechtliche Haftung der Erben sehr angenähert sind. Dadurch ist die Haftungsfrage in der Partnerschaftsgesellschaft ein schwächeres Argument gegen eine Nachfolge einer Erbengemeinschaft als in der OHG. Auf der anderen Seite können taugliche Partner im Sinne von § 1 I S. 3 PartGG nur natürliche Personen sein. Die Erbengemeinschaft als Gesamthandsgemeinschaft scheidet damit bereits nach dem Gesetzeswortlaut als Gesellschafterin aus. Zudem kann die Erbengemeinschaft weder einen Beruf ausüben noch eine Berufszulassung erhalten. Damit erfüllt sie auch diese partnerschaftsspezifische Besonderheit nach § 1 I S. 1 PartGG nicht. Die Frage, ob eine Erbengemeinschaft in einen Anteil an einer Partnerschaftsgesellschaft nachfolgen kann, ist daher für diese Rechtsform eindeutig zu beantworten. Nur durch eine Einzelnachfolge der Miterben kann dem Gesetzeswortlaut Rechnung getragen werden. Diese ist zu befürworten.

3. Ergebnis

Die Nachfolge einer Erbengemeinschaft in einen Anteil an einer Partnerschaftsgesellschaft ist damit ebenso zu handhaben wie im übrigen Personengesellschaftsrecht. Der Partnerschaftsgesellschaftsanteil geht folglich auf mehrere Miterben in der Weise über, dass der Anteil sich entsprechend der Erbquote aufspaltet und jedem Miterben ein einzelner Anteil zufällt. Dieser unterliegt keiner gesamthänderischen Bindung, es findet vielmehr eine Einzelnachfolge statt.

IV. Die qualifizierte Nachfolgeklausel

1. Einführung

Der Gesellschaftsvertrag bestimmt oftmals, dass nicht alle, sondern nur bestimmte Erben zur Nachfolge in den Gesellschaftsanteil zugelassen sein sollen.

[731] So im Ergebnis auch Heydn, Die erbrechtliche Nachfolge, S. 110.

Diese werden dann entweder im Vertrag namentlich benannt oder anders bestimmt (z.B. „die Ehefrau", „der älteste Sohn"). Ziel einer solchen qualifizierten Nachfolgeklausel in Gesellschaftsverträgen ist es, zur Nachfolge in das Unternehmen nur entsprechend geeignete Personen zuzulassen und gleichzeitig die mit der Nachfolge mehrerer Miterben einhergehende Zerstückelung des Gesellschaftsanteils zu verhindern.[732]

Ein solches Bedürfnis besteht auch in der Partnerschaftsgesellschaft. Zwar ist hier jede Form von Nachfolgeklausel bereits nach § 9 IV S. 2 PartGG qualifiziert, da die Partner die Voraussetzungen nach § 1 I und II PartGG erfüllen müssen und dadurch der Kreis der potentiellen Erben von vorneherein eingeschränkt ist. Diese gesetzliche Qualifizierung wird in der Partnerschaftsgesellschaft als einfache Nachfolgeklausel bezeichnet.[733] Sie allein genügt jedoch nicht in jedem Fall, um einen für alle Partner akzeptablen Nachfolger zu finden. Je größer das freiberufliche Unternehmen ist, desto höhere fachliche Anforderungen werden an die Person des Erben gestellt. Eine berufliche Grundqualifikation ohne weitere Zusatzqualifikationen genügt nicht mehr. Zudem muss der Beruf des Erben nicht nur theoretisch, sondern auch im konkreten Fall zur Partnerschaftsgesellschaft passen. Eine Partnerschaftsgesellschaft von Rechtsanwälten könnte beispielsweise einen Erben, der Steuerberater ist, sowohl nach dem PartGG als auch nach dem Berufsrecht der beteiligten Berufe aufnehmen. Sofern die Kanzlei aber auf Familienrecht und nicht auf Wirtschaftsrecht spezialisiert ist, passt die Aufnahme dieses Erben nicht zum konkreten Geschäftsbereich der Kanzlei und kann daher unerwünscht sein. Gelegentlich wollen die Partner bestimmte Erben auch aus rein persönlichen Gründen von der Nachfolge ausschließen. Die qualifizierte Nachfolgeklausel, die gegenüber der einfachen Nachfolgeklausel über die gesetzlichen Anforderungen in § 9 IV S. 2 PartGG hinausgeht, wird daher auch in dieser Rechtsform solchen vielschichtigen Erwägungen am Besten gerecht.[734]

Die qualifizierte Nachfolgeklausel führt dazu, dass einem Teil der Miterben jegliche Berechtigung am Gesellschaftsanteil versagt wird. Während bei der Einzelnachfolge der Gesellschaftsanteil allein von seiner gesamthänderischen Bindung freigestellt wird, sind damit bei der qualifizierten Nachfolgeklausel die erbrechtlichen Grundprinzipien in noch stärkerem Ausmaße betroffen. Dies bedarf einer besonderen Rechtfertigung. Der Ausschluss der übrigen Miterben kann in der Partnerschaftsgesellschaft aufgrund ihrer erbrechtlichen Besonderheiten sowohl den Fall der einfachen als auch den Fall der qualifizierten Nachfolgeklausel betreffen. Die folgenden Ausführungen zur qualifizierten Nachfolgeklausel beziehen sich folglich im Rahmen der Partnerschaftsgesellschaft auf

[732] Schmidt, Gesellschaftsrecht, § 45 V 5. a); MünchKommBGB-Zimmermann, § 2205 Rdn. 30.

[733] Siehe ausführlich zur Terminologie unter D.I.2., Seite 44.

[734] Elkemann-Reusch, Die Partnerschaftsgesellschaft, S. 219.

beide Fälle. Lässt man mit der herrschenden Meinung eine Sondernachfolge zu, so ist weiter zu klären, ob der entsprechend qualifizierte Nachfolger den gesamten Gesellschaftsanteil erhält oder nur einen seiner Erbquote entsprechenden Anteil. Schließlich ist die Frage zu beantworten, ob und gegebenenfalls wie ein Ausgleich unter den Miterben zu erfolgen hat.

2. Die Rechtslage in der OHG

Nach der ganz herrschenden Meinung in der Rechtsprechung[735] und in der Literatur[736] geht der Gesellschaftsanteil bei der qualifizierten Nachfolgeklausel unmittelbar auf den bevorzugten Miterben über. Es komme zu einer Sondererbfolge außerhalb der Erbengemeinschaft, bei der der durch den Gesellschaftsvertrag zugelassene Miterbe „unmittelbar im Ganzen"[737], im Wege einer Vollnachfolge[738], in die Position des Erblassers einrücke. Zur Begründung dieser Sondererbfolge wurden verschiedene Theorien aufgestellt. So wird unter anderem auf andere Sondererbfolgen außerhalb des BGB, wie die Höfeordnung in Verbindung mit § 24 Reichsheimstättengesetz sowie § 19 I Mieterschutzgesetz,[739] Bezug genommen,[740] andere vergleichen die Mitgliedschaft in der OHG mit dem ehelichen Sondergut,[741] oder sie sehen die Mitgliedschaft als nicht zum Nachlass gehörendes und daher getrennt von diesem vererbliches „Sondergut".[742]

Die früher auch vom BGH vertretene Teilnachfolge hat sich nicht durchsetzen können.[743] Danach erhält der Nachfolger zunächst nur einen Anteil an der Mitgliedschaft, der seiner Erbquote entspricht. Erst durch weitere Rechtsgeschäfte mit den übrigen Gesellschaftern könne der Nachfolger den vollständigen Gesellschaftsanteil, den der Verstorbene innehatte, erlangen.[744] Gegen diese Konstruktion spricht aber, dass nach der damaligen Ansicht des BGH die die Erbquote

---

[735] BGHZ 68, 225, 237 f.; BayObLG DNotZ 1981, 702; OLG München, MDR 1981, 587.

[736] MünchKommBGB-Heldrich, § 1922 Rdn. 61; GroßkommentarHGB-Ulmer, § 139 Rdn. 50 f.; Schlegelberger-Schmidt, HGB, § 139 Rdn. 20; Baumbach / Hopt, HGB, § 139 Rdn. 17; Siebert, BB 1957, 18, 19 f.; Rokas, Die Teilhaberschaft, S. 87; Säcker, Gesamthandsmitgliedschaften, S. 71; Wiedemann, Die Übertragung und Vererbung, S. 157, S. 193 f.; Westermann, Personengesellschaften I, Rdn. 530; Hueck, Das Recht der OHG, S. 412 f.; Lange / Kuchinke, Erbrecht, § 5 VI. 4.; Damrau, Erbrecht, § 1922 Rdn. 80; Leipold, Erbrecht, Rdn. 433; a.A. Muscheler, Universalsukzession und Vonselbsterwerb, S. 113 f.; Köbler, Erbrecht und Gesellschaftsrecht, S. 141; Michalski, DB 1980, 14 f.

[737] BGHZ 68, 225.

[738] Die Begriffe Voll- und Teilnachfolge stammen ursprünglich von Siebert, BB 1957, 18, 19.

[739] Sowohl das Reichsheimstättengesetz als auch das Mieterschutzgesetz sind heute nicht mehr in Kraft.

[740] Hierzu Siebert, BB 1957, 18.

[741] Wiedemann, Die Übertragung und Vererbung, S. 205 f.

[742] Liebisch, ZHR 116, 128, 133 f.

[743] Siehe noch BGHZ 22, 186, 193 f.

[744] BGHZ 22, 186, 194 f.

übersteigenden Erbteile nicht in den Nachlass fallen sollten und sich somit die Teilnachfolge zu Lasten der Nachlassgläubiger und zum unberechtigten Vorteil der Privatgläubiger der Altgesellschafter auswirken konnte.[745] Zudem bestand für den nachfolgeberechtigten Miterben eine Unsicherheit, da die Verpflichtung der Altgesellschafter zur Übertragung nur schuldrechtlicher Natur war und sich somit im Falle einer Weigerung der Altgesellschafter die Übertragung unter Umständen bis zum Ausgang eines Rechtsstreites hinziehen konnte. Diese Schwierigkeiten können durch eine Vollnachfolge vermieden werden.

Auch die herrschende Meinung lässt jedoch die Erbquote nicht gänzlich außer Acht. Vielmehr bestimmt sich nach ihr, welcher Anteil am Wert des Gesamtnachlasses dem Nachfolgererben im Ergebnis zufließen darf.[746] Dies führe dann gegebenenfalls zu einer Ausgleichspflicht des bevorzugten Erben (nicht der Gesellschaft) gegenüber den anderen Miterben.[747] Ist folglich die Erbquote des in die Gesellschaft eintretenden Miterben so hoch, dass sie dem Wert des Gesellschaftsanteils im Verhältnis zum gesamten Nachlass entspricht bzw. darüber hinausgeht, oder wurde dem Erben der Gesellschaftsanteil durch Vorausvermächtnis (§ 2150 BGB) zugewandt, so scheidet ein Anspruch auf Wertausgleich aus. Im Übrigen besteht im Zweifel ein solcher Anspruch auf Wertausgleich.[748] Hierfür werden verschiedene Anspruchsgrundlagen wie die Eingriffskondiktion nach § 812 I S. 1 2. Alt. BGB[749] oder erbrechtliche Ansprüche aus § 1978 BGB[750], § 1417 III BGB[751] oder die Vorschriften über die Ausgleichung lebzeitiger Zuwendungen nach §§ 2050 BGB[752] herangezogen. Der BGH stützt sich auf keine Anspruchsnorm mehr. In einer früheren Entscheidung[753] gab er den ausgeschlossenen Miterben einen Anspruch aus Treu und Glauben. Dies erfolgte jedoch noch zur Teilnachfolge und besagt damit nichts zur heutigen Auffassung des BGH. Überwiegend wird heute eine Analogie zu den für die Ausgleichung

---

[745] Siehe nur Rauch, DNotZ 1970, 78, 87.

[746] BGHZ 68, 225, 238.

[747] V. Gerkan in: Röhricht / Graf v. Westphalen, HGB, § 139 Rdn. 9; Heckelmann, FS v. Lübtow, S. 623.

[748] Schlegelberger-Schmidt, HGB, § 139 Rdn. 23; GroßkommentarHGB-Ulmer, § 139 Rdn. 187 f.

[749] Heckelmann, FS v. Lübtow, S. 628.

[750] Ulmer, FS Schilling, S. 86 f.; ders., ZGR 1972, 326 f.; Rüthers, AcP 168 (1968), 263, 281.

[751] Wiedemann, Die Übertragung und Vererbung, S. 209 f.; Säcker, Gesamthandsmitgliedschaften, S. 97.

[752] Westermann, Personengesellschaften I, Rdn. 542; v. Gerkan in: Röhricht / Graf v. Westphalen, HGB, § 139 Rdn. 9; Lange / Kuchinke, Erbrecht, § 5 VI. d) (soweit er die Nachfolge rein gesellschaftsrechtlich betrachtet); Brox, Erbrecht, Rdn. 794; auch Flume, Die Personengesellschaft, S. 405 f. (der allerdings die qualifizierte Nachfolgeklausel als Schenkung auf den Todesfall begreift).

[753] BGHZ 22, 186, 197.

lebzeitiger Zuwendungen geltenden Vorschriften der §§ 2050 ff. BGB vertreten.[754]

3. Die Rechtslage in der Partnerschaftsgesellschaft

Der Gesetzgeber des PartGG überträgt die von der herrschenden Meinung zur OHG entwickelten Rechtsgrundsätze zur qualifizierten Nachfolgeklausel in den Materialien ohne weitere Begründung vollständig auf die Partnerschaftsgesellschaft.[755] Die Literatur zum PartGG folgt dem Gesetzgeber hierbei einmütig.[756] Fraglich ist, ob dies überzeugt.

a) Die Sondererbfolge in der Partnerschaftsgesellschaft

Für eine Sondererbfolge auch in der Partnerschaftsgesellschaft spricht, dass diese bereits dem Gesetz, nämlich § 9 IV S. 2 PartGG, entnommen werden kann. Die genannte Vorschrift führt nämlich dazu, dass in vielen Fällen nur ein Miterbe, nämlich derjenige, welcher entsprechend berufsqualifiziert ist, die Nachfolge wird antreten können. Die Vorschrift funktioniert damit – wie bereits an anderer Stelle dargelegt wurde[757] – wie eine qualifizierte Nachfolgeklausel. Dadurch durchbricht das Gesetz selbst die Prinzipien der Universalsukzession und der Gesamthand. Die Sondererbfolge ist folglich in der Partnerschaftsgesellschaft bereits gesetzlich verankert. Die Partnerschaftsgesellschaft ist damit die einzige Personengesellschaft, bei der eine so eindeutige Regelung vorhanden ist. Dies liegt natürlich auch darin begründet, dass der Gesetzgeber bei der Schaffung des PartGG die gesamte bisherige Rechtsentwicklung bei der OHG beobachten und entsprechend reagieren konnte. Dadurch, dass der Gesetzgeber sich auch in seiner Gesetzesbegründung bewusst auf diese vorangegangenen Rechtsentwicklungen stützt, ergibt sowohl die historische als auch die grammatikalische Auslegung von § 9 IV S. 2 PartGG, dass in der Partnerschaftsgesellschaft eine Sondererbfolge stattfindet.

Möglicherweise kann die Sondererbfolge in der Partnerschaftsgesellschaft darüber hinaus auch auf eine weitere Erwägung gestützt werden. So könnte an eine Analogie zum Höferecht gedacht werden. Diese Analogie wurde teilweise auch im Recht der OHG zur Begründung der Sondererbfolge herangezogen,[758] hat sich dort aber nicht durchsetzen können.[759] Die Partnerschaftsgesellschaft

---

[754] Bestätigend Michalski, DB 1980, 1, 21.

[755] Regierungsbegründung zum PartGG in BT-Drucks. 12/6152, S. 21.

[756] Michalski / Römermann, PartGG, § 9 Rdn. 29; Ring, Die Partnerschaftsgesellschaft, § 9 Rdn. 75; Castan, Die Partnerschaftsgesellschaft, S. 131; Hoffmann in: Meilicke u.a., PartGG, § 9 Rdn. 42; Michalski / Römermann, Vertrag der Partnerschaftsgesellschaft, Teil A, Einf. Rdn. 263; Feddersen / Meyer-Landrut, PartGG, § 9 Rdn. 11; MünchKommBGB-Ulmer, PartGG, § 9 Rdn. 28.

[757] Vergleiche unter D.I.2., Seite 44.

[758] Hierzu Siebert, BB 1957, 18.

[759] Siehe nur Rüthers, AcP 168 (1968), 263, 272 f.

unterscheidet sich jedoch von der OHG, so dass diese Argumentation hier trotzdem durchgreifend sein könnte. Das Höferecht verfolgt nämlich ebenso wie das Recht der Partnerschaftsgesellschaft gewisse ordnungspolitische Zielsetzungen. So dient die Sondererbfolge im Höferecht der Erhaltung einer bestimmten Wirtschaftseinheit, des Hofes, dem eine besondere wirtschaftliche und soziale Bedeutung zukommt.[760] In der Partnerschaftsgesellschaft kommt dem zu beachtenden Berufsrecht der Freien Berufe eine solche besondere Bedeutung zu. Viele Freie Berufe erfüllen gesellschaftlich wichtige Funktionen, weil sie z.B. die medizinische Versorgung gewährleisten, der Rechtspflege dienen oder eine unabhängige Beratung sichern. Darüber hinaus haben einige Freie Berufe ordnungspolitische Funktionen, z.B. Notare, Wirtschaftsprüfer oder öffentlich bestellte und vereidigte Sachverständige.[761] Um diese Funktionen erfüllen zu können, sind die Freien Berufe einem strengen Berufsrecht unterworfen. Auch in der Partnerschaftsgesellschaft ist dieses Berufsrecht zwingend zu beachten (§ 1 III PartGG). Damit ist der Anteil an einer Partnerschaftsgesellschaft letztlich mehr als nur ein Vermögensbestandteil. Sein Träger erfüllt mit ihm oftmals auch die genannten sozialen Funktionen. Dies soll auch im Rahmen der erbrechtlichen Nachfolge durch die besondere Auswahl des Erben und die Beachtung der berufsrechtlichen Vorschriften gewährleistet bleiben. Eine ordnungspolitische Zielsetzung ist damit in der Partnerschaftsgesellschaft ebenso wie im Höferecht erkennbar. Das Berufsrecht der Freien Berufe erfordert allerdings nicht, dass der Partnerschaftsanteil nur auf einen Erben übergeht.[762] Der Partnerschaftsanteil kann auch auf mehrere Erben übergehen[763] und gleichzeitig kann das Berufsrecht beachtet werden. Eine so eingeschränkte Sonderzuordnung, wie sie das Höferecht vorsieht, ist damit in der Partnerschaftsgesellschaft nicht erforderlich. Trotz einer gewissen Ähnlichkeit lässt sich die Sondererbfolge in der Partnerschaftsgesellschaft damit nicht mit einer Analogie zu den Vorschriften des Höferechts begründen.[764]

Möglicherweise können aber noch andere Erwägungen die Sondererbfolge in der Partnerschaftsgesellschaft begründen. So könnte die Gesellschaft ohne die Sondererbfolge durch eine Multiplizierung ihrer Gesellschafter in ihrem Bestand gefährdet werden. Das Bestandinteresse der Gesellschaft ist durch die Vererbung in der Partnerschaftsgesellschaft aber weniger gefährdet als in der OHG

---

[760] Hierzu kritisch Muscheler, Universalsukzession und Vonselbsterwerb, S. 108 f.

[761] GründerZeiten Nr. 45 (2004), 1, 4.

[762] Eine in diese Richtung gehende Bestimmung bestand lediglich für die Nurnotare. § 9 II BNotO a.F. gestattete nur einen Zusammenschluss von 2 Nurnotaren. Die Vorschrift wurde jedoch zwischenzeitlich aufgehoben (Lerch in: Arndt, BNotO, § 9 Rdn. 17).

[763] Siehe Ausführungen unter D.III.2., Seite 134.

[764] Es stellt sich ohnehin die Frage, ob die ordnungspolitischen Zielsetzungen des Anerbenrechts in der heutigen Zeit noch Bestand haben können (ablehnend Muscheler, Universalsukzession und Vonselbsterwerb, S. 108 f.).

oder in der BGB-Gesellschaft. Die Anforderungen an die Nachfolger sind nämlich durch die Vorgaben in § 9 IV S. 2 PartGG deutlich höher als in anderen Gesellschaftsformen. Dies schließt eine unkontrollierte Vervielfältigung der Partner in aller Regel aus. Der Bestand einer Gesellschaft wird aber nicht nur durch eine zahlenmäßige Erhöhung der Partner gefährdet. Für einen Zusammenschluss von Freiberuflern ist oftmals „die Qualität" der Partner viel entscheidender. Denn anders als in einem reinen Handelsgewerbe ergibt sich der Wert einer Partnerschaftsgesellschaft nicht daraus, dass Waren verarbeitet werden, damit sie zu einer höheren Produktionsstufe gelangen, sondern der Wert ergibt sich insbesondere aus dem „Know-how" der Partner.[765] Aus dieser Wertverschiebung ergibt sich, dass beispielsweise eine auf Wirtschaftsrecht spezialisiere Rechtsanwaltskanzlei ungern einen nicht spezialisierten Rechtsanwalt, auch wenn dieser die gesetzlichen Anforderungen des § 9 IV S. 2 PartGG problemlos erfüllt, aufnehmen wird. Gleiches gilt für eine Partnerschaftsgesellschaft, die sich auf eine bestimmte Art von Augenoperationen spezialisiert hat und daher nur Ärzte einstellt, die ebenfalls über diese besondere Qualifikation verfügen. Für fachlich derart spezialisierte Partnerschaftsgesellschaften genügt es nicht, dass der Erbe einen Freien Beruf ausübt, welcher in der jeweiligen Partnerschaftsgesellschaft nach dem Berufsrecht der vertretenen Berufsgruppen zulässigerweise ausgeübt werden darf. Vielmehr müssen solche Partnerschaftsgesellschaften sehr konkrete Anforderungen an die Nachfolger stellen können, um ihr fachliches Niveau und damit letztlich auch den Bestand ihrer hochspezialisierten Gesellschaft halten zu können. Hierfür ist gerade in der Partnerschaftsgesellschaft eine Sondererbfolge erforderlich. Diese ermöglicht die direkte Vererbung der Mitgliedschaft an Spezialisten und verhindert einen „sinkenden Leistungsstandard" durch Vererbung.[766] Zu berücksichtigen ist aber, dass dies nur auf bestimmte – sicherlich aber im Zuge einer weiteren Spezialisierung des Arbeitsmarktes in ihrer Anzahl zunehmende – Partnerschaftsgesellschaften zutrifft. Zudem kann die Gesellschaft der Gefahr auch dadurch begegnen, dass sie in erster Linie versucht, ihren Bestand durch die rechtsgeschäftliche Aufnahme neuer Partner qualitativ hoch zu halten. Das Argument der Gefahr einer „Niveauabsenkung" durch die Vererbung kann aber zumindest ergänzend zur Begründung der Sondernachfolge in der Partnerschaftsgesellschaft herangezogen werden.

Im Ergebnis kommt es daher auch in der Partnerschaftsgesellschaft bei Vorliegen einer qualifizierten Nachfolgeklausel zu einer Sondernachfolge. Der zur Nachfolge berufene Erbe rückt folglich unmittelbar und unter Ausschluss der übrigen Miterben in den Partnerschaftsgesellschaftsanteil ein.

---

[765] MünchKommBGB-Ulmer, PartGG, § 1 Rdn. 46.

[766] So Heydn, Die erbrechtliche Nachfolge, S. 129.

b) Teilnachfolge oder Vollnachfolge

In der Partnerschaftsgesellschaft spricht der Gesetzeswortlaut bereits für eine Vollnachfolge des in der Klausel benannten Erben. So heißt es in § 9 IV S. 2 PartGG „..., dass sie an Dritte vererblich ist, die Partner im Sinne des § 1 Abs. 1 und 2 sein können." Das „sie" bezieht sich dabei auf S. 1 und somit auf „die Beteiligung an einer Partnerschaft". Damit geht das Gesetz davon aus, dass immer die gesamte Beteiligung vererbt wird. Eine Aufspaltung wäre mit dem eindeutigen Gesetzeswortlaut nicht vereinbar. Da die Vorschrift – wie bereits erwähnt – eine Art gesetzliche qualifizierte Nachfolgeklausel ist, können hieraus auch Rückschlüsse auf die qualifizierte Nachfolgeklausel in der Partnerschaftsgesellschaft gezogen werden.[767] Zudem bestätigt auch die historische Auslegung, dass eine Vollnachfolge in der Partnerschaftsgesellschaft gewollt ist.[768] Im Ergebnis ist daher auch in der Partnerschaftsgesellschaft davon auszugehen, dass entsprechend der herrschenden Meinung zum Recht der OHG eine Vollnachfolge des in der qualifizierten Nachfolgeklausel vorgesehenen Erben erfolgt, d.h. der Nachfolger erwirbt nicht nur einen seiner Erbquote entsprechenden Anteil, sondern den gesamten Anteil des Erblassers.[769]

c) Ausgleichsansprüche der nicht nachfolgenden Miterben

Auch in der Partnerschaftsgesellschaft stellt sich im Rahmen der qualifizierten Nachfolgeklausel die Frage nach Ausgleichsansprüchen der nicht nachfolgenden Miterben. In Konsequenz des unter a), Seite 151, und b), Seite 154, Gesagten müssen auch hier solche Ansprüche bestehen, wenn sich dies aus der letztwilligen Verfügung ergibt, also die Erbquote des nachfolgeberechtigten Erben niedriger ist als der Wert des Gesellschaftsanteils und der Gesellschaftsanteil auch nicht im Wege eines Vorausvermächtnisses (§ 2150 BGB) zugewandt werden sollte. Die analoge Anwendung der §§ 2050 f. BGB sind für diese Ausgleichung geeignete Vorschriften, da der Partnerschaftsgesellschaftsanteil aufgrund seiner untrennbaren Verknüpfung mit der Berufsausübung immer den Charakter einer Ausstattung hat. Nach § 1624 I BGB gilt als Ausstattung nämlich, was zur Erlangung einer selbstständigen Lebensstellung gegeben wird.[770] Damit entfällt in der Partnerschaftsgesellschaft das Problem, welches bei sonstigen Zuwendungen und somit auch bei Gesellschaftsanteilen ohne Ausstattungscharakter darin besteht, dass die Ausgleichung nach § 2050 III BGB ausdrücklich vom Erblasser bei der Zuwendung angeordnet werden muss.[771] In der Partnerschaftsgesellschaft steht folglich den nicht nachfolgenden Miterben – soweit

767 Vergleiche Ausführungen unter D.I.2., Seite 44.

768 Regierungsbegründung zum PartGG in BT-Drucks. 12/6152, S. 21.

769 Im Ergebnis ebenso Heydn, Die erbrechtliche Nachfolge, S. 132; Hoffmann in: Meilicke u.a., PartGG, § 9 Rdn. 42.

770 Siehe auch MünchKommBGB-v. Sachsen Gessaphe, § 1624 Rdn. 4 f.

771 Marotzke, AcP 184 (1984), 541, 564.

sich dies aus der letztwilligen Verfügung ergibt – ein Ausgleichsanspruch analog zu den für die Ausgleichung lebzeitiger Zuwendungen geltenden Vorschriften der §§ 2050 f. BGB zu.[772] Soweit die Erbquote des in der qualifizierten Nachfolgeklausel genannten Erben dem Wert des Gesellschaftsanteils entspricht bzw. höher ist oder der Erbe nach der letztwilligen Verfügung den Gesellschaftsanteil als Vorausvermächtnis erhalten sollte, stehen den Miterben nur Pflichtteilsansprüche zu.[773]

4. Zusammenfassung

Der zur Nachfolge berufene Erbe erhält bei der qualifizierten Nachfolgeklausel den gesamten Partnerschaftsgesellschaftsanteil unter Ausschluss der übrigen Miterben. Sofern der Erblasser dem Erben den seine Erbquote übersteigenden Mehrwert ebenfalls zuwenden wollte, stehen den übrigen Miterben nur Pflichtteilsansprüche zu. Andernfalls muss der in der qualifizierten Nachfolgeklausel Benannte diesen Mehrwert aus seinem Privatvermögen analog zu den Vorschriften der §§ 2050 f. BGB ausgleichen. Das zuvor Gesagte gilt vollständig auch bei der einfachen Nachfolgeklausel, soweit wegen § 9 IV S. 2 PartGG nicht alle Miterben Partner werden können.

5. Exkurs: Die erbschaftssteuerliche Behandlung

Die Finanzrechtsprechung[774] und die Finanzverwaltung[775] behandeln die qualifizierte Nachfolgeklausel als einen besonderen Unterfall der Teilungsanordnung, nämlich als Erwerb der Miterbengemeinschaft mit sofortigem Vollzug einer Teilungsanordnung. Da somit auch die Erben, die überhaupt nicht in die Gesellschafterstellung einrücken, erbschaftssteuerrechtlich als Erwerber von Betriebsvermögen behandelt werden, stehen ihnen auch die Begünstigungen des § 13 a ErbStG zu.[776] Für sie ist damit eine qualifizierte Nachfolgeklausel günstiger, als wenn die Gesellschaft ohne die Erben fortgesetzt wird, da ihnen im letzteren Fall keine Freibetragsregelungen für ihren Abfindungsanspruch nach § 738 BGB zu Gute kommen.[777] Der tatsächliche Nachfolger wird steuerlich durch die qualifizierte Nachfolgeklausel benachteiligt, da ihm entsprechende Freibeträge fehlen. Es wird versucht, diesen Nachteil auf verschiedenen Lö-

---

[772] Auf die näheren Einzelheiten der Analogie zu den §§ 2050 f. BGB wird an dieser Stelle nicht eingegangen, da sich im Rahmen der Partnerschaftsgesellschaft neben der genannten Besonderheit bei der Ausstattung keine neuen Besonderheiten im Vergleich zum übrigen Personengesellschaftsrecht ergeben. Zur Vertiefung, insbesondere auch zur Problematik der Anwendung von § 2056 BGB, Säcker, Gesamthandsmitgliedschaften, S. 94 f.

[773] MünchKommBGB-Ulmer, § 727 Rdn. 45.

[774] BFH, BStBl. II 1983, 329.

[775] R 55 II S. 1 und 2 sowie R 76 II S. 2 ErbStR.

[776] Reimann, ZEV 2002, 487, 491; Riedel, ZErb 2003, 212, 219 f.

[777] Vergleiche oben unter C.II.4., Seite 37.

sungswegen wieder zu beseitigen.[778] Die hierzu vertretenen Auffassungen sollen an dieser Stelle aber nicht vertieft werden, da hier nur allgemein auf die steuerlichen Schwierigkeiten mit qualifizierten Nachfolgeklauseln hingewiesen werden soll.[779]

V. Fehlen von Voraussetzungen zum Zeitpunkt des Erbfalls

1. Einleitung

Die bisherigen Ausführungen haben gezeigt, dass der Erbe in der Partnerschaftsgesellschaft umfangreiche Voraussetzungen erfüllen muss, um die Nachfolge antreten zu können. Vielfach werden diese Voraussetzungen zum Zeitpunkt des Erbfalls noch nicht vorliegen. So ist denkbar, dass der Erbe zwar entsprechend beruflich qualifiziert ist, ihm zur Berufsausübung in der Partnerschaftsgesellschaft aber noch die Zulassung zur Rechtsanwaltschaft fehlt, oder er eine Genehmigung nach § 50 III StBerG beantragen muss. In anderen Fällen wird der Erbe noch dabei sein, überhaupt erst eine Berufsqualifikation zu erlangen. Dabei können diese Voraussetzungen sowohl nach der gesetzlichen Regelung des § 9 IV S. 2 PartGG, also im Fall der einfachen Nachfolgeklausel (hierzu unter D.I., Seite 43), als auch im Fall einer qualifizierten Nachfolgeklausel (dazu unter D.IV., Seite 147) fehlen.[780] In beiden Fällen ist fraglich, welche Konsequenzen das Nichtvorliegen bestimmter Voraussetzungen im Zeitpunkt des Erbfalls für die Nachfolge in der Partnerschaftsgesellschaft hat. Dabei werden im Folgenden zunächst die Fälle der fehlenden Voraussetzungen für eine Nachfolge kategorisiert, um dann zu untersuchen, in welcher Form eine Nachfolge möglich sein kann.

2. Unterscheidung zwischen formellen und materiellen Voraussetzungen

Zum Zeitpunkt des Erbfalls kann dem Erben aus verschiedenen Gründen eine Nachfolge nicht möglich sein. Diese Fälle der fehlenden Voraussetzungen für eine Nachfolge können in zwei Kategorien eingeteilt werden.[781] Ist der Erbe bereits entsprechend beruflich qualifiziert, ist er also beispielsweise Arzt oder Assessor, fehlt ihm aber noch die Zulassung zur Rechtsanwaltschaft oder muss er noch einen Antrag auf Nachbesetzung des Vertragsarztsitzes nach § 103 VI i.V.m. § 103 IV S. 1 SGB V stellen, so kann man dies als Fehlen von formellen Voraussetzungen für die Nachfolge bezeichnen. Denn bei den genann-

---

[778] Ausführlich Riedel, ZErb 2003, 212, 219 f.; Reimann, ZEV 2002, 487, 491 f.; speziell zur Partnerschaftsgesellschaft Sistermann, ZEV 1998, 166, 171.

[779] Zu weiteren steuerrechtlichen Problemen der qualifizierten Nachfolgeklausel auch Storg, DStR, 2002, 1384 f. und Reimann, ZEV 2002, 487 f.

[780] Zu den Besonderheiten der Unterscheidung zwischen einfacher und qualifizierter Nachfolgeklausel in der Partnerschaftsgesellschaft siehe unter D.I.2., Seite 44.

[781] Ähnlich nur Heydn, Die erbrechtliche Nachfolge, S. 67 f.

ten noch ausstehenden Verfahren handelt es sich um formalisierte Verfahren, die grundsätzlich jeder, der eine entsprechende Berufsausbildung abgeschlossen hat, anstreben kann. Diese Verfahren sind auch von absehbarer Dauer, in der Regel dauern sie zwei bis drei Monate. Das Fehlen dieser formellen Voraussetzungen ist damit in der Regel unproblematisch nachholbar. Demgegenüber kann sich der Erbe noch in den ersten Semestern seines Medizinstudiums befinden, oder er ist noch Rechtsreferendar oder Assistenzarzt. Hier fehlt noch die Qualifikation selbst. Das Fehlen dieser Voraussetzungen kann als Fehlen von materiellen Voraussetzungen für eine Nachfolge bezeichnet werden. Diese materiellen Voraussetzungen sind dadurch gekennzeichnet, dass die Berufsausbildung noch nicht abgeschlossen ist und in der Regel auch nicht absehbar ist, wann und ob dies der Fall sein wird. Denn der Abschluss hängt unter anderem auch von dem Bestehen von Prüfungen und nicht nur dem Stellen eines Antrages ab. Die damit gefundenen Kategorien der formellen und materiellen Voraussetzungen für eine Nachfolge sollen helfen, die rechtliche Beurteilung zu erleichtern. Ein darüber hinaus gehender Anspruch wird an die Einteilung nicht gestellt.

3. Keine unmittelbare Nachfolge des Erben

Es stellt sich nun die Frage, wie die Fälle rechtlich zu behandeln sind, in denen formelle oder materielle Voraussetzungen für eine Nachfolge fehlen. Dabei ist zunächst das Gesetz selbst danach zu untersuchen, ob es Hinweise zur Lösung des Problems gibt. § 9 III PartGG ordnet ein Ausscheiden eines Partners an, wenn dieser seine Zulassung zu dem Freien Beruf, den er in der Partnerschaft ausübt, verliert. Dies verdeutlicht zunächst, dass – im Umkehrschluss – bei fehlender Berufszulassung ein Eintreten in die Partnerschaftsgesellschaft nicht möglich sein kann. Das bestätigt auch § 4 II S. 1 PartGG. Nach dieser Vorschrift ist bei der Anmeldung der Partnerschaft in das Partnerschaftsregister „die Zugehörigkeit jedes Partners zu dem Freien Beruf, den er in der Partnerschaft ausübt, anzugeben“. Dies gilt nach § 4 I S. 3 PartGG auch bei späteren Änderungen, insbesondere dem Eintritt eines neuen Partners. Ohne entsprechende Berufsqualifikation kann der Erbe damit nicht in die Partnerschaftsgesellschaft eintreten, da er nicht in der Lage ist, die Zugehörigkeit zu einem Freien Beruf anzugeben. Zudem sollen nach § 3 I S. 2 Partnerschaftsregisterverordnung (PRV)[782] bei der Anmeldung zum Partnerschaftsregister die Zulassungsurkunden als Nachweis der Ausübung des Freien Berufes vorgelegt werden. Dies gilt nach § 3 IV PRV ebenso beim Eintritt eines neuen Partners. Durch die Soll-Bestimmung kann das Gericht nur dann auf den Nachweis verzichten, wenn keine vernünftigen Zweifel bestehen, zum Beispiel die Berufsausübung dem Ge-

[782] Verordnung über die Einrichtung und Führung des Partnerschaftsregisters vom 16. Juni 1995, BGBl. I, S. 808, zuletzt geändert durch die Verordnung zur Erleichterung der Registerautomation vom 11. Dezember 2001, BGBl. I, S. 3688.

richt bereits bekannt ist.[783] Besteht für einen in der Partnerschaftsgesellschaft ausgeübten Beruf eine Berufskammer, so wird diese nach § 6 PRV vom Registergericht über sämtliche Eintragungen informiert. Damit zeigen auch die Eintragungsvorschriften zum Partnerschaftsregister deutlich, dass dem Erben ohne Zulassung und damit erst recht ohne abgeschlossene Berufsqualifikation der Eintritt in die Partnerschaftsgesellschaft nicht möglich ist.[784] Darüber hinaus könnte der Erbe den Freien Beruf oftmals nicht ausüben, da eine solche Ausübung z.B. bei nicht entsprechend qualifizierten Rechtsanwälten eine unzulässige Rechtsberatung darstellen kann und entsprechende Verträge unter Umständen nach § 134 BGB nichtig wären.[785] Mit der Partnerstellung in einer Partnerschaftsgesellschaft ist die tatsächliche Berufsausübung jedoch untrennbar verbunden.[786] Auch dieser Aspekt verdeutlicht zumindest für die Berufsgruppen der Rechts- und Steuerberater, dass beim Fehlen von Voraussetzungen des § 9 IV S. 2 PartGG ein Eintritt nicht zulässig sein kann.

Betrachtet man weiter den Wortlaut von § 9 IV S. 2 PartGG, so fällt auf, dass die Beteiligung an Dritte vererblich ist, „die Partner im Sinne des § 1 Abs. 1 und 2 sein können". Daraus folgt, dass es nicht genügt, wenn die Voraussetzungen für eine Partnerstellung irgendwann in der Zukunft vorliegen werden, denn dann hätte der Gesetzgeber die Formulierung gewählt „die Partner...werden können". Es bestätigt sich damit erneut, dass der Erbe nicht nachfolgen kann, wenn er die Voraussetzungen für die Ausübung des Freien Berufes noch nicht erfüllt. Aus dem Wortlaut des Gesetzes, insbesondere dem „können" folgt aber ebenfalls, dass der Erbe den Beruf nicht bereits zum Zeitpunkt des Erbfalls ausüben muss. Es genügt vielmehr, wenn er ihn potentiell ausüben kann. Ist der Erbe beispielsweise Rechtsanwalt, übt er diesen Beruf aber gerade nicht aus, so kann er trotzdem Partner werden. Denn es genügt, wenn er den Beruf des Rechtsanwaltes dann in der Partnerschaftsgesellschaft ausüben wird. Die grammatikalische Auslegung hat damit gezeigt, dass eine Nachfolge in die Partnerstellung nur möglich sein kann, wenn alle Voraussetzungen für die Partnerstellung (bis auf die tatsächliche Berufsausübung) auch zum Zeitpunkt des Erbfalls vorliegen. Insbesondere das Fehlen von materiellen Voraussetzungen ist mit dem Wortlaut schwer in Einklang zu bringen, da ein „Partner sein können" in diesen Fällen nicht möglich ist.

---

[783] Michalski / Römermann, PartGG, § 4 Rdn. 18.

[784] Zwar ist die Eintragung in das Partnerschaftsregister, vom Fall der erstmaligen Eintragung der Gesellschaft abgesehen, lediglich deklaratorischer Natur (Michalski / Römermann, PartGG, § 4 Rdn. 10), so dass theoretisch der Erbe auch ohne Nachweis der Zulassung bereits Partner werden könnte. Entscheidend ist jedoch, dass dies rechtlich nicht zulässig ist.

[785] Palandt-Heinrichs, § 134 Rdn. 11, 21; Michalski / Römermann, PartGG, § 4 Rdn. 27.

[786] Vergleiche ausführlich unter D.I.1., Seite 43.

Der Gesetzgeber des PartGG hat sich zu der Frage, was passiert, wenn Voraussetzungen für eine Partnerstellung noch nicht vorliegen, nicht geäußert.[787] Eine historische Auslegung hilft hier somit nicht weiter. Möglicherweise bestätigt aber die teleologische Auslegung das Ergebnis der grammatikalischen Auslegung. Die Vorschrift des § 9 IV S. 2 PartGG bezweckt, den Partnerschaftsanteil nur für entsprechend beruflich qualifizierte Personen vererblich zu stellen. Damit soll sichergestellt werden, dass die Erben mit ihrem Eintreten in die Partnerschaftsgesellschaft in dieser auch eine freiberufliche Tätigkeit ausüben können.[788] Dies ist aber nicht möglich, wenn die entsprechende Zulassung noch fehlt oder das Studium noch nicht abgeschlossen ist. Lediglich die tatsächliche Ausübung des Berufes kann erst mit dem Eintritt in die Partnerschaftsgesellschaft aufgenommen werden. Die teleologische Auslegung ergibt damit, dass sowohl die formellen als auch die materiellen Voraussetzungen zum Zeitpunkt des Erbfalls bereits vorliegen müssen. Zusammenfassend ist das Ergebnis der grammatikalischen und der teleologischen Gesetzesauslegung damit, dass sämtliche Voraussetzungen des § 9 IV S. 2 PartGG zwingend zum Zeitpunkt des Erbfalls bereits vorliegen müssen.[789] Andernfalls führt die Nachfolgeklausel nicht unmittelbar zum Erfolg.

4. Wege zur mittelbaren Umsetzung der Nachfolge

Wenn eine unmittelbare Nachfolge beim Fehlen von formellen und materiellen Voraussetzungen nach dem zuvor Gesagten nicht möglich ist, stellt sich die Frage, ob die Nachfolge nicht noch auf anderem Wege erreicht werden könnte. Hierzu werden verschiedene Auffassungen vertreten.

a) Fehlen von formellen Voraussetzungen

Nach einer Auffassung[790] wird der Erbe bis zur Erlangung sämtlicher Voraussetzungen für eine Nachfolge nicht Mitglied in der Partnerschaftsgesellschaft. Auch eine vorläufige oder schwebende Mitgliedschaft sei nicht möglich. Der Gesellschaftsanteil wachse daher gemäß § 738 I S. 1 BGB zunächst den anderen Gesellschaftern an, bis der Erbe die (formellen) Voraussetzungen erfülle. Der Erbe werde dann ohne weitere Rechtsakte Gesellschafter, bei den Mitgesellschaftern erfolge eine entsprechende Abwachsung. Näher begründet wird diese Ansicht nicht. Problematisch ist an ihr, dass sie nicht erklärt, warum der Erbe, sobald er sämtliche Voraussetzungen erfüllt, ohne weitere Rechtsakte Partner in

---

[787] Vergleiche Regierungsbegründung zum PartGG in BT-Drucks. 12/6152.

[788] Regierungsbegründung zum PartGG in BT-Drucks. 12/6152, S. 21.

[789] So ausdrücklich auch für die Partnerschaftsgesellschaft Damrau, Erbrecht, § 1922 Rdn. 84.

[790] So ausdrücklich auch für die Partnerschaftsgesellschaft Wertenbruch, MedR 1996, 485, 490. Wertenbruch bezieht sich dabei nur auf das Fehlen einer bestimmten formellen Voraussetzung, nämlich das Fehlen des Antrags auf Vertragsarztzulassung.

der Partnerschaftsgesellschaft wird. Ein solcher Rechtserwerb „ipso iure“ ist dogmatisch nämlich nicht zu erklären. Die Ansicht ist somit abzulehnen.

Auch nach anderer Auffassung[791] kann der Partnerschaftsanteil bis zur Erlangung sämtlicher Voraussetzungen für eine Nachfolge nicht subjektlos sein, die Mitgliedschaft dürfe aber auch nicht erlöschen. Vielmehr müsse man im Falle des Fehlens von formellen Voraussetzungen das Entstehen einer BGB-Gesellschaft im Zeitpunkt des Erbfalles annehmen. Diese bestehe parallel zur Partnerschaftsgesellschaft unter denselben Gesellschaftern, an die Stelle des Erblassers trete der Erbe. Der Partnerschaftsgesellschaftsanteil wachse in der Zwischenzeit den übrigen Gesellschaftern an. Einziger Zweck dieser BGB-Gesellschaft sei es, die Nachfolge des Erben in der Partnerschaftsgesellschaft herbeizuführen. Die BGB-Gesellschaft wirke dabei wie eine Art Vorgesellschaft. Könne der Erbe die formellen Voraussetzungen später erfüllen, so seien die übrigen Gesellschafter verpflichtet, den Partnerschaftsanteil auf den Erben zu übertragen. Begründet wird diese Ansicht damit, dass nur auf ihrer Grundlage ein unmittelbarer Übergang der Mitgliedschaft auf den Erben erfolgen könne. Der Zweck der Nachfolgeklausel, (im Gegensatz zum Eintrittsrecht) einen unmittelbaren Eintritt des Nachfolgers zu bewirken, werde durch den Umweg über die BGB-Gesellschaft verwirklicht. Dagegen spricht aber, dass tatsächlich auch hier kein unmittelbarer Übergang erfolgt, denn der Anteil an der Partnerschaftsgesellschaft – und nur auf diesen bezieht sich die Nachfolgeklausel – wächst zunächst den übrigen Partnern an, der Anteil des Erblassers erlischt damit und lebt erst wieder durch seine spätere Übertragung auf den Erben auf. Dieses Erlöschen des Partnerschaftsgesellschaftsanteils verhindert auch die unmittelbare Beteiligung des Erben an der BGB-Gesellschaft nicht. Diese führt nur dazu, dass der Erbe bereits in irgendeiner Form mit den übrigen Partnern verbunden wird. Mehr erreicht dieser Umweg aber nicht. Auch aus anderen Gründen ist diese Ansicht abzulehnen. So kann eine BGB-Gesellschaft zwar Vorgesellschaft zu einer Partnerschaftsgesellschaft sein[792], dies erfolgt jedoch zur Neugründung einer Gesellschaft und nicht um den Mitgliederbestand einer bereits bestehenden Gesellschaft zu verändern. Es ist bedenklich, bei einer existenten Gesellschaft noch mit dem Konstrukt einer Vorgesellschaft zu arbeiten. Die Auffassung ist daher insgesamt abzulehnen.

---

[791] Heydn, Die erbrechtliche Nachfolge, S. 69 f.; ders. in ZEV 1998, 161, 164.

[792] Meilicke in: Meilicke u.a., PartGG, § 7 Rdn. 4; Ring, Die Partnerschaftsgesellschaft, § 7 Rdn. 6; MünchKommBGB-Ulmer, PartGG, § 7 Rdn. 4; Castan, Die Partnerschaftsgesellschaft, S. 93. Diese herrschende Meinung ist allerdings nicht unbestritten. Nach Michalski / Römermann (PartGG, § 7 Rdn. 5) ist nicht die BGB-Gesellschaft Vorgesellschaft, sondern es existiert eine „Vorpartnerschaft“, auf die weitgehend schon die Regeln über die Partnerschaftsgesellschaft Anwendung finden.

b) Fehlen von materiellen Voraussetzungen

Der zuletzt erwähnte Autor[793] äußert sich auch zu der Frage, wie mit dem Fehlen von materiellen Voraussetzungen umgegangen werden kann. Dem schließen sich auch Michalski und Römermann an.[794] Die Lösung wird dabei über ein Eintrittsrecht gefunden. Da dieser Ansatz sehr interessant ist und möglicherweise auch für das Fehlen von formellen Voraussetzungen eine Lösung bieten kann, wird er im Folgenden von Grund auf neu analysiert.

(1) Ergänzende Vertragsauslegung zur Begründung eines Eintrittsrechts

Die Vorschrift des § 9 IV S. 2 PartGG wirkt – wie bereits erwähnt – wie eine qualifizierte Nachfolgeklausel.[795] Es stellt sich daher die Frage, wie allgemein im übrigen Personengesellschaftsrecht mit dem Problem umgegangen wird, dass eine qualifizierte Nachfolgeklausel scheitert, weil die Voraussetzungen für eine Nachfolge nicht vorliegen. Die im übrigen Personengesellschaftsrecht gefundenen Ergebnisse können dann möglicherweise auf die Partnerschaftsgesellschaft übertragen werden.

Im übrigen Personengesellschaftsrecht wird insbesondere ein Fall des Scheiterns der qualifizierten Nachfolgklausel behandelt. Hierbei handelt es sich um die Konstellation, dass der im Gesellschaftsvertrag Benannte nicht Erbe wird (z.B. weil ihn der Erblasser nicht im Testament als Erben eingesetzt hat). Die gesellschaftsrechtliche und die erbrechtliche Situation fallen also auseinander. In diesem Fall kann die ergänzende Auslegung des Gesellschaftsvertrages ergeben, dass dem im Gesellschaftsvertrag Benannten ein Eintrittsrecht zustehen soll.[796] Nach anderer Auffassung ergibt sich dieses Eintrittsrecht erst gemäß § 140 BGB im Wege einer Umdeutung des Gesellschaftsvertrages.[797] In dem an dieser Stelle interessierenden Fall stimmen aber die erbrechtliche und die gesellschaftsrechtliche Lage in Bezug auf die Person des Erben überein, nur erfüllt der Erbe (noch) nicht die konkreten Voraussetzungen des § 9 IV S. 2 PartGG.

Möglicherweise kann aber auch in einem solchen Fall die fehlgeschlagene qualifizierte Nachfolgeklausel gemäß § 140 BGB in ein Eintrittsrecht umgedeutet werden bzw. der Gesellschaftsvertrag entsprechend ausgelegt werden. Da die Auslegung der Umdeutung vorgeht,[798] ist zunächst zu versuchen, den Partnerschaftsgesellschaftsvertrag entsprechend auszulegen. Wird im Gesellschaftsvertrag die Beteiligung an der Partnerschaftsgesellschaft vererblich gestellt bzw.

---

793 Heydn, ZEV 1998, 161, 164.

794 Ohne nähere Begründung Michalski / Römermann, PartGG, § 9 Rdn. 70.

795 Zu dieser Wirkung siehe unter D.I.2., Seite 44.

796 BGH, NJW 1978, 264 f.; BGH, NJW-RR 1988, 1251 f.; Baumbach / Hopt, HGB, § 139 Rdn. 50; Lorz in: Ebenroth / Boujong / Joost, HGB, § 139 Rdn. 6, 46.

797 GroßkommentarHGB-Ulmer, § 139 Rdn. 31; v. Gerkan in: Röhricht / Graf v. Westphalen, HGB, § 139 Rdn. 11.

798 BGH, WM 1959, 328 und 418.

wird sogar eine konkrete Person dort als Erbe benannt und wird diese Person dann auch Erbe, so soll grundsätzlich die Beteiligung auch zu dieser Person gelangen. Scheitert die Vererbung daran, dass die Voraussetzungen des § 9 IV S. 2 PartGG noch nicht vollständig erfüllt sind, weil z.B. die Zulassung zur Rechtsanwaltschaft noch fehlt, so ist dieser Fall nicht im Partnerschaftsgesellschaftsvertrag geregelt. Es besteht damit eine Lücke. Ein vollständiges Scheitern der Nachfolgeregelung ist mit dem Willen der Partner nicht vereinbar. Diese möchten der von ihnen geschaffenen Nachfolgeklausel so weit wie möglich Geltung verschaffen und den Anteil an der Partnerschaftsgesellschaft dem Erben zukommen lassen. Ansonsten hätten sie überhaupt keine Nachfolgeklausel in den Partnerschaftsgesellschaftsvertrag aufgenommen. Nur die Vorgaben des PartGG, welches wie aufgezeigt wurde, das vollständige Vorliegen der Voraussetzungen des § 9 IV S. 2 PartGG verlangt, verhindern die Umsetzung dieses Willens der Partner. Aus dem Gesagten folgt, dass die Lücke auch planwidrig ist. Es ist damit ein Weg zu finden, der diese planwidrige Lücke ausfüllt. Dem entspricht die Annahme eines Eintrittrechtes zugunsten des in der Nachfolgeklausel Benannten. Damit muss zwar auf einen unmittelbaren Beteiligungsübergang im Zeitpunkt des Todes des bisherigen Partners und einen sicheren Eintritt des Erben verzichtet werden, dafür ist der Eintritt des in der Klausel Benannten aber überhaupt noch, wenn auch zeitlich erst später, möglich. Dem Willen der Partner kann damit verzögert Rechnung getragen werden. Die Partnerschaftsgesellschaft wird dann nach dem Erbfall zunächst unter den übrigen Partnern fortgesetzt, denen der Anteil des Verstorbenen zuwächst (§ 738 I BGB). Der in der gescheiterten Nachfolgklausel Benannte hat das Recht auf Beitritt zur Partnerschaftsgesellschaft unter den in der Klausel genannten Voraussetzungen, also wenn er die Voraussetzungen des § 9 IV S. 2 PartGG erfüllt und tatsächlich einen Freien Beruf in der Partnerschaftsgesellschaft ausüben kann.[799] Durch die ergänzende Vertragsauslegung im Sinne eines Eintrittsrechts wird damit für die Fälle, in denen die Nachfolge daran scheitert, dass der Erbe noch nicht die Voraussetzungen des § 9 IV S. 2 PartGG erfüllt, eine dogmatisch saubere Lösung gefunden. Die Lösung erfasst sowohl die Fälle des Fehlens von formellen als auch des Fehlens von materiellen Voraussetzungen.

(2) Frist zur Ausübung des Eintrittsrechts

Bejaht man grundsätzlich das Eintrittsrecht, so ist weiter zu klären, innerhalb welches Zeitraumes dieses Recht auszuüben ist. Im übrigen Personengesellschaftsrecht ist nach überwiegender Ansicht der Eintritt binnen einer angemessenen Frist zu erklären.[800] Soll das Eintrittsrecht in der Partnerschaftsgesell-

[799] In einer zweigliedrigen Gesellschaft führt das Eintrittsrecht dazu, dass eine Neugründung der Gesellschaft erforderlich ist (ausführlich Lorz in: Ebenroth / Boujong / Joost, HGB, § 139 Rdn. 40).

[800] BGH, NJW-RR 1987, 989, 990; Baumbach / Hopt, HGB, § 139 Rdn. 53. Nach anderer

schaft Fälle abdecken, in denen die Nachfolgeklausel an dem momentanen Fehlen von Voraussetzungen des § 9 IV S. 2 PartGG scheitert, so muss sich auch die Angemessenheit der Frist hieran orientieren. So dürfte es beim Fehlen von formellen Voraussetzungen, also insbesondere wenn Zulassungsanträge noch zu stellen sind, angemessen sein, die Zulassungsverfahren abzuwarten. Dies wird in der Regel auch nur wenige Monate in Anspruch nehmen und damit weder den Begünstigten noch die übrigen Partner erheblich benachteiligen.

Fraglich ist aber, ob auch beim Fehlen von materiellen Voraussetzungen noch ein angemessener Zeitraum zur Ausübung des Eintrittsrechts gegeben ist. Befindet sich der Erbe noch in den ersten Semestern seines Jurastudiums, so wird in der Regel die Dauer bis zum möglichen Eintritt in eine Partnerschaftsgesellschaft von Rechtsanwälten zu lang sein. Schließt der Erbe aber in Kürze sein Referendariat ab, so wird in vielen Fällen ein Abwarten noch als angemessen zu bezeichnen sein. Letztlich hängt hier die Beurteilung von den Umständen des Einzelfalles ab. Einen Anhaltspunkt für die Berufsgruppe der Steuerberater gibt die Vorschrift des § 71 I StBerG. Diese lautet: „Soll die Praxis eines verstorbenen Steuerberaters oder Steuerbevollmächtigten auf eine bestimmte Person übertragen werden, die im Zeitpunkt des Todes des verstorbenen Berufsangehörigen noch nicht zur Hilfeleistung in Steuersachen befugt ist, so kann auf Antrag der Erben die zuständige Steuerberaterkammer für einen Zeitraum bis zu drei Jahren einen Steuerberater oder Steuerbevollmächtigten zum Treuhänder bestellen. In Ausnahmefällen kann der Zeitraum um ein weiteres Jahr verlängert werden." Aus dieser Vorschrift kann für Steuerberater der Schluss gezogen werden, dass hier ein Abwarten bis zur Erlangung der Berufsqualifikation durchaus bis zu einer Dauer von vier Jahren noch angemessen sein kann. In der Zwischenzeit hält den Partnerschaftsgesellschaftsanteil dann aber kein Treuhänder, sondern der Anteil befindet sich bei den übrigen Partnern, denen er nach dem Erbfall zugewachsen ist.[801] Das Berufsrecht der anderen Freiberufler bietet eine solche klare Regelung nicht. Damit bleibt es hier dabei, dass die Umstände des Einzelfalles entscheiden müssen, ob auch beim Fehlen von materiellen Voraussetzungen ein Abwarten dem Begünstigten und den übrigen Partnern zuzumuten ist und damit der Zeitraum bis zur Ausübung des Eintrittsrechts noch als angemessen bezeichnet werden kann.

Zu diesen Umständen des Einzelfalles könnte als weiteres wichtiges Kriterium zu zählen sein, ob Abfindungsansprüche der übrigen Erben ausgeschlossen

---

Ansicht gilt die Frist des § 139 III HGB analog (GroßkommentarHGB-Ulmer, § 139 Rdn. 180).

[801] Die Vorschrift des § 71 I StBerG bietet nämlich für Steuerberater keine Lösung anstelle des Eintrittsrechts. Denn der Treuhänder führt nach § 71 II StBerG sein Amt für Rechnung und auf Kosten der Erben aus, diese behalten aber ihre volle Rechtsposition (LG Darmstadt, DStR 1996, 1584). Genau diese Rechtsposition können sie in der Partnerschaftsgesellschaft wegen § 9 IV S. 2 PartGG aber nicht einnehmen.

sind. Denn nur dann kann es den übrigen Partnern zugemutet werden, auch über einen längeren Zeitraum den Anteil des verstorbenen Partners zu halten. Andernfalls müssten die Partner nämlich einen Kapitalabfluss aus der Gesellschaft hinnehmen, ohne dass sie diesen durch die Aufnahme eines neuen Partners und die damit verbundene Eintrittsverpflichtung ausgleichen könnten. Insbesondere in der Partnerschaftsgesellschaft, in der in Geld umwandelbare Vermögenswerte in weniger großem Ausmaß vorhanden sind als bei anderen Zusammenschlüssen und deren Hauptwert in den personengebundenen Beziehungen zu Mandanten, Klienten und Patienten besteht,[802] stellen solche Kapitalabflüsse eine unzumutbare Existenzbedrohung dar (vergleiche oben unter C.II.3.b), Seite 35). Es ist damit zu klären, ob durch das im Wege der ergänzenden Vertragsauslegung gewonnene Eintrittsrecht auch solche Abfindungsansprüche entstehen.

Grundsätzlich hat bei einer Eintrittsklausel der Berechtigte eine Einlage zu erbringen, und den nicht Gesellschafter werdenden Erben stehen nach § 738 I BGB Abfindungsansprüche zu.[803] Um einen Kapitalabfluss und späteren Rückfluss zu verhindern, wird entweder eine so genannte „erbrechtliche Lösung“[804] oder eine „Treuhandlösung“[805] angewandt.[806] Entsprechendes muss auch in dem Fall gelten, dass eine Nachfolgeklausel scheitert und die ergänzende Vertragsauslegung ein Eintrittsrecht zugunsten des in der Klausel Benannten ergibt. So ist im Zweifel anzunehmen, dass die Kapitalbeteiligung an dem Partnerschaftsgesellschaftsanteil letztlich dem in der Klausel Benannten voll zustehen soll und auch bzw. gerade in der Partnerschaftsgesellschaft ein Kapitalabfluss aus den oben genannten Gründen vermieden werden soll.[807] Es kann im Fall des Scheiterns der Nachfolgeklausel auch nicht von dem Sonderfall ausgegangen werden, dass der Begünstigte die Einlage später aus eigenen Mitteln aufbringen soll.[808] Das gewünschte Ergebnis kann einmal dadurch erreicht werden, dass dem Begünstigten die Abfindungsansprüche durch Vermächtnis oder Erbeinsetzung zugewandt werden. Im Falle des Scheiterns der Nachfolgeklausel müsste ein etwa vorhandenes Testament dementsprechend ausgelegt werden. Ist

---

[802] MünchKommBGB-Ulmer, PartGG, § 1 Rdn. 46.

[803] V. Gerkan in: Röhricht / Graf v. Westphalen, HGB, § 139 Rdn. 10.

[804] BGH, NJW 1978, 264, 265; BGH, NJW-RR 1987, 989, 990. Der BGH verwendet allerdings nicht die genannte Terminologie der „erbrechtlichen Lösung“ und der „Treuhandlösung“, hierzu Ulmer, ZGR 1972, 195, 219 f. m.w.N.

[805] OLG Frankfurt, NJW-RR 1988, 1251, 1252; erwähnt wird die „Treuhandlösung“ z.B. auch in BGH, NJW 1978, 265.

[806] Die beiden Lösungen stehen nicht in einem Alternativverhältnis, sondern in der Regel ist nur eine von beiden erfolgreich. Siehe dazu auch im Folgenden.

[807] Siehe zur parallelen Argumentation im Fall des Scheiterns einer Nachfolgeklausel bei fehlender Übereinstimmung von Gesellschaftsrecht und Erbrecht BGH, NJW 1978, 264, 265. Allgemein zum Eintrittsrecht auch Westermann, Personengesellschaften I, Rdn. 556.

[808] BGH, NJW 1978, 264, 265.

eine solche Auslegung nicht möglich, so scheitert die „erbrechtliche Lösung".[809] Die Abfindungsansprüche beim Tod des Partners können aber auch im Partnerschaftsgesellschaftsvertrag ausgeschlossen sein. Da ein solcher Ausschluss beim Scheitern der Nachfolgeklausel im Normalfall nicht geregelt ist, kann sich dieser dann nur im Wege der ergänzenden Vertragsauslegung ergeben.[810] Die mit dem Scheitern der Nachfolgeklausel verbundene planwidrige Lücke, die durch das Eintrittsrecht gefüllt werden soll, ist erst dann geschlossen, wenn auch der mit dem Eintrittsrecht verbundene existenzgefährdende Kapitalabfluss verhindert werden kann. Denn nur so können auch die wirtschaftlichen Ziele, die der Erblasser und die übrigen Partnern beim Abschluss der Nachfolgeklausel verfolgten, auch im Rahmen des Eintrittsrechts verwirklicht werden. Die Lücke wird somit erst durch den Abfindungsausschluss vollständig geschlossen.[811] Dazu gehört auch, dass sich die übrigen Partner nach § 328 BGB verpflichten, die mit dem Anteil verbundenen Vermögensrechte für den Begünstigten zu halten und bei dessen Eintritt auf diesen zu übertragen.[812] Diese „Treuhandlösung" ist beim Scheitern der Nachfolgeklausel, und wenn eine „erbrechtliche Lösung" nicht möglich ist, sachgerecht. Das Entstehen von Abfindungsansprüchen kann auf diesem Weg verhindert werden. Damit handelt es sich bei den Abfindungsansprüchen nicht um einen Umstand, der bei der Angemessenheit der Frist zur Ausübung des Eintrittsrechts zu beachten ist. Es bleibt dabei, dass auch beim Fehlen von materiellen Voraussetzungen und der damit verbundenen längeren Dauer bis zum Eintritt der Voraussetzungen des § 9 IV S. 2 PartGG und bis zur Ausübung des Eintrittsrechts die Frist dennoch angemessen sein kann.

Letztlich entscheidend für die Angemessenheit der Frist sind beim Fehlen von materiellen Voraussetzungen damit die Umstände des Einzelfalles. Als Höchstgrenze erscheint hierbei – orientiert an § 71 I StBerG – eine Frist von 4 Jahren zur Ausübung des Eintrittsrechts noch angemessen. Ein darüber hinaus gehendes Abwarten ist weder den Erben noch den Partnern zuzumuten. Befindet sich der Erbe damit noch in den ersten Semestern seines Jurastudiums, so scheitert eine ergänzende Vertragsauslegung in ein Eintrittsrecht. Im Übrigen gilt, dass je unmittelbarer der Abschluss von materiellen Voraussetzungen bevorsteht, desto

---

809 So scheiterte die „erbrechtliche Lösung" in einem Fall des OLG Frankfurt (NJW-RR 1988, 1251, 1252) an der Enterbung des Begünstigten (die Nachfolgeklausel selbst funktionierte deshalb ebenfalls nicht). Die „erbrechtliche Lösung" war aber beispielsweise erfolgreich in einem Fall des BGH (NJW 1978, 264, 265), in dem die Auslegung des Testaments ein Vermächtnis zugunsten des Begünstigten ergab (auch hier wurde der in der Nachfolgeklausel Benannte aber nicht Erbe).

810 OLG Frankfurt, NJW-RR 1988, 1251, 1252.

811 Siehe die parallele Argumentation im Fall des Scheiterns einer Nachfolgeklausel bei fehlender Übereinstimmung von Gesellschaftsrecht und Erbrecht OLG Frankfurt, NJW-RR 1988, 1251, 1252.

812 So für die dortigen Fälle des Scheiterns der Nachfolgeklausel OLG Frankfurt, NJW-RR 1988, 1251, 1252; BGH, NJW 1978, 264, 265.

eher ein Abwarten noch angemessen ist. Wird der Erbe damit in Kürze sein drittes medizinisches Staatsexamen abschließen oder befindet er sich bereits im juristischen Referendardienst, so ist der Abschluss des noch ausstehenden Examens in der Regel noch abzuwarten, eine entsprechende Frist zur Ausübung des Eintrittsrechts mithin angemessen.

5. Zusammenfassung

Der Erbe kann vielfach zum Zeitpunkt des Erbfalls die Voraussetzungen des § 9 IV S. 2 PartGG noch nicht erfüllen. Die Auslegung des PartGG ergibt aber, dass sämtliche Voraussetzungen des § 9 IV S. 2 PartGG zwingend zum Zeitpunkt des Erbfalls bereits vorliegen müssen, wenn der Erbe unmittelbar in den Partnerschaftsgesellschaftsanteil nachfolgen soll. Die fehlenden Voraussetzungen können in formelle und materielle Voraussetzungen für die Nachfolge eingeteilt werden. Liegen diese nicht vor, so scheitert die Nachfolgeklausel. Die ergänzende Vertragsauslegung der Nachfolgeklausel kann aber ergeben, dass dem dort Benannten zumindest ein Eintrittsrecht zustehen soll. Dies bewirkt eine zumindest mittelbare Nachfolge des in der Klausel Benannten. Bis zum Vorliegen der Voraussetzungen des § 9 IV S. 2 PartGG und der Ausübung des Eintrittsrechtes wächst der Partnerschaftsgesellschaftsanteil damit zunächst den übrigen Partnern zu. Mittels einer „erbrechtlichen Lösung" bzw. einer „Treuhandlösung" kann erreicht werden, dass nach dem Erbfall kein Kapital durch die Zahlung von Abfindungen abfließt und somit auch die Angemessenheit der Frist zur Ausübung des Eintrittsrechts nicht beeinflusst wird. Das Eintrittsrecht ist binnen einer angemessenen Frist auszuüben. Beim Fehlen von formellen Voraussetzungen ist ein Abwarten bis zum Abschluss des Zulassungs- bzw. Genehmigungsverfahrens in der Regel angemessen. Fehlen materielle Voraussetzungen, so müssen die Umstände des Einzelfalls entscheiden, ob die Ausübung des Eintrittsrechts noch binnen einer angemessenen Zeit erfolgen kann. Als Höchstgrenze gilt hier – orientiert an § 71 I StBerG – eine Frist von 4 Jahren.

VI. Weitere Einzelprobleme

1. Der Erwerb des Partnerschaftsanteils im Wege eines Vermächtnisses

a) Rechtslage im übrigen Personengesellschaftsrecht

Der Erblasser kann seinen Gesellschaftsanteil auch durch ein Vermächtnis (§ 1939 BGB) dem Erben (§ 2150 BGB Vorausvermächtnis) oder einen Dritten zuwenden.[813] Beschwert mit dem Vermächtnis ist nach § 2147 BGB entweder der Erbe oder ein anderer Vermächtnisnehmer. Auf den Beschwerten geht die

---

[813] Im Grundsatz unstreitig MünchKommBGB-Leipolt, § 1939 Rdn.8; Damrau, Erbrecht, § 1939 Rdn. 9; ausführlich zum Vermächtnis als Mittel zur Regelung der Unternehmensnachfolge Demuth, BB 2001, 945 f. und Dobroschke, DB 1967, 803 f.; allgemein zum Vermächtnis Lange / Kuchinke, Erbrecht, § 29.

Mitgliedschaft zunächst über.[814] Der Vermächtnisnehmer erlangt durch die Anordnung des Vermächtnisses nach § 2174 BGB einen schuldrechtlichen Anspruch gegen den Beschwerten auf Übertragung des Anteils.[815] Die Zuwendung eines Gesellschaftsanteils mittels eines Vermächtnisses ist aber noch von weiteren Voraussetzungen abhängig. Sie hängt von der Zulassung einer Anteilsübertragung im Gesellschaftsvertrag oder der Zustimmung der Mitgesellschafter ab.[816] Im Einzelfall kann hier sogar eine Zustimmungspflicht angenommen werden, sofern kein Ablehnungsgrund vorliegt.[817] Unter Umständen kann auch bereits die einfache Nachfolgeklausel die Zustimmung der Mitgesellschafter enthalten.[818]

b) Spezifische Aspekte der Partnerschaftsgesellschaft

Wird ein Partnerschaftsgesellschaftsanteil im Wege eines Vermächtnisses erworben, so sind, neben den soeben beschriebenen Voraussetzungen, noch weitere spezifisch partnerschaftsrechtliche Aspekte zu beachten. So muss der Vermächtnisnehmer zunächst in entsprechender Anwendung von § 9 IV S. 2 PartGG beruflich qualifiziert sein.[819] Er muss folglich als natürliche Person einen Freien Beruf ausüben, und diese Berufsausübung muss nach den Vorgaben sämtlicher an der Partnerschaftsgesellschaft beteiligter Berufsrechte erlaubt sein.[820]

Daneben stellt sich die Frage, ob auch der mit dem Vermächtnis beschwerte Erbe diese Voraussetzungen erfüllten muss. Nach einer Ansicht[821] ist ein Vermächtnis der Partnerschaftsgesellschaftsbeteiligung nur zulässig, wenn auch der Erbe partnerschaftsfähig ist. Begründet wird diese Auffassung damit, dass der Erbe sonst nicht Partner würde und ein ihn belastendes Vermächtnis somit auch nicht erfüllen könne. Nach anderer Auffassung[822] genügt es, wenn der Ver-

---

814 Schlegelberger-Schmidt, HGB, § 139 Rdn. 6; v. Gerkan in: Röhricht / Graf v. Westphalen, HGB, § 139 Rdn. 12.

815 MünchKommBGB-Schlichting, § 2174 Rdn. 4 f.

816 V. Gerkan in: Röhricht / Graf v. Westphalen, HGB, § 139 Rdn. 12; Schlegelberger-Schmidt, HGB, § 139 Rdn. 19; Lorz in: Ebenroth / Boujong / Joost, HGB, § 139 Rdn. 17; BGH, WM 1977, 736, 738; Reinicke / Leibner, NWB 2004, 547, 550.

817 Sinngemäß zur GmbH OLG Düsseldorf, ZIP 1987, 227; allgemein auch Lorz in : Ebenroth / Boujong / Joost, HGB, § 139 Rdn. 17.

818 Zu dieser Auslegung Schlegelberger-Schmidt, HGB, § 139 Rdn. 19.

819 Unstreitig Hoffmann in: Meilicke u.a., PartGG, § 9 Rdn. 42; Feddersen / Meyer-Landrut, PartGG, § 9 Rdn. 11; Münchener Handbuch-Salger, § 38 Rdn. 43; Wertenbruch, MedR 1996, 485, 491; Heydn, Die erbrechtliche Nachfolge, S. 148.

820 Ausführlich zu der erforderlichen Qualifikation des Erben nach PartGG und Berufsrecht unter D.I.4., Seite 47 und D.II., Seite 53.

821 Hoffmann in: Meilicke u.a., PartGG, § 9 Rdn. 42.

822 Münchener Handbuch-Salger, § 38 Rdn. 43; Wertenbruch, MedR 1996, 485, 491; wohl auch Feddersen / Meyer-Landrut, PartGG, § 9 Rdn. 11; mit anderer Begründung dieses Ergebnisses auch Heydn, Die erbrechtliche Nachfolge, S. 148.

mächtnisnehmer in entsprechender Anwendung von § 9 IV S. 2 PartGG berufsrechtlich qualifiziert ist. Die andere Auffassung sei „allzu förmelnd“.[823] Wenn der Partnerschaftsgesellschaftsvertrag die Nachfolge des partnerschaftsfähigen Vermächtnisnehmers vorsehe, würde dem vom Gesetzgeber des § 9 IV S. 2 PartGG verfolgten Zweck bereits entsprochen. Der Erbe könne den Partnerschaftsgesellschaftsanteil nämlich auch übertragen, wenn er selbst nicht Partner werde. Nach Wertenbruch[824], einem Vertreter dieser Ansicht, sollen hier die gleichen Grundsätze anzuwenden sein wie im Recht der OHG. Auch hier könne die Übertragung des Gesellschaftsanteil dadurch erfolgen, dass der Erbe sein Abfindungsguthaben (§ 738 I S. 2 BGB) an den Vermächtnisnehmer abtrete.[825] Dadurch erhalte der Vermächtnisnehmer den Kapitalanteil des Erblassers. Die Gesellschaft sei dann zur Aufnahme des Vermächtnisnehmers verpflichtet, sofern dieser laut Gesellschaftsvertrag als Nachfolger des Erblassers vorgesehen worden sei.[826]

c) Bewertung

Der ersten Ansicht ist zuzubilligen, dass beim Vermächtnis eines Gesellschaftsanteils der Anteil zunächst auf den Beschwerten übergeht und damit auch in der Partnerschaftsgesellschaft der Erbe, der in der Regel Beschwerter ist, grundsätzlich Partner werden muss. Dies ist aber nur möglich, wenn er auch die Voraussetzungen des § 9 IV S. 2 PartGG erfüllt. Partnerstellung und Berufsqualifikation dürfen nämlich grundsätzlich nicht auseinander fallen.[827] Problematisch ist aber, dass nur in sehr seltenen Fällen Vermächtnisnehmer und Erbe die Anforderungen des § 9 IV S. 2 PartGG erfüllen werden. Ein Vermächtnis eines Partnerschaftsgesellschaftsanteils wäre damit praktisch fast unmöglich. Dies wäre eine erhebliche Einschränkung der Testierfreiheit. Es ist aber nicht ersichtlich, dass dies vom Gesetzgeber des PartGG gewollt ist.[828]

Möglicherweise kann aber das Problem der fehlenden Berufsqualifikation des Erben entsprechend dem Vorschlag der zweiten Ansicht gelöst und somit ein Vermächtnis trotz fehlender Berufsqualifikation des Erben zugelassen werden. Zwar dürfen Partnerstellung und Berufsqualifikation in der Partnerschaftsgesellschaft grundsätzlich nicht auseinander fallen.[829] Ist einziger Zweck der Partnerstellung aber, die Erfüllung des Vermächtnisses zu ermöglichen, so könnte ein

---

[823] Münchener Handbuch-Salger, § 38 Rdn. 43.
[824] Wertenbruch, MedR 1996, 485, 491.
[825] Wertenbruch, MedR 1996, 485, 491 m.w.N.
[826] Wertenbruch, MedR 1996, 485, 491.
[827] Ausführlich zu der Frage, warum beim Fehlen von Voraussetzungen nach § 9 IV S. 2 PartGG eine Partnerstellung nicht zulässig ist unter D.V., Seite 156.
[828] Der Gesetzgeber äußert sich nicht zum Vermächtnis am Partnerschaftsgesellschaftsanteil, siehe Regierungsbegründung zum PartGG in BT-Drucks. 12/6152, S. 21. Zu einer solchen Einschränkung der Testierfreiheit hätte er sich aber sicherlich nicht geschwiegen.
[829] Ausführlich unter D.V., Seite 156.

Bestehen auf dieser Voraussetzung in der Tat sehr „förmelnd“ sein. Es könnte die Gefahr bestehen, dass das Erfordernis einer entsprechenden Berufsqualifikation zum Selbstzweck würde. Hintergrund dieser Voraussetzung ist, dass an der Partnerschaftsgesellschaft niemand beteiligt sein soll, der nicht auch aktiv in der Gesellschaft mitarbeitet, insbesondere soll eine bloße Kapitalbeteiligung am Partnerschaftsgesellschaftsanteil vermieden werden.[830] Dieses Ziel könnte bereits dadurch erreicht werden, dass der Erbe den Partnerschaftsanteil praktisch nur für eine „logische Sekunde“, nur zur Erfüllung des Vermächtnisses erhält. Dagegen spricht aber, dass das Vermächtnis grundsätzlich nur einen schuldrechtlichen Anspruch des Vermächtnisnehmers begründet (vergleiche § 2174 BGB). Ob und wann es zu einer Erfüllung des Vermächtnisses kommt, lässt sich somit vorher nicht abschätzen, die Erfüllung kann sich hinziehen.[831] Damit wäre die Partnerstellung des Erben aber nicht auf eine „logische Sekunde“ begrenzt. Dies ließe sich mit dem oben beschriebenen Zweck der vorhandenen Berufsqualifikation aller Partner nicht mehr vereinbaren. Somit ist das Erfordernis der Berufsqualifikation auch im Rahmen eines Vermächtnisses kein Selbstzweck und muss daher zwingend beachtet werden.

Möglicherweise führt aber der Vorschlag von Wertenbruch zu einer überzeugenden Lösung. Danach erhält der Vermächtnisnehmer eine Art Eintrittsrecht in die Gesellschaft. Denn die Partnerschaftsgesellschaft wird zunächst – mangels Qualifikation des Erben – unter den übrigen Partnern fortgesetzt, diesen wächst der Anteil des Verstorbenen zu. Dem Erben stehen dadurch Abfindungsansprüche zu.[832] Die mit einem solchen Eintrittsrecht in der Regel verbundene Einlageverpflichtung kann der Vermächtnisnehmer dadurch erbringen, dass der Erbe ihm das Abfindungsguthaben abtritt. Letztlich kann damit sogar ein Geldfluss aus der Gesellschaft vermieden werden. Hauptvorteil dieser Lösung ist aber, dass der Erbe nicht Partner werden und damit auch nicht die Voraussetzungen des § 9 IV S. 2 PartGG erfüllen muss.

Problematisch an dieser Lösung ist jedoch, dass Abfindungsansprüche des Erben im Partnerschaftsgesellschaftsvertrag auch ausgeschlossen sein können.[833] Dies ist auch nicht unwahrscheinlich, da ein Kapitalabfluss aus der Gesellschaft in der Regel vermieden werden soll, und in der Partnerschaftsgesellschaft in Geld umwandelbare Werte im geringeren Maße als in anderen Gesellschaftsformen vorhanden sind; die Gesellschaft von Freiberuflern lebt vielmehr vom Know-how ihrer Partner.[834] In einem solchen Fall kann die Erfüllung des Vermächtnisses damit auch nach der Lösung von Wertenbruch endgültig scheitern.

---

[830] Regierungsbegründung zum PartGG in BT-Drucks. 12/6152, S. 7.
[831] Damrau, Erbrecht, § 2174 Rdn. 32.
[832] Vergleiche zum Eintrittsrecht in der Partnerschaftsgesellschaft Michalski / Römermann, PartGG, § 9 Rdn. 30.
[833] Zum Abfindungsausschluss in der Partnerschaftsgesellschaft unter C.II.3., Seite 34.
[834] MünchKommBGB-Ulmer, PartGG, § 1 Rdn. 46.

Ein solches Scheitern würde aber dem erklärten Willen des Erblassers und der übrigen Partner nicht entsprechen. Diese haben die Anteilsübertragung schließlich im Partnerschaftsgesellschaftsvertrag vorgesehen und der Erblasser hat darüber hinaus den Vermächtnisnehmer ausdrücklich im Testament bedacht. Damit muss der dogmatische Ansatz von Wertenbruch noch wie folgt vertieft werden. Ist im Partnerschaftsgesellschaftsvertrag eine Anteilsübertragung vorgesehen, sind aber gleichzeitig Abfindungsansprüche ausgeschlossen, so ist bei einem vom Erblasser zugewendeten Vermächtnis am Partnerschaftsgesellschaftsanteil der Partnerschaftsgesellschaftsvertrag dergestalt auszulegen, dass für einen solchen Fall der Abfindungsausschluss nicht gelten soll. Denn dieser entspricht dann nicht mehr dem oben beschriebenen Willen der Beteiligten. Zudem fällt der eigentliche Grund für den Abfindungsausschluss, nämlich einen Kapitalabfluss zu vermeiden, in diesem Fall weg. Der Kapitalabfluss wird nämlich durch die Aufnahme des Vermächtnisnehmers in die Partnerschaftsgesellschaft verhindert. Die von Wertenbruch vorgeschlagene Lösung führt damit letztlich zusammen mit der hier vorgenommenen Ergänzung zu einem zufriedenstellenden Ergebnis.

Im Ergebnis ist daher mit der zweiten Ansicht eine Erfüllung des Vermächtnisses an einem Partnerschaftsanteil auch möglich, wenn der Erbe nicht die Voraussetzungen des § 9 IV S. 2 PartGG erfüllt. Der Erbe kann das Vermächtnis dann indirekt erfüllen, indem er seinen Abfindungsanspruch an den Vermächtnisnehmer abtritt (und abtreten muss) und die übrigen Partner den Vermächtnisnehmer in die Partnerschaftsgesellschaft aufnehmen. Hierzu sind die Partner verpflichtet, wenn der Partnerschaftsgesellschaftsvertrag eine entsprechende Regelung vorsieht. Die Auslegung des Partnerschaftsgesellschaftsvertrages kann sogar ergeben, dass zur Erfüllung des Vermächtnisses ein vereinbarter Abfindungsausschluss nicht eingreift. In jedem Fall muss aber der Vermächtnisnehmer in entsprechender Anwendung von § 9 IV S. 2 PartGG berufsqualifiziert sein.[835]

2. Testamentsvollstreckung am Partnerschaftsanteil

Der Erblasser kann einen Testamentsvollstrecker nicht nur zur Abwicklung des Nachlasses einsetzen (§§ 2203 f. BGB),[836] sondern auch dazu, dass er den Nachlass oder Teile desselben unter Umständen mehr als dreißig Jahre (§ 2210 BGB) nach dem Erbfall verwaltet (§ 2209 BGB). Die Frage nach der Zulässigkeit einer solchen Dauertestamentsvollstreckung über Anteile an einer

---

[835] Zur steuerlichen Seite eines Vermächtnisses Schulze zur Wiesche, BB 1995, 593, 604.

[836] Siehe zur Abwicklungsvollstreckung über Personengesellschaftsanteile die eingehenden Ausführungen von Muscheler, Die Haftungsordnung der Testamentsvollstreckung, S. 476 f. Besonderheiten für die Partnerschaftsgesellschaft ergeben sich hier nicht, so dass auf die Abwicklungsvollstreckung über Partnerschaftsgesellschaftsanteile nicht eingegangen wird.

Personengesellschaft beschäftigt Rechtsprechung und Lehre seit langer Zeit.[837] Nach heutiger Rechtsprechung und herrschender Lehre kann die Beteiligung an einer OHG und einer BGB-Gesellschaft einer Testamentsvollstreckung unterworfen werden.[838] Jedoch unterliegt der Verwaltung durch den Testamentsvollstrecker lediglich die so genannte „Außenseite“ der Beteiligung.[839] Der Testamentsvollstrecker kann damit nicht selbst mit Wirkung für den Erben in der Funktion als Gesellschafter handeln, der Erbe kann aber über den Anteil auch nur eingeschränkt disponieren. Dem Testamentsvollstrecker kommt damit vor allem eine Aufsichtsfunktion zu.[840] Er kann verhindern, dass die Eigengläubiger des Erben in den Gesellschaftsanteil und die damit verbundenen Vermögensrechte vollstrecken (§ 2214 BGB) und dass der Erbe über seine Beteiligung verfügt (§ 2211 BGB).[841] Zudem hat der Erbe die Zustimmung des Testamentsvollstreckers zu Änderungen des Gesellschaftsvertrages, Beschlüssen und sonstigen Maßnahmen einzuholen, die den Abfindungsanspruch und den Gewinn betreffen.[842] Eine vollumfängliche Testamentsvollstreckung an Anteilen persönlich haftender Gesellschafter wird hingegen wegen haftungsrechtlicher Bedenken nicht zugelassen.[843] Denn während der Erbe als Gesellschafter grundsätzlich unbeschränkt persönlich für die Verbindlichkeiten der Gesellschaft haftet, kann der Testamentsvollstrecker den Erben nur im Rahmen des Nachlassvermögens verpflichten.[844]

Fraglich ist, ob das zuvor Gesagte auch auf die Partnerschaftsgesellschaft übertragen werden kann, ob also auch hier eine Testamentsvollstreckung an dem Anteil eines Partners in Bezug auf die Innenseite des Anteils unzulässig ist. In der Partnerschaftsgesellschaft ist die Kollision zwischen der erbrechtlichen und der gesellschaftsrechtlichen Haftung wesentlich abgemildert. Der Erbe haftet

---

837 Allgemein zur Testamentsvollstreckung über Personengesellschaftsanteile Muscheler, Die Haftungsordnung der Testamentsvollstreckung, 460 f. und 534 f.; zur Testamentsvollstreckung über Erbteile ders., AcP 195 (1995), 35 f.

838 BGHZ 98, 48 (57) = BGH, NJW 1986, 2431 f.; BGH NJW 1996, 1284, 1285; zur Literatur und den hier vertretenen Ansichten siehe nur GroßkommentarHGB-Ulmer, § 139 Rdn. 68; Schlegelberger-Schmidt, HGB, § 139 Rdn. 44; MünchKommBGB-Ulmer, § 705 Rdn. 109 f.; Muscheler, Die Haftungsordnung der Testamentsvollstreckung, S. 460 f.; Faust, DB 2002, 189 f.; zu den insbesondere vor den Entscheidungen des BGHs verwendeten Ersatzlösungen (Vollmachts- und Treuhandlösung) siehe Damrau, Erbrecht, § 2205 Rdn. 22 und 24.

839 Auch bei Zustimmung der Mitgesellschafter kann der Vollstrecker nicht die mit dem Anteil verbundenen Verwaltungsrechte (die „Innenseite“ des Anteils) wahrnehmen.

840 Damrau, Erbrecht, § 2205 Rdn. 44.

841 BGH, NJW 1986, 2431, 2433.

842 Ablehnend aber Dörrie, ZEV 1996, 370, 376.

843 BGH, NJW 1996, 1284, 1285.

844 A.A. Muscheler (Die Haftungsanordnung der Testamentsvollstreckung, S. 534 f, 549). Dieser zeigt, dass haftungsrechtliche Probleme auch einer Verwaltung der Innenseite des Anteils nicht entgegenstehen.

hier als Partner nur für die eigenen Berufsfehler und nicht für die der übrigen Partner (§ 8 II PartGG). Die unbeschränkte gesellschaftsrechtliche Haftung des Erben bezieht sich damit nur auf die sonstige Ansprüche, die nicht aus der fehlerhaften Berufsausübung resultieren, sowie seine eigenen Berufsfehler.[845] Für Letztere tritt jedoch in der Regel eine Haftpflichtversicherung ein. Zudem besteht insbesondere für die Freien Berufe der Rechtsanwälte, Patentanwälte, Wirtschaftsprüfer und Steuerberater, deren Berufsrechte auch die Anforderungen des § 8 III PartGG erfüllen, die zusätzliche Möglichkeit einer summenmäßigen Haftungsbegrenzung. Greift diese ein, so ist die Gesellschafterstellung sogar der in einer Gesellschaft mit beschränkter Haftung angenähert.[846] Ansonsten wird die Haftungslage in der Partnerschaftsgesellschaft auch mit der in einer Kommanditgesellschaft verglichen, nur dass dort die haftende Person (Komplementär) von Beginn an feststeht und sich nicht, durch die Haftungskonzentration nach § 8 II PartGG, erst aus der konkreten Sachlage ergibt.[847] Die damit beschriebene Haftungssituation zeigt, dass in der Partnerschaftsgesellschaft das Haftungsargument wesentlich schwächer ist.[848] Die Testamentsvollstreckung kann damit nicht allein aus diesem Grund in der Partnerschaftsgesellschaft beschränkt oder sogar abgelehnt werden.[849] Vielmehr spricht die Haftungslage dafür, eine Testamentsvollstreckung möglicherweise sogar umfassend, also ohne Beschränkung auf die „Außenseite" der Beteiligung, vergleichbar mit der Rechtslage bei Kapitalgesellschafts- oder Kommanditanteilen, zuzulassen.[850]

Es könnten jedoch andere Gründe gegen die Zulässigkeit einer so umfassenden Testamentsvollstreckung über Partnerschaftsgesellschaftsanteile sprechen. Zunächst ist hier an berufsbezogene Gründe zu denken.[851] Die Testamentsvollstreckung an einem Partnerschaftsgesellschaftsanteil müsste sich mit der mit ihr untrennbar verbundenen Berufsausübung vereinbaren lassen. Die Ausübung eines Freien Berufes bedeutet unter anderem entsprechend der Legaldefinition in § 1 II S. 1 PartGG, dass Dienstleistungen höherer Art persönlich, eigenverant-

---

[845] Ausführlich zur Haftungslage in der Partnerschaftsgesellschaft unter D.III.2.b)(1), Seite 135.

[846] Heydn, Die erbrechtliche Nachfolge, S. 88; in diese Richtung auch Seibert, Die Partnerschaft, S. 60.

[847] Michalski / Römermann, PartGG, § 8 Rdn. 12.

[848] Dass das Haftungsargument auch im Übrigen eine Ablehnung der Testamentsvollstreckung nicht rechtfertigt, zeigt für die OHG Muscheler, Die Haftungsordnung der Testamentsvollstreckung, S. 534 f, 549.

[849] So aber Kopp in: Henssler / Streck, Hdb. des Sozietätsrechts, S. 529 f.

[850] Zur Testamentsvollstreckung an einem Kommanditanteil BGHZ 108, 187; Ulmer, NJW 1990, 73 f.; Mayer, ZIP 1990, 976; ausführlich zu den haftungsrechtlichen Problemen der Testamentsvollstreckung über einen Kommanditanteil Muscheler, Die Haftungsordnung der Testamentsvollstreckung, S. 464, 482 f.; zur Testamentsvollstreckung an Kapitalanteilen Damrau, Erbrecht, § 2205 Rdn. 54 f.

[851] In diese Richtung wohl auch Heydn, Die erbrechtliche Nachfolge, S. 199 f.

wortlich und fachlich unabhängig erbracht werden.[852] Eine solche Eigenverantwortlichkeit und Unabhängigkeit wäre aber gefährdet, wenn an dem Partnerschaftsgesellschaftsanteil eine Testamentsvollstreckung angeordnet ist und sich die Testamentsvollstreckung auch auf die Ausübung des Freien Berufes bezieht. Der Testamentsvollstrecker könnte dann nämlich mit Wirkung für den Erben – ohne dessen Willen – dessen Gesellschafterrechte und damit auch den Freien Beruf des Erben ausüben bzw. den Erben zur Berufsausübung verpflichten. Selbst wenn der Testamentsvollstrecker ebenfalls nach § 1 II, III PartGG berufsqualifiziert wäre, würde sich ein solches Handeln nicht mit einer eigenverantwortlichen und unabhängigen Berufsausübung durch den Erben vereinbaren lassen. Der Erbe wäre – je nach Lage des Falles – nur noch (oder in weiten Teilen) ausführendes Organ. Eine solche Stellung würde sich mit seiner Stellung als Partner in der Partnerschaftsgesellschaft nicht vertragen. Die Ausübung des Freien Berufes in der Partnerschaftsgesellschaft ist eher mit einem höchstpersönlichen Recht vergleichbar. Höchstpersönliche Rechte des Erblassers, die über den Tod hinaus fortwirken, insbesondere höchstpersönliche Gesellschafterrechte, sind grundsätzlich nicht Gegenstand der Verwaltungsbefugnis des Testamentsvollstreckers.[853] Entsprechendes muss für die Ausübung des Freien Berufes in der Partnerschaftsgesellschaft sowie die sich darauf beziehende Geschäftsführungsbefugnis gelten. Die freiberufliche Tätigkeit und die Geschäftsführung sind in der Partnerschaftsgesellschaft nämlich nicht trennbar, sondern miteinander verbunden. Einzelne Partner dürfen im Umkehrschluss aus § 6 II PartGG daher nicht von der freiberuflichen Geschäftsführungsbefugnis ausgeschlossen werden.[854] Auch eine Testamentsvollstreckung kann sich aufgrund der Verknüpfung dann nicht hierauf beziehen. Die Berufsausübung ist insgesamt zu eng mit der Privatsphäre des Erben verbunden, als dass die Testamentsvollstreckung hier eingreifen dürfte.[855]

Bereits nach dem bisher Gesagten kann sich die Testamentsvollstreckung damit nicht auf die Berufsausübung in der Partnerschaftsgesellschaft und auch nicht auf die freiberufliche Geschäftsführung beziehen. Hierfür sprechen aber auch noch weitere nach dem Berufsrecht und damit in der Partnerschaftsgesellschaft nach § 1 III PartGG zu beachtende Vorgaben. So müssen viele Freiberufler Verschwiegenheitspflichten (z.B. nach § 43 a II S. 1 BRAO; § 9 MBO-Ä 1997) beachten. Deren Einhaltung ließe sich im Rahmen einer Testamentsvollstreckung kaum sicherstellen. Die Verschwiegenheitspflicht würde nämlich zumindest mit Informations- und Auskunftsrechten des Testamentsvollstreckers kollidieren. Des Weiteren ist eine Übertragung von Gesellschafterbefugnissen

[852] Zu dieser Definition siehe auch unter B.IV.1., Seite 7.
[853] Damrau, Erbrecht, § 2205 Rdn. 3.
[854] Hierzu ausführlich MünchKommBGB-Ulmer, PartGG, § 6 Rdn. 14 f.
[855] Auf diesen Aspekt der Privatsphäre verweist auch Wiedemann, Die Übertragung und Vererbung, S. 340.

auf einen Dritten nach § 50 a I Nr. 6 StBerG und § 28 IV Nr. 6 WPO unzulässig. Dieses Hindernis kann auch nicht durch die Zustimmung der übrigen Partner überwunden werden. Auch dies verhindert zumindest für Steuerberater und Wirtschaftsprüfer eine Verwaltung des Partnerschaftsanteils durch den Testamentsvollstrecker. Die vorstehenden Ausführungen haben gezeigt, dass eine Dauertestamentsvollstreckung an einem Partnerschaftsanteil mit großen Schwierigkeiten verbunden ist und eine umfassende Testamentsvollstreckung aus berufsbezogenen und berufsrechtlichen Gründen nicht möglich sein kann.

Es stellt sich damit die Frage, ob nicht zumindest eine eingeschränkte, partielle Testamentsvollstreckung, entsprechend den von der Rechtsprechung zur OHG aufgestellten Vorgaben (siehe oben), in der Partnerschaftsgesellschaft zulässig ist. Denn es gilt zu berücksichtigen, dass das Erbrecht dem Erblasser das Institut der Testamentsvollstreckung und auch das der Dauertestamentsvollstreckung zur Durchsetzungen seines Willens über seinen Tod hinaus zur Verfügung stellt und damit auch in der Partnerschaftsgesellschaft die mit der Anordnung einer solchen Testamentsvollstreckung verbundene Entscheidung des Erblassers nach Möglichkeit verwirklicht werden sollte.[856] Die Testamentsvollstreckung würde sich dann – entsprechend der Entscheidung des BGH aus dem Jahre 1986[857] – nur auf die „Außenseite“ des Partnerschaftsgesellschaftsanteils beziehen. Dem Testamentsvollstrecker würde damit nur eine beaufsichtigende Funktion zukommen. Er könnte nicht selbst mit Wirkung für den Erben als Partner handeln, da sich dies – wie aufgezeigt – nicht mit der freien Berufsausübung in der Partnerschaftsgesellschaft vereinbaren ließe. Eine Testamentsvollstreckung würde aber trotz dieser Einschränkung sinnvoll sein, da hierdurch der Nachlass vor einer Vollstreckung durch die Eigengläubiger des Erben in den Partnerschaftsanteil und in die hieraus erwachsenden Vermögensrechte geschützt werden könnte (§ 2214 BGB). Ebenfalls zum Schutz des Nachlasses bedürfte der Erbe der Zustimmung des Testamentsvollstreckers zu Änderungen des Gesellschaftsvertrages, Beschlüssen und sonstigen Maßnahmen, die den Abfindungsanspruch und den Gewinn betreffen. Hierfür müsste der Testamentsvollstrecker aber nicht selbst einen Freien Beruf i.S.d. § 1 II und III PartGG ausüben, sondern es würde genügen, dass der Erbe entsprechend qualifiziert ist.[858] Möglicherweise könnte auch eine Verfügung (Veräußerung und Kündigung) des Erben über den Partnerschaftsanteil durch die Anordnung der Testamentsvollstreckung verhindert bzw. von der Zustimmung des Testamentsvollstreckers abhängig gemacht werden. Problematisch ist aber, dass die Partnerstellung untrennbar mit der Ausübung eines Freien Berufes verbunden ist und damit der Erbe durch eine fehlende Verfügungsbefugnis über den Anteil gleichzeitig in seiner Berufsausübung

[856] Dies übersieht Heydn (Die erbrechtliche Nachfolge, S. 199 f.), wenn er eine Testamentsvollstreckung in der Partnerschaftsgesellschaft generell ablehnt.
[857] BGH, NJW 1986, 2431, 2433.
[858] Damrau, Erbrecht, § 2205 Rdn. 53; Mayr, ZEV 1996, 321, 325.

gebunden wäre. Dies würde einen unzulässigen Eingriff in die Privatsphäre des Erben bedeuten und wäre nicht mit einer freien und unabhängigen Berufsausübung vereinbar. Hieraus folgt, dass dem Erben in der Partnerschaftsgesellschaft ein vom Willen des Testamentsvollstreckers unabhängiges Kündigungsrecht zustehen muss.[859] Eine Veräußerung des Partnerschaftsgesellschaftsanteils ist dem Erben aber weiterhin nur mit Zustimmung des Testamentsvollstreckers gestattet. In der Partnerschaftsgesellschaft ist folglich ein Entziehen der Verfügungsbefugnis über den Anteil nur hinsichtlich der Veräußerung desselben möglich. Es verbleibt dem Erben immer ein unabhängiges Kündigungsrecht am Partnerschaftsgesellschaftsanteil.

Im Ergebnis ist damit nur eine sehr eingeschränkte Form der Dauertestamentsvollstreckung über einen Partnerschaftsgesellschaftsanteil zulässig. Diese orientiert sich an der Rechtsprechung und herrschenden Meinung zur Testamentsvollsteckung über Anteile von persönlich haftenden Gesellschaftern im übrigen Personengesellschaftsrecht, berücksichtigt aber noch einmal in besonderem Maße die berufspezifischen Besonderheiten in der Partnerschaftsgesellschaft. Aufgrund der engen Verknüpfung mit der Berufsausübung kann der Erbe daher seinen Partnerschaftsgesellschaftsanteil unabhängig vom Willen des Testamentsvollstreckers kündigen. Die Testamentsvollstreckung bezieht sich somit nur darauf, eine Veräußerung des Partnerschaftsgesellschaftsanteils zu verhindern, den Eigengläubigern des Erben einen Zugriff auf den Partnerschaftsgesellschaftsanteil zu verwehren und, soweit die vermögensrechtliche Seite des Anteils betroffen ist, die Zustimmung des Testamentsvollstreckers zu Beschlüssen und sonstigen Maßnahmen zu verlangen.[860]

Schließlich stellt sich noch die Frage der Zulässigkeit der Testamentsvollstreckung, wenn der Anteil an einer Partnerschaftsgesellschaft nicht nach § 9 IV S. 2 PartGG vererblich gestellt wird, sondern es bei der gesetzlichen Regelung des § 9 IV S. 1 PartGG bleibt. Der Partner scheidet dann aus der Gesellschaft aus, und eine Testamentsvollstreckung kommt somit nur an dem Abfindungsguthaben (§ 738 I S. 2 BGB) in Betracht, soweit der Abfindungsanspruch nicht ausgeschlossen ist.[861] Diese Form der Testamentsvollstreckung wird im

[859] Ein solches Kündigungsrecht wird teilweise auch für OHG-Anteile vertreten, siehe nur Muscheler, Die Haftungsordnung der Testamentsvollstreckung, S. 479 m.w.N.

[860] Im Ergebnis ebenso, aber ohne ausführliche Begründung und ohne die hier gemachte weitere Ausnahme hinsichtlich der Verfügungsbefugnis des Erben, Ring, Die Partnerschaftsgesellschaft, § 9 Rdn. 73 und Fn. 69; Damrau, Erbrecht, § 2205 Rdn. 53; Mayr, ZEV 1996, 321, 325. Hoffmann (in: Meilicke u.a., PartGG, § 9 Rdn. 42) lehnt die Testamentsvollstreckung über einen Partnerschaftsanteil generell ab. Er begründet dies mit der fehlenden Nachlasszugehörigkeit des Anteils. Seit BGHZ 98, 48 (50 f.) ist die Nachlasszugehörigkeit von vererbten Gesellschaftsanteilen jedoch anerkannt, so dass dieses Argument nicht überzeugt.

[861] Ausführlich zum Ausscheiden aus der Partnerschaftsgesellschaft unter C.I., Seite 15. Zu den Möglichkeiten den Abfindungsanspruch der Erben im Partnerschaftsgesellschaftsvertrag auszuschließen unter C.II.3.b), Seite 35.

übrigen Personengesellschaftsrecht zugelassen.[862] Entsprechendes hat auch für die Partnerschaftsgesellschaft zu gelten. Denn die Inhaberschaft an dem Abfindungsanspruch ist an keine Voraussetzungen beruflicher Art gebunden, so dass auch der Testamentsvollstrecker an die Stelle des Erben treten kann.[863] Entsprechendes gilt für den Abfindungsanspruch des Erben, der nach § 9 IV S. 3 PartGG i.V.m. § 139 II HGB sein Ausscheiden aus der Partnerschaftsgesellschaft erklärt.[864]

Abschließend ist noch zu ergänzen, dass sich mit der Anordnung einer Testamentsvollstreckung an der Beteiligung des verstorbenen Partners und der Ernennung eines partnerschaftsfähigen Testamentsvollstreckers nicht verhindern lässt, dass ein nicht partnerschaftsfähiger Erbe ausscheiden muss.[865] Der Erbe wird nämlich selbst Partner und muss daher auch die Voraussetzungen des § 9 IV S. 2 PartGG vollständig und in eigener Person erfüllen.

---

[862] Bamberger / Roth, BGB, § 2205 Rdn. 39; Baumbach / Hopt, HGB, § 139 Rdn. 21; Ebenroth / Boujong / Joost, HGB, § 139 Rdn. 63; MünchKommBGB-Zimmermann, § 2205 Rdn. 29, 31; Kipp / Coing, Erbrecht, § 68 III 3 d; Muscheler, Die Haftungsordnung der Testamentsvollstreckung, S. 447; Hallermann, Die Rechtsstellung des Testamentsvollstreckers in einer Personalgesellschaft, S. 127.

[863] Heydn, Die erbrechtliche Nachfolge, S. 190 f.

[864] So für die OHG auch MünchKommBGB-Zimmermann, § 2205 Rdn. 31; Muscheler, Die Haftungsordnung der Testamentsvollstreckung, S. 448.

[865] Mayr, ZEV 1996, 321, 325.

E. Zusammenfassende Darstellung

Enthält der Partnerschaftsgesellschaftsvertrag keine Nachfolgeklausel, so scheidet der verstorbene Partner aus (§ 9 I PartGG i.V.m. § 131 III S. 1 Nr. 1 HGB), sein Anteil wird nicht vererbt (§ 9 IV S. 1 PartGG), sondern wächst den übrigen Partnern an (§ 1 IV PartGG i.V.m. § 738 I S. 1 BGB). Diese setzen die Gesellschaft gemeinsam fort. In einer zweigliedrigen Partnerschaft erlischt die Partnerschaft, das Vermögen fällt dem einzig verbleibenden Partner zu, der von nun an nur noch als einzelner Freiberufler tätig sein kann. Die weiteren Rechtsfolgen des Ausscheidens richten sich nach § 1 IV PartGG i.V.m. §§ 738 – 740 BGB. Die Erben treffen keine vorläufigen Fortführungspflichten nach § 727 II BGB.

Die Erben erhalten einen Abfindungsanspruch aus § 738 I S. 2 BGB. Dieser Anspruch ist nicht per se für die Partnerschaftsgesellschaft ausgeschlossen, er kann aber im Partnerschaftsgesellschaftsvertrag für den Fall des Todes wirksam beschränkt oder sogar ausgeschlossen werden. Im Rahmen der Abfindung sind sowohl bei der Berechnung des Guthabens als auch bei der Zulässigkeit von Abfindungsbeschränkungen die Besonderheiten von Freiberuflerzusammenschlüssen zu berücksichtigen. So wird der Wert einer Partnerschaftsgesellschaft maßgeblich durch die personengebundenen Beziehungen zu Mandanten, Patienten oder Klienten beeinflusst. Aufgrund dieses Vertrauensverhältnisses ist vielfach die rechtlich unbeschränkte Möglichkeit der Mitnahme von Mandanten bereits hinreichender Ersatz für die Beteiligung am Wert einer Partnerschaftsgesellschaft.

Die Höhe der Abfindung an die Erben hat erhebliche Auswirkungen auf die erbschaftssteuerliche Belastung der verbleibenden Partner. Den Partnern steht, wenn es sich um eine Partnerschaftsgesellschaft von Ärzten handelt, im Fall des Ausscheidens durch Tod ein Antragsrecht auf Neubesetzung des Vertragsarztsitzes nach § 103 IV S. 1 SGB V zu. Auf diesem Wege können die Partner die Finanzierung der Abfindung an die Erben sichern.

Die verschiedenen Berufsrechte beschränken deutlich die berufliche Zusammenarbeit in der Partnerschaftsgesellschaft. Es ist dadurch nur bedingt möglich, Partner und damit auch Erbe in einer Partnerschaftsgesellschaft zu werden. Der Erbe muss zunächst das eigene Berufsrecht beachten. Dieses beschränkt durch Berufszugangs- und Berufsausübungsregelungen die erbrechtliche Nachfolge. Der Erbe muss entweder die Zulassung zu einem Beruf haben oder erwerben können, der in der Partnerschaftsgesellschaft ausgeübt wird oder zulässigerweise in interdisziplinärer Zusammenarbeit ausgeübt werden kann.

Bei den Wirtschaftsprüfern und Steuerberatern ist eine monoprofessionelle Zusammenarbeit sowohl in Form der anerkannten Wirtschaftsprüfungs- und Steuerberatungsgesellschaft als auch in der so genannten „einfachen Partnerschaftsgesellschaft“ zulässig. Letzteres hat der Gesetzgeber mittlerweile ausdrücklich festgestellt und damit eine jahrelange heftige Kontroverse beendet. Nurnotaren ist – entgegen der vorherrschenden Auffassung – eine monoprofessionelle Zusammenarbeit in der Rechtsform der Partnerschaftsgesellschaft gestattet. Der Anteil an einer solchen Partnerschaftsgesellschaft ist entsprechend an einen anderen Nurnotar vererblich. Für die Anwaltsnotare sieht § 59 a I S. 3 BRAO eine Beschränkung der monoprofessionellen Kooperation vor. Diese ist aber de lege ferenda nicht gerechtfertigt und sollte daher aufgehoben werden. Bei den Ärzten ist die monoprofessionelle Zusammenarbeit durch die letzten Änderungen der MBO-Ä 1997 weitgehend frei, lediglich in Gebieten mit Zulassungsbeschränkungen schränkt das Nachbesetzungsverfahren nach § 103 VI i.V.m. IV SGB V die erbrechtliche Nachfolge deutlich ein.

Die Berufsrechte der hier geprüften Berufe erlauben auch die interdisziplinäre Zusammenarbeit nur in begrenztem Umfang. Besonders großzügig ist das Berufsrecht der Ärzte, allerdings nur soweit der Arzt in der so genannten „sonstigen Partnerschaftsgesellschaft“ nicht die Heilkunde am Menschen ausübt. Ansonsten ist die interdisziplinäre Zusammenarbeit, die auch in der medizinischen Kooperationsgemeinschaft oder einem medizinischen Versorgungszentrum in der Rechtsform der Partnerschaftsgesellschaft ausgeübt werden kann, ebenfalls an strenge Voraussetzungen geknüpft. Die Zusammenarbeit ist hier insbesondere nur mit Angehörigen anderer Heilberufe erlaubt. Zudem beschränkt in Gebieten mit Überversorgung die Nichtvererbbarkeit der kassenärztlichen Zulassung die Nachfolgemöglichkeiten des Erben.

Bei den Rechtsanwälten kann der Erbe nur nachfolgen, wenn er dem in § 59 a I BRAO genannten Personenkreis angehört. Eine Erweiterung des Personenkreises de lege ferenda auf sämtliche Geheimnisträger i.S.d. § 53 I S. 1 Nr. 1 – 4 StPO wäre jedoch begrüßenswert. Die Beschränkung der erbrechtlichen Nachfolge durch das Verbot der Sternsozietät hält einer Überprüfung der Verfassungsmäßigkeit nicht stand. Nurnotaren ist eine interdisziplinäre Zusammenarbeit nicht gestattet. Der Erbe eines Anteils an einer solchen Partnerschaftsgesellschaft muss daher zwingend selbst Nurnotar sein. Für den Anwaltsnotar, für den Steuerberater in einer einfachen Partnerschaftsgesellschaft und den Patentanwalt gestalten sich die Möglichkeiten der interdisziplinären Zusammenarbeit vergleichbar mit denen der Rechtanwälte.

Nachfolgemöglichkeiten in einer als Steuerberatungsgesellschaft anerkannten Partnerschaftsgesellschaft bestehen für die in §§ 50 II, 50 a I Nr. 1 StBerG genannten Personen. Die im Gesetz vorgesehene Möglichkeit, besonders befähigte Personen mit einer anderen Fachrichtung Partner und damit Erbe einer Steuerberatungsgesellschaft werden zu lassen, ist abzulehnen. Eine Erweiterung sollte nur Berufe mit einem selbständigen Zeugnisverweigerungsrecht einbeziehen. Das Berufsrecht der Wirtschaftsprüfer ist nach dem Gesetzeswortlaut weitgehend liberal. Tatsächlich sind jedoch auch hier die Nachfolgemöglichkeiten beschränkt. Es können Personen i.S.v. § 28 II S. 1 WPO und Personen nach

§ 28 II S. 2 WPO in eine Wirtschaftsprüfungsgesellschaft nachfolgen. Im zweiten Fall sind aber nur solche besonders befähigten Personen zuzulassen, denen nach § 44 b I WPO ein selbständiges Zeugnisverweigerungsrecht zusteht und die der Berufsaufsicht einer Kammer unterliegen. Damit sind bei den Wirtschaftsprüfern die Voraussetzungen für eine Nachfolge in die einfache Partnerschaftsgesellschaft, in der § 44 b I WPO unmittelbare Anwendung findet, und in die Wirtschaftsprüfungsgesellschaft identisch. Sowohl das Berufsrecht der Wirtschaftsprüfer als auch das der Steuerberater beschränkt zudem in den Berufsgesellschaften die erbrechtliche Nachfolge zusätzlich durch Mehrheitserfordernisse und Vertretungsregelungen, die die jeweils eigene Berufsgruppe bevorzugen.

Der Erbe muss aber nicht nur beachten, ob sein Berufsrecht eine interdisziplinäre Zusammenarbeit erlaubt, sondern es dürfen auch noch die anderen beteiligten Berufsrechte einer Nachfolge in der Partnerschaftsgesellschaft nicht entgegenstehen. Das dabei geltende „Prinzip des kleinsten gemeinsamen Nenners" führt bei den interdisziplinären Zusammenschlüssen dazu, dass eine erbrechtliche Nachfolge immer nur in bestimmten Konstellationen möglich ist, nämlich wenn die verschiedenen Berufsrechte nicht divergieren. Zu begrüßen sind in diesem Zusammenhang die gegenwärtigen Bestrebungen zur Erleichterung insbesondere der interdisziplinären Zusammenarbeit. Die Liberalisierung einzelner Berufsrechte stellt aber in der Praxis vielfach keine Vereinfachung dar. Erforderlich ist daher eine einheitliche Liberalisierung, die zumindest das Berufsrecht der artverwandten Berufe (z.B. der Steuerberater, Wirtschaftsprüfer und Rechtsanwälte) vergleichbar regelt, um so auch tatsächlich Erleichterungen zu schaffen. Diese Liberalisierungen vereinfachen dann zunehmend auch die erbrechtlichen Nachfolge in der Partnerschaftsgesellschaft. Dabei sollte jedoch beachtet werden, dass Berufe mit einem selbstständigen Zeugnisverweigerungsrecht und einer Kammeraufsicht nur mit Berufen, denen ebenfalls entsprechende Rechte zustehen, zusammen arbeiten dürfen.

Aus dem zuvor Festgestellten folgt auch ein veränderter Prüfungsrahmen bei der Nachfolge in der Partnerschaftsgesellschaft. Während im allgemeinen Personengesellschaftsrecht nur die Erbeneigenschaft und bei einer qualifizierten Nachfolgeklausel auch noch deren Voraussetzungen zu prüfen waren, treten folgende Erfordernisse hinzu: die Zugehörigkeit des Erben zu einem Beruf i.S.v. § 1 I, II PartGG und die Kompatibilität des Berufs des Erben und der übrigen Partner nach § 1 III PartGG i.V.m. mit dem jeweiligen Berufsrecht.

Die Nachfolge einer Erbengemeinschaft in einen Anteil an einer Partnerschaftsgesellschaft ist so zu handhaben wie im übrigen Personengesellschaftsrecht. Der Partnerschaftsgesellschaftsanteil geht folglich auf mehrere Miterben in der Weise über, dass der Anteil sich entsprechend der Erbquote aufspaltet und jedem Miterben ein einzelner Anteil zufällt. Dieser unterliegt keiner gesamthänderischen Bindung, es findet vielmehr eine Einzelnachfolge statt.

Die Nachfolge des Erben aufgrund einer qualifizierten Nachfolgeklausel gestaltet sich wie folgt: Der zur Nachfolge berufene Erbe erhält den gesamten Partnerschaftsgesellschaftsanteil unter Ausschluss der übrigen Miterben. Sofern der Erblasser dem Erben den seine Erbquote übersteigenden Mehrwert ebenfalls zuwenden wollte, stehen den übrigen Miterben nur Pflichtteilsansprüche zu. Andernfalls muss der in der qualifizierten Nachfolgeklausel Benannte diesen Mehrwert aus seinem Privatvermögen analog zu den Vorschriften der §§ 2050 f. BGB ausgleichen. Das zuvor Gesagte gilt vollständig auch bei der einfachen Nachfolgeklausel, wenn wegen § 9 IV S. 2 PartGG nicht alle Miterben Partner werden können.

Will der Erbe unmittelbar in den Partnerschaftsgesellschaftsanteil nachfolgen, so müssen sämtliche Voraussetzungen des § 9 IV S. 2 PartGG zum Zeitpunkt des Erbfalls bereits vorliegen. Fehlen (formelle oder materielle) Voraussetzungen, so scheitert die Nachfolgeklausel. Die ergänzende Vertragsauslegung der Nachfolgeklausel kann aber ergeben, dass dem dort Benannten zumindest ein Eintrittsrecht zustehen soll. Dies bewirkt eine zumindest mittelbare Nachfolge des in der Klausel Benannten.

Wird ein Partnerschaftsgesellschaftsanteil im Wege eines Vermächtnisses erworben, so muss der Vermächtnisnehmer in entsprechender Anwendung von § 9 IV S. 2 PartGG beruflich qualifiziert sein. Der mit dem Vermächtnis beschwerte Erbe kann das Vermächtnis auch erfüllen, wenn er diese Voraussetzung nicht erfüllt. Er erfüllt das Vermächtnis dann indirekt, indem er seinen Abfindungsanspruch an den Vermächtnisnehmer abtritt, und die übrigen Partner den Vermächtnisnehmer in die Partnerschaftsgesellschaft aufnehmen. Hierzu sind die Partner verpflichtet, wenn der Partnerschaftsgesellschaftsvertrag eine entsprechende Regelung vorsieht. Die Auslegung des Partnerschaftsgesellschaftsvertrages kann sogar ergeben, dass zur Erfüllung des Vermächtnisses ein vereinbarter Abfindungsausschluss nicht eingreift.

Eine Dauertestamentsvollstreckung über einen Partnerschaftsgesellschaftsanteil ist in eingeschränkter Form zulässig. Die Testamentsvollstreckung bezieht sich nur auf die „Außenseite“ des Partnerschaftsgesellschaftsanteils und damit darauf, eine Veräußerung des Partnerschaftsgesellschaftsanteils zu verhindern, den Eigengläubigern des Erben einen Zugriff auf den Partnerschaftsgesellschaftsanteil zu verwehren und, soweit die vermögensrechtliche Seite des Anteils betroffen ist, die Zustimmung des Testamentsvollstreckers zu Beschlüssen und sonstigen Maßnahmen zu verlangen. Aufgrund der engen Verknüpfung mit der Berufsausübung kann der Erbe seinen Partnerschaftsgesellschaftsanteil unabhängig vom Willen des Testamentsvollstreckers jederzeit, unter Berücksichtigung gesellschaftsrechtlicher Vorgaben, kündigen.

Studien zum deutschen und europäischen Gesellschafts- und Wirtschaftsrecht

Herausgegeben von Ulrich Ehricke

Band 1 Detlef Laub: Die Nachgründung nach § 52 AktG als kapitalerhaltende Norm. Auswirkungen auf den Tatbestand und seine Anwendung nach dem Umwandlungsgesetz (UmwG). 2004.

Band 2 Michael Silvio Kusche: Die aktienrechtliche Zulässigkeit der Durchführung einer Due Diligence anlässlich eines Unternehmenskaufes. Mit Due Diligence-Checkliste für die Zielgesellschaft. 2005.

Band 3 Thomas Stephan Oldemanns: Vorratsgründung und Mantelverwendung – Alternativmöglichkeiten zum gesetzlichen Gründungsverfahren? 2005.

Band 4 Gunnar Isenberg: Die Geschäftsordnung für die Organe der Aktiengesellschaft. 2005.

Band 5 Anette Gärtner: Die Umsetzung der Verbrauchsgüterkaufrichtlinie in Deutschland und Großbritannien. 2006.

Band 6 Tobias Teufer: Alternative Beilegung privater Wettbewerbsstreitigkeiten. Kartellmediation, Kartellschiedsgerichtsbarkeit und Wettbewerbsvergleich im Spannungsfeld zwischen Privatautonomie und staatlicher Regelung. 2006.

Band 7 Axel Godron: Das Weisungsrecht des Franchisegebers unter besonderer Berücksichtigung eines Konzerncharakters von Franchisesystemen. 2006.

Band 8 Nadin Pia Sondermann: Die kartellrechtliche Beurteilung von Unterkostenpreisen marktmächtiger Unternehmen auf europäischer Ebene, im Vereinigten Königreich und in Deutschland. 2007.

Band 9 Anne Maria Arnold: Die erbrechtliche Nachfolge in der Partnerschaftsgesellschaft. Unter besonderer Berücksichtigung berufsrechtlicher Implikationen. 2006.

www.peterlang.de

Kolibri 360 GmbH
Ferdinand-Jühlke-Straße 7
99095 Erfurt, Deutschland
produktsicherheit@kolibri360.de

Druck:
CPI Druckdienstleistungen GmbH
im Auftrag der
Kolibri 360 GmbH
Ferdinand-Jühlke-Str. 7
99095 Erfurt